Monnaie et finances à Byzance: analyses, techniques

Also in the Variorum Collected Studies Series:

ANNE TIHON
Etudes d'astronomie byzantine

ALEXANDER KAZHDAN
Authors and Texts in Byzantium

CYRIL MANGO
Byzantium and its Image: History and Culture of the Byzantine Empire and its Heritage

CYRIL MANGO
Studies on Constantinople

NICOLAS OIKONOMIDES
Byzantium from the 9th Century to the 4th Crusade

MICHAEL F. HENDY
The Economy, Fiscal Administration and Coinage of Byzantium

ANGELIKI E. LAIOU
Gender, Society and Economic Life in Byzantium

CLIVE FOSS
History and Archaeology of Byzantine Asia Minor

ROBERT BROWNING
History, Language and Literacy in the Byzantine World

ANTHONY BRYER
Peoples and Settlement in Anatolia and the Caucasus, 800–1900

DONALD M. NICOL
Studies in Late Byzantine History and Prosopography

PAUL MAGDALINO
Tradition and Transformation in Medieval Byzantium

CHRISTOPHER WALTER
Prayer and Power in Byzantine and Papal Imagery

ROBIN CORMACK
The Byzantine Eye: Studies in Art and Patronage

ANTHONY CUTLER
Imagery and Ideology in Byzantine Art

Cécile Morrisson

Monnaie et finances à Byzance: analyses, techniques

Routledge
Taylor & Francis Group
LONDON AND NEW YORK

First published 1994 by Ashgate Publishing

Published 2016 by Routledge
2 Park Square, Milton Park, Abingdon, Oxon OX14 4RN
711 Third Avenue, New York, NY 10017, USA

Routledge is an imprint of the Taylor & Francis Group, an informa business

British Library CIP Data
Morrisson, Cécile
Monnaie et finances à Byzance: analyses, techniques
(Variorum Collected Studies Series; CS 461)
I. Title II. Series
737.49495

US Library of Congress CIP Data
Morrisson, Cécile
Monnaie et finances à Byzance: analyses, techniques/
Cécile Morrisson. p. cm. — (Collected Studies Series: CS461)
Includes index. ISBN 0-86078-401-0 (alk. paper)
1. Money—Byzantine Empire—History. 2. Coins, Byzantine—
History. 3. Numismatics—Byzantine Empire.
I. Title. II. Series: Collected Studies; CS461
HG243.M67 1994 94–15194
332.4'9495—dc20 CIP

ISBN 9780860784012 (hbk)

COLLECTED STUDIES SERIES CS461

TABLE DES MATIÈRES

Ce volume est composé de xii + 337 pages

NOTE DE L'ÉDITEUR

Les articles dans ce volume, comme dans tous les autres de la Série Recueils d'Etudes, n'ont pas reçu une nouvelle pagination suivie. En vue d'éviter une confusion possible et de faciliter la consultation lorsqu'il est fait référence ailleurs à ces mêmes études, on a maintenu la pagination originelle partout où c'était faisable.

Tous les articles ont été pourvus d'un numéro en chiffres romains dans l'ordre de leur parution, conformément au Sommaire. Ce numéro se répète sur chaque page et se retrouve aux titres de l'Index.

Dans chaque étude, les passages concernés par les Addenda et Corrigenda sont indiqués dans la marge par un astérisque.

PRÉFACE

Dès l'origine, les études byzantines ont, en particulier avec Du Cange et sa *De Imperatorum Constantinopolitanorum ... numismatibus dissertatio* (1678), fait sa place à la numismatique. Dans la première moitié du XXe siècle toutefois, celle-ci était tombée dans un demi-sommeil et se trouvait méconnue pour ne pas dire ignorée de bien des historiens de l'Orient médiéval. C'est à la clairvoyance de Paul Lemerle et à son ouverture d'esprit que je dois d'avoir été confrontée à cette source originale, au carrefour, comme on le verra dans ce qui suit, de bien des disciplines. Comme en d'autres domaines, l'apprentissage devait commencer par la publication des documents et le contact direct avec les sources, en l'occurrence la belle collection du Cabinet des Médailles de la Bibliothèque nationale à la tête duquel venait d'être nommé Georges Le Rider. Ma chance fut d'être alors guidée par les conseils de Philip Grierson qui depuis une dizaine d'années redonnait vie à la numismatique byzantine et par ceux de Jean Lafaurie, maître incontesté de la numismatique médiévale française. De ces publications de collections publiques françaises, parisienne et provinciales, de trésors ou de trouvailles de fouilles, on ne trouvera pas trace ici. La contribution que certains de ces articles peuvent avoir apportée à l'histoire, l'archéologie ou l'étude de la circulation monétaire dans des régions comme l'Afrique du Nord ou la Syrie a été délibérément laissée de côté dans ce volume.

En guise d'introduction, en revanche, figurent deux articles rapprochant numismatique, sigillographie et épigraphie : le premier (n° I) souligne la parenté des méthodes appliquées ou applicables aux sceaux et au monnaies et les directions de recherche à en tirer, tandis que le second (n° II) analyse les parallélismes et les spécificités de l'évolution de leurs inscriptions respectives.

Dans une série comme celle des Variorum, qui vise à mettre à la disposition des non-spécialistes les études réalisées dans un «domaine spécifique de connaissance», l'essentiel du choix s'est porté sur ce qui a toujours été mon sujet de prédilection : l'apport de la numismatique à l'histoire des finances publiques et de la vie économique byzantines en général. Comme j'ai essayé de le montrer dans le petit livre que j'ai consacré à *La numismatique* (Que Sais-Je?, Paris, 1992), cette discipline n'est pas seulement une technique d'identification, de classification et d'évaluation aux méthodes jugées parfois un peu ésotériques. C'est aussi une source historique à part entière dont les nombreux aspects quantifiables, associés aux indications des textes et de l'archéologie, peuvent amener à une interprétation nouvelle de l'évolution économique.

Les deux articles (n°s III et IV) qui ouvrent la section consacrée à "Finances et monnaie dans l'empire byzantin" donneront une idée de cette confrontation et les grandes lignes de ce que John Day dans son rapport sur le second d'entre eux a qualifié de «contribution originale à cette *histoire économique* de la monnaie médiévale préconisée jadis par M. Bloch». Ces articles récents offrent une réflexion sur l'ensemble de l'histoire monétaire et financière byzantines du Ve au XIVe siècle et s'appuient en partie sur les résultats d'études antérieures dont beaucoup sont reproduites ici. On y suivra donc les progrès d'une recherche, menée d'abord surtout par le rapprochement classique du document monétaire avec les textes, sur les noms de monnaies (n° V) et la fiscalité (n° VI) à la fin du XIe et au début du XIIe siècle et sur la législation revendiquant ou non pour l'État la propriété des trésors et son application (n°s VII et VIII).

C'est ensuite, à propos des quelque 300 analyses de monnaies d'or et d'argent effectuées par Adon A. Gordus (Université du Michigan, Ann Arbor) —, qui rectifiaient et complétaient sur plusieurs points les mesures de poids spécifique pratiquées par Grierson — une nouvelle interprétation de la dévaluation du XIe siècle (n° IX). Partant d'une application de l'équation de Fisher à l'économie byzantine, méthode dont John Day a souligné depuis de son côté tout l'intérêt pour l'histoire de la monnaie médiévale en Occident (The Fisher Equation and Medieval Monetary History, dans *Problems of Medieval Coinage in the Iberian Area*, M. Gomes Marques ed., Santarém, 1984, p. 139-146), cette interprétation mettait en évidence, à l'opposé du "catastrophisme" généralement soutenu jusque là pour toute la période, considérée comme le début du déclin de l'empire et la conséquence d'une mauvaise gestion des finances impériales, la véritable nature de l'altération de la monnaie d'or des années 1030-1060. Dans cette première phase, en effet, l'augmentation du nombre d'espèces frappées — sans augmentation de prix corrélée — accompagne en fait une augmentation du volume des transactions monétaires et une relative expansion de la population et de la production dans l'empire. Cette interprétation, en dépit des critiques dont elle a fait l'objet de la part de M. Hendy, n'a cessé de recevoir les confirmations ultérieures de nombreuses études historiques unanimes à souligner les signes incontestables de l'expansion économique et démographique de l'empire byzantin à cette époque,, et qui confirment donc la pertinence et l'intérêt de la "modélisation" proposée en 1973.

Une compréhension plus fine et originale des phénomènes d'altération, de leurs procédés — plus divers que ne se le représentent parfois naïvement les historiens — et des conséquences fort différentes qu'ils entraînent, allait venir ensuite à la faveur du développement, en France même, de méthodes analytiques nouvelles et de leur application à la numismatique.Un tournant important de ces recherches avait été marqué par la création du service du Cyclotron du CNRS à Orléans (1974) et l'activité de Jean-Noël Barrandon au sein de celui-ci, avec la collaboration de numismates et d'historiens, qui aboutit à la création du "Centre de recherches numismatiques Ernest-Babelon" en 1979. Un des premiers grands projets de cette équipe pluridisciplinaire — encore aujourd'hui sans équivalent dans le monde — fut précisément consacré à la monnaie d'or romaine et byzantine et publié sous le titre *L'or monnayé*. I. *Purification et altérations. De Rome à Byzance*, Cahiers Ernest-Babelon, 2, Paris (CNRS), 1985. Les principales conclusions en sont résumées ici au début de l'art. X consacré à l'évolution de la monnaie d'or en Afrique et en Sicile. L'art. XI étudie dans le détail l'altération de l'hyperpère de 1204 à 1342. La composition métallique sert ensuite (n° XII) de fil directeur au classement chronologique des petites monnaies d'argent byzantino-pontificales frappées à Rome aux VIIe-VIIIe siècle, témoins de l'autonomie croissante de l'atelier avant son passage dans l'orbite carolingienne. Les analyses, soulignons-le, ne sont d'ailleurs pas ici le seul critère car pour tout problème leurs données doivent être associées à d'autres éléments et la conclusion ressortir d'un faisceau d'indices convergents.

Enfin, la mise en évidence dans *L'or monnayé* (p. 130-133) de l'accroissement du diamètre du flan du *nomisma*, afin de conserver à celui-ci un poids constant malgré l'augmentation de son contenu d'argent à la fin du Xe siècle, a été la base d'une autre étude pluridisciplinaire menée avec François Delamare (CNRS/École des Mines, Centre de Mise en Forme des Matériaux) sur la forme du *solidus* byzantin (n° XIII). Ici, l'approche mécanique de la frappe des monnaies appliquée à l'étude de l'évolution de la frappe du *solidus* a permis d'expliquer le mystère de l'origine des monnaies concaves byzantines, improprement appelées "scyphates".

Je remercie les responsables des publications originales de m'avoir autorisée à les reproduire ici : le Directeur du Centre d'Histoire et Civilisation de Byzance du Collège de France et de ses *Travaux et mémoires*, M. Gilbert Dagron pour les articles V, VI, VII, IX, le Professeur Herbert Hunger, président de la Kommission für Byzantinistik der Österreichischen Akademie der Wissenschaften pour l'art. X, la Société française de numismatique et la Revue numismatique pour les articles VIII et XII, la Royal Numismatic Society pour les articles XI et XIII, Dumbarton Oaks (Washington) pour l'article I, le Comité international de Paléographie grecque et les Edizioni dell'Orso pour l'article II, M. Pierre Zech, Directeur des Éditions Lethielleux pour les articles III et IV.

Enfin je remercie mes "co-auteurs" et amis, Jean-Noël Barrandon, Simon Bendall et François Delamare, ainsi que Jacques Poirier et Pierre Montmitonnet, non seulement d'avoir autorisé ici la reproduction de certains de nos travaux communs, mais surtout de tout ce qu'ils m'ont apporté au cours d'une collaboration commencée au début des années quatre-vingts et, je l'espère, loin d'être finie.

Cécile Morrisson

CNRS, Paris
Mars 1994

I

NUMISMATIQUE ET SIGILLOGRAPHIE:

parentés et méthodes

* *

Les objets dits mineurs que sont les monnaies et les sceaux sont si * proches qu'ils sont parfois confondus.[1] On connaît plusieurs exemples de telles méprises: bulles d'or décrites comme des monnaies,[2] espèces de plomb écartées par les numismates comme jetons[3] et nombreuses sont les tessères ou autres pièces monétiformes

[1] Je remercie M. François Delamare d'avoir bien voulu relire ce texte et me faire part des utiles observations techniques sur la frappe des plombs qu'on trouvera ci-après.

[2] Telle la bulle d'or de Basile Ier de 4 solidi décrite par W. Wroth (*Catalogue of the Imperial Byzantine Coins in the British Museum* [London, 1908], II, 435, no. 1, pl. L, 10) comme une pièce destinée aux distributions impériales.

[3] Ainsi les nombreux plombs aux effigies d'Alexis Ier Comnène, Jean et Irène, récemment identifiés comme les demi-tétartèra de la réforme de 1092 (Grierson, *Coins*, no. 1035 et p. 225). Une de ces monnaies figure dans les trouvailles de Saint-Polyeucte à Istanbul et a été publiée parmi les sceaux avec sept autres plombs: R. M. Harrison et al., *Excavations at Saraçhane in Istanbul* I. *The Excavations, Structures, Architectural Decoration, Small Finds, Coins, Bones and Molluscs* (Princeton-Washington, D.C., 1986), no. 741. Rappelons à ce propos qu'on aurait tort de considérer le plomb comme un métal non-monétaire, même s'il est effectivement beaucoup plus utilisé en sigillographie qu'en numismatique. A Rome, en période de pénurie de petit numéraire, des tessères de plomb furent utilisées comme monnaies de nécessité et à Byzance même, l'époque des Comnènes n'est pas la seule à avoir connu des monnaies de plomb, puisqu'on en a identifiées d'autres séries datant du début du VIIe siècle (Cécile Morrisson, "Monnaies en plomb byzantines de la fin du VIe et du début du VIIe siècle", *Rivista italiana di numismatica* 83 (1981) 119-132).

à la frontière des deux domaines[4] sans oublier les empreintes ou poinçons d'argenterie qui s'y rattachent aussi.[5] Leur parenté évidente (forme et/ou matière, fonction d'authentification de l'empreinte qui y figure, iconographie commune et d'influence réciproque) a fait depuis longtemps de leur étude des disciplines-soeurs pratiquées souvent par les mêmes savants — qu'il suffise de citer G. Schlumberger et, plus près de nous, V. Laurent ou G. Zacos et A. Veglery — accueillies dans les mêmes périodiques scientifiques[6] tandis que les documents eux-mêmes sont souvent conservés dans les mêmes institutions.[7] A l'heure où, après les rapprochements fructueux de la dernière décennie,[8] ces spécialités paraissent diverger sur des chemins qui leur

---

[4]Je citerai seulement les deux pièces aux noms de Constantin VII et Zoè (914-919) conservées à Dumbarton Oaks (Oikonomides, *Dated Seals*, no. 57 = Zacos-Veglery, no. 64) que l'absence de canal et la position des axes des coins à 6 heures semble plutôt apparenter au domaine monétaire au sens large. Cette hypothèse me paraît confirmée par l'existence d'une pièce en argent de même module du coin et de mêmes type et légende mais de boullôtèrion différent, publiée par A. Veglery et G. Zacos "A Unique Silver Coin of Constantine VII", *NCirc* 64 (1956) 379-380, 472; et 65 (1957) 195-196 et considérée par Grierson, *Catalogue* III/2, 541 comme un essai de solidus.

[5]Voir l'ouvrage classique de Erica Cruikshank Dodd, *Byzantine Silver Stamps* (Washington, D.C., 1961) et les suppléments publiés par le même auteur: "Byzantine Silver Stamps. Supplement I", *DOP* 18 (1964) 240-248; "Byzantine Silver Stamps. Supplement II", *DOP* 22 (1968) 143-149.

[6]Voir le titre de la *Revue Belge de Numismatique et de Sigillographie*, fondée en 1842 et publiée depuis 1908 sous ce titre développé, l'accueil fait aux travaux sigillographiques dans des périodiques comme la *RN* (cf. avertissement en p. 4) etc.

[7]A l'exception des sceaux encore attachés aux documents qu'ils authentifiaient et conservés dans les dépôts d'archives (les divers monastères du Mont Athos p. ex., les Archives nationales à Paris etc.) qui parfois de ce fait ont développé leurs propres collections sigillographiques, celles-ci se trouvent le plus souvent rassemblées dans les cabinets numismatiques.

[8]Les plus remarquables ont été sans aucun doute la datation des sceaux de commerciaires établie par G. Zacos et A. Veglery à l'aide de la comparaison avec la numismatique (Zacos-Veglery, p. 131 et s.). Voir aussi Cécile Morrisson et G. Zacos, "L'image de l'empereur byzantin sur les sceaux et les monnaies", *La monnaie, miroir des rois*, Catalogue de l'exposition (Paris, 1978), 57-72; et Morrisson-Seibt.

seraient propres, l'une en direction de l'histoire économique et * financière, l'autre vers la prosopographie et l'histoire administrative, il peut être utile de souligner les relations qui les unissent et certaines convergences de méthode, encore insuffisamment exploitées, qui demeurent.

I. Les relations

1. *Les modes de fabrication*

Les *flans* des sceaux de plomb, qu'ils soient plats ou pourvus d'un canal central, sont, on le sait, obtenus par coulée dans des *moules* dont on a retrouvé des exemples dans les fouilles de Corinthe ou dans celles de Saint-Polyeucte (cf. fig. 1).[9] On ne sait pas en revanche comment étaient préparés les flans monétaires byzantins, la technique différant

Fig. 1. Moules à flans de sceaux de Corinthe
(d'après *Corinth* XII, no. 2828)

[9] *Corinth* XII, 328, nos. 2828-2831 (pl. 134). Harrison, *Excavations at Saraçhane*, no. 733 (pl. 464). On a conservé de nombreux flans de sceaux issus de tels moules (Zacos-Veglery, pl. V = Oikonomides, *Seals*, fig. 4). Quatre-vingt-huit flans ont été trouvés dans les fouilles de Preslav (*infra*, p. 99) et quelques uns également dans les fouilles de la forteresse de Păcuiul lui Soare. Le Père Delattre signale aussi des flans de "plombs vierges de toute empreinte" trouvés à Carthage ("Sceau de Jean, diacre des Blachernes", *Florilegium Melchior de Vogüé* [Paris, 1909], 168-175, gravure à la p. 174).

* sans doute selon les métaux, voire selon les ateliers. A Carthage, par exemple au VIIe siècle, les flans des monnaies d'or dites "globules" sont très vraisemblablement coulés individuellement dans des creusets calibrés. Pour la monnaie de bronze, on a pu utiliser parfois des plaques analogues à celles retrouvées pour les sceaux, à cette différence près qu'elles ne présentaient pas d'évidement pour un canal central. On peut les imaginer plus ou moins semblables à ces moules d'époque ptolémaïque trouvés dans les fouilles de Néa Paphos à Chypre, où les cupules juxtaposées en lignes parallèles sont reliées par des canaux.[10] Un tel mode de préparation semble confirmé par les tenons de coulée encore visibles sur certains folles.[11] On a supposé aussi, pour des raisons tenant à la métrologie et confirmées en partie par la forme de nombreux flans monétaires des VIe et VIIe siècles, qu'on coulait en bloc une plaque d'une livre de métal, dans laquelle on découpait ensuite le nombre de flans prescrit par la taille (18, 36 etc.).[12] A d'autres moments, pour des espèces plus petites, on s'est contenté de débiter des tiges de bronze du diamètre approprié en rondelles, ainsi que cela est attesté par ailleurs pour d'autres séries antiques.[13]

---

[10]K. Nicolaou, "Découverte d'un Hôtel des Monnaies de l'époque ptolémaïque à Paphos (Chypre), *BSFN* 27 (1972) 310-315, fig. 1-2 (moules), fig. 3 (deux flans restés attachés par le tenon de coulée). Voir aussi les moules datant de la deuxième moitié du Ier siècle avant J.-C. trouvés à Bavai (France, département du Nord): H. Biévelet, "L'exploration archéologique de Bavai; four de verrier, ornements muraux et moules à flans monétaires", *Revue du Nord* 49 (1967) 629-635, ill. dans J.-B. Giard, "La fabrication des monnaies dans l'Antiquité", *Les graveurs d'acier et la médaille de l'Antiquité à nos jours*, Catalogue de l'exposition (Paris, 1971), 408, fig 1.

[11]Voir p. ex. A. R. Bellinger, *Catalogue of the Byzantine Coins in the Dumbarton Oaks Collection and in the Whittemore Collection* I (Washington, D.C., 1966), pl. LXVII, 20c.2.

[12]H. Pottier, *Analyse d'un trésor de monnaies en bronze enfoui au VIIe siècle en Syrie byzantine. Contribution à la méthodologie numismatique* (Bruxelles, 1983), 121-127.

[13]Tel semble avoir été le cas de certains *minimi* de la trouvaille d'Aïn Kelba (Cécile Morrisson, "La trouvaille d'Aïn Kelba et la circulation des *minimi* en Afrique au début du VIe siècle", *Mélanges de numismatique, d'archéologie et d'histoire offerts à Jean Lafaurie* [Paris, 1980]), 241, n. 6. Pour les exemples antiques, y compris de flans ainsi fabriqués, voir T. Hackens, "Terminologie et techniques de fabrication", *Numismatique antique. Problèmes et méthode* (Nancy-Louvain, 1975), 5.

Nous sommes également mieux informés sur la frappe des sceaux byzantins que sur celle des monnaies, puisque plusieurs pinces à sceaux ou boullôtèria nous sont parvenus.[14] Leur forme de pince assurait à la fois la tenue du flan lors de la frappe et l'alignement constant des empreintes gravées de chaque côté, selon un axe parallèle (12 heures). La pression de la pince à elle seule n'aurait pas suffi à impressionner le flan et il est sûr, à en juger par la barbe visible sur l'un, ou les deux, bras de la pince, qu'il fallait asséner un ou plusieurs coups de marteau. Le boullôtèrion de la collection Schlumberger à la Bibliothèque nationale a d'ailleurs été trouvé à Bursa avec un marteau dont le manche de bois avait évidemment disparu (cf. fig. 2).[15] Sur le boullôtèrion du Fogg Art Museum,[16] seul un des bras semble avoir reçu ces coups de marteau et on peut se demander si l'autre bras n'était pas parfois fixé dans un réceptacle *ad hoc* à la manière du coin monétaire d'enclume que l'on enfichait dans un billot de bois. Mais ceci paraît assez peu probable: les boullôtèria de la collection Zacos (Zacos-Veglery, pl. 1-4) semblent avoir supporté ces coups indifféremment de l'un ou l'autre côté car les traces d'écrasement sont à peu près égales à chaque extrémité. Aussi l'hypothèse avancée ci-dessous — à un autre sujet — par N. Oikonomidès (p. 98) d'une frappe préférentielle sur la partie du boullôtèrion portant l'empreinte du revers rend-elle sans doute mieux compte de l'asymétrie des traces d'écrasement observée dans certains cas.

Une problème particulier concernant le mode de fabrication est posé par les sceaux unifaces, principalement de commerciaires, des VIe-VIIe

[14]Cf. entre autres les deux boullôtèria de la collection Zacos publiés par Zacos-Veglery (pl. I-IV) et leur commentaire avec références aux autres boullôtèria connus, p. IX-XII.

[15]G. Schlumberger, "Un boullotirion byzantin ou appareil à fabriquer les sceaux à l'époque byzantine", *CRAI* (1911) 411-417. Ce boullôtèrion est en fer et pèse 1400 g. La partie métallique du marteau qui lui est associé est aussi en fer et pèse 667 g. De section carrée, le marteau qui était probablement symétrique, a surtout été utilisé d'un seul côté (cf. fig. 2).

[16]Publié comme coin monétaire par C. C. Vermeule dans *NCirc* 61 (1953), 397-398 (illustré également dans Grierson, *Gold Bullae*, fig. 9 et Oikonomides, *Seals*, fig. 1). Cette erreur fut corrigée successivement par V Laurent, "Le boullotirion byzantin du Fogg Art Museum", *REB* 15 (1957) 211-214 et Ph. Grierson, "A Supposed Byzantine Coin Die", *NCirc* 73 (1965) 232, mais l'objet est encore donné comme coin monétaire dans le manuel classique de L. Breglia, *Numismatica antica* (Milan, 1964), pl. 3. Voir aussi *infra*, p. 105-108.

Fig. 2. Le boullôtèrion de la Bibliothèque nationale avec son marteau

siècles (dernier exemplaire connu datant de 714), qui étaient destinés vraisemblablement à sceller les ballots de soie dont ces fonctionnaires contrôlaient à la fois le commerce et la production,[17] à la manière de ces plombs médiévaux dont le bullement garantissait, dans les villes flamandes aux XIIe-XIIIe siècles, à la fois la quantité (c'est-à-dire la longueur de la toile, puisque la cordelette était passée à chaque extrémité du lé et ensuite fixée par le sceau) et la qualité du drap (c'est-à-dire le respect des normes fixées par le métier). Les sceaux de commerciaires portent en effet au revers la marque du tissu grossier qui protégeait la marchandise (cf. fig. 3). Si, comme ce parallèle occidental plus tardif

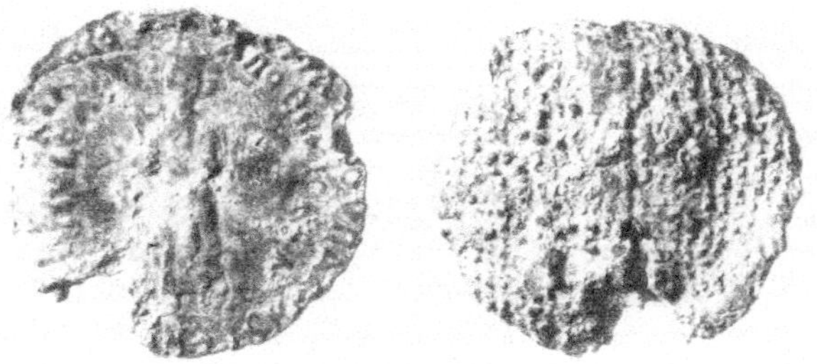

Fig. 3. Sceau de commerciaire portant au revers la marque du tissu grossier qui couvrait le ballot de soie (DO 58.106.680)

amène à le supposer, ils étaient apposés après que la balle ait été enveloppée, l'usage du boullôtèrion était impossible; il faut donc supposer que l'empreinte était obtenue par pression d'un seul coin sur un flan froid.[18]

[17]N. Oikonomides, "Silk Trade and Production in Byzantium from the VIIth to the IXth Century: The Seals of Kommerkiarioi", *DOP* 40 (1986) 33-53 avec la bibliographie.

[18]Une reconstitution expérimentale serait souhaitable pour vérifier cette hypothèse. Dans le domaine numismatique, semblable reconstitution, jointe à une étude physique et mécanique, a permis à F Delamare d'élucider le mystère de l'origine des monnaies concaves — improprement appelées "scyphates" (F. Delamare, P. Montmitonnet et Cécile Morrisson, "Une approche mécanique de la frappe des monnaies. Application à l'étude de l'évolution de la forme du solidus byzantin", *RN* 26 [1984] 7-39). M. Delamare veut bien me préciser qu'a priori, vu l'extrême malléabilité du plomb, la question de la température du flan n'a guère lieu de se poser, une frappe à froid pouvant suffire à faire apparaître l'empreinte du

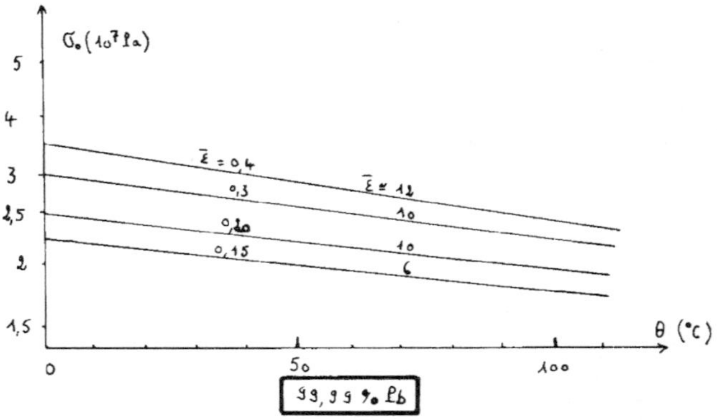

Fig. 4. La graphique de l'évolution de la contrainte d'écoulement (σ_0) du plomb pur (99,9%) en fonction de la température (θ) montre une variation très faible. Pour une déformation $\bar{\varepsilon}$ de 0,5 et une vitesse de déformation $\dot{\bar{\varepsilon}}$ de 1000 s^{-1} correspondant à la frappe au marteau la contrainte est de 4,8 kg/mm^2 à 20° et s'abaisse seulement à 3,8 kg/mm^2 à 150° (d'après P Baqué et al., *La mise en forme des métaux*, Paris 1973, II, 400).

Pour en revenir aux boullôtèria classiques, la comparaison avec les coins monétaires révèle à la fois des points communs et des divergences. D'une part, ils sont les uns et les autres le plus souvent en fer,[19] et la gravure du coin y est effectuée directement et non par

tissu au revers. La dureté du plomb (ou, plus précisément, sa contrainte d'écoulement) ne varie que très peu avec la température. Cf. notre fig. 4.

[19] Voir p. ex. l'un des quatre coins monétaires de Magnence (350) trouvé à Trèves: J. Lafaurie, "Coin monétaire de Magnence trouvé à Trèves" *BSFN* 21 (1966) 103; H. Cüppers, "Vier Prägestempel der Trierer Münze aus der Mosel", *Trierer Zeitschrift* 31 (1968) 209-221; P Bastien, *Le monnayage de Magnence*, 2e éd. (Wetteren, 1983), 275. Les coins plus anciens étaient en revanche en bronze, comme le révèle l'étude métallographique de deux coins d'Auguste trouvés dans la fontaine de Nîmes et conservés à la Bibliothèque nationale (environ 75% de cuivre et 22% d'étain: M. Dhénin et al., "Examen radiographique et analyse par microfluorescence d'un coin monétaire d'Auguste", *Annales du Laboratoire de Recherches des Musées de France* [1977] 42-46), ou celle d'un

estampage d'un poinçon d'ensemble quelquonque.[20] C'est ce que révèlent l'examen des instruments conservés, ainsi que des textes comme cet acte d'un patriarche latin d'Antioche mentionnant les *cuneos ferreos ad bullandum*,[21] ou encore, sur certaines monnaies frappées avec un coin oxydé, la trace en creux laissée par les incrustations de rouille. D'autre part, tandis que les coins des boullôtèria sont presque toujours alignés à 12 heures, les coins monétaires connus, romains ou médiévaux, comportent rarement des dispositifs d'alignement. Mais certains coins romains de forme carrée permettaient naturellement l'alignement dans l'une des 4 positions cardinales (3, 6, 9 et 12 heures)[22] et deux paires de coins à tenons et mortaises (pegs and sockets) qui nous sont parvenus, l'un d'époque almoravide, conservé au Musée d'Alger,[23]

---

coin de Tibère conservé à la Monnaie de Paris (environ 75% de cuivre et 25% d'étain: J. Lafaurie, "Coins monétaires de Tibère trouvés à Auxerre", *BSFN* 25 [1970] 544-547). Voir aussi les valeurs d'environ 15% d'étain citées par Maria Paz Garcia-Bellido, "A Hub from Ancient Spain", *NC* 146 (1986) 80.

[20]Pour la gravure des coins monétaires, on utilisait certes fréquemment des poinçons pour les lettres, voire pour certains éléments du type (couronne p. ex.). Toutefois un poinçon romain destiné à la fabrication de coins entiers de victoriats nécessaires pour payer l'armée en Espagne au cours de la Seconde Guerre punique (211-206 av. J.-C.) a été identifié (Paz Garcia-Bellido, *art. cit.*, 76-84). *

[21]Cité par J. Richard, *RN* (1986) 221.

[22]Tel le coin de Faustine la jeune du musée de Lyon (E. Babelon, *Traité des monnaies grecques et romaines* I. *Théorie et doctrine* [Paris, 1901], col. 913, gravé fig. 30, photographie dans L. Breglia, *Numismatica antica*, pl. 2 a-d). L'usage de tels coins ou du moins l'insertion des coins dans des chappes ou chemises de cette forme me paraît confirmée par les observations statistiques et techniques sur l'orientation des axes de coins des monnaies romaines: C. Brenot, "Monnaies romaines de mêmes coins et techniques de frappe", *BSFN* 25 (1970) 574-575; P Bastien et H. Huvelin, "Orientation des axes de coins dans le monnayage impérial romain", *BSFN* 26 (1971) 131-135; et C. Brenot, "Observations sur les orientations d'axes d'un groupe d'antoniniani de Victorin issus des mêmes coins de droit et de revers", *ibid.*, 135-138. Les orientations deviennent régulières à partir du règne de Tibère et les axes à 6 ou 12 heures prédominent nettement.

[23]G. Marçais, "Un coin monétaire almoravide du musée Stéphane Gsell", *Annales de l'Institut d'Études Orientales* (Faculté des Lettres de l'Université d'Alger) 2 (1936) 180-188 (cf. fig. 5).

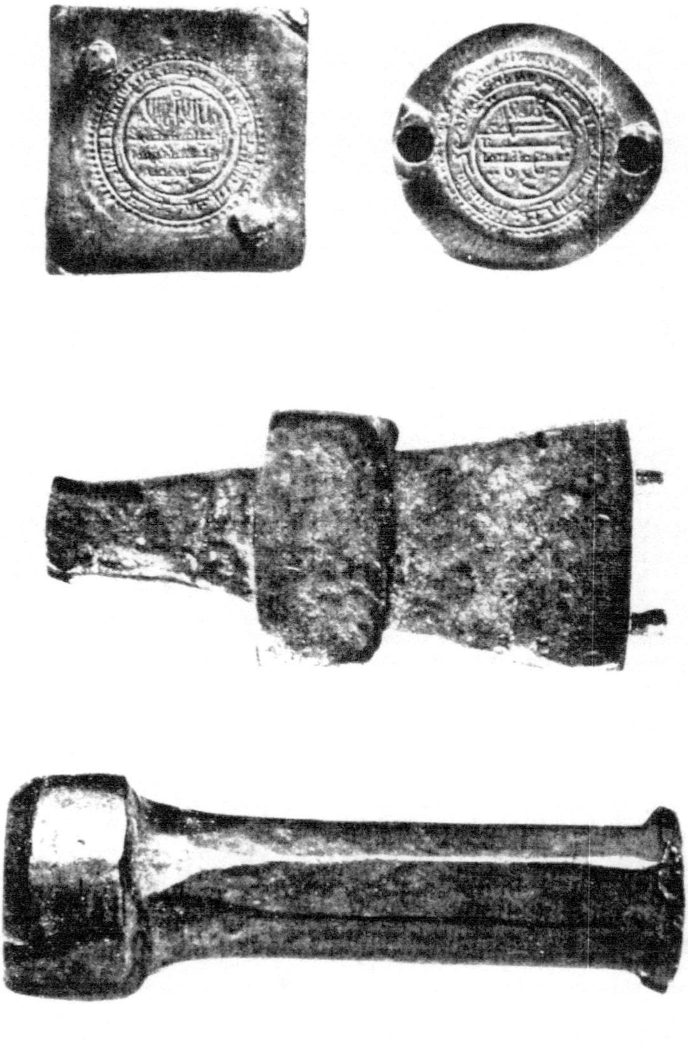

* Fig. 5. Coin monétaire almoravide à tenons (Musée d'Alger)
(d'après *Annales de l'Institut d'études orientales* 2, 1936, pl. I)

l'autre du XVIIIe siècle vénitien, conservé à la Bibliothèque nationale, ont amené Ph. Grierson à supposer l'existence de dispositifs analogues à l'époque byzantine, dispositifs responsables de l'alignement oblique (à 5 ou 11 heures) effectivement observé sur les monnaies, lorsque les tenons étaient fixés dans les angles, comme c'est le cas sur ces deux exemplaires, ou d'un alignement en équerre si les tenons étaient fixés au milieu des côtés des coins.[24] On remarquera surtout que le respect de l'alignement à 12 heures des sceaux s'impose par la nécessité de pouvoir embrasser rapidement d'un seul coup d'oeil les deux faces de la pièce qui authentifie le document auquel elle est suspendue. Sur la monnaie byzantine, d'un alignement beaucoup plus régulier que les monnayages occidentaux, si nous laissons de côté les différences régionales, le contraste est frappant entre la monnaie de bronze souvent irrégulière — mais où prédominent les axes 6, 12 d'une part et 5, 11 de l'autre[25] — et la monnaie d'or où l'axe est presque invariablement inversé à 6 heures tandis que le *miliarèsion*, la monnaie d'argent de la moyenne époque, de Léon III à Constantin VII du moins, est à 12 heures, sans doute sous l'influence des sceaux dont il s'inspire déjà du point de vue iconographique. Le respect d'une orientation déterminée était donc aussi important pour la monnaie de métal précieux que pour le sceau, probablement en raison de la fonction d'authentification jouée par l'empreinte dans les deux cas.

Pareille hiérarchie entre les métaux se retrouve dans la qualité de la gravure des types monétaires et sigillographiques: on distinguera aisément de ce point de vue celle des bulles d'or ou des sceaux impériaux (ou portant l'effigie impériale), souvent sortis des mêmes ateliers que la monnaie de métal précieux,[26] de celle des sceaux de fonctionnaires ou de personnages d'un rang inférieur qui faisaient appel à des artisans moins qualifiés. Mais la sigillographie connaît ici une liberté plus

[24] Ph. Grierson, "Pegged Venetian Coin-Dies: Their Place in the History of Die-Adjustment", *NC*, 6e sér., 12 (1952) 99-105 (avec ill. dans le texte du coin de la Bibliothèque nationale).

[25] Ces deux derniers ne représentant en fait qu'une très faible variation par rapport à l'axe d'origine à 6 ou 12 h.

[26] Comparer p. ex. les portraits de Romain Ier Lécapène ou de Constantin VII sur leurs sceaux respectifs (Zacos-Veglery, nos. 68 et 70) et sur leurs monnaies (Grierson, *Catalogue* III/2, pl. XXXVII, 19 et XXXVI, 11-13).

grande que celle de la monnaie, soumise elle, à de plus sévères contraintes, puisqu'entrent en jeu non seulement les différences régionales, mais aussi la personnalité des artistes-graveurs. Dans l'étude de ces variétés, de ces *styles* pourrait-on dire, la numismatique est toutefois beaucoup plus avancée que la sigillographie, sans grand mérite certes, puisque datations et provenances sont bien assurées, étant indiquées la plupart du temps par les légendes monétaires.[27] Mais lorsque ces deux points seront mieux établis pour la sigillographie, il sera sans doute intéressant de tenter d'y dégager groupements et séquences stylistiques.

Un dernier parallèle au niveau de la fabrication de ces objets se trouve dans tous les *accidents* qui accompagnent la *frappe*. Monnaies comme sceaux sont parfois frappés sur des *flans trop petits* (demi-folles frappés avec le coin d'un follis,[28] ou du moins le coin d'une émission antérieure de poids et de diamètre plus élevés; sceaux où la totalité de l'empreinte ne peut prendre place).[29] Ils sont aussi *rognés* — mais si on voit bien l'intérêt d'une telle opération sur le métal

---

[27] Mais ce n'est pas toujours le cas. Ainsi la monnaie d'or des VIe-VIIe siècles porte-t-elle presqu'invariablement la marque CONOB à l'exergue quel que soit l'atelier. Celui-ci est donc identifié sur la base de particularités stylistiques confirmées si possible par des arguments de provenance. C'est ainsi entre autres que Ph. Grierson a identifié les séries importantes de solidi de Carthage. Mais ces particularités peuvent parfois être affectées par le transfert de graveurs d'un atelier à l'autre: à Carthage par exemple les solidi de Justinien sont d'abord d'un style local bien affirmé dans la ligne des émissions vandales antérieures, puis pour partie d'une "manière" constantinopolitaine due sans doute à l'arrivée de graveurs envoyés de la capitale (Cécile Morrisson, "Carthage: The *moneta auri* under Justinian and Justin II", *Studies in the Byzantine Gold Coinage of the 6th and 7th Centuries*, éd. W. Hahn et W. Metcalf, American Numismatic Society, Numismatic Studies). Ou encore des coins peuvent avoir été gravés dans la capitale pour une émission locale exceptionnelle, comme en témoignent les rares solidi d'Alexandrie au nom de Justin II à la marque AΛZOB, dont la facture est indubitablement métropolitaine.

[28] Tel est le cas d'un certain nombre de demi-folles de Justin I d'Antioche (Morrisson, *Catalogue* I, pl. VI, 2/An/AE/07 et 08 ainsi que Bellinger, *Catalogue* [cit. n. 11], pl. XI, 50a) ou du début du règne de Justinien dans le même atelier (Morrisson, *Catalogue* I, pl. XV, 22). Le no. 28 décrit comme tel est en fait plus ambigu; le flan est manifestement trop petit mais le coin ne peut être celui d'un follis.

[29] Ainsi entre autres Zacos-Veglery, nos. 238 et 239; "The Usual Lead Seal", fig. 1 et 2b-q, etc.

précieux, son but lorsqu'elle était pratiquée sur les plombs comme l'affirment certaines descriptions de catalogues, n'est pas évident[30] — ou encore *tréflés*, c'est-à-dire frappés deux fois, ce qui était souvent nécessaire,[31] mais avec un glissement du flan entre les deux opérations.[32] Les deux catégories d'objet sont enfin fréquemment *surfrappés*. Ce phénomène est naturellement beaucoup plus souvent observé sur la monnaie où la sous-évaluation des espèces anciennes et la nécessité d'une production accélérée en période d'inflation, ainsi sous Héraclius, à la fin du VIIe siècle, ou au cours du XIe siècle, amène à refrapper les flans des monnaies décriées sans se donner la peine de les refondre.[33] En numismatique, ces surfrappes sont une aide précieuse *

---

[30]L'expression de "rogné" "sur les côtés", "sur le bord inférieur", "au sommet" etc. revient fréquemment sous la plume de V. Laurent (voir p. ex. Laurent, *Corpus* II, nos. 18, 60-61, 642, 811, 835, 844-845, 933, 966, 970, 1036 et *passim*) et me paraît impropre. Les auteurs s'exprimant en anglais (p. ex. "The Usual Lead Seal", fig. 1-2a et 3-4e, Zacos-Veglery, *passim*) emploient pour décrire le même phénomène le terme de "chipped" (à ne pas confondre avec "clipped" qui est bien l'équivalent du français "rogné") que l'on pourrait traduire par "ébréché" et qui n'implique pas la même notion de dommage que "rogné".

[31]Le nombre de coups dépendant de la géométrie, la composition et la température des flans, conditions dans le détail desquelles il serait trop long d'entrer ici. Sur ce sujet voir D. Sellwood, "Some Experiments in Greek Minting Techniques", *NC* (1963) 217-231; "Minting", dans *Roman Crafts*, éd. D. Strong et D. Brown; F Delamare et P. Montmitonnet, "Evolution of Coin Striking Processes: A Mechanical Survey. I. Hammer Striking", *Journal of Mechanical Working Technology* 11 (1985) 37-51.

[32]Les exemples de monnaies tréflées sont fréquents même pour les espèces de métaux précieux à la fabrication desquelles on apportait pourtant un plus grand soin (cf. entre autres Morrisson, *Catalogue*, pl. XXXV. 16, Phocas; LXIII, 07, Justinien II). Le phénomène est plus rare sur les sceaux, car la grande malléabilité du plomb en rend la frappe plus aisée; voir toutefois B. A. Pančenko, "Kollekcii Russkago Arheologičeskago Instituta v Konstantinopole. Katalog molivdovulov", *IzvestijaRAIK* 13 (1908), pl. XIV. no. 11 (no. 425 du tiré-à-part).

[33]Rares exemples sur la monnaie d'or (un solidus de Justinien surfrappé sur une pièce d'Anastase, Ph. D. Whitting, *Monnaies byzantines* [Fribourg, 1973], fig. 99). Surfrappes sous Héraclius: Morrisson, *Catalogue* I, pl. XLIII, 10, 44; XLIV, Th/AE/02 etc.; sous Justinien II, pl. LXI, Cp/AE/01; sous Tibère III, pl. LXII, AE/01; au XIe siècle, pl. LXXXI, 107, 192; LXXXIX, 40 (exemples illustrés) et en général index, *s.v.* On peut trouver jusqu'à trois frappes superposées; ainsi sur les folles d'Héraclius à contremarques siciliennes (*ibid.*, p. 305, no.

au classement des émissions; elles ont permis par exemple à A. R. Bellinger et M. Thompson d'établir la chronologie relative des folles anonymes du XIe siècle.[34] Sous les Paléologues, dont les bronzes ne portent plus alors que de façon exceptionnelle la mention de la date dans le champ, leur étude a commencé d'offrir quelques points de repère sûrs et permis de préciser certaines attributions.[35] Bien que plus rare, le fait se rencontre parfois en sigillographie: on connaît le sceau d'un métropolite de Séleucie d'Isaurie, surfrappé sur un sceau du patriarche de Constantinople, Nicolas Ier Mystikos; l'un des sceaux du stratège Léon Sarakènopoulos, trouvé à Preslav, est surfrappé sur celui d'un spatharocandidat nommé Grégoire;[36] celui d'un stratèlate d'Orient sur le sceau d'un stratège d'Anabarza (cf. fig. 6). Aussi une attention portée à ces phénomènes serait sans doute ici encore une aide précieuse à la datation.

2. *Iconographie et épigraphie*

Iconographie et épigraphie sont sous ce rapport deux éléments essentiels déjà souvent utilisés. Il suffira d'évoquer les services rendus par la comparaison avec la numismatique pour la datation des sceaux des commerciaires que G. Zacos et A. Veglery sont parvenus par ce moyen à établir de façon définitive, jetant ainsi les bases de fructueuses études

31). On connaît aussi des refrappes sur des flans, non plus de monnaies antérieures de quelques années, mais sur ceux d'espèces beaucoup plus anciennes remises en circulation en raison de la similitude de leur module: follis de Constant II sur un AE 3 de Constantin I, demi-folles de Léonce sur des bronzes de la Tétrarchie: S. Bendall, *NCirc* 79 (1971) 7 et 83 (1975) 338.

[34] Cf. Morrisson, *Catalogue* II, 584-586 avec références.

[35] S. Bendall, "Andronikos II or III?", *NCirc* 82 (1974) 285; "Further Palaeologan Overstrikes", *NCirc* 84 (1976) 144; "An Overstrike of Theodore Comnenus-Ducas of Thessalonica", *NCirc* 84 (1976) 416; "Andronicus II and Michael IX: An Overdate", *NCirc* 87 (1979) 134; "A New Type of 'Billon' Trachy of Michael VIII", *NCirc* 87 (1979) 549; "A Palaeologan Double Overstrike", *NCirc* 90 (1982) 269.

[36] Sceau de Julien, métropolite d'Isaurie: G. Schlumberger, "Sceaux byzantins inédits", dans *Mélanges d'archéologie byzantine* (Paris, 1895), 218-219, no. 34 (gravé) = Laurent, *Corpus* V/2, 378, no. 1546 (exemplaire conservé au musée d'Athènes). Sceau de Léon Sarakènopoulos: Oikonomidès, *infra*, p. 99, avec les références.

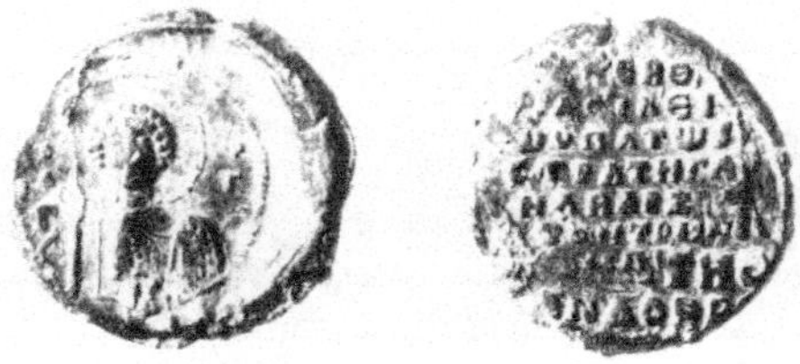

Fig. 6. Sceau à double frappe du 11e siècle (Fogg, no. 587)

historiques.[37] J'ai rappelé ailleurs[38] comment les "modes" de l'épigraphie, relativement figées sur la monnaie et les sceaux impériaux, en raison des contraintes imposées par le conservatisme palatin, évoluent au contraire avec moins de lenteur sur les autres sceaux. Et l'étude de ces transformations permet au spécialiste averti qu'est W. Seibt, de proposer sur ce simple critère des datations, dont certains jugeront la précision excessive, mais dont la validité générale n'a pas encore reçu de démenti. Dans son recueil *A Collection of Dated Byzantine Lead Seals*, publié à l'occasion du présent Congrès, N. Oikonomidès vise de son côté, en offrant une sélection de sceaux précisément situés dans le temps, pour des raisons iconographiques ou prosopographiques, et qui constituent donc autant de points de repères incontestables de cette

[37] Voir *supra*, n. 8. Les échanges entre les deux disciplines ne sont pas à sens unique et la sigillographie a contribué aussi à la meilleure datation d'émissions monétaires: ainsi pour des monnaies d'argent de Carthage qu'il convient d'attribuer au court règne conjoint d'Héraclonas et Constant II (septembre 641-janvier 642) (Morrisson-Seibt, 233 et pl. XXII, a-c) de même peut-être pour confirmer l'existence de folles au nom de Théophanô connus seulement par une gravure de Sabatier (pl. XLVII, 9), mais cette interprétation proposée par Morrisson et Zacos (*art. cit.*, n. 8) est mise en doute par Ph. Grierson, *Coins*, 184: "It is possible that the Lagoy specimen (reproduced by Sabatier) was itself a seal and not a coin"

[38] Dans un rapport au IIe Congrès International de Paléographie grecque, Berlin-Wolfenbüttel 1983, intitulé "L'épigraphie des monnaies et des sceaux à l'époque byzantine", ci après, étude II.

évolution, à "faciliter le classement rapide et précis des sceaux byzantins".[39]

II. Les méthodes

1. *Description*

Objet plus "unique" que la monnaie, le sceau est souvent décrit avec un beaucoup plus grand luxe de détails, concernant à la fois

— la légende et le type naturellement mais aussi

— l'état de conservation ("en voie d'oxydation", "échancrure et brisure aux orifices du canal", "large éraflure traversant le champ" etc.)

— la forme du flan ("renflé", "épais", "bord relevé à l'avers" etc.)

— la frappe ("décentré", "pressé et largement oblitéré", "gravure légère mais nette" etc.).

Le numismate posera la question à ses confrères sigillographes de la finalité de tous ces éléments: à quoi servent-ils d'autre sinon à contribuer à l'identification de chaque exemplaire? Ne vaudrait-il pas mieux, au lieu de ces longs commentaires, imposer l'illustration de chaque pièce? C'est la règle d'ailleurs suivie par W. Seibt dans son catalogue des sceaux autrichiens (mais il ne s'est pas dispensé pour autant de la description traditionnelle détaillée des pièces) et celle que nous comptons appliquer nous-mêmes dans notre publication des sceaux de la collection Seyrig. Mais cette régle serait évidemment beaucoup plus difficile à appliquer pour une grande collection comme celle de Dumbarton Oaks. Il paraîtrait donc raisonnable de limiter le degré de détail de la description, de réserver notamment le rendu de l'inscription de type "épigraphique" aux seuls cas dans lesquels l'exemplaire publié est unique ou supposé tel. En revanche lorsque l'exemplaire a des pièces parallèles dans la même collection, le modèle de description proposé par N. Oikonomidès pour le sceau de Théodore Bériboès est tout à fait pertinent: la description, comme dans un catalogue de monnaies, est celle du type, avec sa légende ou ses variétés de légende, suivie des caractéristiques métrologiques de chaque exemplaire. Dans un cas comme celui-ci, où tous les exemplaires proviennent du même

[39] Dans sa conclusion ("Some Tips on Dating Byzantine Lead Seals", p. 151 et s.), N. Oikonomidès résume, sur la base des seuls sceaux de cet ouvrage, les principales caractéristiques épigraphiques pouvant servir d'indices de datation, en association naturellement avec d'autres critères.

boullôtèrion (v. *infra*), on doit pouvoir faire confiance au jugement de l'éditeur sur ce point et le dispenser par conséquent d'illustrer la totalité des pièces, le principe étant l'illustration obligatoire de chaque "boullôtèrion".[40]

2. *Étude métrologique et étude des coins*

La métrologie[41] joue actuellement en sigillographie un rôle beaucoup plus marginal qu'en numismatique où elle entre pour une part essentielle dans l'appréciation de la valeur de la pièce et de sa place dans le système monétaire même.[42] On se contentait autrefois, lorsqu'on donnait une mesure, de noter le *diamètre total* du sceau.[43] A l'instar de la numismatique, où l'on mesure souvent à la fois le diamètre total du flan et celui du grènetis délimitant le coin, les sigillographes contemporains (Laurent parfois, Seibt systématiquement) indiquent désormais à la fois le diamètre total et celui du champ. Et de telles précisions, comme le montre l'exemple des sceaux de Dèmètrios, stratège de l'Aigaion Pélagos, analysé par N. Oikonomidès, contribuent à l'identification — lorsque les mesures sont semblables — d'un boullôtèrion

---

[40] Nous employons ici ce terme pour désigner l'empreinte laissée par le boullôtèrion sur le flan, comme équivalent sigillographique en quelque sorte de ce que les numismates appellent "coins" (dies) lorsqu'ils parlent "d'étude de coins" (voir *infra*).

[41] Nous entendons ici métrologie au sens le plus large comme l'étude de toutes les caractéristiques mesurables de l'objet, c'est-à-dire non seulement son poids mais aussi son diamètre et sa composition métallique. Par extension, nous y incluons également l'identification du coin à laquelle les procédés de mesure viennent souvent contribuer pour suppléer ou confirmer les conclusions de "l'oeil", fût-il le mieux exercé.

[42] Voir l'exemple de l'aspron trachy, la pièce d'électrum créée par Alexis Ier Comnène comme monnaie divisionnaire valant le tiers de l'hyperpère, identifiée par la confrontation des textes — la *Logarikè* — et des analyses: travaux de Bertelè et de Hendy cités dans Morrisson, *Catalogue* II, 669; analyses complémentaires et état de la question dans Cécile Morrisson et al., *L'or monnayé I. Purification et altérations: de Rome à Byzance*, Cahiers Ernest-Babelon 2 (Paris, 1985), 155 et 233-237

[43] Schlumberger ne donne aucune mesure dans *Sig.*; la mention du diamètre (total) apparaît pour la première fois semble-t-il dans le catalogue de la collection de l'Institut archéologique russe de Constantinople publié par Pančenko (1903-1908). C'est toujours la seule à figurer dans les publications de Zacos-Veglery ou Oikonomidès, *Dated Seals*.

unique,[44] tandis que W. Seibt, pour sa part, mesure avant de se prononcer, à l'aide d'un compas à pointe sèche, des hauteurs de lettres ou certaines distances caractéristiques du dessin, sans toutefois en faire état dans la publication.[45] Parfois, les différences de dimensions des flans pour un même boullôtèrion (ex. Théodore Bériboès) montrent la pénurie de supports adéquats, vraisemblablement dans la province d'où le possesseur de celui-ci écrivait. En d'autres cas au contraire, les dimensions différentes du diamètre total du champ ou d'autres éléments du dessin confirment la pluralité des boullôtèria.[46]

La métrologie est ici un auxiliaire de ce que les numismates pratiquent depuis la fin du 19e siècle sous le nom d'*étude des coins*, parfois baptisé plus pompeusement *charactéroscopie*,[47] et dont l'utilité est multiple: étude de la succession des types par les associations ou liaisons de coins, voire étude chronologique d'une seule émission par examen de l'usure progressive du coin, et surtout estimation du nombre original de coins utilisés, et par conséquent du volume de la production initiale, à partir du nombre de coins observés dans l'échantillon, supposé représentatif, observé.[48] Mais, même s'ils procèdent de méthodes analogues d'estampage, les sceaux ne sont pas tout à fait comparables aux monnaies au regard de l'étude des coins. On n'est pas fondé en effet à supposer, comme on le fait pour les monnaies, que chaque boullôtèrion servait à frapper un même nombre de sceaux d'autant plus, comme me le fait remarquer M. F. Delamare, que compte tenu de la faible dureté du plomb, l'usure de l'instrument de frappe est certainement

---

[44]"The Usual Lead Seal", 151.

[45]Seibt, *Bleisiegel*.

[46]"The Usual Lead Seal", 150 (pénurie de flans adéquats en province pour Théodore Bériboès, stratège); 152-153 (pluralité des boullôtèria de Constantin Kamytzès, sébaste et de Basile, grand chartulaire du génikon).

[47]J.-B. Colbert de Beaulieu, *Traité de numismatique celtique* I, *Méthodologie des ensembles* (Paris, 1973), 119 et s.

[48]Bref état de la question et bibliographie dans D. M. Metcalf, "What has been achieved through the application of statistics to numismatics?", *Statistique et numismatique* (*PACT* 5) (Strasbourg, 1985), 6-10. Application à l'étude des émissions d'or byzantines à Carthage: Morrisson, *PACT* 5, 267-284 (Tibère et Maurice) et, pour les règnes de Justinien et Justin II, "Carthage: The *moneta auri*", *art. cit.* (n. 27).

cent, voire mille fois moindre que dans le cas du monnayage de l'or. Toutefois on est en droit de déduire de la survivance de plusieurs boullôtèria pour un même titulaire dans la même fonction, d'une correspondance plus étendue, et par là même d'une activité administrative plus importante que celle d'un fonctionnaire dont nous n'aurions qu'un seul boullôtèrion, fût-il représenté par de nombreux exemplaires.[49] Le taux de survivance des exemplaires n'a en effet rien à voir, pas plus en numismatique qu'en sigillographie, avec le nombre original d'exemplaires émis: c'est ce que montrent l'exemple des monnaies d'or de Maurice à Carthage,[50] ou pour les sceaux, la comparaison entre les 18 exemplaires issus du boullôtèrion unique de Théodore Bériboès, face aux 4 exemplaires frappés chacun par un boullôtèrion différent, de Constantin Kamytzès, personnage aux relations plus étendues et aux commandements plus importants que le précédent.[51] Il paraît donc essentiel que les publications à venir indiquent toujours, dans le cas d'exemplaires multiples d'un même type, s'ils sont issus ou non d'un même boullôtèrion, et en cas de boullôtèria différents, répétons-le, qu'elles illustrent au moins un exemplaire de chacune de ces matrices. La sigillographie n'est pas encore entrée, à la différence de la numismatique, dans l'ère des statistiques, mais on peut prévoir le temps où, informatique aidant, on étudiera les variations du diamètre en fonction de la date (il y a des modes selon les époques), du rang du titulaire, du lieu d'émission du sceau etc.[52]

On peut s'interroger aussi sur l'utilité d'une mesure du *poids*. Evidente en ce qui concerne les bulles d'or, liées à la métrologie monétaire en tant que multiples du solidus/nomisma jusqu'au XIe siècle, et dont le poids, on le sait, variait selon l'importance reconnue au destinataire, cette utilité l'est moins pour les sceaux de plomb, quoiqu'on ait

[49] N. Oikonomidès évalue ci-dessous (p. 98) à "quelques milliers de sceaux de plomb" la correspondance de Léon Sarakènopoulos, stratège de Preslav et de Dorostolon, entre 971 et 986.

[50] Art. cité ci-dessus (n. 48).

[51] "The Usual Lead Seal"

[52] N. Oikonomidès met ci-dessous (p. 100) en relation la vogue des petits sceaux (moins de 20 mm) au XIe siècle avec une relative pénurie de métal, liée peut-être à la "famine d'argent" contemporaine. On peut évoquer aussi l'accroissement considérable du nombre des détenteurs et de l'utilisation des bulles qui connaît son "apogée" (Höhepunkt) à cette époque (Seibt, *Bleisiegel*, 34).

récemment proposé de tenter de se servir de cette donnée pour identifier des groupes de moules à flans d'origine différente.[53] Eu égard au temps demandé par ces mesures, qui ne paraissent pas pour l'instant une priorité, on peut mettre en doute leur absolue nécessité, mais sans doute faut-il le faire pour les générations futures, même si nos doutes sont justifiés dans les circonstances actuelles. On prendra garde d'indiquer alors l'état de conservation de la pièce car la mesure du poids suppose, on le sait, un objet non dégradé par la corrosion.

Un élément métrologique encore jamais considéré en sigillographie à ma connaissance, est celui de la *composition métallique*. Pour les bulles d'or, on suppose généralement que le contenu de fin était semblable à celui de la monnaie d'or et dut donc subir la même altération au XIe siècle, c'est-à-dire une baisse du titre à un rythme d'abord modéré, puis accéléré au cours de la seconde moitié du siècle,[54] mais ceci n'a pas été confirmé. Grierson met en tout cas ingénieusement en rapport la transformation du mode de fabrication des bulles d'or qui survient à cette époque (les bulles sont désormais faites de deux parties distinctes de métal assemblées par une soudure or-argent) avec la transformation de l'alliage (addition de cuivre) qui rendait le métal trop dur et la frappe difficile.[55] Mais l'hypothèse n'a pas été vérifiée.

* Pour les *plombs*, la composition elle-même (Pb> 95%) ne fait pas problème, mais d'autres éléments peuvent entrer en ligne de compte. Je fais ici allusion à une recherche en cours que je mène avec J.-N. Barrandon (Centre de recherches numismatiques E. Babelon, CNRS, Orléans) et J.-Y. Calvez (Bureau de recherches géologiques et minières, Orléans) et dont l'origine est la suivanté: en préparant le catalogue des sceaux de la collection Seyrig, l'attention de W. Seibt et de moi-même avait été attirée par quelques sceaux de commerciaires dont la facture et le style nous paraissaient anormaux sinon suspects (précisons que J.-Cl. Cheynet, qui participe à cette publication, ne partage pas notre scepticisme). Deux de ces sceaux, que la numismatique date de 629-32, celui de Théodore "eukléèstatos, apo hypatôn, commerciaire général de l'apothèque de Chypre" et celui du même personnage qualifié de "com-

---

[53] "The Usual Lead Seal", 157 et ci-dessous, p. 99-100.

[54] Cf. Morrisson et al., *op. cit.* (n. 42), 127-153 avec la bibliographie.

[55] Grierson, *Gold Bullae*, 245.

merciaire général de ... " (localisation impossible à identifier), ont été publiés par G. Zacos et A. Veglery d'après les moulages qui leur avaient été envoyés par H. Seyrig (nos. 132 et 133). Le troisième sceau, inédit,[56] est celui d'un "Théodore, apo hypatôn, commerciaire...", si on en croit la lecture proposée par H. Seyrig lui-même des premières lignes d'une pièce très mal conservée, ou très mal frappée; il suscite encore plus de défiance que les deux premiers car le type des trois empereurs trônant qui y figure s'inspire de celui des hexagrammes d'Héraclius et Héraclius Constantin, mais n'est jamais attesté pour Héraclius et ses deux fils et n'est même jamais dessiné de façon analogue (voir la maladroite échelle figurant les montants du trône). Pour mettre ces sceaux à l'épreuve, nous avons donc entrepris une série d'analyses des rapports isotopiques du plomb.

Les valeurs de ceux-ci diffèrent en effet selon la date de formation et l'origine du minerai et peuvent caractériser une provenance déterminée du métal. Cette méthode a été appliquée avec succès par les numismates, notamment à l'étude des provenances de l'argent du monnayage grec archaïque.[57] Ici, nous avons commencé à comparer les valeurs des sceaux suspects et celles des pièces présumées authentiques. Les résultats, au stade encore provisoire de l'étude, montrent la position aberrante des deux sceaux de style anormal analysés[58] par rapport à la grande majorité des autres sceaux de commerciaires de Tyr ou d'Antioche de la même époque. Ces rapports isotopiques du plomb sont donc corrélés directement avec l'anomalie de style et les deux critères se renforcent l'un l'autre. Mais ces rapports permettent seulement de dater la formation du minerai[59] et non la frappe du flan et ne peuvent donc directement servir de détecteur de faux. Des valeurs distinctes peuvent

---

[56]Que je viens de signaler: Cécile Morrisson, "Sceaux byzantins inédits de la collection Henri Seyrig", *CRAI* (avril-juin 1986) 420-435, fig. 15.

[57]Cf. H. Nicolet, J.-N. Barrandon et J.-Y. Calvez, "Recherches sur la composition métallique des Wappenmünzen", *RN* 27 (1985) 23-44, avec références aux travaux antérieurs de N. H. Gale et al.

[58]Morrisson, *art. cit.* (n. 54), fig. 13-14 = Zacos-Veglery, nos. 131 et 132.

[59]Ils ne sont pas affectés par les frappes ou refontes successives du métal à condition que ces dernières n'aient pas comporté l'addition de métal d'une autre origine et par conséquent de valeurs différentes.

aussi bien s'expliquer par le recours à du plomb d'origine géographiquement différente (ce qui pourrait être le cas de Zacos-Veglery, no. 132)[60] que par l'utilisation d'un autre plomb à l'époque moderne. Nous tenterons de répondre à la question en étendant ces analyses à d'autres plombs, soit des faux grossiers indubitables, soit de provenance analogue, afin de parvenir à des groupements éventuellement plus probants. On notera, à propos de provenance, que l'un des sceaux suspects du commerciaire Théodore[61] a été soi-disant trouvé à Tyr comme le sceau authentique de Théodore "mégaloprépestatos, illoustrios, diœcète de tous..." [62] Ceci pourrait laisser à penser que ce dernier aurait servi de modèle à un faussaire ingénieux pour en forger d' autres variantes. Point n'est besoin pour cela de supposer au faussaire, comme le voudrait N. Oikonomidès, la connaissance de la mention de Théodore dans la Chronique pascale,[63] ni celle des sceaux de Carthage du même titulaire à la même époque.[64] Une seule pièce peut suffire à en inventer d'autres, comme le cas s'est souvent vu en numismatique.[65]

3. *Les provenances*

La question de l'étude des *provenances* sera la dernière que la comparaison avec la numismatique m'amènera à poser. On sait le rôle qu'elle joue dans cette discipline pour déterminer les aires de circulation et par là même, lorsqu'il s'agit de monnayages protohistoriques, ou non signés, ou de localisation incertaine, pour en déterminer l'origine ou le lieu d'émission.[66] En sigillographie, il est rare au contraire de voir les

[60]Coll. Seyrig = Morrisson, *art. cit.*, fig. 13 = Oikonomides, *Dated Seals*, no. 10. Ce sceau appartient à un commerciaire de Chypre et non à l'un des titulaires des apothèques de Tyr ou d'Antioche dont les valeurs sont groupées dans une zone différente.

[61]Morrisson, *art. cit.*, fig. 14 = Zacos-Veglery, no. 133. Sur ce sceau le nom de l'apothèque est incomplet et les deux premières lettres lisibles, KO, ne permettent de former aucune hypothèse compatible avec une localisation dans le domaine syro-palestinien.

[62]*Ibid.*, fig. 12 = Zacos-Veglery, no. 131.

[63]Éd. de Bonn, 721.

[64]Morrisson-Seibt, nos. 3 (615-629) et 4 (629-632).

[65]C'était l'une des méthodes employées par le très inventif faussaire italien Cigoi (1811-1875); cf. L. Brunetti, *Opus monetale Cigoi* (Bologne, 1966), XXII.

[66]Cf. pour une excellente étude des aires de circulation de systèmes monétaires voisins, concurrents ou complémentaires, à l'époque byzantine, D. M. Metcalf, *Coinage in South-Eastern Europe 820-1396*

catalogues mentionner les lieux de provenance, ou simplement d'acquisition. G. Zacos et A. Veglery par exemple expliquent dans leur introduction que la plupart des sceaux ont été récupérés sur les rives de la mer de Marmara entre la pointe du Sérail et Yedikule[67] mais ne signalent malheureusement pas dans le corps du catalogue ceux qui sont parvenus d'autres sources sur le marché d'Istanbul. Le catalogue de la collection Seyrig fera exception à cette règle car son savant possesseur prenait soin de noter la plupart du temps source (p. ex. le nom de l'antiquaire) ou provenance ("du rivage de Tyr" p. ex.).

Peu de collections sigillographiques de provenance assurée ont été * publiées jusqu'ici: parmi les séries, plus ou moins abondantes, issues de fouilles archéologiques, mentionnons toutefois les sceaux de Pergame édités par K. Regling, ceux d'Aphrodisias (25 exemplaires) par J. Nesbitt, quelques sceaux d'Ephèse par W. Seibt, les sceaux de Pernik par J. Jurukova, les sceaux de Preslav par I. Jordanov, ainsi que les sceaux du Musée de Carthage, achetés "à la porte" par les Pères Blancs, et principalement par le Père Delattre de 1900 à 1925 environ, et publiés par ce dernier, puis par W. Seibt et moi-même pour les sceaux de commerciaires.[68]

Personne ne s'est jusqu'ici intéressé à la répartition des sceaux selon leur lieu de découverte. Or, l'examen de cette répartition nous montre que, contrairement à ce qu'on attendrait, les sceaux se comportent comme les monnaies, c'est-à-dire qu'ils restent en majorité proches de leur lieu d'émission, autrement dit du lieu où leur titulaire exerce ses

(Londres, 1979). Utilisation des provenances pour les attributions d'autres monnayages: voir les travaux de J.-B. Colbert de Beaulieu, L. Robert ou J. Lafaurie.

[67]Zacos-Veglery, p. VII.

[68]Pergame: K. Regling dans A. Conze, *Altertümer von Pergamon* I. *Geschichte der Untersuchung und Topographie von Pergamon* (Berlin, 1913), 333-336 (reprod. dans *Blätter für Münzfreunde* 1914, col. 5671 et s.). Aphrodisias: J. Nesbitt, "Byzantine Lead Seals from Aphrodisias", *DOP* 37 (1983) 159-164. Ephèse: W Seibt, "Drei byzantinische Bleisiegel aus Ephesos", *Litterae numismaticae vindobonenses Roberto Goebl dedicatae* (Vienne, 1979), 145-154. Pernik: Jordanka Jurukova, "Numizmatični i sfragistični pametnici (867-1195/1203)", dans *Pernik* II (Sofia, 1983), 110-138. Preslav: références aux travaux de I. Jordanov, *infra*, p. 89-96. Carthage: références à divers articles et communications du Père Delattre ou de l'adjudant Icard dans Morrisson-Seibt.

fonctions, et ne se dispersent pas à de grandes distances sauf exception. A Carthage par exemple on trouve certes des sceaux impériaux et le sceau d'un "Jean, diacre des Blachernes", mais surtout une majorité de sceaux d'origine locale: commerciaires de l'apothèque d'Afrique — dont aucun n'est connu d'une autre provenance —, *magister militum*, patrices ou préfets d'Afrique, évêques ou archevêque aux noms latins vraisemblablement locaux.[69] De même à Pergame, en dehors de poids de verre du préfet de la Ville et du sceau d'un commerciaire de Mesembria, ont été découverts un sceau de "Georges, responsable des prisonniers pour l'Asie, la Carie et la Lycie", un sceau de Barasbakourios comte de l'Opsikion, c'est-à -dire d'un thème voisin, et un sceau d'un stratèlate et archonte de Lydie, c'est-à-dire de la circonscription même de Pergame.[70] A Ephèse aussi, les fouilles autrichiennes ont mis au jour le sceau d'un patrice et hypostratège des Thracésiens (dont Ephèse est la capitale), tandis qu'à Aphrodisias on a trouvé plusieurs sceaux du métropolite du lieu ou d'évêques suffragants de métropoles voisines, comme Ephèse ou Pergè. Et dans la collection Seyrig, nombre de sceaux de ducs d'Antioche ou de personnalités de la province ont été acquis à Antioche ou Latakié,[71] et un seulement à Nicosie.[72] Tout se passe donc comme si le sceau "voyageait" peu ou dans un périmètre relativement réduit (à Ephèse on a trouvé le sceau d'un évêque d'Eressos dans l'île de Lesbos, située à 185 km à vol d'oiseau).

Deux interprétations s'offrent à nous: la première, que beaucoup de sceaux ont été trouvés sur leur lieu même d'utilisation, ils ont été

[69] Jean, diacre des Blachernes: Laurent, *Corpus* V, no. 1199 avec la bibliographie. Pierre, ex-consul, patrice et duc: V. Laurent, "Une effigie inédite de saint Augustin sur le sceau du duc byzantin de Numidie Pierre", *Cahiers de Byrsa* 2 (1952) 87-93.

[70] Cf. Regling (cit. n. 68) et trouvailles récentes des fouilles dirigées par le Dr. W. Radt. Cf. aussi Zacos-Veglery, nos. 2764 et 3081.

[71] Je cite au hasard quelques-uns de ces sceaux "locaux": Léontakis, topotérète des hicanates d'Antioche, Jean III patriarche d'Antioche, Léon Arventinos, vestarque et duc d'Edesse (Oikonomides, *Dated Seals*, no. 94), Jean protoproèdre et duc d'Antioche, Joseph Tarchaniôtes, proèdre et duc d'Antioche... Parmi les sceaux en provenance de Tyr, outre de nombreux plombs de commerciaires de l'apothèque du lieu, on note le mélange de pièces de Jérusalem (ainsi de plusieurs patriarches, grecs ou latins) et d'autres émanant de personnalités antiochéennes (Romain Sklèros, stratopédarque d'Anatolie et duc d'Antioche).

[72] Celui de Nicéphore, patriarche d'Antioche: Laurent, *Corpus* V, no. 1525.

détruits avec les archives qui les conservaient ou perdus avant même d'avoir été réutilisés.[73] On peut même imaginer, comme le fait N. Oikonomidès, que beaucoup de trouvailles importantes et assez homogènes de sceaux sont des sortes de "trésors"' au sens numismatique du terme, provenant de la destruction d'archives.[74] Une seconde hypothèse est celle selon laquelle l' "aire de circulation" des plombs coïncidait avec les limites administratives du ressort de leur titulaire et ne franchissait t celles-ci que pour atteindre Constantinople (d'où la variété des sceaux de la collection Zacos), ou pour toucher épisodiquement les circonscriptions ou provinces limitrophes. Quoi qu'il en soit, la provenance d'un sceau peut donc légitimement être considérée comme une aide à la localisation lorsque celle-ci fait problème: ainsi, le sceau d'un "évêque de Séleucie" de la collection Seyrig appartient très vraisemblablement à celui de Séleucie de Piérie, plutôt que d'une autre des cités de ce nom.

Les parentés et les convergences de méthodes, plus ou moins bien connues, que nous venons de signaler, conduisent le numismate à suggérer à ses confrères sigillographes quelques "règles de conduite" ou voies à explorer. Au chapitre des "règles de conduite", une entente à rechercher sur le mode d'établissement des catalogues et de description des pièces qui soit à la fois le plus économique et le plus pertinent possible. Au chapitre des voies à explorer — en excluant ici naturellement toutes celles qui appartiennent en propre à la sigillographie, comme l'histoire administrative, la prosopographie etc. et qui sont déjà bien exploitées — l'étude des coins, la métrologie des ensembles et l'analyse des provenances. Avec la parution de plusieurs grands catalogues ou parties de corpus et l'utilisation croissante de l'informatique pour l'enregistrement et le traitement du matériel, ce travail n'est plus aussi impossible qu'il le paraissait il y a une dizaine d'années.

CNRS-Collège de France, Paris.

[73]Telle est l'explication donnée par N. Oikonomidès des 18 exemplaires identiques du sceau de Théodore Bériboès parvenus jusqu'à nous ("The Usual Lead Seal", 149 et 157).

[74]Voir N. Oikonomidès, ci-dessous, p. 102-103.

II

L'ÉPIGRAPHIE DES MONNAIES ET DES SCEAUX À L'ÉPOQUE BYZANTINE*

L'attention que porte cette année le congrès international de paléographie à l'épigraphie des monnaies et des sceaux à l'époque byzantine, ainsi qu'à celle des inscriptions lapidaires, est nouvelle. C'est l'occasion de dresser un premier bilan sur un sujet relativement peu étudié. Les publications du XIXe siècle comme celles de Sabatier et Schlumberger n'en font en effet pas mention et seul A. Mordtmann en pressentait l'intérêt scientifique[1]. W. Wroth, dans son *Cata-*

* L'auteur exprime sa reconnaissance à MM. D. Feissel, J. Irigoin, et W. Seibt, qui ont bien voulu relire son manuscrit et lui faire part de leurs observations et corrections. Elle reste seule responsable des erreurs qui pourraient subsister. Une partie de l'illustration des sceaux a été obligeamment fournie par W Seibt. Qu'il en soit particulièrement remercié.

1. A. Mordtmann, *Περὶ βυζαντινῶν μολυβδοβούλλων*, in *Ὁ ἐν Κωνσταντινουπόλει Ἑλληνικὸς φιλολογικὸς σύλλογος* 7 (1872-73), p. 56-81, à la p. 65, cit. et trad. par Schlumberger, *Sigillographie de l'Empire byzantin*, p. 81-82: «Nous croyons même qu'un bon tableau comparatif des formes des diverses lettres, basé sur l'examen des sceaux convenablement classés suivant un ordre chronologique, rendrait plutôt de signalés services à l'étude encore à peine naissante de l'épigraphie monumentale byzantine».

logue of the Imperial Byzantine Coins in the British Museum (1908) paraît avoir été le premier à dresser un tableau des principales graphies monétaires sans en tirer toutefois de conclusions. Dans les années soixante, lorsque la numismatique byzantine commence à sortir d'une longue léthargie, l'épigraphie pointe dans quelques débats: l'interprétation de quelques légendes de la fin du XIe siècle amène G. Zacos et A. Veglery à dresser le tableau du passage du C latin à valeur de K au C grec à valeur de Σ[2] tandis que P. Grierson met en relief la forme de la lettre R comme critère de distinction des miliarèsia de Léon III de ceux de Léon V[3]. En 1966, une vue d'ensemble est demandée à A. R. Bellinger qui venait de publier le premier volume du Catalogue des monnaies byzantines de Dumbarton Oaks; sous la forme d'un rapport complémentaire pour le 13e Congrès International des Etudes byzantines, intitulé «Epigraphy of the Byzantine Coinage»[4], celui-ci traite plus en fait des légendes que des graphies elles-mêmes. Mais dans les deux volumes suivants du Catalogue de Dumbarton Oaks parus en 1968 et 1973, P. Grierson consacre une partie de son introduction à l'évolution de la forme des lettres et de leur signification du VIIe au XIe siècle[5], en conservant la distinction de Wroth entre inscriptions grecques et latines. Dans le domaine sigillographique, il faut attendre les publications de G. Zacos et A. Veglery (1972)[6]

2. G. Zacos-A. Veglery, *C for Σ on Coins of the Eleventh Century*, in *Num. Circular* 68 (1960), p. 154-157

3. P. Grierson, *The Miliaresion of Leo III*, in *Num. Circular*, 1963, p. 247

4. A. R. Bellinger, *Epigraphy of the Byzantine Coinage*, in *Thirteenth International Congress of Byzantine Studies*, Oxford 1966, p. 335-338.

5. P Grierson, *Catalogue of the Byzantine Coins in the Dumbarton Oaks Collection and in the Whittemore Collection*, vol. II, *Phocas to Theodosius III (602-717)*, p. 103-107, vol. III, *Leo III to Nicephorus III (717-1081)*, p. 185-189. Désormais cité *DOC* (p. lorsqu'il s'agit d'une référence au texte, sinon le chiffre renvoie au n° du type monétaire du règne considéré).

6. G. Zacos-A. Veglery, *Byzantine Lead Seals*, I, Bâle 1972 (désormais cité Z-V avec le n^o du sceau). Les auteurs y traitent parfois du rôle des formes épigraphiques pour la datation des plombs: cf. *int. al.* les commentaires des n°s 1895, 2019, 2253, 2340 etc. L'ouvrage couvre l'ensemble des sceaux impériaux du Ve au XVe siècle et se limite pour les autres à la période VIe-IXe siècles. On ne peut que déplorer la disparition de G. Zacos qui travaillait avec A. Veglery à la rédaction — le catalogage était déjà fort

et surtout celle de W. Seibt (1978) pour voir reconnue l'importance de l'épigraphie[7]. Ce dernier auteur, sans présenter de synthèse sur le sujet, accorde une attention toute particulière à l'évolution des formes graphiques considérée comme un élément de datation, qui constitue l'un des apports les plus originaux de son livre auquel nous avons largement puisé. Le défrichement de ce domaine négligé avance donc; nous le poursuivons ici sans prétendre lui donner un caractère définitif.

---

avancé — du second volume consacré à plusieurs milliers de sceaux des Xe-XVe siècles et souhaiter qu'une solution puisse être trouvée pour l'achèvement de cette publication. Le premier volume avait fait l'objet de plusieurs comptes-rendus importants riches d'utiles observations, parmi lesquels: H. Hunger, *BZ* 68 (1975), p. 133-138; P Gautier, *REB* 32 (1974), p. 402-407; W Seibt, *BySl* 36 (1975), p. 208-213; A. Každan, *VV* 38 (1977), p. 227-229. Les faits de langue dont témoigne le matériel ainsi publié avaient été étudiés par V Beševliev, *Sprachliches aus byzantinischen Bleisiegeln*, in *JÖB* 30 (1981), p. 63-73.

[Depuis la rédaction de ce rapport en novembre 1984, une partie du second volume du catalogue des sceaux de la collection Zacos a été publiée sous la responsabilité de J. Nesbitt et la seule signature de G. Zacos (†): *Byzantine Lead Seals*, by G. Zacos, compiled and ed. by John W Nesbitt, II, Berne, Benteli 1984 et 1985 (*Τετράδια Ἀρχαιολογίας καὶ Τέχνης*, 3). Mais cet ouvrage posthume dont le degré d'achèvement varie selon les chapitres, s'il a le grand mérite de fournir une documentation neuve et importante (plus d'un millier de sceaux), ne contient aucun commentaire concernant l'épigraphie (cf. les c.-r. de N. Oikonomides dans *Rev. Ét. Byz.* 44 [1986], p. 263-267; C. Morrisson dans *Rev. Num.* 29 [1987], p. 269-270). En revanche, N. Oikonomides dans un petit livre rassemblant 161 exemples de sceaux byzantins précisément datés, soit par l'identité de leur titulaire soit par l'effige impériale qui y figure, soit par le document auquel ils sont encore appendus (*A Collection of Dated Byzantine Lead Seals*, Washington, Dumbarton Oaks Research Library and Collection, 1986), traite brièvement de l'aide apportée par les critères épigraphiques à la datation des sceaux et de l'évolution de la forme des lettres (p. 156-169). Il se limite toutefois délibérement à la seule documentation illustrée dans son ouvrage et ses conclusions peuvent être précisées dans le détail (cf. mon c.-r. dans *Rev. Num.* 29 [1987], p. 270-272).]

7. W Seibt, *Die byzantinischen Bleisiegel in Österreich, 1. Teil: Kaiserhof*, Vienne 1978 (désormais cité S. avec le n° du sceau). Dans sa préface, H. Hunger souligne le progrès représenté par «la méthode de datation plus affinée utilisée ici pour la première fois» (p. 13). *

L'ensemble de l'écriture des sceaux et des monnaies s'apparente à celle des inscriptions lapidaires par son caractère monumental. Il est donc naturel que la capitale y domine tandis que la cursive n'y tient qu'une place réduite. Cette épigraphie peut être étudiée en distinguant deux grands domaines où l'évolution des formes suit une chronologie relativement différente:

— les monnaies et les sceaux impériaux; ces monuments ont en commun l'avantage de pouvoir être datés avec une précision souvent très grande. Tributaires en revanche de traditions anciennes et d'une organisation très stricte, ils témoignent d'une forte rigidité et conservent des graphies ailleurs depuis longtemps désuètes;

— les sceaux non impériaux, soit la grande majorité des plombs conservés, dont l'écriture évolue plus vite en raison de sa sensibilité plus grande à l'influence d'autres graphies.

I. L'épigraphie des monnaies et des sceaux impériaux.

Cette épigraphie, que j'appellerai plus brièvement impériale, est jusqu'au XIe siècle une épigraphie «mixte» mêlant formes latines et grecques pour exprimer des légendes qui s'hellénisent partiellement et progressivement à partir du milieu du VIIe siècle.

Au VIe siècle, le grec est entièrement absent des titulatures qui conservent la forme romaine traditionnelle D N ANASTASIVS (IVSTINVS, IVSTINIANVS etc.). PPAVC, Dominus Noster nn. Perpetuus Augustus)[8]. Il n'est utilisé que sous la forme des lettres numérales indiquant l'une des officines responsables de la frappe de l'or sur les solidi (dix au maximum d'ordinaire à Constantinople, l'activité d'une onzième et d'une douzième officine supplémentaire ayant un caractère exceptionnel) ou sur la monnaie de bronze (cinq au maximum dans les plus grands ateliers), ou donnant surtout la valeur de la pièce. Sur le solidus, OB, accolé au nom de l'atelier exprimé en

8. C. Morrisson, *Catalogue des monnaies byzantines de la Bibliothèque Nationale*, I, *Anastase I à Philippicus (491-713)*, II, *Théodose III à Alexis III (713-1204)*, Paris 1970 (désormais cité *BNC*), offre dans son index II «Légendes et marques d'atelier» (p. 813-827) une transcription commode (avec développement et datation) de la plupart des légendes monétaires byzantines du Ve au XIIe siècle. V. également l'index III «Marques de valeur», IV «Monogrammes impériaux», V «Lettres et signes dans le champ» (p. 828-838).

latin, est une inscription mixte en elle-même puisqu'elle rend à la fois la pureté du métal (*aureus obryz(iacus),* ὄβρυζος, ὀβρυζιακός) et son poids d'1/72 de livre. Sur le bronze, la marque de valeur systématique du follis et de ses divisions introduite par la réforme d'Anastase est le plus souvent grecque, même dans les ateliers occidentaux de Justinien: M, K, I, Є , Δ; IS, H, Δ, B à Thessalonique, IB à Alexandrie[9] tandis que seule la mention de la date conserve les chiffres romains. Dans la seconde moitié du VIe siècle, certaines émissions portent des marques de valeur romaines sans qu'il soit possible d'expliquer cette alternance. Les noms de la plupart des ateliers orientaux enfin sont indiqués en lettres grecques NIKO(μήδεια), KYZ(ικος), ΑΛΕΞ (άνδρεια), celui d'Antioche hésitant entre les deux graphies puisqu'on a successivement ANTIX (527-528), puis, la ville ayant pris le nom de *Théoupolis* après le séisme de 528, THЄϤP ou THЄϤP (528-537), ΘΥΠΟΛS ou ΘΥ (537-539), de nouveau des lettres latines en 542-543 (CHЄϤPO) (pl. 1,5), une curieuse signature mixte (ϤHϤΠ)[10] de 546 à 550, avant de revenir à ZHϤP puis THЄϤP qui sera conservé jusqu'à la fermeture de l'atelier au début du VIIe siècle. La marque de Thessalonique (TЄS) peut être considérée comme latine malgré l'absence de H après le T due à des raisons matérielles (le manque de place sur les petites dénominations émises par cet atelier). De même pour celle de Constantinople, invariablement abrégée CON[11] jusqu'à disparition au début du VIIIe siècle.

Le grec n'apparaît dans les légendes impériales qu'à partir de Constant II avec le ЄN TȢTO NIKA et l' ANANЄOS des bronzes de Constant II (pl. 1,9), ainsi que sur l'un de ses sceaux (pl. 2,1) à la legende + CONSTANTIN/SCONSTANT/Є ЄC ΘЄϤ bA/SILIS ROM/AION[12].

---

9. Ceci quasiment sans exception jusqu'à la disparition de la date sur les monnaies de bronze à partir de Léon III où elle est «immobilisée» sous la forme XX, d'où X ou XXX qui disparaît à son tour définitivement sous Théophile dans les années 830.

10. *BNC* pl. XV, 41. La forme curieuse de l'initiale ne peut être qu'un Ϥ(T oncial couché?).

11. Le KωNCTAN des folles de Constant II émis entre 655 et 657 (*MIB* 172 = *DOC* 75-76) est une exception.

12. Seibt (p. 75) considère le Є du début de la quatrième ligne comme une diplographie du graveur. Malgré la forme nominative de la plupart des légendes ultérieures des sceaux impériaux, le vocatif ici n'est pas à exclure dans la mesure où il est attesté sur les miliarèsia de Léon III, Constantin V, Léon VI, Michel I, Léon V, Michel II.

La titulature grecque — introduite dans les documents écrits à partir d'Héraclius[13] — reste presque entièrement exprimée en lettres latines, seule l'introduction du Θ marquant une certaine hellénisation. Une titulature analogue n'atteint la monnaie d'argent qu'en 720 avec le miliarèsion créé par Léon III (pl. 2,3): les numismates se plaisent à souligner pour des raisons de facture (flan large et mince contrastant avec l'épaisseur de l'hexagramme antérieur, triple bordure de grènetis) et de typologie (remplacement de l'effigie impériale par une inscription en plusieurs lignes dans le champ) la parenté avec le dirhem arabe et même le rôle de modèle joué par celui-ci[14]. L'inspiration venue des sceaux, quoique reconnue, n'est pas, à tort, tenue pour primordiale, alors que leur type est antérieur à la création du dirhem[15]. La monnaie d'or est la dernière à abandonner la légende de type romain — modifiée par adjonction de la polychronie à partir du début du VIIIe siècle — **DN IЧSTINIANЧS MЧLTЧS AN' ,ƋNO LEON PA MЧL** lorsque Constantin V, tout en gardant **C LEON PA MЧL** sur le revers où figure son père défunt, marque l'association au pouvoir de son fils Léon IV (751) par la légende **CONSTANTINOS S LEON O NEOS**[16] (pl. 2,4) et surtout après 775 lorsque les solidi de Léon IV portent tous la légende suivante: **LEON VS S ЄSSON CONSTANTINOS O NEOS / LEONPAP CONSTANTINOS PATHR** (pl. 2,5-6)[17]. La progres-

---

13. Premier emploi de Βασιλεύς dans la titulature officielle: 629. Cf. G. Ostrogorsky, *Geschichte des byzantinischen Staates*³, p. 89-90; G. Rösch, *Onoma basileias*, Vienne 1978, p. 106 et s.

14. P Grierson, *DOC* III, 1, p. 62, 231-232.

15. Le sceau de Constant II date de 654-659 (cf. S. p. 75), alors que les premiers dirhems sont datés de 79 A.H. soit 698/9.

16. Le grec avait fait une timide apparition sur la monnaie d'or de Constant II lorsque celui-ci, lors de l'association au trône de Constantin IV (654), fit graver la légende **ƋNCONSTANTINЧS C CONSTAN** dans laquelle le C pour καὶ remplaçait le ET de l'émission analogue d'Héraclius et Héraclius Constantin.

17. La légende (Λέων υἱὸς καὶ ἔγγονος Κωνσταντῖνος ὁ νέος / Λέων πάππος Κωνσταντῖνος πατήρ) incomplètement comprise par Wroth (*BMC* p. 393, n. 1) en raison de la forme **SS** du Γ de ΕΓΓΟΝ, fut expliquée indépendamment par A. Veglery-G. Zacos, *Enigmatic Inscription on Byzantine Coins*, in *NCirc* 63 (1955), p. 107-111, 166; S. Maslev, *O nekotorykh voprosakh, svjazannikh s vizantiskimi pamyatnimi monetami*, in *VV*² 18 (1961), p. 236-238 (rédigé 1946). En 1961 (*New Light on the Solidus of Leo IV*, in *NCirc* 69 [1961], p. 30-31), Veglery et Zacos publiaient un nouvel ex. qui portait bien **ЄΓΓON** et non **ЄSSON**, confirmant ainsi leur interprétation.

sion qui se dégage ici en une sorte de hiérarchie ascendante du bronze et des sceaux vers les métaux nobles pour finir par le plus précieux d'entre eux, est une règle valable non seulement pour les légendes mais aussi pour leur graphie même, comme nous le constaterons à plusieurs reprises en étudiant leur évolution dans le temps.

La mixité de cette épigraphie nous a détournée, malgré le thème de ce colloque, d'établir une distinction tranchée entre légendes ou même écritures grecque ou latine, étroitement mêlées dans le domaine des monnaies et des sceaux impériaux du VIIe siècle jusqu'à la fin du XIe[18].

Au VIe siècle, l'épigraphie à dominante latine, peu différente de celle du Ve siècle[19], est uniquement capitale. Mais elle est bientôt affectée par un processus «d'oncialisation»[20] — ou plus exactement d'emprunts à la cursive ? — de certaines lettres dont la transformation s'étend du VIe au VIIIe siècle selon les étapes suivantes:

— E devient Є au début du VIe siècle[21].

18. Cf. dans le même sens pour le domaine paléographique en général, A. Dain, *Paléographie grecque*, dans *L'Histoire et ses méthodes*, dir. Ch. Samaran, Encyclopédie de la Pléiade, Paris 1973, p. 538.

19. Les sceaux impériaux du Ve siècle sont relativement rares; les monnaies, malgré leur abondance, ne permettent pas de reconstituer un alphabet complet. Il faut noter les terminaisons anguleuses des hastes au début du Ve siècle (**C**, **M**, **S**, **T**, **Y**) particulièrement visibles sur les multiples d'argent d'Arcadius (Tolstoï, pl. 2, 48, 49, 51) et beaucoup moins accentuées sur celui de Léon I (BN = Sabatier, pl. VII, 1).

20. J'emploie ce terme ici par commodité dans son acception ancienne, sans lui accorder de valeur technique et en étant consciente de son impropriété (v. J. Mallon, *Paléographie romaine*, Madrid 1952, p. 94 et s.).

21. Le passage ne peut être précisément daté car la lettre ne figure pas dans les légendes monétaires de chaque règne et on ne peut tenir compte du Є à valeur numérale désignant la cinquième officine dès le règne de Zénon. Mais la dernière occurrence de E dans une émission courante est le DN ANASTASIVS PERP AVC du solidus de 491/2 (*MIB* 3) et la première de Є, le DN IVSTIN ЄT IVSTINIAN PP AVC des solidi de 527 La survivance du E dans les multiples d'or d'une demi-livre (SALVS ET CLORIA ROMANORVM, *BNC* pl. VIII, 1) et de 4 ou 5 solidi (SECVRITAS REI PVbLICAE, *BNC* pl. VIII, 2) est liée au caractère exceptionnel de ces médaillons. Paraît ici la nécessité de distinguer non seulement entre les métaux monétaires mais aussi selon la nature des légendes et la fonction des lettres, questions sur lesquelles nous aurons l'occasion de revenir.

— B devient b à partir de Tibère II (578-582)[22] sur les monnaies et sur les sceaux impériaux tandis que la forme capitale reste employée pour les chiffres des lettres d'officine et dans l'exergue CONOB à valeur en partie numérale.

— Le règne de Tibère II (578-582) (qui marque sur le plan monétaire la christianisation des types de l'or) voit aussi la transformation de D en ծ et de M en m.

— D constitue un cas particulièrement intéressant car sa fréquence permet de suivre dans le détail une évolution qui n'est ni linéaire ni tout à fait homogène: le passage à ծ ne se fait pas partout sous Tibère, les ateliers occidentaux restant un temps (Carthage) ou pendant tout le règne fidèles au D plus conforme à leur tradition; Maurice (582-602) revient à un D qui affecte presque la forme d'un O, sur l'or, et Phocas, après l'avoir imité, ne revient à ծ qu'au milieu de son règne (*BNC* pl. XXXV, 11-29 = *MIB* 9 vers 607; ici, pl. 1,8). Héraclius (610-641) adopte d sur le solidus — les ateliers occidentaux conservant D — tandis que le semissis, le tremissis, l'hexagramme avec sa légende ծEЧS AծIЧτA ROmANIS (pl. 1, 10-11), et une grande partie du bronze témoignent de la vogue croissante du ծ qui domine sans exclusive sous les règnes suivants (Carthage seule mais non Ravenne gardant le D ancien). Il évolue peu à peu vers une forme ouverte au début du VIIIe siècle[23] (Ͻ sous le second règne de Justinien II, 705-711 et Anastase II, 713-715 ou Théodose III, 715-717) avec des retours à D sous d'autres règnes de la même époque (Tibère III, 698-705, Philippicus, 711-713). A la fin du règne de Léon III (*DOC* p. 230, classe IIIb, p. 246 n° 7) le ծ ouvert (Ͻ) s'inverse curieusement pour ressembler quasiment à un C (C), mais seul Constantin V (pl. 2,4) garde cette innovation probablement jugée incommode par ses successeurs[24] qui reprennent, comme Théophile, le ծ, ouvert

22. L'évolution était en cours plus tôt si l'on en juge par le SECVRITAS REI PVbLICAE de Justinien cité n. 21, qui associe curieusement la forme ancienne du E à cette forme nouvelle. L'absence d'occurrence de B dans les légendes de Justin II ne permet pas de trancher plus précisément.

23. Le P initial des solidi de Constantin IV seul (681-685; *BNC* LVIII, 11-15) qui remplace le DN antérieur, doit-il être compris comme un d renversé? Ce n'est pas impossible, compte tenu d'autres inversions caractéristiques de cette émission — ʯ pour Ч, ʈ pour τ — cette dernière se maintenant sous Justinien II.

24. Seul exemple de retour ultérieur à ce Ϭ, le follis de Léon VI et Alexandre (*BNC* pl. LXXVI, 11).

ou non, jusqu'au remplacement de celui-ci par Δ (voir *infra*).

— Le m «oncial» apparaît dans les légendes des sceaux et des monnaies à partir de Tibère II également (Dm TIb CONSTANTPP AVC au lieu de DN IVSTINVS PP AVC) et partiellement dans les marques de valeur des folles, sans supplanter définitivement le M capital. Celui-ci persiste sur les sceaux impériaux, jusqu'au début du règne de Léon III (Z-V. 33, 717-720) et sur les monnaies jusqu'en 740 (Artavasde, *BNC* pl. LXVIII, AV/01). Dès lors m prédomine sur l'épigraphie «impériale» même si M se rencontre encore dans le traditionnel IhS XPS REX REGNANTIЧM des nomismata où il se maintiendra jusqu'au milieu du Xe siècle.

— Le G au Ve siècle différait déjà fort peu de C, si ce n'est par un empattement inférieur plus marqué (G au lieu de C — mais la réalité n'est pas toujours aussi schématique) et la même confusion persiste au VIe siècle où les deux caractères ont, nous l'avons vu (n. 19), perdu ces empattements marqués, le(s) G de AVC affectant alors la forme d'un C, voire d'un I, tant leur courbure est faible. Au cours du règne de Phocas, vers 607, apparaît un ς caractéristique (dans AVςЧ qui remplace AVCC sur les solidi) destiné à une grande fortune jusqu'à l'hellénisation du onzième siècle, souvent représenté comme S[26], et plus tard sous la forme plus droite G. Une parenthèse curieuse est constituée par la forme Ʒ, empruntée à la cursive romaine[27], qui figure sur les monnaies du premier règne de Justinien II (*BNC* pl. LXI, 04-10).

— De la même émission de Phocas (pl. 1,8) (vers 607) date le début du remplacement de V par Ч lui aussi emprunté à la cursive romaine. Déjà employé sporadiquement sur les monnaies de bronze (cf. la marque THEЧP à Antioche) ou comme lettre numérale (dans les datations où il est parfois confondu avec le

25. MGH Ss. *Epist. Karol. aevi* IV, p. 459 «quia ridiculum est vos appellare Romanorum imperatores et tamen linguam non nosse Romanam». Cf. *BNC* II, p. 518 et *DOC* III, 1, p. 456.

26. D'où l'incompréhension de la légende de Léon IV citée n. 17. En fait, le graveur avait tour à tour employé la forme latine ς et la forme grecque Γ

27. Attestée dans l'écriture de la chancellerie impériale en 346 et 552 (papyrus de Ravenne) cf. J. Mallon, *De l'écriture*, Paris, CNRS, 1982 (art. n° XI), tableau B. Cette forme se rencontre aussi sur certains sceaux bilingues du VIe siècle (Z-V 313 et 332).

«stigma»[28], et épisodiquement comme marque de valeur du pentanoummion sous Tibère et Maurice), ce n'est qu'à partir du début du VIIe siècle qu'il prend progressivement le pas sur la forme capitale antérieure. Celle-ci persiste dans le VICTORIA AVϚꟽ des solidi et des fractions jusque vers 720 et dans l'épigraphie des ateliers occidentaux (cpr. *BNC* pl. XLVIII, AV/01-XLIX, AV-18 et AR 01-04: DN HERACLIVS PP AVC, VICTORIA AVCC, VICTORIA AVCVSTORVM DEVS ADIVTA ROMANIS à Ravenne [pl. 1,11] au lieu de dN hERACLIꟽS PP AVC, VICTORIAAVϚꟽ, ꟽEꟽS AꟽIꟽTA ROMANIS à Constantinople). Comme l'a fait remarquer à juste titre Seibt[29], une distinction s'était établie qui réservait ꟽ à la transcription du son *ou* qu'il fût latin (hERACLIꟽS) ou grec (EC ΘEꟽ)[30], tandis que le V rendait *u* ou *upsilon* (bASILIOS EC ΘEꟽ bASILEVS = Basile I, pl. 2,10) et, par iotacisme, fréquemment *oi* (cf. Z-V 49 LEOn S COnSTAnTInOS PISTV bASILEVS ROmEOn = Léon V; ΘEOꟽORA ꟽESPVnA 842-843; bASILIOS CE COnS-TAnTIn'/ nISTV bASILIS ROmEO' = Basile I; pl. 2,11). Le ꟽ oncial, parfois inversé (ꟽ dès Constant II, toujours sous Justinien II et de nouveau un temps sous Constantin VIII) ou renversé (par confusion avec le h de IhS dans IhS XPS REX REϚNANTIꟽm de la fin du Xe à 1059, cf. pl. 3,4), resta en usage jusqu'au XIe siècle dans des inscriptions mixtes du type MER Θꟽ (pl. 3,10) ou IhSꟽS XRISTꟽS bASILEꟽ bASILE (pl. 3,7).

— Le t «oncial», présent dans toutes les légendes citées ci-dessus, remonte à l'époque d'Héraclius, et plus précisément de l'association au trône d'Héraclius Constantin (612) où il paraît en même temps sur les sceaux et les monnaies (dd NN hERACLIꟽS ET hERA CONST

28. V les ex. cités par Grierson, *DOC* II, 1, p. 106-107 et n. 217. Sur l'origine latine de cette ligature de *u* et de *i*, J. Mallon, *Paléographie romaine*, Madrid 1952, p. 125-128. Sur les monnaies d'or, où la numération des une à dix voire douze officines a toujours été purement grecque — à la différence de la datation des bronzes toujours indiquée en chiffres romains — la sixième est marquée S.

29. S. p. 79.

30. Les sceaux et les monnaies d'Artavasde, que l'inscription soit grecque, latine ou mixte, emploient toujours ꟽ (ARTAꟽASDOS et var.) (pl. 2,7) qui semble transcrire la forme latine du nom attestée par Anastase le Bibliothécaire, *Artahuasdus*. Dans la légende trinitaire, des sceaux iconoclastes, commentée par Seibt (*loc. cit.*): En OnOm Tꟽ PRS TꟽVV STꟽAϚH PnS, ꟽ transcrit effectivement tous les génitifs sauf celui de Yἱοῦ.

PP AV). On observe qu'il ne supplante pas immédiatement le T capital conservé dans **CONST** (qui devient **CONSꞆ** dès Constant II) et dans **VICTORIA** jusqu'à la disparition de cette légende traditionnelle de la monnaie d'or en 720, ainsi naturellement que dans les inscriptions gravées dans les ateliers italiens ou à Carthage. Celui-ci affecte à Rome au VIIIe siècle la forme **T** aux bras allongés par rapport à la haste, et reparaît épisodiquement dans l'émission exceptionnelle de Michel III et Basile I (cf. *supra* p. 259, n. 25). Les légendes christologiques le reprennent au lieu du **Ꞇ** oncial à partir de Basile I et jusqu'à la fin du XIe siècle tandis que les autres inscriptions, moins immuables que celles-ci, ont partout la forme onciale **Ꞇ** (avec départ au milieu), puis **Ƨ** (avec départ à droite) ayant presque la forme d'un Z à partir de Basile I. Cette forme onciale est exceptionnellement **Ƨ** de 681 à 695 (v. les cas d'inversion de **P** et **P** pour d, signalés plus haut, p. 258 et n. 23 pour les mêmes émissions) et **Ʇ** sur les nomismata de Léon VI et Constantin VII (*BNC* pl. LXXVI, AV/02-06; *DOC* III, 2, pl. XXXIV, 1b.2).

Au VIIe siècle, la transformation de l'épigraphie impériale latine, marquée par la disparition de nombreuses capitales, est donc achevée. Alors s'instaure sur les monnaies et les sceaux impériaux, avec l'hellénisation progressive des textes, cette écriture mixte caractéristique de l'époque iconoclaste jusqu'aux Macédoniens que symbolisent parfaitement le miliarèsion de Léon III (**IhSYS XRISTYS nICA / LEOn S COnSTAnTInE EC ΘEY bASILIS**, *BNC* pl. LXVI, AR/01-02) ou le nomisma de Léon VI (**LEOn En CRISSO bASILEYS ROmEOn**, pl. 3,2).

La tendance à l'hellénisation des formes déjà sensible sous ce dernier règne, où le même nomisma voit sa légende gravée également **LEOn En XW bASILEYS ROmWn** (pl. 3,1) s'accélère à partir de la fin du Xe siècle, comme en témoigne cette autre digraphie sur le nomisma de Nicéphore Phocas et Basile II inscrit d'abord **nICHFOR, CE bASIL' AYςς b R** puis **NIKHΦOR',KAI RACIΛ' AVΓ, R' P'** (pl. 3,5-6)[31]. Le processus s'étend et s'achève au cours du XIe siècle où on retrouve la progression signalée plus haut, des sceaux et de

31. Cf. le comm. de P Grierson (*DOC* III, 2, p. 581) attribuant l'adoption d'une graphie complètement grecque au désir de rendre plus clair la légende devenue incompréhensible vu la taille et la facture des lettres sur les émissions antérieures. On peut en douter, puisque les nomismata suivants de Nicéphore même reviennent à l'épigraphie mixte.

la monnaie de bronze jusqu'à l'or le plus figé et le dernier à évoluer. Les graphismes grecs présents dès le VIe siècle dans les monogrammes impériaux (cf. *BNC*, T. II, 830-831, index IV) puis dans beaucoup de marques d'atelier (ΘЄC au lieu de TES à Thessalonique sous Héraclius — *BNC*, pl. XLIV, AE/03 et s. — CVPAKOVCI sous Justinien II — *MIB* III, pl. 40, 71) n'étaient entrés que très partiellement dans le corps des légendes impériales elles-mêmes et seulement pour les caractères dont l'équivalent n'existait pas en latin, comme Θ ou ω. Mais jusqu'au Xe siècle nombre des formes latines examinées plus haut telles b pour *bêta*, ς pour *gamma*, ∂ ou d pour *delta*, C pour *kappa*, L pour *lambda*, X pour *ksi*, F pour *phi* s'étaient maintenues. Leur disparition définitive s'échelonne ainsi du Xe au XIe siècle:

— la forme capitale ouverte R pour *bêta* est attestée pour la première fois sous Nicéphore Phocas (v. ci-dessus) et sous Tzimiskès dans l'invocation mariale de certains tétartèra[32] puis sur l'histaménon de Zoé et Théodora (*DOC* III, 2, pl. LVIIII). Elle ne supplante définitivement le b oncial sur les sceaux et les monnaies qu'à partir d'Isaac Comnène (1057-1059), après avoir commencé d'être employée systématiquement sur la monnaie d'argent dès Constantin IX.

— Γ attesté dès 959 sur le sceau de Théophano (Z-V 72) et la monnaie correspondante[33] puis vers 963-965 sous Nicéphore Phocas (pl. 3,6) reste exceptionnel sous Basile II et ne prédomine sur l'argent qu'à partir de Théodora.

— Δ, si l'on excepte un sceau de Constantin VII daté INΔ S (Z-V 63) et l'essai de nomisma de Basile II à la légende bASILЄIO ΔЄCΠOTIC / D ЄΛЄωN ЄNIΛΛPOI[34], n'est d'un emploi régulier

32. *DOC* 6a2, 6a4-7, 6b, 6 c. Contrairement à la transcription donnée p. 593, la classe correspondante de nomismata histaména ne porte pas ROHΘ' mais bien bOHΘ. Cette minime différence était-elle destinée à marquer discrètement la monnaie de poids léger?

33. Sabatier, pl. XLVII, 9; sur l'authenticité, à tort contestée, de cette monnaie connue uniquement par la gravure de Sabatier, cf. C. Morrisson-G. Zacos, *L'image de l'empereur byzantin sur les sceaux et les monnaies*, in *La Monnaie miroir des rois* (cat. de l'exposition, Paris, fév.-avril 1978), p. 57-72 aux p. 58-59.

34. D. Gaj-Popovič, *Une monnaie byzantine inconnue trouvée aux environs de Prilep*, in *Frappe et ateliers monétaires dans l'Antiquité et Moyen Age*, Belgrade 1976, p. 99-103. Cf. le comm. de P Grierson, *A pattern nomisma of Basil II*, in *NCirc* 85 (1977), p. 97 qui propose de le dater de 989.

sur les sceaux et la monnaie d'argent qu'à partir de Constantin IX et sur l'or à partir de Constantin X[35].

— C avait été utilisé concurremment pour rendre le son K dans les mots latins aussi bien que grecs (*Constantinu*(ou *o*)*s* depuis l'origine; C pour καί dès Constant II sur le solidus (et sous Héraclius sur les folles «de nécessité» d'Isaura *palaia*[36], C dans NICA etc.). K le supplante définitivement sur le bronze et l'argent à partir de Romain III (pl. 3,12)[37] (ĪC X̄C N̄Ī K̄Ā, anonyme classe C, pl. 3,9; ΠΑΡΘ ЄΝЄ ϹΟΙ ΠΟΛVΑΙΝЄ ΟϹ ΗLΠΙΚЄ ΠΑΝΤΑ ΚΑΤΟRΘΟΙ, pl. 3,12) et sur l'or comme sur les sceaux à partir d'Isaac Comnène.

— Un schéma analogue peut être tracé pour le passage de L à Λ sur l'argent dès Romain III, sur l'or à partir d'Isaac I[38].

— Le sigma lunaire C fait une première apparition sur le tétartèron de Romain III (pl. 3,11) (l'histaménon conservant au contraire le C à valeur de *kappa*) et sur les bronzes anonymes (classe C, 1034-1041). Il remplace définitivement le S latin sur l'argent à partir de Constantin IX, sur les sceaux de Théodora, et sur le nomisma d'Isaac I.

---

35. C'est du moins le moment où *delta* est d'un emploi régulier dans la légende du nomisma (pour le patronyme impérial de ΔΟVΚΛC) alors qu'elle ne figure sur l'or ni sous Isaac I ni sous Constantin IX. Mais les rares histaména de Michel V et de Zoé et Théodora (*DOC* pl. LVIII) et le tétartèron de Romain III connu à quelques exemplaires seulement (pl. 3,11) le portent déjà.

36. CE pour καὶ n'est d'ailleurs pas systématique à l'époque mésobyzantine. Il coexiste avec l'abréviation S, attestée à partir de Constant II sur les sceaux (pl. 2,1) et de Léon IV sur l'or (pl. 2,5) et avec le latin ET sous Basile I (*A*/) (pl. 2,12), Léon VI (*A*/) et Constantin VII qui passe constamment de l'un à l'autre au cours de son règne sur ses sceaux comme sur ses monnaies d'or. ET disparaît alors définitivement devant C(E).

37. A l'exception du nomisma de Nicéphore II cité plus haut, K n'est encore utilisé que dans des ateliers provinciaux moins tenus par le conservatisme de la capitale, comme en Sicile de 813 à 810 ou à Cherson du IXe au XIe siècle. Il s'agit dans ces deux cas de monogrammes, hellénisés depuis longtemps dans tous les ateliers et qui n'auraient pu être compris s'ils avaient été réalisés en caractères mixtes.

38. Noter toutefois dès la fin du Xe siècle la coexistence de l'inscription purement grecque accompagnant l'effigie du Christ ЄΜΜΑΝΟVΗΛ et de l'épigraphie mixte au revers IhSЧSXRISTЧSbASILЄЧ bASILЄ sur les folles anonymes — *BNC* pl. LXXX, Æ/12 et s.; bASIL' AЧTOCRATOR bA R' ou bASIL C COnSTAnTI b'R' sur les sceaux — Z-V 75 et s.

—ꚍoncial, cède la place à un T capital, auquel il faut ici attribuer une tonalité grecque, qui reparaît sur le bronze avec les folles de Constantin VII seul (945) puis sur l'argent et l'or partiellement dès le règne de Nicéphore Phocas, mais définitivement sur l'argent seulement à partir de 1028, et sur l'or ainsi que sur les sceaux avec Théodora.

Si on excepte la survivance jusqu'en 1067 de la légende mixte **IhS XPS REX REGNANTIUM** immobilisée depuis Basile I, l'hellénisation complète entamée à la fin du Xe siècle est donc achevée dès 1057. Si Zacos et Veglery allaient trop loin en cherchant à établir une relation avec le schisme de 1054[39], l'événement et l'évolution paléographique n'en sont pas moins significatifs d'une même transformation de l'identité byzantine et de son éloignement croissant par rapport à l'Occident, passé ou contemporain[40].

L'épigraphie de l'époque des Comnènes est l'aboutissement de ce processus; peu différente de celle du XIe siècle dont elle conserve les lettres petites et peu lisibles[41], ainsi que d'autres formes particulières comme le **ω** «lunaire»[42], elle est caractérisée par la fréquence

---

39. *Art. cit.* (n. 2), p. 156.

40. L'abandon de l'épigraphie mixte sur les monnaies et les sceaux impériaux est suivi de peu par la disparition des formes analogues mi-latines mi-grecques de l'adresse (πᾶσιν οἷς τὸ παρὸν etc.) des *chrysobulloi logoi* à la fin du XIe siècle (cf. Dölger, *Facsimiles* n°s 17, 19-20, 62 de 1057 à 1087). Le dernier exemple sûr de cette *Pertinenzzeile* inscrite en caractères latins, est le chrysobulle d'avril 1088 pour Patmos. Déjà O. Kresten, *Zur sogenannten Pertinenzzeile der byzantinischen Kaiserurkunden*, in *Byzantina* 3 (1971), p. 55-68 à la n. 64, a souligné le parallèle entre l'évolution de l'épigraphie monétaire et celle de la diplomatique. Le *Legimus* de contrôle du fonctionnaire responsable persiste, lui, jusqu'à la fin du XIIe siècle (cf. *Facsimiles* n° 23 de 1198). Sur la signification oecuménique de ce symbole de la continuité romaine à Byzance, cf. F. Dölger, *Die Kaiserurkunde der Byzantiner als Ausdruck ihrer politischen Anschauungen*, in *Byzanz und die europäische Staatenwelt*, Ettal 1953, p. 18-19; *Rom in der Gedankenwelt der Byzantiner*, *ibid.*, p. 74-76.

41. La diminution des lettres est un phénomène parfaitement bien daté sur l'or — et en partie sur les sceaux — du règne seul de Constantin VII (945 et s.). Elle constitue même un élément important dans l'attribution à Constantin VII et Romain Ier d'un nomisma donné à tort à Constantin VII et Romain II (cf. *DOC* III, 2, p. 535, pl. XXXVII, 14).

42. Forme attestée sur le follis à partir de Nicéphore Phocas, sur l'argent à partir de Basile II (*BNC* pl. LXXXIII, 07-08) et plus systématiquement de Constantin IX, sur l'or sous Isaac I. Dans certains cas, le même poinçon pouvait, selon sa position, servir à graver en outre E ou M.

des ligatures. Exceptionnelles auparavant, si ce n'est dans certains ateliers provinciaux tels Carthage ou Ravenne[43], celles-ci apparaissent à la fin du XIe siècle dans les patronymes: ȣ sur les sceaux (pl. 4,3) et ꙋ sur les monnaies de Constantin X Doukas (cf. pl. 4,4), HN sur la pièce unique en argent de Nicéphore Mélissène (pl. 4,6). Les Comnènes font naturellement grand usage de MNH, MN, NH (cf. pl. 4,7) dans les inscriptions disposées par groupes de quelques lettres seulement sur plusieurs lignes dans le champ, parfois de ϻ (*BNC* pl. XCV, 16) de ꙍ à partir de Manuel I (pl. 4,8), de ȣ toujours à partir du même règne sur les monnaies où figure saint Georges. Exceptionnellement Alexis III emploie sur ses sceaux et ses monnaies la ligature ¶ dans le nom de saint Constantin qu'il y a fait figurer (pl. 4, 9; Hendy pl. 22,2) et, concurremment avec Ꙅ sur d'autres ex., la graphie ʒ empruntée à la minuscule. La fréquence des ligatures à cette époque paraît être une solution apportée à l'allongement des légendes dû à l'introduction du patronyme dans la titulature impériale.

Dans les légendes antérieures du nomisma, lorsqu'il avait fallu faire figurer les noms de deux empereurs associés suivis d'une titulature, on avait choisi d'abréger fortement, en réduisant le ʃ d'abréviation beaucoup plus marqué auparavant (cf. *infra* p. 270-271) à de petites virgules. Sous Constantin VII, le phénomène était parfaitement corrélé dans le temps avec la diminution de la taille des lettres, et visait à réaliser le gain de place nécessaire à la gravure de légendes plus longues. A l'époque des Doukas, soit on abrège le titre de *basileus* (RΛC,Λ, RΛCΛ ou RΛC), voire on le supprime sur les histaména à six personnages de Romain IV et Eudocie, soit on abrège le patronyme, réduit à Δ ou ΔK sur les histaména et le premier miliarèsion de Michel VII. Nicéphore III réussit bien à caser une longue titulature avec son patronyme presque complet (**NIKHΦ ΔЄCΠ TѠ ROTANIAT**) sur ses premiers histaména (pl. 4,5) mais l'inscription est presqu'illisible. Les ligatures des Comnènes résolvent cette difficulté: les légendes sont désormais claires et les abréviations, quasiment inutiles, disparaissent.

J'ouvre ici une parenthèse à propos des sceaux bilingues des empereurs latins de Constantinople qui rendent d'abord en caractères gothiques la titulature grecque d'une de leurs faces: celui de Henri

43. Cf. *BNC* I, p. 204, 301, 351 (Carthage VIe-VIIe s.); 115-116, 118-119, 310 (Ravenne id.).

I (1204-1211; pl. 4,10) porte ΕΡΡΙΚΟC Ο ΔΕCΠΟΤΗσ autour d'une effigie de l'empereur en majesté typiquement «franque». Toutes les lettres semblent avoir été empruntées à un alphabet gothique à l'exception du Π et du σ final volontairement distingué des autres *sigma* de la légende y compris du *sigma* final de ΕΡΡΙΚΟC. Le sceau de Baudouin II (1240-1261; pl. 4,11), dont l'iconographie transpose en vêtements grecs les types équestres et en majesté précédents, présente une épigraphie purement grecque: ΒΑΛΔ[ ] ΦVΡΟΓΕΝΝΗΤΟC Ο ΦΛΑΝΤΡΑC dans laquelle on retrouve plusieurs traits de l'écriture byzantine de l'époque.

Notamment les ligatures dont la permanence ne se dément pas et surtout une caractéristique nouvelle du XIIIe et des siècles suivants: le prolongement de Α, Δ, Λ par des empattements asymétriques dirigés vers la gauche Α, Δ, Λ et, moins souvent vers la droite (Α etc.). La mode semble être née à Thessalonique dans la première moitié du XIIIe siècle: il n'y en a pas d'exemple antérieur sur les monnaies ou les sceaux même non impériaux; les premiers témoins de cette graphie seraient donc les tétartèra de Théodore Doukas (1224-1230) (pl. 5,1) avec la légende +ΘΕΟΔΩΡΟC ΔΕCΠΟΤΗC Ο ΔΟVΚΑC et certains hyperpères de Théodore II Lascaris datés Α dans le champ (soit 1254/5) (Hendy pl. 34, 10-11) ainsi que les pièces des Gabalas à Rhodes à la légende ΚΑΙCΑΡ Ο ΓΑΒΑΛΑC Ο ΔΟVΛΟC ΤΟΥ ΒΑCΙΛΕ (pl. 5,2-3, Léon Gabalas, 1204-1240) ou ΩΙ (Iω rétrograde) Ο ΓΑΒΑΛΑC ΑΥΘΕΝΤΗ CΤΗC ΡΟΔΟΥ (pl. 5,4 — Jean Gabalas, 1240-1249). Le Ε ou le Ι barrés sont une particularité de ce monnayage très localisé. Le Δ sur pieds (Δ) en revanche ne lui est pas propre et se rencontre aussi à Nicée sur un trachy de Théodore II (Grierson, 1186) et sur le sceau «privé» du même empereur (pl. 9,2), à légende métrique, ΑΝΑΚΤΟΠΑΙΔΑ ΔΟΥΚΑΝ ΑΘΛΗΤΑ CΚΕΠΟΙC ΘΕΟΔΩΡΟΝ ΛΑCΚΑΡΙΝ ΤΟΝ ΒΑCΙΛΕΑ.

Ces modes subsistent à l'époque des Paléologues. Malgré la médiocrité d'exécution du monnayage tardif qui rend difficile une étude des graphies monétaires, on observe en effet la persistance de ligatures fréquentes jusqu'à la fin de l'empire. Aux formes citées plus haut[44] s'ajoutent ΔΗ, ΜΗ et Τ ou Τ (dans le nom de saint Démétrius par ex. sous Michel VIII et Andronic III, cf. pl. 5,5 et 9) et la forme Τ combinant ligature et suscription sur un *assarion* d'Andro-

44. Pour ΟΥ cf. Z-V 128 bis; Τ, Z-V 127; ΜΝΗ Bertelè-Morrisson 111 etc.

nic II et Michel IX (Grierson pl. 93, 1477) ou encore 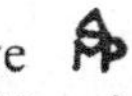 ligature-monogramme du Prodrome sur le basilikon de Jean V et Jean VI[45]. Les ligatures se développent alors avec une grande liberté dans les marques secrètes encore inexpliquées — vraisemblablement des marques de monétaires — très nombreuses sur les hyperpères et, à un moindre degré, sur les basilika[46]. Marques secrètes aussi que celles, simples, superposées ou agencées en monogrammes figurant sur les bulles d'or des derniers Paléologues (p. ex. , , 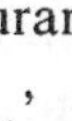 et ) dans lesquelles le P. Laurent proposait de voir la signature du fonctionnaire responsable de la chancellerie[47]. Cette association de la ligature et du monogramme est parfaitement résumée par plusieurs types monétaires à l'emblème des Paléologues  (pl. 5,7) ou 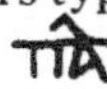 (Bertelè-Morrisson 190)[48].

Peu de graphies nouvelles à signaler en dehors de la transformation du M, souvent M au XIIe siècle, parfois M à Nicée et sous les Paléologues et qui adopte la forme anguleuse M[49] dès le milieu du XIIIe siècle mais revient à M au XVe siècle, et du N parfois des-

---

45. Bertelè-Morrisson, pl. VIII, 109 = ici, pl. 5,10.

46. Pour un tableau provisoire, mais complet en l'état actuel de la recherche, de ces différents sur la monnaie d'or, v. S. Bendall, *Sigla on Palaeologan hyperpyra*, in *Rev. Num.* 1984, p. 161-192. Pour la monnaie d'argent, quelques exemples dans A. Veglery et G. Millas, *Gold and silver coins of the time of John V (1341-1391)*, in *NCirc* 78 (1970), p. 486-488, id. 79 (1971), p. 2-5. On relève dans ce monnayage du règne d'Andronic II à celui de Jean V-Jean VI les ligatures suivantes:

 (Andronic II et Michel IX),

 (Andronic II et Andronic III),

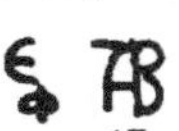 (cf. pl. 5,10), 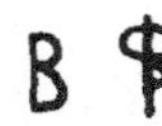 (Jean V et (ou) Jean VI).

47. V Laurent, *Monogrammes byzantins pour un hommage*, in *Mélanges N.V. Tomadakis*, Athènes 1973, p. 333-341 avec référence aux hypothèses antérieures de F. Dworschak et F Dölger.

48. Pour un relevé de toutes ces occurrences cf. S. Bendall-P J. Donald, *The Later Palaeologan Coinage*, Londres 1979, index.

49. Parfois H (cf. Grierson, 1165-Jean III). Il s'agit alors de désigner la Vierge et le signe peut être une ligature de M et de H). Dans le cas du petit *follaro* de Manuel II 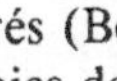 il y a seulement M et A ligaturés (Bendall p. 166, 12) mais l'interprétation M H liés vaut pour les monnaies de Jean VII avec saint Démétrius (id. p. 168, 1, 170, 3).

siné H (Z-V 128 bis par ex.). Le caractère désormais entièrement grec de l'alphabet «impérial» permet enfin le retour à des formes anciennes comme le B fermé, attesté sur les sceaux à partir de Michel VIII (Z-V 122) et sur les monnaies à partir d'Andronic II et Michel IX (Grierson 1477), puisque le R ouvert des XIe-XIIe siècles ne se justifiait plus en l'absence de l'ambiguïté d'alors entre R et P (*r* et *rhô* majuscules). Il faut encore mentionner le cas particulier des formes cursives de la datation indictionnelle des documents impériaux, reproduites sur une série de bronzes d'Andronic II et Andronic III émis de 1301 à 1334, et identifiées pour la première fois par T. Bertelè[50]:

seul cas connu où accents et esprits figurent sur une inscription monétaire (cf. pl. 5,11-13).

II. L'épigraphie des sceaux non impériaux.

Avant de passer à l'examen de l'épigraphie proprement byzantine des sceaux non-impériaux, il faut dire un mot des sceaux bilingues, particulièrement nombreux dans le bullaire africain, mais probablement utilisés aussi par des fonctionnaires d'autres regions — voire par l'empereur lui-même (cf. Z-V, 2) en application du bilinguisme officiel de l'Etat protobyzantin[51]. Ces sceaux, dont la face grecque porte le plus souvent en monogramme le titre ou le nom du détenteur, indiquent en plusieurs lignes dans le champ ce même titre ou ce nom sur le revers latin. Si la face grecque, quelle que soit sa forme — légende développée ou monogramme — est toujours inscrite en capitales, la légende latine est au contraire presque constamment en cursive[52], mêlée

---

50. La date par l'indiction sur quelques monnaies des Paléologues, dans Bertelè-Morrisson, p. 123-136.

51. Cf. G. Dagron, *Aux origines de la civilisation byzantine: langue de culture et langue d'Etat*, in *Rev. Hist.* 489 (1969) p. 23-56 avec référence aux travaux classiques de L. Hahn (1906-1912).

52. Les légendes latines des sceaux des commerciaires d'Afrique sont en onciale et non en cursive, ceci en raison du lien étroit de ces sceaux avec l'iconographie impériale (cf. C. Morrisson-W Seibt, *Les sceaux des commerciaires du Musée de Carthage*, in *Rev. Num.*, 1982, p. 223-240).

de quelques formes onciales.

A partir d'un échantillon de sceaux (Z-V 287, 290, 292, 311-314, 384, 769, 1056, 2793; cf. pl. 6,14) complété par un examen des sceaux du Musée de Carthage[53], on peut attirer l'attention sur les formes suivantes: A B G L R S U/ɑ b ʒ b[53a] r r u qui coexistent avec les onciales ϛ ε m n p τ ч . La confusion des formes cursives du *r* et du *s*, particulièrement visible sur la pl. 6,3, à la légende ILLЧΓτΓIU est-elle due à l'étroite parenté de leur dessin, dont la gravure était incapable de rendre la nuance? Ou bien faut-il supposer que le graveur ignorait le latin et se contentait de reproduire une *ordinatio* écrite en cursive qui lui était incompréhensible ou peu familière?[54]

L'épigraphie de la majorité des autres sceaux est entièrement grecque et, comme telle, n'est pas affectée par «l'oncialisation» latine. L'alphabet utilisé est toujours celui de la capitale, avec peu de modifications importantes en dehors de l'emploi du *bêta* majuscule ouvert (R au lieu de B) dès le milieu du IXe siècle, donc un siècle plus tôt que sur les monnaies, la transition s'achevant dans la seconde moitié du siècle[55]. Mais, on peut y suivre des «modes» dans le dessin des lettres (ce que W. Seibt appelle «Marotten») et dater celles-ci à partir des sceaux précisément identifiés et situés dans le temps. Ces «modes» ainsi déterminées contribuent en retour à la datation de sceaux plus incertains, comme le montre W. Seibt dans sa publication des plombs byzantins conservés en Autriche. Pour suivre cette évolution, nous nous sommes donc appuyée d'une part sur ces conclusions — en attendant de disposer du Manuel des sceaux datés de Dumbarton Oaks annoncé par N. Oikonomidès[56] et en bon état d'avancement — et d'autre part sur la série, continue du VIe au IXe siècle, des sceaux de commerciaires publiés par G. Zacos et A. Veglery.

---

53. Sur cette collection, v. provisoirement C. Morrisson-W. Seibt, *art. cit.*

53a. Sur un sceau purement latin du début du VIIe siècle. (Z.V. 811a).

54. Un cas curieux de graphies mélangées sur un sceau bilingue est offert par Z-V 2877 (VIIe siècle) sur lequel la légende latine mêle des formes onciales à une forme grecque (*delta*) ϛRATI/OSVSCA/NΔ'SIMP'S/PAτhA tandis que la légende grecque mélange capitale et minuscules (*bêta* en forme de u, *zèta* z et un *nu* à la forme sinueuse ν)ΓPATzI/ωCOCKA/νΔ' sû C/ΠAΘ!

55. Cf. W Seibt, *Bleisiegel*, p. 304.

56. Cf. Akten des XVI. Int. Byz. Kongresses, Wien, *JÖB* 31/1 (1981), p. 104. Voir p. 253, n. 6.

Au prix d'un certain schématisme, cette évolution des graphies sur les sceaux peut être résumée ainsi:

— Au début du VIe siècle, sur certains sceaux plus anciens, les lettres paraissent constituées de formes triangulaires assemblées Υ Λ Κ (cf. pl. 6,5; Z-V 297 dont la datation haute est confirmée par la forme en carré inscrit du monogramme). Mais les sceaux ultérieurs perdent rapidement cette facture. A noter les variations dans la forme d'*upsilon* généralement V (cf. pl. 6,7, sceau de Magnus le Syrien sous Justin II) mais parfois Y (sur un autre sceau du même personnage, Z-V 130 bis).

— L'écriture du VIIe siècle est souvent marquée par les empattements rectilignes et perpendiculaires des hastes (cf. par ex. pl. 6,10 daté de 679/80) ou parfois triangulaires. L'abréviation finale, indiquée par un petit trait diagonal barrant la haste inférieur de la dernière lettre au VIe siècle (Κ) ou par une suscription (ΔΙΟΙΚΗΤ sur Z-V 131, Π sur pl. 6,8), est devenue un grand trait incliné rectiligne occupant l'espace d'un caractère entier.

— Le VIIIe siècle conserve ces empattements. *Omega* précédemment rond (ω cf. pl. 6,9; 668-672) tend à presenter des traits plus droits sur les côtés, le trait médian restant plus petit que ceux-ci (ω , cf. pl. 6,11; 713-715) ou devenant aussi haut (ω , pl. 6,13, Irène et Constantin VI, 785-786). *Thêta* et *bêta* restent au contraire très ronds au point de se confondre presque sur certains ex. (pl. 7,2). Un cas particulier intéressant, déjà relevé par H. Hunger[57], est l'utilisation d'une forme de la majuscule d'apparat (Auszeichnungsmajuskel), forme dite «à ponts» par G. Cavallo ω, sur Z-V 2913, de la fin du VIIIe siècle.

— L'écriture du IXe siècle est caractérisée par l'élégance de son dessin de nature monumentale: les lettres, plus hautes et plus étroites, s'inscrivent plutôt dans un rectangle que dans un carré ou dans un rond. Leur prolongement fréquent par des empattements (Ρ, Β) est particulièrement notable et a déjà été souligné par P. Grierson sur les monnaies où le passage est précisément daté de 812[58]. Les mar-

57 Dans son c. r. de Z-V, *BZ* 68 (1975), p. 137.

58. *Art. cit.* (n. 3), p. 247. Mais W Seibt fait observer (*BySl* 36 [1975], p. 210) que cette transformation n'est pas aussi brutale et que la mode du *sérif* est déjà visible auparavant sur quelques solidi de Nicéphore I (*DOC* 2c4 et 2c7). Une datation analogue peut être observée sur les sceaux: cf. l'absence de *sérif* sur Z-V 2224 = pl. 7,3, sceau de Nicéphore, grand logothète, donc avant son accession à l'empire en 803.

ques d'abréviation sont toujours très visibles et aussi hautes que les lettres. La boucle inférieure du B est souvent plus importante que celle du dessus (B), une forme caractéristique dans le monogramme et les légendes (Z-V 281; S. 166, 176, 182, 183 etc.; cf. pl. 7, 6-7), que l'on retrouve dans les monnaies de Cherson à la fin du IXe siècle (*BNC* pl. LXXV)[59]. La province reste dans ce cas fidèle à une mode que la capitale commence à abandonner puisque le B fermé est peu à peu remplacé vers le milieu du siècle, on l'a vu, par un R ouvert[60]. Une mode, moins répandue mais néanmoins caractéristique, se manifeste sur quelques sceaux du IXe siècle, celle de lettres pointues ou losangées («rhombusförmig»), stade ultime de l'allongement des graphismes de cette époque, et dont le sceau de Marianos (pl. 7,8)[61] fournit une bonne illustration.

Sur ce sceau, daté de 866-868 environ avec de bonnes raisons historiques par l'éditeur, qui identifie le titulaire avec le frère de Basile Ier, domestique des scholes, paraissent déjà certains traits de l'écriture du Xe siècle, notamment le rapetissement des lettres et celui des abréviations, réduites à des traits au pied des lettres[62]. Cette réduction, ce retour à des formes inscrites dans un cercle ou un carré plutôt qu'un rectangle, l'évolution de certaines lettres comme l'*omega* (ω plutôt que ɯ voire W comme au IXe siècle, cf. S. 73, 80, pl. 7,10 etc.) vont s'accentuer au XIe siècle. Mais le phénomène qui intéressera le plus les paléographes est l'existence au Xe siècle de lettres pointées ou «bouletées» (pl. 7,10) — s'il est permis de leur appliquer la terminologie proposée par J. Irigoin pour une minuscule analogue dont «les limites d'emploi sont 927-965»[63] — tout à fait compara-

59. Sur ce monnayage, v. en dernier lieu, I.V Sokolova, *Monety i pečati vizantijskogo Khersona*, Leningrad 1983, ouvrage dans lequel une attention toute particulière est portée à l'épigraphie des sceaux.

60. Cf. Z-V 2176, un des sceaux de Méligalas — dont ils permettent de reconstituer la carrière, et les observations des éditeurs sur ce changement de graphie du B, p. 1204.

61. V. le comm. paléographique de Seibt, p. 123. La forme des lettres est en l'espèce l'argument essentiel pour remonter la date du sceau précédemment donné à un homonyme du règne de Romain II, un siècle plus tard.

62. L'évolution est parallèle sur les monnaies où la hauteur des marques d'abréviation finale diminue dès Basile I et au cours du règne de Constantin VII.

63. J. Irigoin, *Une écriture du Xe siècle: la minuscule bouletée* in *La paléographie grecque et byzantine*, Paris 1977 (Coll. int. du CNRS, n° 559), p. 191-199.

bles aux formes relevées dans l'Escorial Ψ.I.14 (Є Θ), exemple de «majuscule liturgique» daté par G. Cavallo également du Xe siècle[64].

— L'écriture du XIe siècle conserve ces petites dimensions et développe l'usage d'abréviations beaucoup plus nombreuses que les formes traditionnelles précédentes. Le trait supérieur qui marque celles-ci descend parfois verticalement à la fin du mot concerné (cf. pl. 8,7), une caractéristique fréquente également sur les manuscrits de la même époque. On voit apparaître des suscriptions fréquentes qui tendent à la ligature X̊ dans X̊, ΤΡΙΓ, pour χρυσοτρικλίνου devient ☧ (S 164 également dans ☧ ΓΚΛ), *megas* est abrégé par suscription analogue M̄ (pl. 8,1). Et comme sur les monnaies, l'omega prend la forme semi-lunaire ω (cf. pl. 8,2). Cette évolution affecte aussi la diphtongue OV désormais invariablement transcrite ȣ (cf. S 113, 122, Z. 2689 sceau de Nicéphore Botaniate, pl. 8,5). Des tendances se font jour qui s'affirmeront au XIIe siècle comme la gravure des accents — toujours absents de l'épigraphie impériale nous l'avons vu — ainsi, Z-V 2678 = pl. 8,4, que W. Seibt date des années 1050-1075 et propose d'attribuer à Jean *praipositos, épi tou koitônos* et *épi tou kanikleiou* en 1052[65], avec la légende ΘΚЄ ΡΟΉ/ΘЄΙ ΙΩ̄Π ΡΟЄ́ΔΡΩΚΑῚΠΑ/ΡΑΚΟΙΜΩ/ΜЄ́ΝΩ (Θεοτόκε βοήθει Ἰωάννῃ προέδρῳ καὶ παρακοιμωμένῳ), où on remarque une forme de M (comme sur les monnaies) destinée à une grande fortune aux XIIe et au XIIIe siècles.

— Un ex. du développement de ces tendances: abréviations par suscription, accentuation — phénomène probablement lié à la vogue des légendes métriques[66] — est fourni par la tessère de plomb de

64. G. Cavallo, *Funzione e struttura della maiuscola greca tra i secoli VIII-XI*, *ibid.*, p. 96-137. et pl. 40.

65. *BySl* 36 (1975), p. 212.

66. Le recueil de V. Laurent, *Les Bulles métriques dans la sigillographie byzantine*, Athènes 1932, n'est pas illustré et développe les légendes sans les transcrire. Il ne permet donc pas de déterminer si l'inscription est ou non accentuée. L'index VIII de Z-V «Metrical inscriptions» comprend 68 sceaux dont 6 seulement accentués (les n°s 2717, 2719bis, 2726, 2727 = pl. 8,9, 2729, 2733, tous des dodécasyllabes). La proportion peut paraître faible mais il faut observer qu'il n'existe quasiment pas de bulles accentuées qui ne soient pas métriques (dans cet échantillon 2 seulement sur 8, les n°s 106 et 2678). L'accentuation peut avoir été destinée à signaler ou souligner le caractère métrique de la légende. Sur un autre support, pour un exemple

Manuel Comnène (pl. 8,9) destinée à sceller une bourse de quatre pièces d'or offerte lors de distributions impériales: ϹΦΡΑΓΟ/ ΧΑΛΚΟ' ΧΡΥϹΕ/ ΝΟΜΙϹΜΑΤ ΚΑΝ/ ΤΑΥ ΠΡΑϹ ΟΥΡΑΝ ΚΛΗΡΟΥ / ΧΙΑϹ Ο Δ ΕΜΠΟΡΟϹ/ΤΙϹ ΜΑΝΟΥΗΛ/ΑΥΤΟΚΡΑΤΩΡ /Η ϹΦΡΑΓΙϹ ΑΙ/ΔΕϹΙΜΟϹ Ο ΧϹ ΠΡΑΤΗϹ

Σφραγὶς ὁ χαλκὸς χρυσέων νομισμάτων / κἀνταῦθα πρᾶσις οὐρανῶν κληρουχίας / ὁ δ' ἔμπορος τίς; Μανουὴλ αὐτοκράτωρ / Ἡ σφραγὶς αἰδέσιμος· ὁ Χριστὸς πράτης.

Sur la plupart des autres sceaux, en partie iconographiques, où la place est plus restreinte pour la légende que sur cette tessère exceptionnelle entièrement épigraphique, les ligatures sont fréquentes. Leur apparition peut être précisément datée de la fin du XIe siècle:

— ΜΗ ou ΜΗΝ (cf. Z-V 2730 bis), dans le patronyme des Comnènes dès 1070 environ (bien qu'Anne Dalassène en 1081 ait encore quelques sceaux sans ligatures, cf. Z-V 2695)

— ϛ (*sigma-tau*) dès 1087 env. (cf. Z-V 2709 Adrien Comnène, mais Alexis Comnène, grand domestique, l'orthographie encore ΔΟΜΕCΤΙΚW) (v. pl. 8,4)

— ΜΡΙ (Z-V 2696 c)

— puis ϵι pour *epsilon-iota* (cf. Z-V 2696, 2730)

— ou ΩΝ (Z-V 2736, 2743, 2750, 2751 = pl. 9,1)

— et ΗΡ et Γ (Z-V 2750 et pl. 9,1)

A la fin du XIIe siècle, la liberté en matière de ligatures augmente, au point d'assembler jusqu'à deux mots différents et trois lettres en un seul sigle (Z-V 2750a ΤΩΝΓΑΜΜΑΤΩΝ); on note parfois l'usage de marques de séparation entre certains mots sous forme de deux points: (cf. Z-V 2743, 2751; S 174) et le début de l'habitude de petites lettres *inscrites* comme ΠΓ (Z-V 2743)

— Ce libre assemblage de caractères s'accentue encore aux XIIIe-XIVe siècles (v. par ex. le type de sceau de collège des *ekdikoi* de Sainte-Sophie, Laurent V, 1, p. 92, forme 3, pl. 19 n° 114, à la légende + ΤΟΙϹ ΘΕ/ϹΕΒΕϹΤΑΤΟΙϹ / ΠΡΕϹΒΥΤΕΡΟΙϹ /ΚΑΙ

---

d'inscription accentuée également métrique (dodécasyllabe) de la même époque (seconde moitié du XIIe siècle selon l'éditeur, et peut-être plus tardif — première moitié du XIIIe siècle, d'après d'autres formes épigraphiques) voir F. DÖLGER, *Die zwei byzantinischen «Fahnen» im Halberstädter Domschatz*, in *Byzanz und die europäische Staatenwelt*, Ettal 1953, p. 116-127 aux p. 120-123.

ЄΚΚΛΗϹ/VЄΚΔΙΚΟΙϹ[67] sur laquelle on remarque Є pour (ε, σ τ) ΙΡ (π, ρ) ꟼ (ε ι) pour *upsilon* ainsi que le retour au *bêta* fermé (B) sensible depuis la fin du XIIe siècle. Quelques formes particulières, comme le Α et parfois H pour N, apparues sous l'empire de Nicée (cf. le sceau «privé» de Théodore II, pl. 9,2), ou le Η anguleux du sceau «privé» d'Andronic II à la légende ΑΡΧΙϹΤΡΑ/Τ ΗΓЄ ΤΑΓ ΗΑΤΩΝΥΡΑΝΙΩΝ/ΑΝΑΡΟΝΙΚΟΝ ϹΚ/ЄΠΟΙϹΗЄΤΟΝ/ΒΑϹΙ ΛЄΑ (pl. 9,5) témoignent de la convergence plus étroite dans les derniers siècles de l'empire entre les formes de la sigillographie courante et celles des émissions officielles.

La convergence que l'on constate aux XIIIe-XVe siècles entre les différents domaines de l'épigraphie des sceaux et des monnaies n'est que l'un des aspects d'une unification plus vaste des formes graphiques de la majuscule à cette époque.

On retrouve en effet sur les documents monétaires et sigillographiques beaucoup de traits caractéristiques de la majuscule «distinctive» ou «d'apparat» des manuscrits qualifiée précisément d'«épigraphique» par H. Hunger[68] en raison de sa similitude avec celle des inscriptions lapidaires. Il n'est pas indifférent que cette influence de l'épigraphie, ou du moins cette convergence, soit particulièrement sensible après 1204 seulement, les bouleversements consécutifs à la partition ayant contribué à abattre les cloisonnements antérieurs et à mettre fin à des traditions séculaires.

CNRS, Paris

---

67. L'ex. illustré sur la planche de V. Laurent (ici, pl 9,6) ne porte pas le V du début de la dernière ligne. Celui-ci figure bien en revanche sur l'ex. n° 714 du Cabinet de Vienne dont je dois une diapositive à l'obligeance de mon collègue W. Seibt.

68. H. Hunger, *Epigraphische Auszeichnungsmajuskel*, in *JÖB* 26 (1977), p. 193-210. Les points communs avec l'épigraphie soulignés par l'auteur, ligatures, juxtapositions, superpositions (cf. notamment p. 201-202) s'appliquent aussi aux monnaies et aux sceaux (et pas seulement pour la forme Ꙋ). Rappelons la similitude des formes Α , Β , Α parfois, Η ou Η, Ν par ex. (v. les mss. ou les inscr. reprod. par l'a. *ibid.*, pl. 3, 5, 8 [ornements — «Zierelemente» — mis à part pour ce dernier]). La taille et l'état de conservation des monnaies et des sceaux ne permettent pas de distinguer de «style» épigraphique particulier; le format des lettres, inscrites dans un carré, est plutôt celui du «style ramassé» («gedrungener Stil») mais beaucoup de graphies monétaires s'apparentent plus à celles attestées dans les ex. de «style élancé» («schlanker Stil»).

L'ÉPIGRAPHIE DES MONNAIES ET DES SCEAUX À L'ÉPOQUE BYZANTINE

Explication des planches

N.B. Par suite d'un changement de format du volume, les monnaies et les sceaux qui devaient être reproduits ici à grandeur originale, sauf indication contraire, ont été réduits d'un tiers environ par rapport à l'échelle 1:1. Sauf mention contraire, l'atelier monétaire est celui de Constantinople. Le métal est indiqué pour les monnaies selon les conventions habituelles des numismates: AV = or AR = argent Æ = cuivre. En l'absence d'indication de métal, il s'agit de bulles de plomb. Les légendes n'ont pas été systématiquement transcrites. Les dates indiquées pour les monnaies sont celles des émissions et non du règne.

Dans ce volume, les monnaies et les sceaux ont été réduits d'un tiers environ par rapport à l'échelle 1: 0.75.

Planche 1

1. Justinien I. Sceau. Z-V 2 b.
2. Id. Solidus. *BNC* 06.
3. Id. Follis (40 nummi) (541/2). *BNC* 58.
4. Maurice. Follis (589/590). *BNC* 16.
5. Justinien. Follis. Antioche (542/3). *BNC* 35.
6. Id. 16 nummi. Thessalonique. *BNC* 06.
7. Id. Demi-follis (20 nummi). Thessalonique (562/3). *BNC* 12.
8. Phocas. Solidus (607-610). *BNC* 18.
9. Constant II. Follis (642/3).

Au droit: ЄNTȢTO [NIKA] Au revers: A/N/A [N/Є/O/Ϛ] ('Ανανέωσις). *BNC* 03.

10. Héraclius. Hexagramme (613-629). *BNC* 09.
11. Id. Hexagramme. Ravenne (613-629). *BNC* 02.

Planche 1

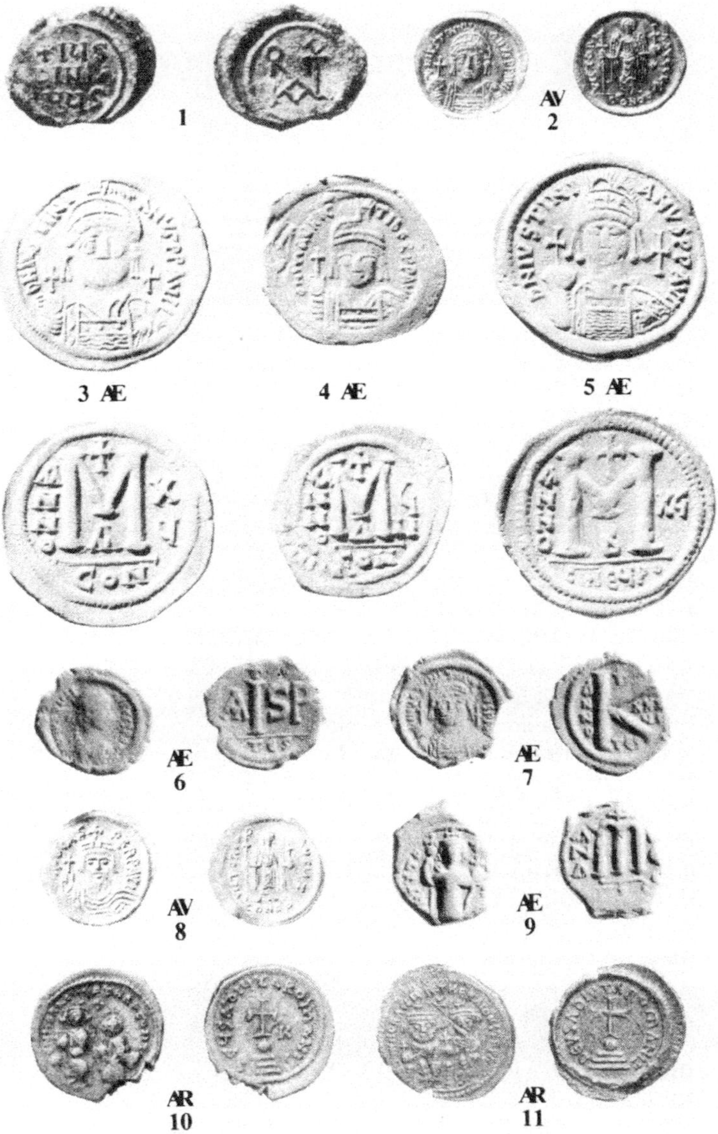

Monnaies et sceaux

Planche 2

1. Constant II et Constantin IV (654/659). Z-V 18a.

2. Constantin IV (?) (vers 668-669). Z-V 19 (pour l'attribution à Constantin V, cf. S. p. 76).

3. Léon III. Miliarèsion (720-741). *BNC* 03.

4. Constantin V. Solidus (751-775).

Au droit: COnSτANτInOS S LεOn O nEOS

Au revers: C LεO P A MЧLT (*Domino Nostro Leoni Perpetuo Augusto multos annos*). *BNC* 07.

5. Léon IV. Solidus (778-780). *BNC* 06.

6. Léon IV. Solidus (776-778). *BNC* 01.

7. Artavasde. Sceau (742-743).

Au droit: εn OnOM τЧ PR S τЧ VV S τЧ AϚIЧ PnS ('Εν ὀνόματι τοῦ Πατρὸς καὶ τοῦ Υἱοῦ καὶ τοῦ 'Αγίου Πνεύματος).

Au revers: ARτA / ЧASδOS / PISτOS bA/SILEЧS RO/MAIOn Z-V 35.

8. Léon V (et Constantin) (815-820).

Au droit inscription analogue à celle du n° 7

Au revers: LεOn/S COnSτAn/τInOS PISτV/bASILIS RO/MAIOn Z-V 49a.

9. Théodora. Nomisma (842-843).

Droit: ΘεOδO RA δεSPVnA *BNC* 01.

10. Basile I. Nomisma (868 ?).

Au revers: +bASILIOS εC Θ εЧbASILEVSb *BNC* 01.

11. Basile I (et Constantin) (868-879). *BNC* 02.

12. Id. Nomisma (868-879). *BNC* 06.

Planche 2

1 2

3 AR 4 AV 5 AV

(x2)

AV
6

7 8

9 AV 10 AV 11 AR 12 AV

Monnaies et sceaux

Planche 3

1. Léon VI. Nomisma (886-908). *BNC* 01.
2. Id. Droit: LЄOh Єh CRISTO bASILEЧS ROMЄOn. *DOC* 1b2.
3. Léon VI (et Constantin). Nomisma (908-912).
Au droit: LЄOh ET COnSƮANƮ' AUϤϤ' ROM. *BNC* 04.
4. Nicéphore II Phocas. Nomisma histaménon (963-969).
Au revers: + ΘЄ OTO' b' HΘ'h ICHF, ƊЄSP,
5. Nicéphore II (et Basile). Nomisma histaménon (963-969).
Revers: hIChFOR, CЄ bASIL' AUϤϤ b R. *BNC* 01.
6. Id. Var. de légende: NIKH+OP, KAI RACIΛ' AVΓ, R' P' (Νικηφόρος καὶ Βασίλειος αὔγουστοι βασιλεῖς Ῥωμαίων). *BNC* 04.
7. Follis anonyme, classe A2 (976-1025). *BNC* 21.
8. Id. classe B (1028-1034). *BNC* 71.
9. Id. classe C (1034-1041). *BNC* 87
10. Miliarèsion anonyme (989? ou plutôt 1030–1040).
Au droit: ΘCЄ b, Θ, ƮOIS bASILS'
Au revers: +MЄR ΘЧ/DЄDOZASM/ O ЄIS SЄ ЄLΠIZωN OЧ/C ΛΠOƮX (Μῆτερ Θεοῦ δεδοξασμένη ὁ εἰς σε ἐλπίζων οὐκ ἀποτυγχάνει). *BNC* (Basile II) 07.
11. Romain III Argyre. Nomisma tétartèron (1023-1034). *BNC* 03.
12. Miliarèsion anonyme (Romain III)
Au droit: ΠAPΘЄNЄ COI ΠOΛVAINЄ
Au revers: OC HΛΠIKЄ ΠAN TA KATOPΘOI (Παρθένε σοι πολύαινε ὃς ἤλπικε πάντα κατορθοῖ). *BNC* 01.

Planche 3

Monnaies et sceaux

Planche 4

1. Constantin IX Monomaque. Sceau (1042-1055).
Revers: + CωnS ΛnT bΛSIL(ЄЧS ROM ?). Z-V 79a.
2. Id. Deux-tiers de miliarèsion (1042-1055). *BNC* 08.
3. Constantin X Doukas. Sceau (1059-1067).
Revers: KωN RACIΛЄVC PωMAIωN O ΔȢK·. Z V 87a.
4. Michel VII Doukas. Deux-tiers de miliarèsion (1071-1078). *BNC* 07.
5. Nicéphore III Botaneiatès. Nomisma histaménon (1078-1081).
Revers: + NIKHΦ ΔЄCΠ Tω ROTANIAT·. *BNC* 01.
6. Nicéphore Mélissène. Deux-tiers de miliarèsion (1081).
Revers: [+ΘKЄ RΘ?]/NIK[H]ΦO/Pω ΔECΠO/TI Tω MЄ/ΛICHNω. *BNC* 01.
7. Alexis Ier Comnène. Hyperpère (1092-1118). Revers. *BNC* 03.
8. Manuel I Comnène. Hyperpère (1143-1180).
Revers: MA/NOV/HΛ/ΔЄC/ΠO/T /ΠOP/ΦV/POΓ/HN /T. *BNC* 09.
9. Alexis III Ange. Sceau (1195-1203).
Au droit, saint Constantin: Θ/Kω/NϚA/N TI/N/OC. Z-V 110a.
10. Henri de Flandre, empereur latin (1206-1216). Z-V 112a.
11. Baudouin II, empereur latin (1240-1261). Z-V 114a.
(10–11, voir ci-dessus, p. 266.)

Planche 4

1

2 AR (x1,3)

3

4 AR

5 AV

6 AR

7 AV (x1,2)

8 AV

9

10

11

Monnaies et sceaux

Planche 5

* 1. Théodore Doukas, empereur de Thessalonique (1224-1230). Tétartèron. BN Anc. fonds 941.

2. Léon Gabalas, césar. Rhodes (1204-1240). Tétartèron.
Au droit: KAIC/CAP O K/BΛΛAC
Au revers: O ΔOY/TOY BΛ/C+ ΛCS
SCHLUMBERGER, *Num. Orient Latin*, pl. VIII, 17.

3. Id. Légende analogue avec quelques graphies différentes: *Ibid.*, 18 (cf. GRIERSON, *Byz. Coins*, 1284).

4. Jean Gabalas. Rhodes (1240-1249).
Au droit: ω++/O ΓΛ BΛ/ΛΛC
Au revers: A/ ΘEN/THC THC POΔOY
Ibid. 19 (cf. GRIERSON, *Byz. Coins*, 1285).

5. Michel VII. Staménon (1261-1282).
Au droit: Θ/Λ/Γ/MH (?) TH/OC
Au revers: X/M/Δ/Є
BERTELÈ-MORRISSON, 121.

6. Andronic II et Michel IX. Assarion (1295-1320).
Au droit: à g. lég. rétrograde ANΔPONIK à d. HXΛHΛ
Au revers: +[AN] ΔPONIKOC ΔЄCΠOTHC
BN Anc. fonds. 952.

7. Id. Au droit: [ANΔ?] [PONI]
Au revers monogramme des Paléologues. BN Schlumberger 3695.

8. Andronic III. Staménon (1328-1341).
Au droit: O/A/ΓI/OS ΔH /MH /TP/IOS
Au revers: à d. illis.; à g.
BN Anc. fonds 949.

9. Id. Basilikon.
Au revers: A/N/ΔP/N/KO/S O/A' Δ/H/M/TP/O/C
BN Schlumberger 3733.

10. Jean V Paéologue et Jean VI Cantacuzène. Basilikon.
Au droit, saint Jean Prodrome: à gauche Γ/OA/Iω à droite O/A/M /OC. Au-dessous, marque secrète E/ΦAB.
Au revers les deux empereurs. Lég. IW à droite, le reste illis.
BERTELÈ-MORRISSON, 109.

11. Andronic II et Michel IX. Tétartèron. Revers daté de la 14e indiction (1301 ou 1316).
BERTELÈ-MORRISSON, pl. XIII, 4.

12. Id. Revers daté de la 15e indiction (1302 ou 1317 ?). *Ibid.*, 6.

13. Andronic III. Revers daté de la 2e indiction (1334). *Ibid.* 10.

(1–4, voir ci-dessus, p. 266.)

Planche 5

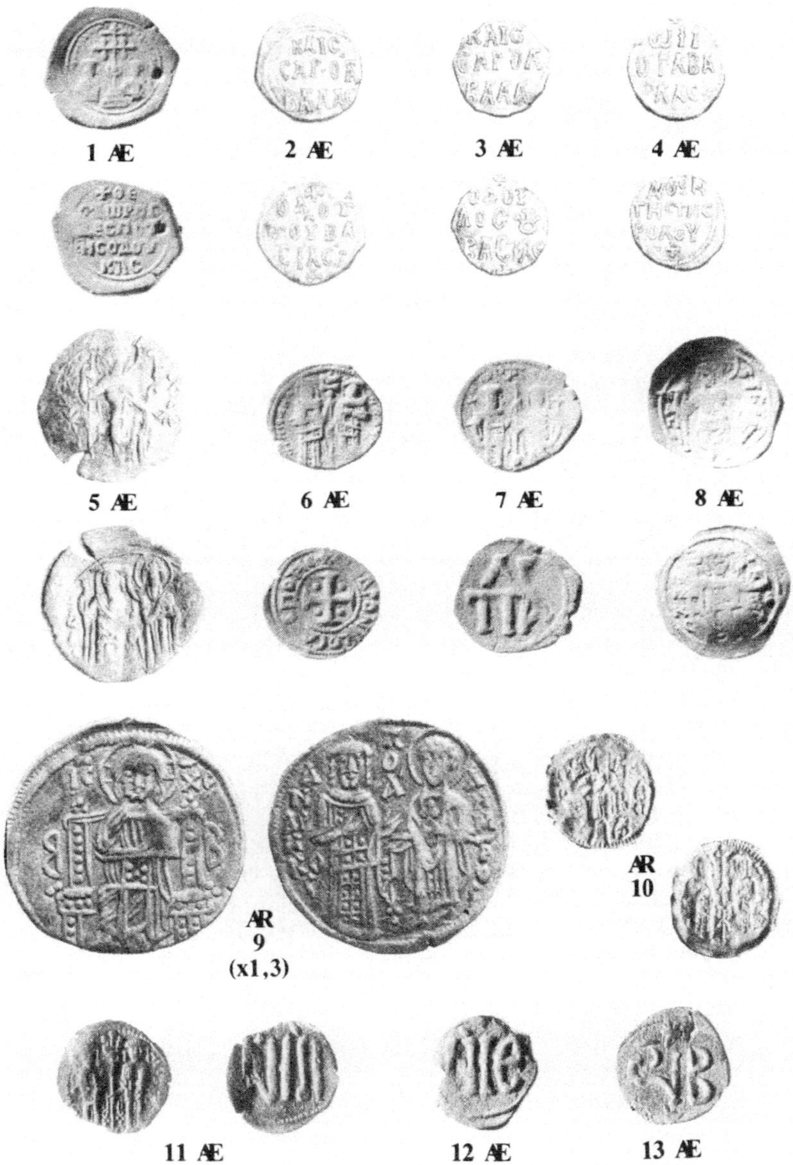

Monnaies et sceaux

Planche 6

N.B.- A partir de cette planche, tous les objects reproduits sont des bulles de plomb).

1. Monogramme: ΑVΤΟΝΟΜΟV
Revers: +ΑΥ/ΤΟΝΟ/ΜΥΡ Z-V 290.

2. ΔΑΜ (I) ΑΝΟV
Revers: ΜΑΞΙ/ΡΤΡΟΜ/ILIX Z-V 313 (VIe s.).

3. Monogramme: IΩΑΝΝΟV
Revers: ILL/ΥΡΤ/ΡΙΥ Z-V 384 (VIe s.).

4. ΤhΕΥ/ΚΥLΑ/CΤΥ
Revers: ΡϚΡΙ/bΥ/hΥΡ
(Theophylactu scribunus) Z-V 1072 (VIe s.).

5. ΗΛΙ/Α/ ΔΟV
Revers: CΤΡ/Α/ΤΗΛ S. 195 (fin V^e-VIe s.).

6. Monogramme ΚΑΡΙΝΟV
Revers: ΚΑ/ΡΙΝ/ΟV Z-V 297 (VIe s.).

Les n°s 7 à 13 et le n° 1, pl. 7 sont des sceaux de commerciaires.

7. Bustes de Justin II et Sophie
[ΤΟ]VΘΕ ΙΟV ΟΙΚ,Τȣ/[V]ΠΟ ΜΑΓΝΟΝ ΕΝ/[ΔΟΞ' ΚΟ] V ΡΑΤ' ΚΟ/[Μ] ΜΕΡΚ, ΘVΠΟ (Τοῦ Θείου οἴκου τοῦ ὑπὸ Μάγνον ἐνδοξότατον κουράτορα κομμερκιάριον Θεουπόλεως). Seyrig. Z-V 130 (565-578).

8. Bustes de Justin II, Sophie et Tibère (?) (ou de Maurice, Théodose et Constantina selon Z-V) Var. de la légende précéd.: ΤȣΘΕΙȣ ΟΙΚȣ/[V] Π ΜΑΓΝΟΝΤΟ./[Ε] ΝΔΟΞ /ΚΟVΡ/Κ/[Ο]ΜΜΕΡΚΙΑΡ/... ZV 130 bis (578 ou 590-602).

9. Buste de Constantin IV [C] E. ΓΙΟV Au-dessous Α ΠΟ ΕΠΑ/ΡΧΩΝ
Revers: bustes d'Héraclius et Tibère ΕΡΓΑCΤΕΡΙ/ΑΡΧΟV Z-V 147 (668-v. 672).

10. Id. IN Δ/H (8e indiction = 679-680)
+ ΚΟCΜΑ CΤΡΑ/ΤΗΛΑΤȣS ΓΕ/[ΝΙΚȣ ΚΟΜΜ.]
Revers Id. [Α]ΠΟΘΗ ΚΗC/[Ε]Λ ΕΝΟΠ/ΟΝΤ Z-V 156.

11. Anastase II debout de face. Dans le champ ✝ IB ✝ IΓ (12e et 13e ind. = 713-715) [C] VΝΕΤȣS ΝΙΚΗΤΑ ..... ΡΧΩΝ
Revers: [S] ΓΕΝΙΚ/[Ω]Ν ΚΟΜΜΕΡ/[Κ] ΙΑΡ ΩΝ ΑΠΟ/[ΘΗ] ΚΗC ΚΟΛΟΝ/[ΙΑ]C ΚΑΜΑΧΩ/[Ν] S̄ Δ̄ ΑΡΜΕ/ΝΙΑC Z-V 219.

12. Léon III et Constantin V
Revers: ΤΩ[Ν]/ΒΑCΙΛΙΚ/ΩΝ ΚΟΜΜ/[Ε Ρ]ΚΙΩΝ Θ/[ΕCCΑ]ΛΟΝΚ Vienne (cf. Z-V 252)

13. Constantin VI et Irène
Bustes de Léon III, Constantin V et Léon IV
Revers: [ΑΝ] ΘΙΜΩ VΠ' Β' ΑC[Π]/[Θ]ΡS/ΓΕΝΙΚ, ΚΟΜ/.ΕΡΚ/ SΑΡΧ'/Τ ... Z-V 275 (785-786).

Planche 6

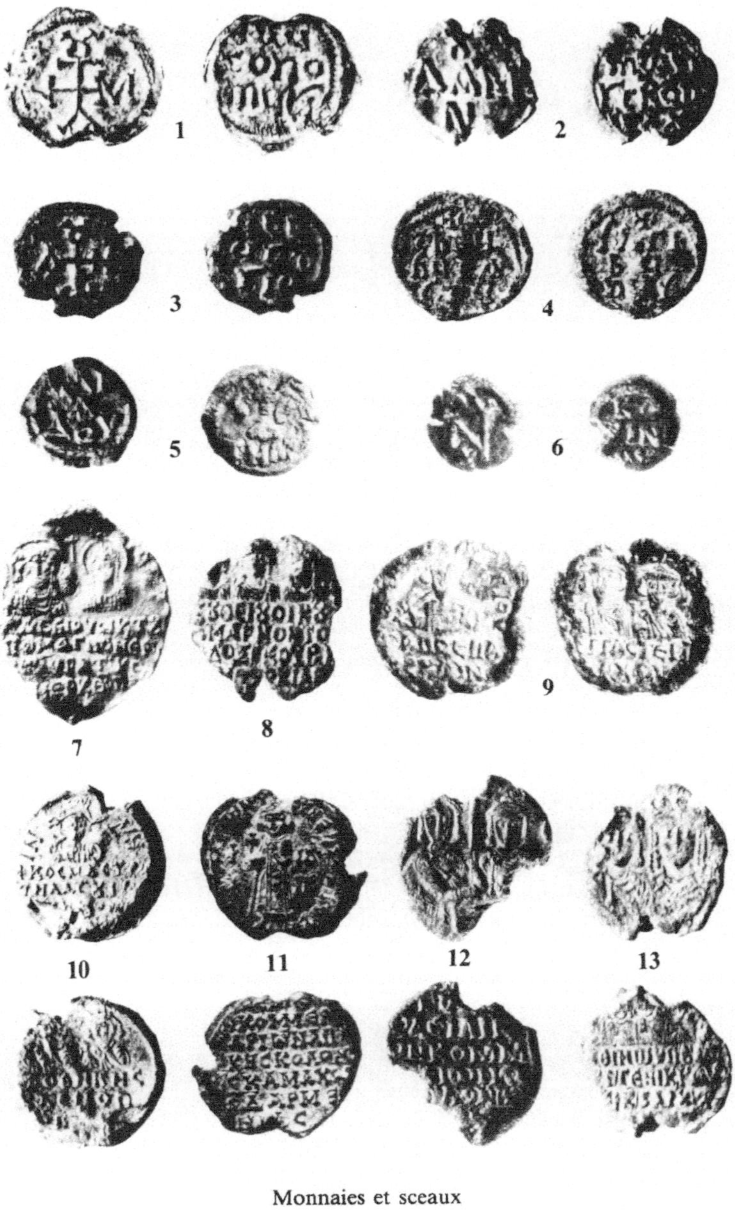

Monnaies et sceaux

Planche 7

1. Nicéphore I (et Staurakios) + IΔ (14e ind. = 805/6)
Revers: BAC../.IѠ KOM./.PЅ BЅ.../Θ̲ Є̲ C̲ Λ̲ Λ.
2. Euphèmianos, protospathaire impérial et stratège d'Hellade.
Z-V 1886 b (v. 750-v. 850).
3. Nicéphore (I), patrice, protospathaire impérial et logothète du genikos.
Z-V 2224 (fin VIIIe-début IXe s.).
4. Antoine I, évêque (patriarche) de Constantinople.
Z-V 1417 (821-837).
5. Léon, dioicète et commerciaire d'Hadrianoupolis.
Z-V 2103 (première moitié IXe s.).
6. Baanès, protospathaire impérial.
S. 166 (milieu IXe s.).
7. Panaretos, protospathaire impérial.
S. 183 (seconde moitié IXe s.).
8. Marianos, anthypatos, patrice, logothète tôn agelôn et domestique des scholes.
S. 34 (v. 866-868).
9. Lykastos, protospathaire impérial, stratège de Macédoine.
Vienne 50 (deuxième-troisième tiers IXe s.).
Noter le Θ bouleté à la 3e l. de la lég.
10. Nicolas, notaire de l'augousta (?).
S. 80 (troisième quart Xe s. env.).

Planche 7

Monnaies et sceaux

Planche 8

1. Théodose Chrysobergès, patriarche de la grande Antioche (au droit, Elie et saint Pierre).

Laurent, *Corpus V*, 1524 (milieu XIe s.).

2. Michel Mitylènaios (*sic*), archevêque de Thessalonique (au droit, saint Démétrius).

Laurent, *Corpus V*, 456 (deuxième moitié XIe s.).

3. Basile Tarchaneiôtès, magistre et duc (au droit, saint Michel) Vienne (deuxième moitié XIe s.).

4. Jean, proèdre et parakoimômène. Légende accentuée.

Z-V 2678 b (deuxième moitié XIe s.).

5. Nicéphore Botaneiatès, protoproèdre et duc (au droit, saint Démétrius).

Z-V 2689 (avant 1074).

6. Alexis Comnène, sébaste et grand domestique (au droit, saint Démétrius). Légende métrique.

Z-V 2707 bis (1078-1081).

7. Michel Parthénios, patrice et juge de Macédoine.

Seyrig 182 (deuxième moitié XIe s.).

8. Constantin Mélissène ΚωΝϚΤ ΑΝ/ΤΙΝΟΝ ΜЄ ΤΟΝ/ΜЄΛ... ΝΟΝ CΚЄ /ΠΟΙC Є VЄ ΡΓЄΤΙC/ΔΙΔΟVCΑ ΚΑΙ/ΠΛΑΤΟC RΙ/ΟV

Seyrig 311 (première moitié XIIe s.).

9. Tessère de distribution. Manuel Comnène. Légende métrique accentuée (Cf. p. 273).

Z-V 2727 (1143-1180).

10. Eumathios Philocalès, sébaste. Légende métrique + ЄVΜΑ/ΘΪΟV CΦΡΑ/ΓΪCΜΑ ΤΟỤ/ΦΪΛΟΚẠ/Λ̣Η

Revers: Τ̣ΟVωΝ/CЄΒΑCΤωΝ/ₒ ζΙΑ ΤΙΜω/ ЄΝΟV

(fin XIIe-déb. XIIIe s.). S. 173.

Planche 8

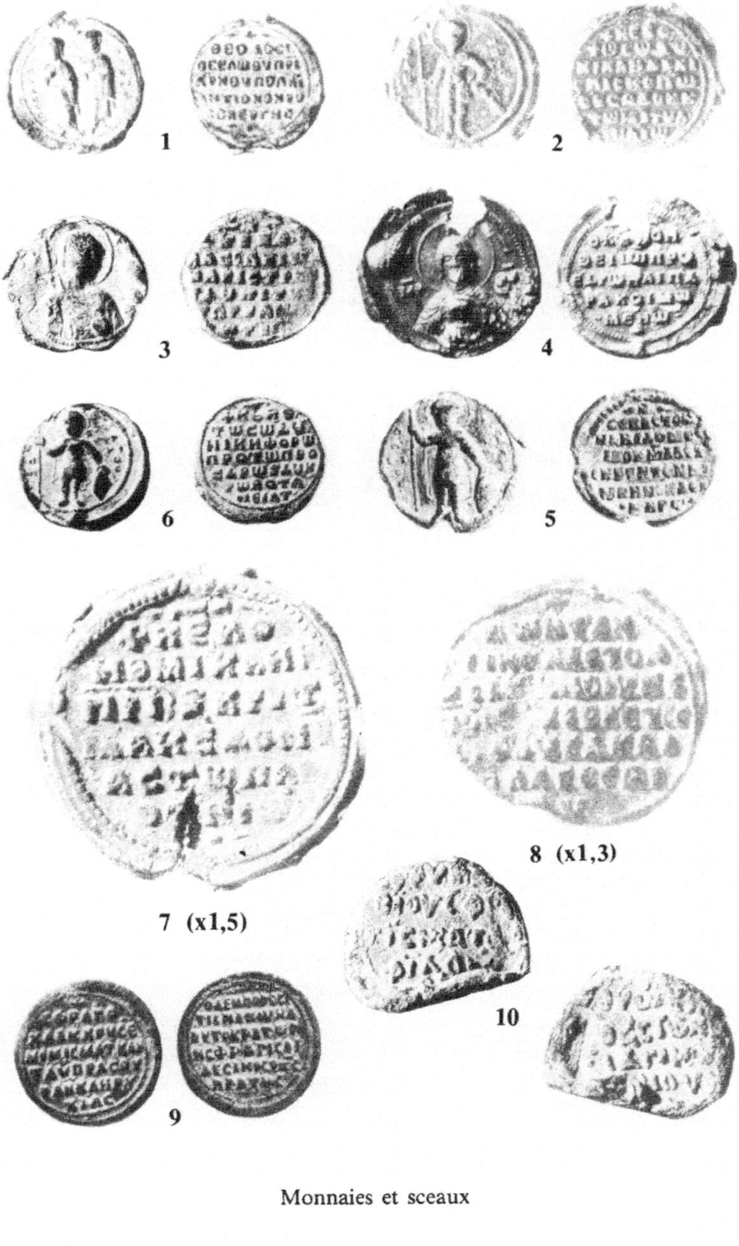

Monnaies et sceaux

Planche 9

1. Théodora Comnène, femme du mégaduc Isaac. Légende métrique.
+ CΦΡΑΓΙC[ΜΑ]/ΓΡΑΦωΝ ЄVΚΛЄȣ[C]/ΘЄΟΔωΡΑC: ΚΟΜΝΗΝΟ/ΦVΟVC ΠΡΟC ΦΙΛȣC ΟΜΟ/ΖVΓȣ ΚΛЄΟ. ΜЄΓΑΛȣ/ΔȣΚΟC Ι[CΑΑΚ]Ιȣ CЄΒΑ/ϤΤΟΚΡ[ΑΤΟΡΟ]VΝΤΟC/ [ЄVΘΑΛȣ]C ΚΛΑ[ΔΟ]V

Z-V 2751 a et b (fin XIIe déb. XIIIe s.).

2. Théodore II Lascaris. Légende métrique. Au droit, saint Théodore stratèlate.

Z-V 2755 (1254-1258).

3. David Comnène +ΔΑΔ/ΚΟΜΝΗ ΝΟV/ΠΟΡΦVΡΟ/ΒΛΑΤΟV ΛΟ/ΓΟVC ◦ ЄΛЄV/+ΕΡΙΟC/ΠΡΟCΚVΡΟΙ/ΟV ΘVΤΗC

Seyrig 11.

4. Kerameas messager impérial.

Au droit, la Vierge acheiropoiète.

Au revers, légende métrique: ȣ ΚЄ/ΡΑΜЄȣΓΡΑ/Κ ΤЄΑ ΑΙЄΒΛ Vȣ/ΠΡΟC ΒΑCΙΛVΚ/ΛC ЄΝ ΤΟ ΛΑC

Vienne 104 (cf. Schlumberger, *Sigillographie*, p. 506) (troisième quart XIIIe s.).

5. Andronic II Paléologue.

Au droit, saint Michel.

Au revers, légende métrique.

Z-V 2757 a (1282-1328).

6. Collège des ekdikoi de Sainte-Sophie.

Au droit, Justinien et la Vierge soutenant entre eux Sainte-Sophie.

Laurent, *Corpus V*, 114 (XIIIe-XIVe s.).

Planche 9

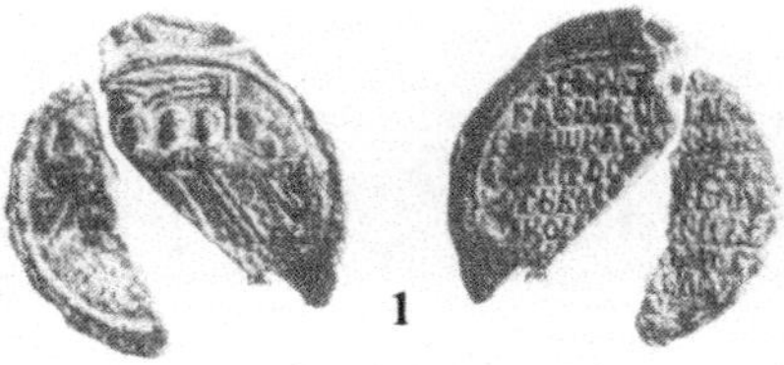
1

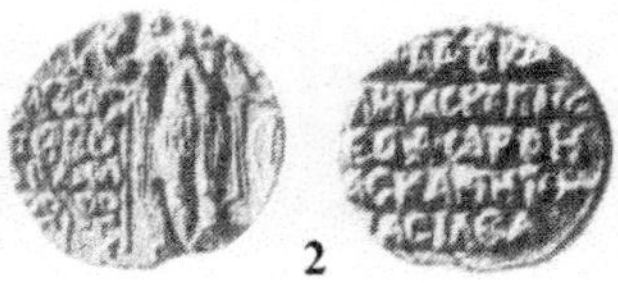
2

3
(x2)

5

4

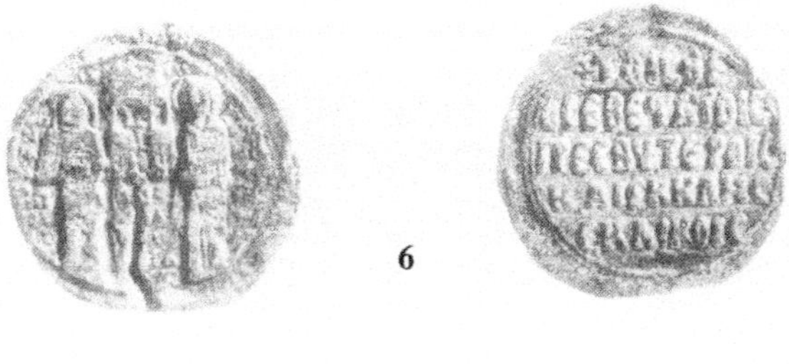
6

Monnaies et sceaux

III

MONNAIE ET PRIX À BYZANCE DU Ve AU VIIe SIÈCLE

Au cours de ces trois siècles, le monnayage de l'empire acquiert peu à peu ses caractéristiques propres dans une évolution qui mène du système monétaire constantinien avec sa hiérarchie complexe de dénominations et d'alliages au système mésobyzantin des VIIIe, IXe et Xe siècles avec ses trois métaux purs et les trois espèces correspondantes. Dans le même temps, on passe d'une organisation monétaire relativement uniforme dans ses grandes lignes et son centre de gravité (le solidus), mais où la frappe, assurée par de nombreux centres d'émission, connaît des variétés régionales importantes, à la production de plus en plus centralisée d'un empire réduit et appauvri, mais qui parvient à maintenir intacte, ou quasiment, la valeur de sa monnaie d'or. Les grands traits de cette transition séculaire sont relativement bien connus, mais il reste des points obscurs, tel le rapport de l'or au bronze, du solidus au follis, et des questions controversées liées à celle-ci, comme celle des mutations du follis, sur lesquelles nous tenterons de faire le point avant d'étudier le reflet de cette situation monétaire dans les prix que nous connaissons[1]

I. Le système monétaire.

1. Les conséquences des réformes valentiniennes.

Les réformes valentiniennes de 367-368 ont mis fin aux vicissitudes de l'or et du billon en supprimant cet alliage, et en établissant les normes d'une purification

1. Qu'il me soit permis de remercier ici tous ceux qui ont fourni des indications ou des compléments précieux à une enquête individuelle et par là même nécessairement lacunaire, et en particulier G. Dagron et B. Flusin. *Abréviations utilisées* : *BN*: C. MORRISSON, *Catalogue des monnaies byzantines de la Bibliothèque Nationale*, Paris, 1970. CALLU, *Les prix* : J.-P. CALLU, Les prix dans deux romans mineurs d'époque impériale et byzantine, *Dévaluations* II, p. 187-214. CARRIÉ, *Monnaie d'or* : J.-M. CARRIÉ, Monnaie d'or et monnaie de bronze dans l'Égypte protobyzantine, *Dévaluations* II, p. 253-270. DURLIAT, *Valeur* : J. DURLIAT, La valeur relative de l'or, de l'argent et du cuivre dans l'empire protobyzantin (IVe-VIIIe siècles), *RN*, 22, 1980, p. 137-154. GRIERSON, *Tablettes* : P. GRIERSON, The *Tablettes Albertini* and the Value of the *solidus* in the Fifth and Sixth Centuries, *JRS*, 49, 1959, p. 37-59 (réimpr. dans *Dark Age Numismatics*, Londres, 1979, art. IV). JOHNSON-WEST, *BE*: A.C. JOHNSON-L.C. WEST, *Byzantine Egypt*, Princeton, 1949. JOHNSON-WEST, *Currency* : A.C. JOHNSON-L.C. WEST, *Currency in Roman and Byzantine Egypt*, Princeton, 1944. MORRISSON, *Origines* : C. MORRISSON, Les origines du monnayage vandale, *Actes du 8e Congrès int. de numismatique (New York-Washington 1973)*, Paris-Bâle, 1976, p. 461-472.

extrême de l'or et de l'argent[2] Il n'y a plus désormais que les trois métaux monétaires dans toute leur «vérité».

L'or est représenté par une monnaie réelle au 72e de livre (4,48 g), le *solidus*, dont la marque OB à l'exergue indique à la fois la taille et la qualité (*Obryzum*), une pureté supérieure à 99%, taux que seules les méthodes les plus récentes ont permis de surpasser. Pour les grands paiements, il est à la fois compté et pesé, comme le montre l'épisode rapporté par Synésius de Cyrène dans lequel «on pèse et on scelle du sceau public» une bourse de 15 livres, soit 4,9 kg environ[3]. Pour les petits paiements, la monnaie d'or passe souvent à vue, d'où la préférence du public pour les monnaies récentes, moins usées et supposées de meilleur poids, et l'insistance inverse de la législation sur la valeur égale des sous anciens[4] Depuis 374, le particulier peut apporter son or à l'atelier et le faire frapper ce qui était interdit auparavant moyennant des frais de deux onces par livre, soit 16,6%[5] Au * tournant des IVe-Ve siècles, l'usage de l'or se généralise : d'une part l'adération de l'or se répand, d'ailleurs plus vite en Occident semble-t-il, d'autre part le paiement des fermages en or s'étend dans les années 380, comme le montrent les textes cités par J.-P Callu dans son étude sur le centenarium[6], et notamment Olympiodore[7], selon qui les trois quarts des revenus des familles de l'aristocratie romaine auraient été payés en or. Enfin, la frappe du *tremissis* (tiers du *solidus*) à partir de 383 montre la pénétration de l'or dans la circulation et son utilisation croissante pour de plus petits paiements. Cette inflation du métal jaune, que les traces de platine permettent de quantifier[8], amène naturellement une hausse du prix de l'or par rapport aux deux autres métaux monétaires, comme le remarque Symmaque : «peu à peu, le prix de l'or augmentant, le sou est évalué maintenant à un prix plus élevé sur le marché[9]».

En effet le rapport AV/AR, qui était de 1 à 12 sous Dioclétien, s'élève à 14,4 dans la seconde moitié du IVe siècle. Ce rapport, qui correspond à 5 *solidi* pour une livre d'argent, est attesté en 397, 438 et 529-534, *CTh.* XIII, 2, 1 de 397, qui permet le paiement en or des sommes d'argent dues au fisc selon ce taux, ayant en effet été repris dans *CJ* X, 78, 1[10] Mais on assiste à une raréfaction générale des frappes d'argent ; les dernières émissions abondantes sont celles d'Arcadius et Honorius à la fin du IVe siècle. L'argent n'est plus frappé qu'exceptionnellement,

2. M. AMANDRY, J.-N. BARRANDON, Claude BRENOT, J.-P. CALLU, J. POIRIER, L'affinage des métaux monnayés au Bas-Empire : les réformes valentiniennes de 364-368, *Numismatica e antichità classiche. Quaderni Ticinesi*, 11, 1982, p. 279-285.

3. *Ep.* 127 cit. et commentée par J.-P CALLU, Dénombrement et pesée : le sou théodosien, *BSFN*, 1979, p. 611-612.

4. «Obryziacorum omnium solidorum *uniforme pretium*», *CJ* XI, 11, 1 et 3 (lois de 367 et 379).

5. *CTh.* IX, 21, 8.

6. J.-P. CALLU, Le «centenarium» et l'enrichissement monétaire au Bas-Empire, *Ktèma*, 1978, 3, p. 307-309.

7. OLYMPIODORE dans PHOTIUS, *Bibl.*, cod. 80.

8. C. MORRISSON, C. BRENOT, J.-P. CALLU, J.-N. BARRANDON, J. POIRIER, R. HALLEUX, *L'or monnayé* I, *Purification et altérations de Rome à Byzance*, Cahiers Ernest-Babelon 2, Paris, 1985, p. 92-95.

9. *Rel.* 29, *MGH, AA*, VI, 1, p. 303-304 : «paulatim auri enormitate crescente... in foro rerum venalium maiore summa censeatur».

10. Pour une discussion des sources, voir DURLIAT, *Valeur*.

pour des distributions, comme en témoignent les émissions votives de Théodose II (411, 415, 422, 430 et 439)[11] Ce phénomène est vraisemblablement dû à l'existence d'un rapport différent entre les deux métaux précieux sur le marché. En effet l'argent continue à circuler, mais au poids : il constitue une réserve de valeur dans laquelle on puise en cas de besoin, et il existe une abondante vaisselle d'argent de cette époque, souvent marquée de son poids et parfois fragmentée selon des montants correspondant même à des dénominations monétaires, des carats ou des fractions de la livre[12]

La monnaie divisionnaire de bronze, allié ou non à une faible quantité d'argent, a connu au IVe siècle une inflation et une dévaluation considérables dont J.-P Callu analyse et rappelle plus haut les principales étapes[13]. Au terme de cette évolution associant baisse du poids de fin de la monnaie de billon, puis baisse du poids de la monnaie de bronze, à des baisses de la valeur faciale, le *Code Théodosien* fixe en 396 la valeur du solidus à 25 livres de bronze[14], soit un rapport de 1 :1.800, supérieur à celui de 1 :1.440 fixé par l'Édit de Dioclétien. Ce rapport, encore valable lors de la promulgation du Code en 439, est confirmé par la Novelle XVI *De pretio solidi* de Valentinien III (445) prescrivant aux changeurs de vendre le solidus à 7.200 nummi. Or ce rapport correspond précisément à celui donné par la taille au 288e de livre du nummus (25 x 288 = 7.200). Au Ve siècle, les émissions de ces petites monnaies de bronze se font de plus en plus rares, car les frais de frappe, constants quelle que soit la dénomination, en viennent à représenter une part trop importante de la valeur de celles-ci. On assiste en conséquence à la circulation prolongée de vieilles espèces constantiniennes très usées ou coupées en deux, d'imitations coulées ou frappées, voire de simples rondelles de plomb, ainsi qu'à la remise en circulation de monnaies antiques de module et de poids approchant[15].

Mais des divergences apparaissent dès le début du Ve siècle entre la *pars Occidentis* où se maintient le poids de 1,12 g et où des émissions normales ont encore lieu sous Valentinien III, et la *pars Orientis* où le poids du nummus, dont les émissions se font de plus en plus rares, tombe à 0,8 0,7 g et moins encore sous Zénon (0,6 g et parfois 0,20 g seulement pour certains exemplaires)[16] Le coup

11. W. HAHN, Die östliche Gold- und Silberprägung unter Theodosius II., *Litterae Numismaticae Vindobonenses* I, Vienne, s.d. [1982], p. 119-121 et pl. n°s 63-68.

12. En attendant la publication des colloques de Paris (CNRS, 1983) et de Baltimore (1986), ainsi que de la thèse de Marlia Mundell-Mango, on se reportera au très beau catalogue *Silver from Early Byzantium*, The Walters Art Gallery, Baltimore, 1986 (bibliographie, p. 280-288). *

13. J.-P. CALLU, Analyses métalliques et inflation dans l'Orient romain de 295 à 361/368, *supra*, p. 223-233.

14. *CTh.* XI, 21, 2.

15. En Orient, nombre de trésors ou de trouvailles isolées datant des Ve-VIe siècles contiennent ainsi quelques pièces hellénistiques : à Déhès par exemple, une monnaie des IIe-Ier s. a même été mise au jour dans une couche datant du milieu du VIIe siècle ; en Grèce, plusieurs trésors de la première moitié du VIe siècle comprennent des bronzes beaucoup plus anciens, qu'on aurait tort de considérer comme des «intrus» (ainsi dans le trésor de bronzes de Zénon cf. *infra*, n. 16 une pièce de Philippe II de Macédoine). De même, en Afrique, voit-on des monnaies puniques dans des dépôts de la fin du Ve siècle ou des années 520 tels Carthage 1902 (inédit), Aïn Kelba (*Mélanges Lafaurie*, Paris, 1980, p. 239-248, n° 1), tandis qu'en Italie, W. Hahn me signale la présence dans la trouvaille de Massafra, près Tarente, enfouie après 530, d'une pièce punique et d'une monnaie de Clazomènes du IVe s. av. n. ère.

16. J.D. MAC ISAAC, The Weight of the Late 4th and Early 5th Century Nummus (AE 4), *MN*, 18, 1972, p. 59-66 avec bibliographie et références. Pour la chute du poids sous Zénon,

d'arrêt porté aux émissions de bronze semble bien avoir entraîné une certaine stabilisation et même une baisse du rapport AV/Æ. Le passage au rapport 1 sou = 20 livres Æ, valeur attestée dans le *CJ*, pourrait dater de cette époque[17].

Ces variétés régionales dans la circulation et l'émission se trouvent accentuées et favorisées par la rupture ou la transformation de certains circuits commerciaux et fiscaux entraînée par la naissance des royaumes barbares (arrêt des exportations publiques de blé africain, dévolution du tiers des revenus de l'impôt foncier aux Goths en Italie, création en Afrique des *sortes Vandalorum* exemptes d'impôt foncier)[18] La fin du Ve siècle voit par ailleurs l'apparition progressive de monnayages locaux semi-autonomes en Occident, dont il faut souligner qu'ils conservent pour l'or la métrologie romano-byzantine (à l'exception des *solidi gallici* de la fin du Ve siècle et des monnaies mérovingiennes de Marseille à XXI et VII carats) et reconnaissent l'autorité impériale (titulature conservée jusque vers 538 chez les Francs et jusqu'à la fin du VIe siècle chez les Suèves et les Wisigoths)[19]

Nous intéressent ici essentiellement les traits particuliers observés chez les Ostrogoths et les Vandales, soit d'une part la persistance de la frappe de l'argent, et même une frappe abondante et accrue de celui-ci en Afrique, et d'autre part et surtout l'attention portée plus tôt qu'en Orient à la monnaie divisionnaire (marques de valeur sur l'argent et le bronze chez les Vandales, sur le bronze seulement chez les Ostrogoths, création de multiples du nummus dès 476 par Odoacre ou le Sénat de Rome et peut-être dès les années 470 par la curie de Carthage)[20] L'exemple vandale préfigure, même s'il ne l'a pas inspirée directement, la réforme d'Anastase, ou du moins certains de ses aspects. Il s'agit d'abord de l'apposition systématique de *marques de valeur* sur toutes les dénominations, exprimées en deniers pour l'argent, en nummi pour le bronze :

Tableau 1. Dénominations et marques de valeur du monnayage vandale

AR (484 et s.)	Æ (470 ? et s.)
100 d. = 500 n.	42 n. soit 1/12 de 500 n. (500 : 12 = 41 2/3)
50 d. = 250 n.	21 n. soit 1/24 de 500 n. (500 : 24 = 20 5/6)
25 d. = 125 n.	12 n. soit 1/48 de 500 n. (500 : 48 = 10 2/3)
	4 n.

N.B. d. = denier ; n. = nummi ; 500 nummi représentent une silique, soit le 24e du solidus.

H.L. ADELSON et G.L. KUSTAS, *A Bronze Hoard of the Period of Zeno* (American Numismatic Society. Numismatic Notes and Monographs 148), New York, 1962, p. 30-38. W. HAHN, *MIB* 3, p. 40, cite des exemplaires bien conservés du second règne de Zénon, pesant de 0,30 à 0,20 g.

17. H.L. ADELSON (*op. cit.*, p. 31) place ce changement en 475-476.

18. W. GOFFART, *Barbarians and Romans A.D. 418-584. The Techniques of Accommodation*, Princeton, 1980.

19. Voir désormais la synthèse fondamentale de P. GRIERSON et M. BLACKBURN, *Medieval European Coinage*, 1, *The Early Middle Ages (5th-10th Centuries)*, Cambridge, 1986, p. 1-115.

20. Outre GRIERSON (*op. cit.*, p. 17-38), voir MORRISSON, *Origines*, C. MORRISSON et J.H. SCHWARTZ, Vandal Silver Coinage in the Name of Honorius, *MN*, 27, 1982, p. 149-179,
* F.M. CLOVER, Relations between North Africa and Italy (à paraître dans *ANRW*).

Les relations établies entre ces espèces répondent à une volonté de stabiliser les rapports entre l'or et la monnaie divisionnaire sur la base d'un solidus de 12.000 nummi[21] Les initiatives vandale et ostrogothique créent des multiples du nummus, devenu inutilisable, et matérialisent le follis. Le follis était alors une monnaie de compte, le terme désignant depuis le IVe siècle une bourse, ou l'équivalent du contenu de celle-ci, de différentes valeurs : - follis d'argent (κατὰ τὸν ἀργυρισμὸν) de 12.500 deniers, *follis denariorum* (κατὰ τὸν δηναρισμὸν) de 125 deniers, follis à 8 (?) deniers du Ve siècle[22]

Il y avait bien eu auparavant dans l'empire quelques tentatives, à la fin du règne de Théodose II, sous Léon, puis sous Zénon, pour frapper un multiple de 4,5 g représentant peut-être une pièce de 10 nummi, en un retour au *decargyrus* du IVe siècle, mais ces essais étaient restés sans lendemain.

2. *La réforme d'Anastase.*

Il en ira tout autrement du système institué par la réforme d'Anastase, appelée malgré ses vicissitudes à durer plus de deux siècles. La réforme répond à ces deux objectifs, de stabilisation du rapport AV/Æ et de matérialisation de multiples du nummus. Et son follis-bronze réel va l'emporter sur tous les folles de compte antérieurs. La réforme monétaire ne constitue qu'un volet d'un ensemble plus vaste de mesures financières, seules à même d'en assurer le succès : remise en ordre budgétaire après les difficultés du règne de Zénon (la seule expédition vandale de 468 avait coûté plus de cent mille livres d'or) et extension de l'adération jusque-là relativement limitée en Orient. En vertu de mesures précisément datées des années 491-498, les prélèvements en nature sont désormais limités à ceux nécessaires pour l'entretien de l'armée[23] On peut se demander si cette extension des ressources monétaires du fisc compense la perte de rentrées issue de la suppression du chrysargyre, datant elle aussi de 498[24]

Les sources traitant de cette réforme monétaire sont certes peu nombreuses mais le seul fait que celle-ci ait été jugée digne de mention dans les chroniques témoigne de l'importance que lui ont reconnue les contemporains.

a) Marcellinus comes (*MGH, AA*, XI, 2) *ad a.* 498 : « Nummis quos Romani terunciani (terentianos)[25] vocant, Graeci follares, Anastasius princeps suo nomine figuratis placibilem plebi commutationem distraxit. »

21. P. GRIERSON, *Tablettes.*

22. J.-P. CALLU, *La politique monétaire des empereurs romains de 238 à 311*, Paris, 1969, p. 362-367.

23. E. STEIN, *Histoire du Bas-Empire*, II, Paris, 1949, p. 192-210. A.H.M. JONES, *The Later Roman Empire 284-602*, Oxford, 1964, p. 235-237.

24. Sur l'abolition du chrysargyre et l'importance de cette recette perdue, voir R. DELMAIRE, *infra*, p. 268.

25. On s'accorde depuis Mommsen sur la correction de *terentiani* en *terunciani* mais la signification de «téronce» est discutée. J.-P CALLU (Les téronces d'Anastase, *BSFN*, 29, 1974, p. 551) voudrait y voir, d'après un texte du IIe s. qui en fait le 40e du sesterce, une allusion à la valeur de 40 nummi du follis. L'interprétation classique d'un tiers d'once, soit 1/36 de livre, est toutefois corroborée par la taille des premiers folles d'Anastase (cf. *MIB* 3, p. 35-36). Il se peut, vu le goût de l'époque pour les amphibologies, que les deux explications ne soient pas exclusives l'une de l'autre.

« En frappant les pièces marquées de leur valeur que les Romains appellent téronces et les Grecs follares, l'empereur Anastase offrit un change favorable au peuple. »

b) Malalas, Bonn, p. 400 : [Jean le Paphlagonien, nommé *comes sacrarum largitionum*] ἅπαν τὸ προχωρὸν κέρμα τὸ λεπτὸν ἐποίησε φολλερὰ προχωρεῖν εἰς πᾶσαν τὴν ῥωμαϊκὴν κατάστασιν ἔκτοτε.

« [Jean le Paphlagonien] transforma toute la petite monnaie en circulation en phollera auxquels il donna cours dans tout l'empire à partir de cette date. »

c) Chronique anonyme syriaque (*Corpus scriptorum christ. or.*, III, 4, p. 115), *ad a.* 824 = 512-513 : « Edidit imperator monetam quadraginta nummorum et viginti et decem et quinque. »

Commentaire. Les textes décrivent donc avec précision la réforme telle que les pièces elles-mêmes la manifestent à nos yeux : émission d'espèces avec une marque de valeur, métrologie de ces pièces dans un premier temps (Marcell. comes), liste des dénominations dans la chronique syriaque. La mention dans ce dernier cas des pentanoummia, introduits seulement avec la série lourde, confirme la datation de cette émission en 512, chronologie à laquelle Hahn aboutit sur des bases numismatiques[26]

Deux expressions méritent d'être soulignées : d'une part *follares* / *φολλερά* d'autre part *placibilis commutatio. Follares* / *φολλερά* est ici un terme générique, attesté seulement à partir de cette date[27], indiquant que chacun des multiples frappés appartient à la famille du follis. Il ne faut pas le confondre avec celui de *follis* désormais réservé à la pièce de quarante nummi[28]. Pourquoi d'autre part le change (*commutatio*) entre l'or et le bronze, proposé par Anastase, est-il agréable (*placibilis*) au peuple ? D'une manière générale parce que la marque de valeur met fin à toutes les difficultés antérieures d'estimation des pièces en circulation lors des opérations de change, c'est-à-dire d'achat ou vente forcés de monnaies d'or ou de cuivre, et en particulier parce que le rapport AV/Æ devait être favorable aux détenteurs de petite monnaie. C'est ce rapport qu'il convient donc d'examiner.

3. Le rapport AV/Æ aux VIe et VIIe siècles.

Ce rapport a fait l'objet de plusieurs reconstructions partielles ou systématiques combinant métrologie, marques de valeur des pièces et textes[29] Mais l'interprétation et parfois la datation de certains de ces derniers fait difficulté. Nous les examinons ici brièvement, en renvoyant pour une analyse détaillée aux nombreux commentaires qu'ils ont déjà suscités.

26. *MIB* 1, p. 24 ; *MIB* 3, p. 38. Voir mon c.-r. dans *RN*, 1974, p. 185-190.

27. Par ex. dans JEAN MOSCHOS, *Le pré spirituel*, ou dans *V. André Salos.*

28. Cette interprétation est confirmée par l'équivalence donnée dans une version latine de la *Vie d'Ésope* datant du VIe siècle. *XII follares* y sont appelés plus loin *duodecim nummos.* Mais ceci n'empêche pas φολερόν d'être employé par la suite au VIIe siècle pour désigner la pièce de 40 nummi. Cf. *V. Sym. le Fou*, p. 91 : λέγει αὐτῷ κἀκεῖνος κρατήσας ἐν τῇ χειρί· τεσσαράκοντα νουμία ἔχει τὸ φολερόν, μάταιε.

29. Reconstructions partielles : GRIERSON, *Tablettes*, J.-P. CALLU, Le tarif d'Abydos et la réforme d'Anastase, *Actes du 9e Congrès int. de numismatique (Berne 1979)*, Louvain-la-Neuve Luxembourg, 1982, p. 731-740. Reconstructions systématiques : HAHN, *MIB, passim*, DURLIAT, *Valeur.*

a) Le décret d'Abydos[30]. L'inscription mutilée n'a pas conservé la date. Dans la fourchette de la fin du Ve siècle communément admise, il est difficile de déterminer si le tarif ancien des sportules à verser aux subordonnés du comte des Détroits, que rétablit le décret d'Anastase, est antérieur ou non à 498. L'identification du follis mentionné dans ce tarif est donc l'objet de deux interprétations différentes : il s'agirait du follis «réel» créé par la réforme d'Anastase selon J.-P Callu, qui voit en outre dans l'échelle des sportules[31] une progression indiquant l'équivalence 1 kération = 12 folles, d'où le rapport 1 solidus = 288 (12 x 24) folles ; il s'agirait au contraire du follis de compte de 125 nummi, antérieur à 498, selon Durliat et Hahn, qui lui attribuent respectivement des valeurs de 1/3 ou de 1/6 de kération au lieu de 1/12. Même si la datation du décret en 496/497 et du tarif en 475/476 et l'interprétation du follis comme monnaie de compte me paraissent en définitive préférables, la métrologie à laquelle aboutit J.-P Callu n'est pas exclue pour autant. Elle est en effet parfaitement plausible et même satisfaisante pour l'esprit. En raison toutefois des incertitudes qui viennent d'être évoquées, l'inscription d'Abydos me semble devoir être exclue du débat.

b) Tablettes Albertini II, 2b (3 juin 494)[32] Ce texte mentionne la vente d'un jeune esclave (*puerum unum*) pour *auri solidum unum et folles septingentos aureos obbrediacos ponderi plenos numero unum semis* soit «un solidus d'or et 700 folles d'or pur et de bon poids faisant au compte un semissis». L'interprétation la plus simple : 1 solidus = 1.400 folles a été adoptée par les éditeurs, dont Courtois. Grierson en revanche veut y voir le follis réel à 42 nummi des Vandales et ne peut donc conserver l'équation car il obtiendrait alors 1 solidus = 1.400 x 42 = 58.800 nummi, ce qui est une valeur beaucoup trop élevée. Il propose l'interprétation subtile *semis* = *semuncia* d'où 1 solidus + 700 folles = 1/2 once et 1 solidus = 350 folles x 42 nummi = 14.700 folles arrondis à 14.400, soit le double de la valeur attestée sous Valentinien III et un prix du jeune esclave de 3 solidi au lieu de 1,5. Le retour à l'interprétation traditionnelle est pourtant possible si on voit dans ce follis un follis de compte ; avec un follis à 8 nummi, on aurait 1 solidus = 11.200 nummi arrondis à 12.000, chiffre qui convient à ce que nous savons du système monétaire

30. Texte et commentaire détaillés de J. DURLIAT et A. GUILLOU, Le tarif d'Abydos, *BCH*, 108, 1984, p. 581-598 ; texte, traduction et commentaire de G. Dagron, dans G. DAGRON et D. FEISSEL, Inscriptions inédites du Musée d'Antioche, *TM*, 9, 1985, p. 421-461 (Appendice, p. 451-455). Interprétations de J.-P CALLU (*loc. cit.* n. 29) et W. HAHN, *MIB* 3, p. 36-39.

31. Résumons celle-ci dans l'interprétation de P. Lemerle, reprise par G. Dagron (*loc. cit.*) :

	Sportules aux *klassikoi*	Versement pour la *proba*	Versement de retour
Transporteurs de vin (Ciliciens exclus)	6 f + 2 x	1 k	2 k
Transporteurs d'huile, légumes secs et lard (Ciliciens exclus ?)	6 f	1 k	2 k
Ciliciens transporteurs de vin (et d'huile etc. ?)	3 f	1 k	2 k

N.B. f = follis ; k = kération ; x = xeste.

32. *Tablettes Albertini*, p. 217, l. 7-8 ; GRIERSON, *Tablettes*.

vandale[33] De toute façon, la prudence s'impose, car on n'est pas sûr (même si on parvenait à un accord sur l'interprétation) que la validité de ce document africain puisse être étendue à l'empire d'Orient[34].

c) CJ X, 29, 1. Ce texte reprend les dispositions du Code Théodosien (XI, 21, 2) concernant l'adération du cuivre, mais en fixant un taux de 1 solidus pour 20 livres au lieu de 25 comme précédemment :

«Aeris pretia quae a provincialibus postulantur, ita exigi volumus, ut pro viginti libris aeris, solidus a possessore reddatur[35].»

* *d) Procope, Anecdota* 25, 12. «Alors que les changeurs avaient auparavant l'habitude d'accorder à ceux qui échangeaient chez eux pour un statère deux cent dix de ces oboles que l'on appelle folles, eux (les empereurs) cherchant à s'assurer des profits particuliers, décrétèrent de ne plus donner que cent quatre-vingts oboles pour un statère. Et ainsi, ils enlevèrent un septième de chaque nomisma d'or...»

Ce texte soulève deux difficultés. L'une métrologique, car il paraît inconciliable avec les diverses tailles attestées pour le follis et l'évaluation du solidus dans le *Code Justinien* à 20 livres de bronze[36] L'autre de datation, puisque la seule indication fournie par Procope mention *des empereurs* place cette mesure avant la mort de Théodora, c'est-à-dire avant 548 sans plus de précision. La première difficulté est généralement résolue[37] en soulignant que le texte du *Code* ne concerne pas la valeur du cuivre monnayé mais celle du cuivre brut. Néanmoins la valeur donnée par la taille au 1/14 de livre (15 livres) est plus vraisemblable et fait donc pencher en faveur d'une datation entre 538 et 542. On peut d'ailleurs rapprocher ce texte d'un autre passage des *Anecdota* dans lequel Procope se plaint des agissements de Pierre Barsymès (*comes sacrarum largitionum* de 538 à 543 et de 547 aux années 560) suppression des *parapsychai,* réduction de la valeur du nomisma[38] Mais il s'agit ici vraisemblablement d'une allusion à l'introduction des solidi de poids léger en 538[39] En revanche, la réduction de valeur faciale du solidus en termes de folles est une mesure différente que nous tendons à dater, comme W. Hahn, de 542 et non de 538 : associée à une diminution du poids, elle indique alors une baisse de l'or et une hausse du cuivre favorable au peuple et en général aux détenteurs de monnaies de bronze, d'où la présentation hostile des faits par Procope, fonctionnaire rétribué en solidi[40] Le contexte économique et social pourrait expliquer la mesure : on sait en effet que la grande peste et la pénurie de main-d'œuvre qui en est résultée ont entraîné une hausse des salaires et des

33. MORRISSON, *Origines.*

34. P. SALAMA, Économie monétaire dans l'Afrique du Nord tardive, *BCTH* nouv. sér., fasc. 19B, 1985, p. 183-203, aux p. 195-198.

35. M. J. Lafaurie fait remarquer qu'il ne s'agit pas ici forcément de cuivre monnayé, mais que 20 livres de cuivre correspondent au prix en deniers fixé pour la plus basse qualité de cuivre dans l'Édit de Dioclétien.

36. En effet 210 folles d'avant 538 au 18e de livre font un solidus de 11 2/3 de livre ou bien 210 folles des années 538-542 au 14e de livre font un solidus de 15 livres.

37. Par ex. par D.M. METCALF, The Metrology of Justinian's follis, *Numismatic Chronicle,* 1960, p. 209-219 à la p. 217.

38. PROCOPE, *Anecdota* 22, 38 ; éd. Haury, p. 140 : Τὸ χρυσοῦν νόμισμα οὐχ ἧπερ εἰώθει ἐκφέρειν ἠξίου, ἀλλ' ἔλασσον αὐτὸ καταστησάμενος.

39. W. HAHN, *MIB* 1, p. 25 et s., 48-49.

40. Cf. J. DURLIAT, dans *La cultura bizantina : ogetti e messagio. Moneta ed economia* (Corsi di Studi, IV, Bari, 1979), Rome, 1986, p. 188.

services que l'empereur s'est efforcé d'enrayer par des interdictions comme celles de la novelle CXXII de 544[41]

C'est en associant les données métrologiques (poids moyen des folles conservés, poids théorique et taille à la livre qui peuvent en être déduits) qui font l'objet d'un consensus numismatique avec celles des textes ci-dessus, ou d'autres cités en remarque dans les notes au Tableau 2 et notamment les papyrus[42], que nous proposons l'essai de reconstruction suivant (Tableau 2 p. 248).

Malgré les incertitudes de cette reconstruction, et la prudence que celles-ci commandent, il n'est pas interdit de souligner les quelques parallèles existant avec l'évolution politique et financière que nous connaissons par ailleurs.

La stabilité de 495 à 538 est incontestable. La réforme d'Anastase constitue une réussite puisque les rapports institués ont été maintenus inchangés pendant quarante ans. En effet, pour que les premiers folles d'Anastase au 1/36 de livre, compte tenu de leur rapport au solidus, puissent avoir été l'équivalent de vingt livres de bronze, ils auraient dû valoir 28.800 nummi, ce qui est trop élevé. À 1/360 de sou, on aboutit en fait à une équivalence 1 sou = 10 livres de bronze (ou 8 si le follis vaut 1/288 de sou seulement). Le follis est donc volontairement surestimé du double[43], sans doute pour faire rentrer dans les ateliers les petits nummi de la fin du Ve siècle dont il est bien le multiple réel (9,02 g : 40 = 0,22 g, poids des derniers nummi de Zénon)[44] Les folles lourds au 1/18, frappés après 507, permettent d'instaurer une nouvelle petite dénomination (le pentanoummion) et même de frapper à nouveau des nummi. Leur augmentation de poids et de diamètre en fait désormais l'équivalent, à 360 au solidus, de 20 livres ; cette «réalité» de la monnaie signifiée par des dimensions respectables rend confiance au public dans la monnaie d'appoint.

L'augmentation de poids exceptionnelle de 538 (+ 32%) s'accompagne d'une augmentation du pouvoir d'achat du bronze en or ; il faut moins de folles pour acheter un solidus (- 41,6%). Il n'y a pas de raison pour mettre en doute Procope, même si les valeurs qu'il donne ne s'accordent pas avec le prix d'adération. Cette valeur supérieure au prix officiel avait le même but qu'en 498 : amener le métal dans les ateliers. L'État, auquel la conquête de Carthage avait apporté de l'or, pouvait se permettre une telle mutation et même accentuer la tendance après 542 pour faire face aux conséquences de la peste (renchérissement du prix des services qui impose un réajustement favorable aux détenteurs de bronze). Mais le besoin

41. La novelle stigmatise les salaires doubles ou triples réclamés par les artisans, les paysans ou les marins et ordonne au préfet de la Ville de faire respecter τὴν ἀρχαίαν συνήθειαν.

42. Cf. *DOC, BNC, MIB* et H. POTTIER, *Analyse d'un trésor de monnaies en bronze enfoui au VIe siècle en Syrie byzantine*, Bruxelles, 1983, p. 57-136 et particulièrement p. 95-97. Nous avons utilisé pour ce témoignage important non seulement l'ouvrage classique JOHNSON-WEST, *Currency*, mais aussi et surtout l'article neuf et remarquablement documenté de CARRIÉ, *Monnaie d'or*, négligé jusqu'ici bien à tort par les numismates. Les papyrus fournissent, on le voit, des points d'ancrage essentiels qui viennent étayer certaines des valeurs proposées pour la fin du VIe et le VIIe siècle.

43. Ou d'un peu moins si on considère que l'estimation du cuivre à vingt livres le sou est celle du cuivre brut et non du cuivre monnayé.

44. Voir ci-dessus, p. 241, n. 16.

Tableau 2. Poids et valeur du follis de Constantinople aux VIe et VIIe siècles.

Règne	Date	Taille à la liv.	Poids théor.	Poids moyen	Valeur au sou	Rapport au carat	Valeur du sou en nummi	Nombre de liv. d'Æ au sou	Rapport AV/Æ	Nombre de «talents» au sou
Anastase	498-512	36	9,02	8,77	360/ 288	15/ 12	14.400/ 11.520	10/ 8		
	512-518	18	18,04	16,80	"	"	"	20/16	1.440	(48.000)
Justin I	512-527	"	"	15,73	"	"	"	"		
Justinien	527-538	"	"	16,14	"	"	"	"		
	538-542	14	23,19	22,09	**210**	8,75	8.400	15	1.080	
	542-550	15	21,64	19,50	**180**	7,5	7.200	12	864	
	550-565	18	18,04	16,37	360	15	12.000	20	1.440	(34.463) (33.333)
Justin II	565-578*	21	15,46	14,56						
	"**	24	13,53	13,26	480	**20**	19.200	20		
Tibère II	579	18	18,04	16,38	?	?	?			
	578-582	24	13,53	12,14	480	20	19.200	20		
Maurice	582-602	"	"	11,55	"	"	"	"		
Phocas	602-610	"	"	12,03	600	**25**	24.000	25	1.800	
Héraclius	610-612	"	"	10,97	"	"	"	"		
	612-615	"	"	11,26	864	**36**	32.500	36 ?		
	615-622	36	9,02	8,25	960 ?	**40**	38.400 ?	26,75	1.919	51.200
	624-628	48	6,76	5,89	?	?	?	?		
	629-631	24	13,53	10,54	600	25	24.000	25	1.800	
	631-639	48	6,76	5,38	1.440 ?	60 ?	57.600	30 ?	2.160	
	640-641	60	5,41	4,98	?	?	?	?		
Constant II	642-649	60	5,41	4,83	1.800 ?	75 ?	72.000 ?	30 ?		
	651-668	72	4,51	3,60	2.304 ?	96 ?	92.160 ?	32 ?		
Constantin IV	668-685	18	18,04	16,80	**288**	12	11.520	16		
Justinien II	685-695	36	9,02	8,38	900 ?	37,5	36.000 ?	25 ?		
	695-718	72	4,51	4,32	?	?	?	?		

N.B. * Type M à chrisme. ** Type M normal. Les données en gras sont celles transmises par les sources. *Sources* : **512-518** : 48.000 talents au sou est déduit de *P.Cairo Masp.* 67145 ; **post 512 ?** : 1 carat = 15,5 folles (*P.Cairo Masp.* 67145 ; cf. Carrié, *Monnaie d'or, passim*) ; **«sous Justinien»** : 1 carat = 12 folles (*SPP*, 20, 218, datation Carrié, *Monnaie d'or*, p. 263) ; **527-538** : 1 sou = 20 livres Æ (*CJ.* X, 29,1) ; **538-542** : 1 sou = 180, puis 210 folles (Procope, *Anecdota* 25, 12) ; **550-565** : 34.463 talents au sou est déduit de *P.Oxy.* XVI, 1911, 207 ; 33.333 talents au sou est déduit de *P.Oxy.* XVIII, 2195, 143 ; **565-578** : 1 carat («liton» s.e. «kération») = 20 folles (*SPP*, 20, 244 ; Carrié, *Monnaie d'or*, p. 260) ; **602** : 1 carat = 25 folles (*P.Grenf.* II, 87 ; Johnson-West, *Currency*, p. 135) : en effet le document prévoit le versement pour teinture d'une pièce de 2 folles et pour 225 pièces de 1 solidus moins 6 carats, d'où l'équivalence 2 folles = 8/100 carat et 1 follis = 4/100 carat soit 1 carat = 25 folles ; **post 610** : 1 carat = 36 folles (*P.Vindob.* G 41049, inéd. Gascou à paraître) ; **615-622** : 51.200 talents au sou est déduit de *P.Oxy.* XVI, 1904, 3, daté de 618 ; **621** : 1 carat = 40 folles (*P.Oxy.* XVI, 1921 ; valeur déduite de dépenses identiques exprimées l'une par 3 carats, l'autre par 120 folles ; Carrié, *Monnaie d'or*, p. 260 propose de dater ce papyrus de 560-570 mais le rapport 40 me paraît impossible pour cette époque) ; **629-631** : retour à la métrologie de 602 ? ; **668-685** : 1 pentagramme (hexagramme réduit = 5/12 sou) marqué à l'exergue XX (*sc.* folles) d'où 1 carat = 12 folles (Grierson, *DOC* III, p. 27) ; même équivalence de 1 carat = 12 folles dans *SPP.* 20, 218 («Arab period» selon Johnson-West, *Currency*, p. 135 mais date à revoir selon Carrié, *Monnaie d'or*, p. 263, qui préférerait placer le texte ou l'équivalence ? «sous Justinien»).

d'or sans doute interdit de maintenir trop longtemps pareil déséquilibre et on revient en 550 à une métrologie compatible avec la valeur d'adération de 20 livres (soit le rapport AV/Æ 1/1 440 de l'Édit de Dioclétien)[45]

On se heurte en revanche à beaucoup d'incertitudes dans la suite ; mais certaines des valeurs déduites des rapports entre les espèces paraissent en accord avec les données des papyrus exprimant la relation carat-follis[46] Les valeurs obtenues dans ce tableau et qui ne sont, rappelons-le, qu'une proposition de reconstruction de ma part, donnent donc un rapport AV/Æ fluctuant certes, mais dans des limites plausibles, avec une préférence marquée pour les taux des Codes de 20 ou 25 livres.

À partir de la seconde moitié du VIe siècle, les fluctuations plus importantes de ce rapport peuvent souvent être mises en relation avec certaines tendances connues de la politique financière. On peut ainsi évoquer à propos du passage de la valeur du follis de 1/15 à 1/20 de carat sous Justin II, la réputation d'«avarice» faite à cet empereur, et inversement lier le retour en 579 à des folles lourds valant peut-être 1/15 de carat à la réputation bien établie de générosité de Tibère II[47], cependant que l'émission, dans la suite du règne, de folles plus légers d'un tiers et à la valeur amputée d'un quart aurait été compensée pour le public par le dégrèvement d'impôt partiel (d'un quart) accordé pour quatre ans[48] Quant à l'étape suivante dans la baisse de valeur-or du follis, le passage au 1/25 de carat, attesté en 602, il faut sans doute le reculer sous le règne de Maurice en évoquant le manque de disponibilités en or qui conduisit à réduire l'annone militaire d'un quart puis à supprimer l'adération de la *vestis militaris*[49]

À leur tour, les mutations pondérales et nominales[50] du follis sous le règne d'Héraclius sont en étroite relation avec les vicissitudes politiques et militaires : les difficultés de la guerre perse et l'invasion de l'Asie Mineure entraînent une première chute du cours du bronze en 615-622, suivie d'une autre baisse pondérale en 624-628 dont nous ignorons le retentissement sur le cours en or. Inversement la victoire de 629 et la saisie à Ctésiphon d'une partie du trésor royal sassanide, ramenant l'or en abondance à Byzance, permettent une restauration de la valeur du bronze : le follis retrouve la taille de la fin du VIe siècle et du début du VIIe siècle et la valeur de la même époque (1/25 de carat, 1/600 de sou). Mais ce renforcement n'a qu'un temps et les revers successifs ainsi que les difficultés financières qui en découlent se marquent dans une reprise et une accentuation du déclin pondéral

45. Pour celle de 1/480 de sou en 565-602, voir J. DURLIAT, *Valeur*, p. 150.

46. Le follis réel n'apparaissant d'ailleurs pas dans ces comptes avant le milieu du VIe siècle, certains papyrologues voudraient voir dans ce follis non pas la pièce de 40 nummi mais la pièce de 12 nummi qui constitue le pivot du système monétaire égyptien à l'époque byzantine. Cette équivalence ne me paraît pas acceptable.

47. Voir E. STEIN, *Studien zur Geschichte des byzantinischen Reiches...*, Stuttgart, 1919, p. 56-58. On retrouve ici l'opposition que développe l'historiographie classique entre le prince «dépensier» mais généreux et le prince «avaricieux» qui pousse la *frugalitas* ou la *parcimonia* à l'extrême (cf. M. CORBIER, Trésors et greniers dans la Rome impériale (Ier-IIIe siècles), dans *Le système palatial en Orient, en Grèce et à Rome*, Actes du colloque de Strasbourg..., E. Lévy éd., Leyde, 1987, p. 411-443).

48. MICHEL LE SYRIEN, éd. Chabot, II, p. 354. E. STEIN, *loc. cit.*

49. THEOPHYL. SIMOCATA, *Hist.* III, 1 ; VII, 1.

50. En 612-615 par exemple, il n'y a pas de changement de poids du follis, qui reste au 36e de livre, mais changement de son cours par rapport à la monnaie d'or.

du follis[51] dont nous ne pouvons plus, faute de textes, suivre les conséquences précises sur le rapport sou-follis ou AV/Æ.

La baisse du pouvoir d'achat du follis, progressive au cours du VIe siècle, accentuée au VIIe, est néanmoins un phénomène incontestable souligné dans le matériel numismatique par la disparition progressive des petites dénominations de la circulation (cf. Tableau 3).

Tableau 3. Répartition des dénominations par règne dans les trouvailles de fouilles (VIe-VIIe siècles).

Site	Dénomination	Anastase	Justin I	Justinien	Justin II	Tibère	Maurice	Phocas	Héraclius	Constant II
Athènes	M	8	6	43	44	7	9	27	193	732
	K	2	1	22	127	11	17	21	31	37
	I	1		15				4		
	E	20	6	16	35	1				
Corinthe	M	2	2	14	27	5	4	9	7	36
	K	1	2	10	58	9	6	9	2	
	I			9	1	1				
	E	2	5	5	1					
Antioche	M	31	42	102	29	9	61	12	13	89
	K	2	6	47	43	15	48	7	3	1
	I	3	21	93	69	11	68	17		
	E	523	531	108	55		1			

N.B. M = 40 nummi, K = 20 nummi, I = 10 nummi, E = 5 nummi.

Ce phénomène est également mis en lumière par l'arrêt de l'émission des petites dénominations (les derniers nummi datent de Maurice, les derniers *pentanoummia* de Constantin IV). Et un texte significatif de la fin du VIIe siècle décrit précisément un homme ramassant sa petite monnaie (κέρμα) tombée par terre «jusqu'au demi-follis», espèce désignée ici de toute évidence comme la plus petite existante et de la plus faible valeur[52] Dans le même temps se multiplient les signes numismatiques de ce déclin de la monnaie divisionnaire : baisse de la qualité de la gravure, négligence de la frappe, surfrappes, utilisation à partir de Justinien II de flans anciens cisaillés en quatre, autant de phénomènes indiquant la hâte provoquée par l'inflation et la volonté de réduire les coûts de fabrication dont l'importance relative augmentait avec la baisse de valeur du follis. On rappellera en effet que la monnaie de cuivre n'est pas une monnaie entièrement fiduciaire, ni l'équivalent antique de la monnaie-papier[53], et que le cuivre, sans être un métal précieux, peut venir à manquer, d'où la fonte de statues, la frappe de monnaies

51. Exception faite du renforcement temporaire tenté sous Constantin IV sous l'influence d'une idéologie de restauration justinienne (*BNC*, II, p. 374-376).

52. *Mirac. Artem.* 21, p. 27.

53. Pour une discussion sur la nature (fiduciaire ou réelle *Kredit- oder Wertmünzencharakter*) de la monnaie d'appoint aux IVe-VIe siècles, voir notamment, outre CALLU, *supra*, p. 225-228, W. HAHN, *MIB* 3, p. 39-41.

de plomb, l'envoi à Constantinople par Constant II de cuivre récupéré dans les églises de Rome, y compris celui de leurs toits[54].

II. Les prix.

À l'époque protobyzantine, le rôle de l'État dans la circulation monétaire et le commerce de denrées de première nécessité, comme le blé, conduit à une relative homogénéité des prix du secteur public et du secteur privé[55]. Aussi pouvons-nous utiliser pour ces denrées les prix publics, qui représentent le prix moyen du marché au-delà duquel l'État ne doit pas surenchérir. C'est une norme (*modum*) applicable sauf en période d'abondance (*vilitatis*) où naturellement l'État achètera au prix du marché[56] En dehors de ces prix officiels, les sources narratives livrent incidemment[57] des indications chiffrées, auxquelles on peut ajouter les nombreuses données des papyrus. Plusieurs auteurs se sont attachés, depuis l'enquête pionnière de G. Ostrogorsky, à la collecte de ces mentions de prix et le tableau qui suit leur est largement redevable[58]. J'ai surtout tenté, à la lumière de la reconstruction proposée plus haut (Tableau 2, p. 248), de procéder ici à la conversion systématique en or des prix exprimés dans les sources en monnaie d'appoint. Cette conversion permet parfois de résoudre l'ambiguïté des dénominations, qui est, avec l'identification des mesures, une des principales difficultés des textes ; on constate en effet qu'il se dégage une relative cohérence, ou du moins des ordres de grandeur, d'une enquête certes bien provisoire, critiquable et lacunaire[59] Un travail collectif sur ce sujet serait nécessaire pour compléter ce qui n'est ici qu'une esquisse (Tableau 4).

54. Fonte de statues transformées en *kerma* : nombreuses mentions dans les *Parastaseis* (cf. G. DAGRON, *Constantinople imaginaire*, Paris, 1984, p. 145, n. 81), et dans l' *Anthologie palatine* (XI, 271). Monnaies de plomb : v. C. MORRISSON, Monnaies en plomb byzantines de la fin du VIe et du début du VIIe siècle, *Riv. Ital. di num.*, 83, 1981, p. 119-132. Cuivre récupéré par Constant II à Rome : *Liber Pontificalis*, éd. Duchesne, I, p. 343. 55. Le rôle de l'État dans l'économie monétaire est encore un sujet de controverse : M. HENDY (*Studies in the Byzantine Monetary Economy*, Cambridge, 1985) lui attribue une importance à mon avis exagérée (cf. *RN*, 1987, p. 245-256). Je reviendrai sur ce problème du degré de monétarisation de l'économie et de la part des dépenses publiques dans le secteur monétarisé (sans doute pas plus du tiers de la masse monétaire) dans *Hommes et richesses* II.

55. J. DURLIAT, L'État byzantin et l'économie monétaire, dans *La cultura*... (*op. cit.* n. 40), p. 198-199.

56. J. DURLIAT, *De la cité antique à la ville médiévale. Le problème des subsistances* (thèse, Paris, 1985), à paraître. *

57. Ou parfois systématiquement : voir les indications de Josué le Stylite sur les variations du prix des denrées de première nécessité à Édesse au cours des années de famine de 496 à 503 (*The Chronicle of Joshua the Stylite*, éd. W. Wright, Cambridge, 1882, § 26-46, p. 17-35).

58. G. OSTROGORSKY, Löhne und Preise in Byzanz, *BZ*, 32, 1932, p. 293-333. JOHNSON-WEST, *Currency*. É. PATLAGEAN, *Pauvreté économique et pauvreté sociale à Byzance. IVe-VIIe siècles*, Paris-La Haye, 1977. CALLU, *Les prix*, p. 187-212. J. DURLIAT, *De la cité*... (cit. n. 56).

59. On ne peut que s'associer ici au souhait exprimé par J.-P. Callu dans ce même séminaire pour que soit entreprise dans la *PG* et, ajoutons-nous, dans les autres sources grecques et syriaques une enquête comparable à celle effectuée pour la *PL* par J. JUNDZILL, *Das Geld in der lateinischen christlichen Literatur des späten römischen Kaiserreiches* (en polonais, rés. all.) (Studia Antiquitatis Christianae, Akademia Teologii Katolickiej, Varsovie), 3, 1984. Cf. c.-r. de J.-P. CALLU dans *RN*, 1985, p. 231-232.

Tableau 4.

Prix et salaires dans l'empire byzantin du Ve au VIIe siècle.

Date	*Denrée*	*Prix en mon. d'appoint*	*Prix en solidus*	*Source*
	BLÉ			
494	1 modius[1]		1/30 sou	JOS. STYL. (cf. n. 57), p. 17.
541	1 modius		1/40 sou	*P.Cairo Masp.* 67320.
VIe s.	1 artabe (=3 modioi)		1/14 sou (1 mod=1/42 sou)	*PSI* 46.
VIe s.	1 artabe[2]		1/12 à 1/14 sou (1 mod=1/36 à 1/42 sou)	Text. cités par JOHNSON-WEST, *BE*, p. 177-178.
Fin VIe s.	«2 modioi»[3]		1 nomisma (1 mod=1/2 sou)	JEAN MOSCHOS, *PG* 87,3, col. 2941.
	12 setiers		1 nomisma (1 mod=1/12 sou)	ID., version lat., d'ap. un ms. perdu.
	SUBSISTANCE			
409	Nourriture par jour[4]	2 à 3 «libella» (=nummi)		*CTh.* IX, 3, 7.
463	1 pain[5]	3 folles (=24 nummi ?)		MARCELL. COMES, *MGH AA* XI, p. 89, *ad a.*
491-517	Entretien annuel[6]		6 sous (1/62 sou par jour)	*Itinera hierosol.*, *CSEL* 39, p. 146, 2-3.
VIe s.	Minimum par jour[7]	«2 follares» (=2 nummi ?)		*V. d'Ésope*, cit. par CALLU, *Les prix*, p. 203.
VIe s.	Nourriture par jour[8]	10 nummi	(de 1/720 à 1/920 sou)	*Daniel de Scètè, ROC*, 5, p. 60.
VIe s.	Minimum par jour[9]	«6 oboles» (=6 folles)		MARC LE DIACRE, *V. de Porphyre*, § 94.
v. 528	Entretien par jour[10]	15 folles	(=1/24 sou)	MALALAS, Bonn, p. 439.
v. 550	Minimum par jour[11]	1 triobole	(1/60 sou)	PROCOPE, *Anecdota*, 17,5.
565-578	Pain politique, par an		4 sous (1/90 sou par jour)	JEAN D'ÉPHÈSE, III,III, 14.
v. 570	Nourriture par jour[12]	1 follis	(=1/480 sou ?)	*ROC*, 5, p. 256.
574-594	Nourriture par jour[13]	16 noummia	(=1/200 sou ?)	*Apopht. Patrum*, *PG* 65, col. 253.
fin VIe s.	Repas[14]	2 lepta	(=1/240 sou ?)	JEAN MOSCHOS, *PG* 87, 3, col. 2992.
VIIe s.	Minimum par jour[15]	1 folleron	(=1/600 sou ?)	*V. Jean l'Aum.*, ch. 38 p. 387.
VIIe s.	Entretien par jour	5 folles	(=1/120 sou ?)	*Ibidem*, ch. 40, p. 392.

1. Abondance, à Édesse. 2. Prix moyen. 3. Cherté (στένωσις), mais la donnée exacte est sans doute celle fournie par la version latine (12 setiers), car le prix (2 modioi pour 1 nomisma) paraît trop élevé, même en période de cherté. 4. Nourriture d'un prisonnier. 5. Prix de disette. 6. Entretien d'un moine en Palestine. 7. Minimum pour l'entretien d'Ésope. 8. Annone du salos Marc. 9. Minimum offert aux étrangers et aux pauvres de Gaza. 10. Entretien des filles d'Eulalios par l'empereur. 11. Minimum d'une prostituée à Constantinople. 12. Lupins 13. Ration d'un moine. 14. Lupins (θέρμια). 15. Légumes secs.

Date	Denrée	Prix en mon. d'appoint	Prix en solidus	Source
	SUBSISTANCE			
618	Pain politique, par an		3 sous (= 1/120 sou par jour)	*Chron. Pasch.*, p. 711.
625	1 pain[1]	3 folles	(= 1/320 sou ?)	*Ibidem*, p. 716.
		puis 8 folles	(= 1/120 sou ?)	*Ibidem*.
v. 650	Entretien par an[2]		3 nomismata (= 1/120 sou par jour)	*Mirac. Artem.*, 28.
F. VIIe s.	Légumes par jour[3]	2 folles	(1/144 sou ?)	*V. André Salos*, col. 656.
	VÊTEMENTS			
Déb. Ve s.	Manteau[4]	50 folles	(= 1/18 sou)	S. AUGUSTIN, *PL* 41, col. 765-766.
Fin Ve s.	Dalmatique	2.000 folles (= 16.000 num. ?)	(= 1 1/3 sou ?)	*Tab. Albertini*, I.
Fin Ve s.	«Maforsemu» (maphorion)	400 folles (= 3.200 nummi)	(env. 1/3 sou)	*Ibidem*.
Fin Ve s.	Chaussures de cuir	150 folles (= 1.200 nummi ?)	(env. 1/10 sou)	*Ibidem*.
Fin Ve s.	«Linea»	300 folles	(env. 1/5 sou)	*Ibidem*.
VIe s.	Tunique brodée[5]		1 1/3 carat (= 1/18 sou)	*SPP*, 20, 182.
VIe s.	*id.*		8 carats (= 1/3 sou)	*P.Oxy.* 2058.
VIe s.	Maphorion		8 carats	*Ibidem*.
v. 534	Chlamyde, v. militaire[6]		1 sou	*CJ* XII, 39, 3.
Fin VIe s.	Pallion, v. d'occasion		1 sou	JEAN MOSCHOS, *PG* 87, 3, col. 2980.
Fin VIe s.	V. neuf		3 sous	*Ibidem*.
Fin VIe s.	V. de soie		72 sous	JEAN D'ÉPHÈSE, éd. Brooks, ch. 55.
VIIe s.	Couverture		36 sous	*V. Jean l'Aum.*, ch. 19.
VIIe s.	Vêtement		1/4 sou	*Ibidem*.
621	Paire de draps		3 à 6 carats	*P.Oxy.* 1921 (JOHNSON-WEST, *BE*, p. 187)
F. VIIe s.	Manteau[7]		1 miliarèsion[8] (= 1/12 sou)	*V. André Salos*, col. 653.
	ESCLAVES ET RANÇONS			
v. 450	Compensation pour prisonnier		8 à 12 sous	PRISCUS, *FHG*, I, p. 277.
476	Enfant		«1 sou + 700 folles» (= 1 1/2 sou ?)	*Tab. Albertini*, IIb.
VIe s.	Jeune fille		100 «talents» (= sous)	*Hist. Apoll.*, cit. par CALLU, *Les prix*, p. 194.

1. Pain des Scholes. 2. *Sitarkia* d'un *naupègos*. 3. Λάχανα et θέρμια. 4. Un homme qui demandait dans ses prières 50 folles pour s'acheter un manteau (*casula* de laine) trouve un gros poisson qu'il vend 300 folles sur lesquels il se procure la *lana*. 5. *Sticharion*. 6. Dans l'Illyricum; prix d'adération. 7. Chitôn, d'occasion. 8. *Sc.* hexagramme; «partagé en lepta».

Date	Denrée	Prix en mon. d 'appoint	Prix en solidus	Source
	ESCLAVES ET RANÇONS			
VIe s.	Musicien		100 sous	*V. d'Ésope*, citée *ibidem*, p. 203.
VIe s.	Secrétaire[1]		200 sous	*Ibidem*.
VIe s.	Ésope	«36 folles»	?	*Ibidem*.
VIe s.	Ésope		«3 aurei» = 3 sous ?	*Ibidem*.
VIe s.	Ésope[2]		10 sous	*Ibidem*.
VIe s. déb. VIIe	Fille, moins de 10 ans		3 sous	*P.Nessana* 89, 21.
VIe s. déb. VIIe	Garçon, m. de 10 ans		6 sous	*Ibidem*.
528	Rançon[3]		10.000 nomismata	MALALAS, Bonn, p. 438.
531	E. moins de 10 ans, non qualifié		10 sous	*CJ* VII, 7, 1.
531	Plus de 10 ans, non qualifié		20 sous	*Ibidem*.
531	Plus de 10 ans, qual.		30 sous	*Ibidem*.
531	Notaire		50 sous	*Ibidem*.
531	Médecin		60 sous	*Ibidem*.
531	Eunuque, qualifié		70 sous	*Ibidem*.
av. 548	Prostituées vendues		«quelques nomismata»	MALALAS, Bonn, p. 440.
	rachetées[4]		5 nomismata	*Ibidem*.
v. 550	Cuisinier		12 sous	GRÉG. DE TOURS, 3, 15.
Fin VIe s.	Rançon[5]		25 nomismata	JEAN MOSCHOS, *PG* 87, 3, col. 2796-2797.
Fin VIe s.	Rançon[6]		1 nomisma, réduit à 1/2 puis à 1/6 nom.	JEAN D'ANTIOCHE, frg. 106, *Exc. de insidiis*.
VIIe s.	E. qualifié[7]		30 nomismata ou 50 nomismata	*V. Jean l'Aum.* (cf. p. 582). *Ibidem*, p. 370.
	ANIMAUX			
IVe - Ve s.	1 âne		3 sous	*P.Oxy.* 1905 (JOHNSON-WEST, *BE*, p. 213).
Indét.	1 porc		1 sou ou 2/3 sou	*P.Lond.* IV, 1448.
Déb.Ve s.	44 porcs[8]		25 sous (1 porc = 1/2 sou)	*PL* 41, col. 841.
Ve s.	1 livre de porc, sur pied		1/200 sou	Cf. DURLIAT, *De la cité*.

1. *Grammatikos*. 2. Vendu à Samos. 3. Rançon du *magister militum* Constantiolos. 4. Prostituées de Constantinople rachetées par Théodora. 5. Rançon d'un moine capturé en Égypte. 6. Rançon demandée par les Avars (598-600) pour chacun des 12.000 soldats byzantins prisonniers. 7. Pour un orfèvre. 8. En Afrique.

Date	Denrée	Prix en mon. d'appoint	Prix en solidus	Source
	ANIMAUX			
VIe s.	1 porc		> 1 sou	*P.Oxy.* 1917 (JOHNSON-WEST, *BE*, p. 214).
VIe s.	1 chameau		20 sous	*P.Oxy.* 1165 (JOHNSON-WEST, *BE*, p. 212).
VIe-VIIe s.	1 âne		3, 5 2/3 ou 8 1/8 sous	*P.Oxy.* 922 (JOHNSON-WEST, *BE*, p. 213).
VIe-VIIe s.	1 ânesse		2 1/3 ou 5 sous	*P.Nessana* 89.
Fin VIe s.	1 âne[1]		3 sous	JEAN MOSCHOS, *PG* 87, 3, col. 2968.
Fin VIe VIIe s.	1 chameau		15 sous	*Ibidem.*
VIIe s.	1 cheval[2]		3 sous	*V. Épiphane*, col. 25.
618	1 cheval		1 sou ou plus	*P.Oxy.* 153.
	DIVERS			
Fin Ve s.	1 olivier[3]	16 folles (=128 nummi ?)	(env. 1/4 carat)	*Tablettes Albertini* V et s.
Fin Ve s.	24 oliviers		1 sou	*Ibidem.*
Fin Ve s.	1 figuier	23 à 50 folles (=184 à 400 nummi ?)	(< 4/5 carat)	*Ibidem*, XI, X.
582-602	Soins médicaux[4]		«1 tremissis»	*Mirac. Artem*, 32.
Fin VIe s.	1 livre[5]		3 à 6 sous	JEAN MOSCHOS, *PG* 87, 3 col. 2998.
642/3	Cierges		<1 logarin (=1 sou)	*Mirac. Artem.*, 21.
655/6	Soins médicaux		«1 sem. +1 trem. +4 carats» (=1 sou)	*Ibidem*, 23.
v. 650	Opération d'une hernie		«12 ou 8 nomismata»	*Ibidem*, 36.
SALAIRES ET REVENUS				
Indét.	S. par jour[6]	16 nummi	(de 1/12 à 1/60 sou ?)	*Apopht. Patrum*, *PG* 65, col. 253.
Indét.	S. par jour		«2 carats» (?)	*Ibidem*, col. 369.
Fin Ve s.	S. par jour d'un artisan	«3 folles» (=120 nummi ?)	(=1/4 sou par mois)	*V. Auxence*, col. 1378.
VIe s.	S. par jour	100 folles/nummi (1/210 sou)	(env. 8 carats par mois) (env. 1/3 sou par mois)	*Daniel de Scètè*, *ROC*, 5, p. 60.
VIe s.	S. par jour, tr. de force	100 folles/nummi		*V. Paul d'Édesse*, p. 370.
	id.	100 nummi		*id.*, vers. syriaque.

1. Ou plutôt le lion miraculeux qui a remplacé l'âne. 2. Cheval vicieux en Palestine. 3. Prix moyen. 4. Après accident de travail. 5. Nouveau Testament. 6. Tressage de panier.

Date	Denrée	Prix en mon. d'appoint	Prix en solidus	Source
	SALAIRES ET REVENUS			
VIe-VIIe s.	S. par jour d'un maçon	5 folles (1/480) (si 1/600 sou)	(= 1/96 sou ?) (> 1 tremissis par mois) (= 1/120 sou ?) (env. 5 carats par mois)	JEAN MOSCHOS, *PG* 87, 3, col. 2998.
	id.	9 folles	(de 12 à 9 carats p. mois)	*id.*, var. du ms. *Laur.* X, 3.
505-507	S. par jour d'un ouvrier[1]		«4 carats»	ZACH. MITYL., VII, 6.
505-507	S. par jour[2]		«8 carats»	*Ibidem.*
v. 550	S. par jour[3]	1 «triobole» (= 3 folles)	(= 120 nummi, = 8 à 10 carats par mois)	PROCOPE, *Anecdota*, 17,5.
v. 570	S. par jour[4]		1 carat	*Daniel de Scètè*, *ROC*, 5, p. 256.
576	S. mensuel[5]		2 nom. 15 1/3 carats	*SPP.* 8, 970.
VIIe s.	S. mensuel ou bimensuel		1 tremissis (8 à 4 carats par mois)	*V. Jean l'Aum.*, p. 346.
VIIe s.	S. annuel[6]		3 sous (env. 6 carats par mois)	*Ibidem*, p. 345.
610-641	S. annuel[7]		15 nomismata	*Doctrina Iacobi*, éd. N. Bonwetsch, Berlin, 1910, V, § 20.
709	S. mensuel[8]		2 nomismata	*P.Lond.* IV, 1910.
709	S. mensuel[9]		1 1/3 nomisma	*Ibidem*.
709	S. mensuel[10]		1 1/2 nomisma	*Ibidem*.
	AUMÔNES			
Indét.	A. par jour[11]	2 noummia		*Apopht. Patr.*, *PG* 65, col. 253.
Ve s.	Maigre a.[12]	100 folles	(= 1/15 sou de 12.000 num. si fol. à 8 num.)	S. AUGUSTIN, *PL* 39, col. 1704.
Déb. VIe s.	A. en Palestine[13]		1 sou par hab. (mâle) 1 tremissis par femme 1 «zûzâ» (pièce d'argent ?) par enfant	JOS. STYL., ch. 34, p. 66-67.
Fin VIe s.	A. à Jérusalem[14]	2 noummia		JEAN MOSCHOS, *PG* 87, 3, col. 2992.
VIIe s.	A. données par Bonosus		100 tremisses[15]	*V. Théod. de Sykéôn*, ch. 142.
VIIe s.	A. par jour[16]	5 folles puis 10 folles[17] puis 1 tremissis		*V. Jean l'Aum.*, ch. 40, p. 392.
F. VIIe s.	A. reçues par jour	20 à 30 lepta/ pholera/oboloi = nummi		*V. André Salos*, 622.

1. Reconstruction des murs de Dara. 2. Ouvrier avec âne. 3. Salaire d'une prostituée. 4. Tailleur de pierres. 5. Salaire d'un notaire. 6. Porteur d'eau aux thermes. 7. Salaire du fondé de pouvoir d'un commerçant. 8. *Naupègos*. 9. Charpentier. 10. Calfat. 11. Aumônes données par des moines égyptiens. 12. Prélevée sur un solidus. 13. Aumônes distribuées par le gouverneur Urbicius dans la région de Jérusalem. 14. Distribuées dans une église. 15. Destinées à être changées puis distribuées. 16. Données par un *argyropratès* alexandrin. 17. Le texte à propos des 10 folles ajoute: ἔστιν δὲ ὅτε καὶ κεράτιν.

Nous examinerons ces prix selon la monnaie dans laquelle ils sont exprimés.

1. Les prix exprimés en or.

Ceux-ci concernent essentiellement, comme on s'y attendrait, les dépenses importantes : taux du marché de gros pour le blé, évaluations annuelles de l'annone, vêtements précieux, esclaves ou rançons, animaux, salaires mensuels ou annuels. Partout, en Orient du moins, dès la fin du Ve siècle, le solidus/nomisma et ses multiples (livre, kentènarion ou *logarin* de valeurs diverses) sont devenus la seule mesure de la richesse[60]

Le prix du blé a fait l'objet d'une enquête approfondie dans la thèse de J. Durliat dont il suffit de rappeler ici les conclusions[61] Le prix moyen du marché, en année normale après la récolte en Égypte s'établit autour de 12 à 14 artabes le sou, soit un modius entre 1/36 et 1/42 de sou, données cohérentes avec le prix de 1/30 en année d'abondance à Édesse, la différence s'expliquant aisément par les conditions géographiques moins favorables. Les prix publics connus sont comparables: à 30 modii pour un solidus dans l'Afrique de la fin du IVe siècle, à 40 modii dans l'Égypte du VIe[62] Les prix sont multipliés par deux, trois ou parfois plus de six en cas de famine: 1/10 de sou le modius à Antioche en 362/363, 1/12 puis 1/5 ou même 1/4 de sou à Édesse au cours des années de crise (499-506), 1/7 de sou à Rome pendant le siège de 546, 1/5 ou 1/4 de sou en Crimée vers 653-656, 1/7 de sou à Thessalonique en 676[63].

Que les prix de famine soient comparables du début du VIe siècle à la fin du VIIe, et on pourrait citer d'autres exemples intermédiaires, indique la stabilité probable des prix moyens du blé exprimés en or, stabilité qui reflète, même si ce n'en est pas la seule raison, la relative stabilité de la valeur intrinsèque du solidus et le maintien de son pouvoir d'achat.

Les constatations faites pour le blé peuvent être étendues aux *esclaves,* «denrée» de luxe dont le prix, toujours supérieur au sou, est toujours exprimé en monnaie d'or[64] Ici encore, bien que l'État ne pèse nullement dans ce commerce comme dans celui du blé, le prix public est en quelque sorte la limite supérieure du prix moyen : les 30 sous ou les 50 sous fixés par le *Code Justinien* respectivement

60. G. DAGRON C. MORRISSON, Le *kentènarion* dans les sources byzantines, *RN*, 1975, p. 145-162; J.-P. CALLU, Le «centenarium», *loc. cit.* (n. 6). *Logarin* désigne la monnaie d'or en général et, le plus souvent, vraisemblablement le solidus (*P.Fay.* 134, *Mirac. Artem.*, § 17, p. 28; § 21, p. 27; *V. Jean l'Aum., passim*) mais parfois aussi une bourse (*V. Sym. le Fou*, p. 89 et 95, *logarin* de 100 et 50 nomismata).

61. J. DURLIAT, *De la cité...* (cit. n. 56).

62. Afrique: épisode d'Hymetius à Carthage (AMMIEN MARCELLIN, XXVIII, 1, éd. Teubner t. 2, p. 63-64). Le tarif d'adération de 40 modii dans la *Nov. Val.* 13 comprend sans doute le prix du transport. Égypte: *P.Cairo Masp.* 67320, blé livré à l'armée et évalué à 40 modii au solidus.

63. *Misopôgôn*, 41; JOS. STYL. (*supra*, n. 57); PROCOPE, *Bell. Goth.* III, 17; MARTIN, *Ep.* 17, *PL* 87, col. 203; *Mirac. Dem.* I, p. 211-212.

64. À l'exception du seul épisode de la *Vie d'Ésope* où le fabuliste est vendu à la campagne pour 36 folles. Il s'agit là, comme l'a vu J.-P. Callu, pour souligner l'inanité de la transaction, d'une exagération du roman qui n'en est pas avare en sens inverse comme en témoignent les 100 sous pour un musicien ou les 200 sous pour un secrétaire; dans le premier cas, le prix paraît si excessif, même au sein du roman, que l'affaire n'est pas conclue.

pour l'esclave qualifié ou le notaire correspondent aux 30 ou 50 nomismata donnés par deux versions différentes de la *Vie de Jean l'Aumônier*. Et, en bas de l'échelle, les 10 sous de *CJ* VII,7,1 pour l'esclave non qualifié de moins de 10 ans sont la limite supérieure d'une catégorie où la petite fille citée dans un papyrus de Nessana côtoie Ésope le disgracié et le garçon des *Tablettes Albertini*. Dans ces trois derniers cas, nul doute que le moindre taux de monétarisation de la campagne déprime les prix par rapport à ce qu'ils seraient en milieu urbain ou au commerce plus actif : arrivé à Samos, par exemple, Ésope est vendu 10 solidi au lieu de 3.

Les *rançons* s'insèrent naturellement dans cette rubrique puisqu'elles sont l'équivalent d'une vente : les 25 nomismata demandés pour un moine égyptien à la fin du VIe siècle sont peut-être plus proportionnés à la richesse de son couvent qu'à sa qualification propre. Le nomisma initial demandé par les Avars pour chacun des 12.000 soldats byzantins prisonniers est un «prix de gros» qui n'est pas sans analogie avec celui de quelques nomismata seulement, poussés à 5 lorsque Théodora devient acheteuse, pour les prostituées de Constantinople.

Lorsqu'ils sont exprimés en or, *les salaires* font preuve également de cohérence et de stabilité. Les données mensuelles pour un travail non qualifié sont de l'ordre de 8 carats soit un tremissis. La flexibilité forte (un tremissis pour un mois *ou* deux) bien explicable dans les conditions économiques et sociales du temps) revient à une moyenne de 6 carats par mois et s'accorde parfaitement avec le salaire annuel de 3 nomismata pour le porteur d'eau aux thermes mentionné dans le même chapitre de la *Vie de Jean l'Aumônier*. Ces ordres de grandeur concordent en outre, nous le verrons, avec les données exprimées en folles par d'autres auteurs, lorsque nous les convertissons en or. Font problème en revanche des données divergentes faisant état de salaires journaliers de 2, 4 ou 8 carats qui constituent des sommes beaucoup trop considérables, même si dans les deux derniers cas il s'agit de travailleurs, sans doute plus qualifiés pour certains, embauchés pour la construction de Dara (Anastasiopolis) et dont le salaire est doublé s'ils possèdent un âne. Aussi difficiles sont deux passages, l'un des *Apophthegmata*, l'autre de Daniel de Scètè, mentionnant sans ambiguïté des salaires journaliers d'un ou deux *kératia*, qui donnent, s'il s'agit bien d'un vingt-quatrième de sou, des sommes beaucoup trop élevées de l'ordre de un ou deux solidi par mois et douze à vingt-quatre solidi par an.

Les quelques prix de *vêtements* exprimés en or, à l'exception du vêtement de soie exceptionnel d'une valeur d'une livre cité par Jean d'Éphèse, sont cohérents et varient de 1 tremissis pour diverses tuniques à 1 ou 3 solidi selon l'état du vêtement (occasion ou neuf). Les prix faibles (1/12 de sou) - un «miliarèsion» des vêtements cités dans la *Vie d'André Salos* sont ceux de la «fripe», particulièrement lorsqu'il s'agit des haillons sans doute portés par le salos. Ici encore nous constatons que le prix d'adération du vêtement militaire (1 solidus), même s'il paraît un peu minoré, ne contredit pas l'ordre de grandeur indiqué par les autres sources.

2. Les prix exprimés en monnaie d'appoint.

L'ambiguïté des dénominations employées l'inertie et l'archaïsme du vocabulaire monétaire courant étant de tous les temps est la source ici de bien des difficultés d'interprétation. La conversion hypothétique de ces prix en or permet toutefois d'en résoudre certaines. Ainsi le «triobole» journalier, un minimum vital gagné par les prostituées du marché de Constantinople sous Justinien représente-t-il vraisemblablement 3 folles plutôt que 3 nummi. Converti en or, ce gain pouvait représenter de 8 à 10 carats par mois environ. Il se compare avec les 2 folles d'Ésope ou l'indication selon laquelle un repas de bouillie de lupins coûte 2 folles (*lepta*) à la fin du VIe siècle, tandis qu'à la même époque un moine ascétique peut subsister avec 10 ou 16 nummi ou avec un follis vers 570. Lorsque le *comes domesticorum* Eulalius, ruiné par un incendie, demande dans son testament à Justinien d'accorder 15 folles à chacune de ses filles pour leur entretien journalier, il s'agit d'un minimum pour des jeunes filles de leur rang, qu'il prie en outre l'empereur de doter chacune le moment venu de 10 livres[65] Le minimum vital journalier moyen, une fois exclus ces extrêmes ascétiques ou aisés (de 1/480 à 1/24 sou environ) s'établit autour de 1/60 de sou au milieu du VIe siècle. Parallèlement, la valeur journalière du pain politique ou de celui des scholes, ou celle de l'annone d'un *naupègos*, témoignent-elles de la fin du VIe au milieu du VIIe siècle d'une stabilité relative autour de 1/120 de sou.

On aimerait en revanche pouvoir suivre de près l'évolution des prix exprimés en monnaie d'appoint : selon J.-M. Carrié, les prix des papyrus attesteraient la dépréciation du bronze par rapport à l'or de moitié environ dans la seconde moitié du VIe siècle[66], baisse mesurée sur le tableau 1 par le passage du follis d'une valeur de 1/15 de carat vers 550 à 1/36 puis 1/40 au début du VIIe siècle. Les quelques données rassemblées ici ne font qu'indiquer la même tendance sans permettre d'en distinguer les étapes précises : en restant dans le registre d'une alimentation pauvre, imposée ou volontairement suivie, on part des 3 nummi journaliers des prisonniers du Ve siècle pour arriver aux 2 folles d'André Salos à la fin du VIIe, en passant par 10 nummi au VIe siècle puis 1 follis à la fin du VIe et au début du VIIe siècle. On retrouve avec un certain décalage[67] la dépréciation de moitié évoquée par les papyrus, tandis que le passage des expressions en nummi du Ve siècle à celles en folles est bien révélatrice de l'inflation du bronze à la haute époque.

Les données sur les salaires exprimés en monnaie de bronze sont trop fragmentaires pour déterminer si une hausse nominale a compensé la dégradation du pouvoir d'achat de celle-ci. On est tenté de le croire en extrapolant ici l'exemple du IIIe siècle romain où les salaires ont dans le long terme rattrapé les prix, bien qu'avec retard[68] D'autre part, le fait que les gains mentionnés le soient le plus souvent en termes de monnaie d'or incite à penser qu'ils s'alignaient sur cette mesure stable.

3. *Les différences régionales.*

Celles-ci s'observent surtout pour les produits non alimentaires (ou du moins extérieurs au secteur des denrées annonaires) sur lesquels la pression des achats ou prélèvements étatiques n'exerce pas d'influence. Ainsi les vêtements : déjà l'Édit de Dioclétien témoigne d'une différence énorme, de plus de 1 à 5, pour les prix d'un *birrus* ou d'un *fibulatorium* (sortes de manteaux) entre certaines régions du

65. MALALAS, Bonn, p. 439.
66. CARRIÉ, *Monnaie d'or*, p. 263 ; JOHNSON-WEST, *Currency*, p. 127.
67. Explicable par l'incertitude où nous sommes de la date de rédaction des textes ; les prix cités pouvant aussi bien être ceux de l'époque de l'auteur que de celle de l'événement relaté.
68. M. CORBIER, Dévaluation et évolution des prix (Ier-IIIe siècles), *RN*, 1985, p. 69-106.

limes danubien (Norique, Dacie, Rhétie) et l'Afrique[69] Ici, on comparera le *maphorion* de la dot des *Tablettes Albertini* à 400 folles soit environ 1/4 de solidus à celui vendu à Oxyrhynchus au VIe siècle pour un tremissis, soit un tiers de plus. De même pour les esclaves, on opposera le prix d'un solidus et demi (ou même de trois solidi dans l'interprétation de Grierson) pour l'enfant africain ou les 3 solidi de la petite fille de Nessana à celui de dix solidi fixé par le *Code Justinien* et atteint par Ésope à Samos. À Nessana les prix des ânes sont moins élevés qu'en Égypte parce que le degré de monétarisation est plus faible.

Si elle était confirmée ce qui est encore loin d'être le cas , cette différence de prix, notamment entre l'Orient, ou Constantinople, et l'Afrique, et particulièrement des prix exprimés en monnaie d'appoint, paraîtrait indiquer un pouvoir d'achat plus élevé du bronze dans la province occidentale. Elle pourrait alors contribuer à expliquer la différence observée dans la structure des dénominations entre quelques grands sites témoins de ces régions opposées[70]. On constate par ailleurs un écart sensible entre l'étalon de Constantinople et celui de Carthage, plus élevé sous Phocas de quelque 16%, et dont la chute n'intervient que plus tardivement, sous Constant II, pour s'aligner sur celui de la capitale seulement à la fin de ce dernier règne[71] L'écart pondéral recouvre en partie, mais en partie seulement, la différence de rapport du solidus au follis (1/360 en Afrique contre 1/480 dans la capitale) déduit pour le règne de Maurice[72]

Conclusion.

Sans s'exagérer le rôle, sans doute limité, de la monnaie réelle dans l'économie et la fiscalité rurales, on soulignera pour conclure sa part dans la vie urbaine jusqu'à la fin du VIIe siècle et au-delà, où, comme le montrent les trouvailles des fouilles de Kalenderhane, elle reste indispensable aux échanges, même réduits, de la capitale. On distinguera enfin dans cette époque charnière, qui conduit d'une expansion remarquable à la contraction la plus grande, deux périodes. La première, antérieure à 550, est celle d'une relative stabilité : le rapport AV/Æ varie dans des limites raisonnables et la fiduciarité du bronze reste modérée. Dans la seconde au contraire, après 550, l'inflation et la dévaluation continues, interrompues seulement par les restaurations temporaires de 629 et du règne de Constantin IV, accroissent la défiance envers les espèces et contribuent sans doute à accentuer le recul de l'économie monétaire sur les sites urbains.

69. Cf. P. SALAMA (*art. cit.* n. 34), p. 200, n. 70.

70. Quelques éléments de comparaison pour les règnes de Justinien à Héraclius sont rassemblés pour les sites de Carthage, Apollônia (Cyrénaïque) et Sardes par T.V. BUTTREY et R. BRUCE HITCHNER dans *Excavations at Carthage 1976*... IV, J.-H. Humphrey ed., Ann Arbor, 1978, p. 103. Une comparaison détaillée reste à faire jusqu'à Constant II et ses successeurs.

71. Cf. GRIERSON, *DOC* II, 1, p. 29.

72. J. DURLIAT, Taxes sur l'entrée des marchandises dans la cité de *Carales* Cagliari à l'époque byzantine (582-602), *DOP*, 36, 1982, p. 1-14, aux p. 9-10.

IV

MONNAIE ET FINANCES DANS L'EMPIRE BYZANTIN X[e] - XIVe SIÈCLE

Traiter de pareil sujet paraîtra à la fois ambitieux dans l'espace imparti, et présomptueux en l'état des sources. Que savons-nous en effet des finances de l'État byzantin à cette époque ? Le détail et le nom de ses fonctionnaires sans doute, d'après les listes de préséance, les sceaux et les actes de la pratique, mais pas toujours la nature exacte de leurs attributions et encore moins la composition officielle et complète des ressources et des dépenses. Les textes, toutefois, ne sont pas entièrement muets, malgré la répugnance des lettrés à l'égard des chiffres, et, d'une collecte critique de ceux-ci, peut se dégager une série cohérente de divers ordres de grandeur[1] Quant à la monnaie, si là aussi les byzantinistes sont moins bien lotis que les occidentalistes, puisque nous n'avons aucun des baux ou registres financiers qui permettent à ceux-ci, par exemple, de déterminer l'importance du facteur monétaire (offre de M) dans la formation des prix[2], ils disposent du moins

1. Voir M. HENDY, *BME*, p. 15–16, dont j'accepte entièrement les conclusions sur ce point. *

2. Voir, entre autres travaux récents — où l'on trouvera la bibliographie antérieure —, J.H. MUNRO, Monetary Contraction and Industrial Change in the Late Medieval Low Countries, 1333-1500, dans *Coinage in the Low Countries 880-1500* (BAR Int. Ser. 54), N.J. Mayhew éd., Oxford, 1960, p. 95–161 ; M. MATE, The Role of Gold Coinage in the English Economy 1338-1400, *NC*, 1978, p. 126–141 ; J. DAY, The Question of Monetary Contraction in Late Medieval Europe, *Nordisk Numismatisk Årsskrift*, 1981, p. 12–29 ; N.J. MAYHEW, Frappes de monnaies et hausse des prix en Angleterre de 1180 à 1220, dans *Études d'histoire monétaire*, J. Day éd., Lille, 1984, p. 159–177.

Abréviations : *ANSMN : American Numismatic Society Museum Notes*, New York. BALARD, *Romanie* : M. BALARD, *La Romanie génoise (XIIe-début du XVe s.)* (BEFAR 235), Gênes-Rome, 1978. BERTELÈ, *Moneta veneziana* : T. BERTELÈ, Moneta veneziana e moneta bizantina (secoli XII-XV), dans *Venezia e il Levante fino al secolo XV*, I, Florence, 1973, p. 3–146. BERTELÈ-MORRISSON : T. BERTELÈ, *Numismatique byzantine*, éd. C. Morrisson, Wetteren, 1978. CEB 2 : C. MORRISSON, J.-N. BARRANDON, C. BRENOT, J.-P. CALLU, R. HALLEUX, J. POIRIER, *L'or monnayé. Purification et altérations. De Rome à Byzance*, Cahiers Ernest-Babelon 2, CNRS Paris, 1985. HENDY, *BME* : M.F. HENDY, *Studies in the Byzantine Monetary Economy c. 300-1450*, Cambridge University Press, Cambridge, 1985. HENDY, *Coinage* : M.F HENDY, *Coinage and Money in the Byzantine Empire, 1081-1261* (Dumbarton Oaks Studies XII), Washington, 1968. *Moneta ed economia* : *La cultura bizantina. Oggetti e messaggio*, Corsi di Studi (Univ. degli Studi di Bari Centro di Studi Bizantini) IV, 1979, *Moneta ed economia*, Rome, 1986, A. Guillou éd. *NC : The Numismatic Chronicle*, Londres.

des données qui peuvent être déduites du matériel numismatique lui-même : analyses métalliques, capitales pour la détermination de la valeur intrinsèque, mais aussi, grâce à l'analyse des traces, pour l'étude des modes d'altération et des refontes[3] ; comparaison de ces analyses avec les indications de la documentation écrite sur les valeurs des différentes espèces ; étude de la circulation monétaire (composantes géographiques et fluctuations dans le temps) d'après les trouvailles et les actes de la pratique, qui se multiplient à l'époque tardive.

I. *Les structures.*

Avant de voir l'évolution et les crises, il convient de s'interroger sur les éléments structurels, que la conjoncture médiévale tardive a pu modifier mais dans une faible proportion, et sur la situation de départ, à l'avènement de la dynastie macédonienne.

Tableau 1. Systèmes monétaires.

VIIIe-Xe siècle

AV	AR	(Kération)	AE
Solidus-Nomisma	Miliarèsion	(Carat - Monnaie de compte)	Follis
1	12	(24)	288
	1	(2)	24
		(1)	12

Fin du Xe-XIe siècle

AV		AR			AE
Nomisma histaménon (24 carats-poids)	Nomisma tétartèron (22 carats-poids)	Milia-rèsion	2/3 de miliarèsion	1/3 de miliarèsion	Follis
1	Valeur nominale inconnue[a]	12	16	36	288
		1	1 1/3	3	24
			1	2	16
				1	8

3. Voir CEB 2 *passim* ; C. MORRISSON, J.-N. BARRANDON, C. BRENOT, Composition and technology of ancient and medieval coinages : a reassessment of analytical results, *ANSMN*, 1987, p. 181–209.

Fin XIe-XIIe siècle (1092-1204 environ)

AV	Électrum	Billon	AE	
Hyperpère	Nomisma trachy aspron	Nomisma trachy ou staménon	Tétartèron	1/2 tétartèron
1	3[b]	48[c]	576 ? 864 ?	1 152 ? 1 728 ?
	1	16	192 ? 288 ?	384 ? 576 ?
		4	48 ? 72 ?	96 ? 144 ?
		1	12 ? 18 ?	24 ? 36 ?

XIII[e] siècle (1204-1295) *

AV	AR	AE	
Hyperpère	Nomisma trachy	Staménon	Tétartèron (jusqu'en 1261)
1	12 ?	184 ?[d] ou 192 ?[e]	576 ?
	1	15 1/3 ? ou 16 ?	48 ?
		1	3,1 ou 3 ?

Première moitié du XIV[e] siècle (1295-1354)

AV	AR		Billon	AE	
Hyperpère	Basilikon (basileo) (grosso grande)	(basileo nuovo)	Tournois (tornese) Politikon	Staménon (stamino) Trakhion	Tétartèron (Assarion ?)
1	12	24	96	384	864 ?
	1	2	8	32	72 ?
		1	4	16	36 ?
			1	4	9 ?
				1	2,5 ?

Notes. a. On s'accorde à penser que le tétartèron était émis par l'État à parité avec le nomisma histaménon mais n'était admis ensuite par le public dans les échanges qu'à un taux inférieur (cf. *DOC* III, 1, p. 28–39 ; *BME*, p. 507–508 avec la bibliographie). b. Peut-être 4 (trachy = 1/4 d'hyperpère) à la fin du XIIe siècle. c. 120 en 1190, 184 en 1199. d. Voir ci-dessous, p. 304. e. Cette valeur hypothétique donne un rapport plus simple avec le tétartèron.

Que représente la monnaie dans l'économie mésobyzantine ? Une fois passée l'impression favorable donnée par l'existence d'un système plurimétallique diversifié (voir Tableau 1), contrastant avec le monométallisme dominant, voire la réduction à une seule dénomination (le denier d'argent à partir de la fin du VIIe siècle) et l'absence de monnaie de bronze qui caractérisent l'Occident à la même époque[4], on nuancera aussitôt cette appréciation en en minimisant l'importance : on rappellera la chute brutale du taux de circulation dans les villes * à partir du VIIIe siècle, dont témoignent les statistiques dressées d'après les trouvailles de fouilles (cf. fig. 2)[5] On invoquera les exemples classiques, et de toute époque, attestant la rigidité de l'offre de numéraire et la difficulté qu'il y avait à se procurer les espèces nécessaires au paiement de l'impôt ; notamment, pour le Ve siècle, Théodoret de Cyr (*Ep.* XXXVII), sur une pénurie d'or forçant les habitants à emprunter aux soldats pour payer les taxes locales ; pour le VIe siècle, Jean Lydos (*De Mag.* III, 61) et Procope (*Anecd.* XXX, 5-7), sur les conséquences désastreuses pour l'économie monétaire de la suppression du *cursus publicus*, et par conséquent des achats locaux effectués par ce service, qui permettaient aux propriétaires de vendre leur surplus et de payer leurs impôts ; pour le VIIIe siècle, Nicéphore (Ἱστορία σύντομος, Bonn, p. 85) et Théophane (éd. De Boor, I, p. 443) sur les conséquences déflationnistes des pratiques fiscales — pression accrue — et thésaurisantes de Constantin V, «nouveau Midas», etc.[6] Il faut opposer bien sûr les villes, au premier rang desquelles la capitale — où les fouilles de Saint-Polyeucte montrent la persistance de la circulation du bronze au VIIIe siècle, par contraste avec l'absence quasi totale de celui-ci sur les sites balkaniques par exemple (voir fig. 1) — ainsi que leur arrière-pays immédiat, aux régions rurales défavorisées par l'absence d'un centre urbain proche ou de voies d'eau permettant le transport à bon compte (huit fois moins cher environ que le transport par terre selon l'Édit de Dioclétien, qui montre que le coût du transport par terre d'un chariot de blé de 1 200 livres sur 100 milles soit 150 km[7] se montait déjà à plus de la moitié de la valeur du grain).

Peut-on chiffrer *ce degré de monétarisation* (c'est-à-dire le rapport entre la masse monétaire et la valeur totale du produit national) ? Bien évidemment non, puisqu'il faudrait connaître à la fois le produit national brut (PNB) et la masse monétaire ainsi que le taux d'urbanisation. Mais il est possible d'évaluer, par comparaison avec d'autres économies préindustrielles, les termes d'une fourchette plausible : sur la base des chiffres connus pour l'Inde d'avant 1950 (env. 60%), l'économiste Raymond W Goldsmith[8] a proposé pour le Haut Empire romain une estimation de «moins de 50%», tandis que le schéma hypothétique de

4. Sur les systèmes monétaires occidentaux au haut Moyen Âge, voir P. GRIERSON et M. BLACKBURN, *Medieval European Coinage 1. The Early Middle Ages*, Cambridge, 1986.

5. Rappel des principaux arguments de la controverse célèbre Každan-Ostrogorsky et de la bibliographie dans l'article de D.M. METCALF, How Extensive was the Use of Folles during the Years 775-820 ?, *Byz.*, 37, 1967, p. 270–310. Voir aussi l'exposé de Každan lui-même dans *Moneta ed Economia*, p. 205–222.

6. Commentaire de Procope, *Anecdota* XXX, 3-7 par J. DURLIAT dans *Moneta ed Economia*, p. 190–200. M. Hendy conclut une réflexion sur l'ensemble de ces textes concernant la disponibilité de monnaie dans l'empire byzantin («internal availability» *BME*, p. 294–304) en soulignant la liquidité très faible dans les régions rurales par rapport aux villes ou aux grands axes routiers.

7. HENDY, *BME*, p. 556 et s. avec les sources.

8. R.W. GOLDSMITH, An Estimate of the Size and Structure of the National Product of the Early Roman Empire, *The Review of Income and Wealth*, ser. 30, nr. 3, sept. 1984, p. 263–288.

K. Hopkins[9] (1/5 de la production agricole est commercialisée, celle-ci représente les 4/5 du PNB et les 3/4 du 1/5 restant, c'est-à-dire la production du secteur artisanal, sont mis sur le marché) implique un taux de liquidité de quelque 30%. La première estimation est certainement exagérée, la seconde est elle aussi un maximum si on considère par exemple que ce taux de monétarisation n'était encore dans la Tunisie des dix dernières années que de 26 à 30% pour les billets de banque et dépôts à vue (M1/PIB)[10] et n'atteint les 40% que dans la France du XVIIIe et du début du XIXe siècle[11] Le minimum possible de quelque 15% est celui des pays parmi les moins développés de notre époque (17% au Mali en 1962)[12]

Que représentait le prélèvement fiscal sur cette faible part monétarisée de la production ? Le maximum est atteint dans l'Égypte byzantine avec la proportion d'1/4 ou plus des recettes affectée au prélèvement[13] ; la proportion, plus courante, de 10% de la récolte[14] paraît en revanche confirmée par les valeurs analogues observées dans des économies très peu développées[15] Dans ce contexte, le budget impérial, même si les considérations politiques et financières déterminent à elles seules les conditions et le montant des émissions monétaires, représente environ le tiers de l'ensemble de la masse monétaire[16]

9. K. HOPKINS, Taxes and Trade in the Roman Empire (200 B.C.-A.D. 400), *Journal of Roman Studies*, 70, 1980, p. 101–125.

10. Taux moyen pour les années 1975-1984. Ce taux s'élève à 40-42% si l'on prend également en considération les comptes bloqués, les obligations et les emprunts à plus d'un an, équivalent moderne de la thésaurisation médiévale (chiffres rassemblés dans la thèse de doctorat de B. SMIDA, Université de Paris I, 1982).

11. La moyenne française pour les années 1807-1814 est de 44% (Michèle SAINT-MARC, *Histoire monétaire de la France (1800-1980)*, Paris, 1983, p. 74). En 1715, Arnould estime le numéraire circulant en France à 800 millions de livres sur un revenu national de quelque 2 ou 4 milliards, soit un taux d'environ 2,2 à 40%. (A.-M. ARNOULD, *De la balance du commerce*, Paris, 1791, t. II, p. 86, 215–217, cit. par Ch. MORRISSON, *Questions financières aux XVIIIe et XIXe siècles*, Paris, 1967, p. 75–76). Cette moyenne recouvre des différences régionales importantes et un écart notable entre les grandes villes et les campagnes éloignées des routes et circuits commerciaux, où la pénurie de numéraire se fait sentir jusque dans les années 1880 (v. les textes et études cités par E. WEBER, *La fin des terroirs. La modernisation de la France rurale 1870-1914*, tr. fr., Paris, 1973, p. 61–65).

12. Et 20,5% en moyenne pour la période 1962-1967 (J. LECAILLON-Ch. MORRISSON, *Politiques économiques et performances agricoles: le cas du Mali 1960-1983*, Paris, OCDE, 1986, p. 61).

13. Cf. J. GASCOU, Les grands domaines, la cité et l'État en Égypte byzantine, *TM*, 9, 1985, p. 1–90, à la p. 37. Voir aussi J. DURLIAT, L'État byzantin et l'économie monétaire, dans *Moneta ed Economia*, p. 190–200, aux p. 194–197. On observe également des taux exceptionnels dans le Japon shogunal : 30% des récoltes, 27% du revenu national (J.-Ch. ASSELAIN, *Histoire économique. De la révolution industrielle à la première guerre mondiale*, Paris, 1985, p. 187 et s.). *

14. Voir, dans ce volume, N. OIKONOMIDÈS, Terres du fisc et revenu de la terre aux Xe-XIe siècles, p. 321–337.

15. 16% en moyenne par exemple au Mali pour la période 1972-1980 (source citée n. 12).

16. Une confirmation indirecte de cet ordre de grandeur est offerte par la France du XVIIe siècle où, en 1683, les impôts représentaient environ 23% de la masse monétaire (F. DE FORBONNAIS, *Recherches et considérations sur les finances de la France*, p. 297). Sur le détail de ces calculs de Forbonnais, voir en dernier lieu M. MORINEAU, Monnaie et fiscalité modernes, dans *Genèse de l'État moderne, Prélèvement et redistribution*, Paris, CNRS, 1987, p. 115–134, aux p. 124–125.

Tableau 2. Estimation des finances publiques de l'empire byzantin (842-856) d'après W. TREADGOLD, 1982.

	Millions de nom.	%
Revenus :		
Impôt foncier et personnel (taxes additionnelles incluses) :	2,9	87,9
Autres revenus :	0,4	12,1
Revenus totaux :	3,3	100
Dépenses :		
Solde de l'armée :	1,4	75,7
Autres dépenses militaires :	0,8	
Rogai des fonctionnaires civils :	0,5	24,3
Autres dépenses non-militaires :	0,1	
Dépenses totales :	2,8	100
Surplus (291 500 nom.)[a]	0,3	

Ces moyennes annuelles estimées sont exprimées en millions de nomismata et arrondies à la première décimale.

a. Voir ci-dessous, p. 297 n. 20.

Les tentatives pour estimer le montant du budget de l'Empire, de Bury (45-50 millions de nomismata) à Stein (6 millions de nomismata au plus au IXe siècle) et Andréadès (qui jugeait les deux valeurs aussi exagérées l'une que l'autre), n'ont pas manqué[17] La dernière en date, et la plus détaillée, due à W. Treadgold[18] (voir Tableau 2) est solidement argumentée, car la plupart des données que l'auteur est contraint d'inférer pour combler certaines lacunes de la documentation se trouvent confirmées par des chiffres d'origine différente : la reconstitution proposée de la solde de l'armée à partir d'une part de quatre sources arabes (Ibn al-Faqih, Ibn Hawqal, Ibn Khordadbeh et Qudama) qui remontent toutes à la description (perdue) de l'armée byzantine entre 839 et 842 par un prisonnier libéré en 845, al Jarmi, et qui donnent à la fois le nombre des hommes et la progression

17. J.B. BURY, *A History of the Eastern Roman Empire*, Londres, 1912, p. 210–231 ; A. ANDRÉADÈS, Le montant du budget de l'Empire byzantin, *Rev. Ét. Grecques*, 34, 1921, p. 20–56 ; E. STEIN, *Studien zur Geschichte des byzantinischen Reiches vornehmlich unter den Kaisern Justinus II. und Tiberius Constantinus*, Stuttgart, 1919, p. 141–160 ; ID., compte-rendu de l'article d'Andréadès dans *BZ*, 24, 1923-1924, p. 377–387.

18. W.T. TREADGOLD, *The Byzantine State Finances in the Eighth and Ninth Centuries*, Boulder, 1982.

de leur roga, et d'autre part des sources byzantines (Constantin VII sur la roga des officiers de l'armée des thèmes, le *tacticon* Uspenskij et le Clètorologe de Philothée sur le nombre des officiers) aboutit à un total de 1,4 millions de nomismata. Et ce total équivaut aux 20 000 livres d'or (200 kentènaria) retirées de la fonte des objets d'art du Palais par Michel III à la fin de son règne (v. 867) pour payer τὴν τῶν στρατιωτῶν ῥόγαν[19] La reconstitution de la roga des fonctionnaires civils, dont le nombre est évalué à quelque 600, procède de façon analogue et aboutit à une *estimation des dépenses* pour l'administration civile de 600 000 nomismata environ, soit un total de dépenses publiques de moins de 3 millions de nomismata (2,8) dont les dépenses militaires formeraient les trois quarts. À ce total viendrait s'ajouter le surplus épargné par Théodora et Théophile, un peu moins de 300 000 nomismata par an[20]. L'ordre de grandeur des revenus de l'Empire serait ainsi de 3 millions de nomismata, ce qui ne paraît pas incohérent avec celui de 6 à 8 millions de nomismata proposés pour l'empire de Justinien[21].

L'estimation des *revenus* impériaux est naturellement plus malaisée encore. Celle proposée par Treadgold combine les chiffres très approximatifs du nombre de «ménages» byzantins (2,5 millions de nomismata correspondant à une population d'environ 10-13 millions de personnes) avec le taux du *kapnikon* attesté par Ibn Khordadbeh (6 miliarèsia = 1/2 nomisma) et un taux moyen de *dèmosion* de 1/15 de nomisma pour une exploitation «moyenne» de 30 modioi de superficie (3,75 ha), augmenté de 20% de taxes additionnelles sur cet impôt de base, pour aboutir à quelque 2,9 millions de nomismata de ressources budgétaires prélevées sur la terre. Il y ajoute une estimation plus approximative encore du montant du *kommerkion* (100 à 200 000 nomismata) augmentée de diverses autres ressources pour «retomber» sur un total de 400 000 nomismata qui permette opportunément d'équilibrer le tableau des recettes et des dépenses.

Dans cette hypothèse, les revenus fiscaux provenant de l'agriculture s'élèvent à près de 90%, les taxes commerciales et autres à quelque 12%. On retrouve là, à peu de choses près, la proportion extrême de 95% / 5% reprise de Jones par Hendy[22]. Mais il s'agit d'une sous-estimation. En effet on peut considérer * comme une règle que le rapport entre ces deux sortes de revenus fiscaux équivaut en gros au rapport existant entre le secteur agricole et le secteur non-agricole dans le revenu *monétaire* national, et non dans le revenu national global. Avec une population rurale s'élevant à 90% du total — maximum pensable pour l'empire byzantin — la part de l'agriculture peut difficilement avoir dépassé 80-85%

19. Ps. SYMÉON, p. 659; THÉOPH. CONTIN., p. 173.

20. Et non quelque 500 000 (473 000 exactement) comme le veut Treadgold (p. 10–13). Il y a là une erreur de compréhension du texte du continuateur de Théophane et de Génésios (p. 90): il faut lire 1 090 kentènaria et non 1 900. Cette erreur remonte d'ailleurs à Bury (*op.cit.* n. 17, p. 231).

21. E. STEIN, *Studien* (*op. cit.* n. 17), HENDY, *BME*, p. 164–171.

22. Hendy, *BME*, p. 157, cite, à l'appui de cette proportion, A.H.M. JONES, *The Later Roman Empire 284-602* I, p. 465. Celui-ci fonde ce rapport sur le rapprochement du montant du chrysargyre d'Édesse (2 500 solidi par an) de celui de l'impôt foncier de cités égyptiennes comme Héracléopolis ou Oxyrhynchus (près de 60 000 solidi par an). M. Hendy considère (*BME*, p. 173–175) les chiffres connus de *kommerkia* byzantins comme «conformes à une répartition attendue: les revenus tirés d'un contexte urbain, et particulièrement du commerce, sont relativement insignifiants par rapport à ceux tirés de la terre».

dans le produit monétaire et par suite dans les ressources de l'État, proportion effectivement constatée dans l'empire de Trébizonde selon les estimations d'A. Bryer[23], tandis que le rapport s'élève à 67%/33% voire 63%/37% dans l'empire ottoman au XVIe siècle[24], peut-être un maximum sous les contraintes d'une économie préindustrielle. Maximum d'ailleurs atteint au terme d'une croissance séculaire des activités commerciales qui caractérise l'époque que nous considérons aujourd'hui. Sans prétendre bien sûr en épuiser le détail, nous chercherons à examiner sous cet angle une évolution monétaire soumise à la double pression des besoins financiers de l'État et des facteurs économiques.

Le principal problème de l'histoire monétaire tardive de l'empire byzantin, à une époque où celui-ci cesse d'être un grand monde clos pour s'ouvrir à des influences complexes, est en effet de démêler la part respective de ces différents facteurs internes ou externes, politiques ou économiques, pour interpréter une évolution dont les grandes lignes sont désormais bien établies[25] mais dont les causes restent discutées.

II. *L'expansion (fin X^e- fin XIIe siècle).*

Au risque de choquer, je traiterai comme une seule phase la période allant de l'avènement de Basile II (960) à 1204, en dépit du poids et de l'influence en définitive désastreux généralement attribués à la dévaluation du XIe siècle d'une part et au chrysobulle de 1082 en faveur des Vénitiens d'autre part. La crise monétaire et financière du deuxième quart du XIe siècle n'est en effet qu'une «parenthèse», dramatique certes, mais surmontée dans le moyen terme, dès les premières décennies du XIIe[26]. Rappelons d'abord les faits monétaires.

1. *Les problèmes de* l'offre *de monnaie.*

La comparaison des systèmes monétaires du XIe et du XIIe siècle (v. ci-dessus, Tableau 1) met en évidence une *diversification plus grande* encore qu'à l'époque antérieure, qui vise à renforcer les dénominations intermédiaires (fractions du miliarèsion au XIe siècle valant 1/16 ou 1/36 de la monnaie d'or; monnaies de billon et de bronze au XIIe siècle valant 1/48 et 1/864 de la monnaie d'or) et à abaisser la valeur de la plus petite unité. Signe non équivoque d'une monétarisation croissante des échanges.

23. A.A.M. BRYER, The Estates of the Empire of Trebizond : Evidence for their Resources, Products, Agriculture and Location, *Archeion Pontou*, 35, 1978, p. 370–477, aux p. 370–371.

24. S.J. SHAW, *The Budget of Ottoman Egypt 1005-1006/1596-1597*, Princeton, 1962, cité par HENDY, *BME*, p. 614–615; le pourcentage des revenus tirés des douanes, de la ferme, de la taxe urbaine (*muqâta'ât*) du Caire, et de revenus divers, s'élève à 33% du revenu fiscal total.

25. Cf. BERTELÈ-MORRISSON ; P. GRIERSON, *Byzantine Coins*, Londres-Berkeley, 1982 et *DOC* III; M.F. HENDY, *Coinage* et *BME*; MORRISSON *et al.*, CEB 2.

26. Comme le soutient sur un plan économique général M. Hendy, Byzantium 1081-1204: An Economic Reappraisal, *Transactions of the Royal Historical Society*, 5th ser., 20, 1970, p. 31–52, à la p. 52: «rather than declining away from the ninth and tenth centuries, Byzantine
* economic life was expanding rapidly throughout the eleventh and twelfth centuries».

L'évolution des espèces est marquée au XIe s. par une dévaluation[27] affectant tous les métaux à des dates et selon des modes différents.

La monnaie d'or connaît un déclin, à des rythmes variés, qui peut être divisé en trois phases : (voir fig. 1). — Tout d'abord une altération lente de Constantin VII (914-959) — % Au env. 97%, % moyen Ag 5,5% au lieu de 2,1 seulement auparavant — à Michel IV (1034-1041) inclus — % moyen Au 90%, Ag 7%. Sur la période considérée, la hausse du taux d'Ag dans la monnaie d'or est très faible (0,04% en moyenne annuelle) mais quasi continue, et on peut estimer qu'elle correspond à une hausse de la masse monétaire de 0,2% par an. Ensuite, une altération à un rythme plus rapide de Constantin IX (1041-1055) à Romain IV — ou plus exactement au milieu du règne de celui-ci. Le pourcentage d'or passe de 87 à 70% et le pourcentage moyen d'argent de 10,9 à 24,8% (0,4 en moyenne annuelle), ce qui correspond à un accroissement de la masse monétaire de plus de 5% par an. Enfin, une dernière phase, de 1071 à 1092, où le titre connaît une chute rapide de 35,7% Ag, 60% Au env. à 73% Ag, 14,5% Cu, 12,5% Au seulement, sous Alexis Ier Cette chute est due à l'alliage non plus d'or natif à forte teneur en argent comme dans les périodes précédentes, mais à l'addition d'argent et de cuivre. Ce mode d'altération explique d'ailleurs la chute catastrophique du contenu d'or car le procédé entraîne, à quantité égale de métal ajouté, une beaucoup plus faible augmentation du nombre de monnaies frappées que le procédé précédent.

En ce qui concerne la monnaie d'argent, Byzance n'est pas affectée avec la même intensité que les pays musulmans par la «famine» de métal blanc du XIe siècle. Le miliarèsion (et ses divisions à partir du milieu du siècle) sont frappés en quantités abondantes[28] et restent d'un titre supérieur à 90% jusque sous Constantin X (1059-1067)[29] La chute véritable commence sous le règne de Romain IV Diogène (1068-1071) (1re émission : 90,7% Ag, 2e émission : 71%) et se poursuit sous les règnes suivants, jusqu'à 45% sous Nicéphore III (1078-1081)[30] Mais il n'est pas besoin d'aller en chercher la raison au-delà des frontières : l'étude des teneurs en argent et en cuivre des monnaies d'or de cette époque montre que l'argent et le cuivre qui y ont été ajoutés proviennent directement et pour l'essentiel des monnaies d'argent des empereurs précédents. On peut ainsi suivre pas à pas, émission par émission, la série de ces dévaluations «en chaîne»[31]

Quant à la monnaie de cuivre enfin, l'accroissement considérable du nombre de folles émis à partir de la fin du Xe siècle est une donnée que nul collectionneur ou archéologue familier des séries byzantines ne saurait contester et qui peut être grossièrement estimée à partir des trouvailles de fouilles — dont les variations sont en règle générale considérées comme homothétiques de celles de la production

27. C. MORRISSON, La dévaluation byzantine au XIe siècle : essai d'interprétation, *TM*, 6, 1976, p. 3–47 ; CEB 2, p. 127–153.

28. P. GRIERSON, The Gold and Silver Coinage of Basil II, *ANSMN*, 13, 1967, p. 167–187 ; D.M. METCALF, *Coinage in South-Eastern Europe*, Londres, 1979, p. 54–55.

29. Données détaillées dans C. MORRISSON, La dévaluation..., *art. cit.*

30. Peut-être moins encore sous Alexis Ier, mais les rares fractions du miliarèsion du début du règne n'ont pas été analysées.

31. CEB 2, p. 137–139.

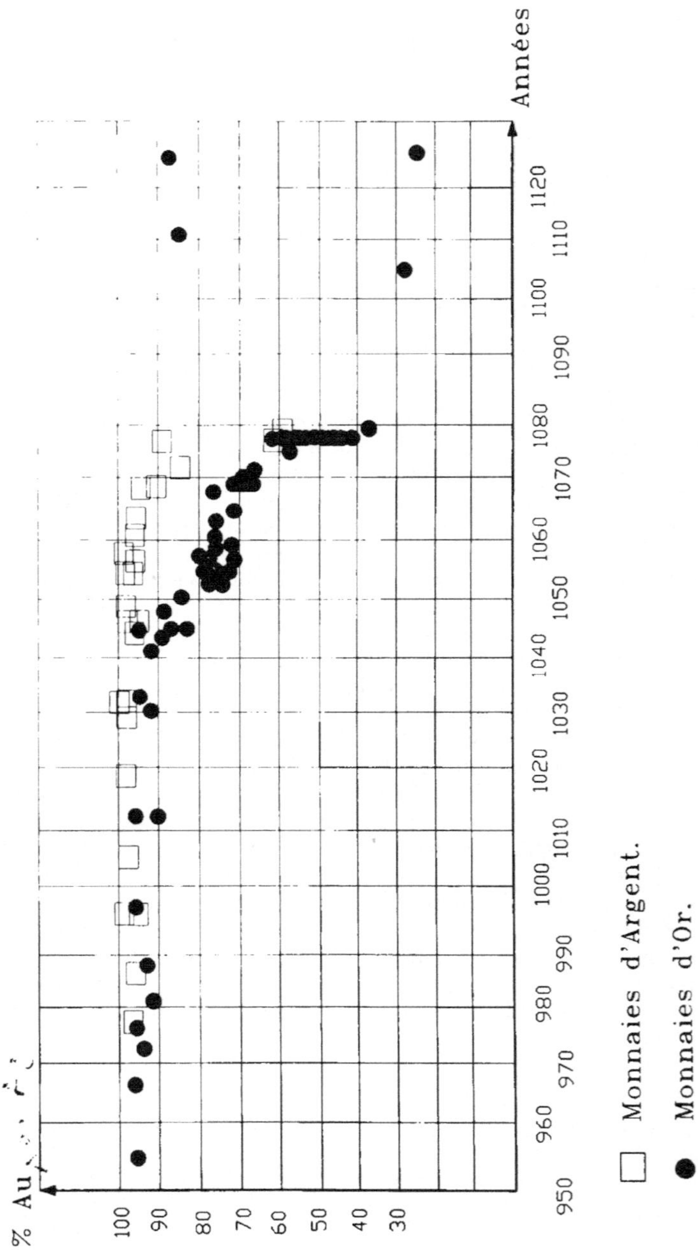

Fig. 1. La dévaluation de la monnaie d'or et de la monnaie d'argent au XIe siècle.

monétaire[32] Dans les trouvailles des fouilles de Corinthe (1896-1939) par exemple, le taux de perte, ramené au nombre d'années de la période considérée, est multiplié par dix environ entre le début et le tournant du IXe siècle (3,8 par an en moyenne de 821 à 867 ; 35,3 de 867 à 912), par 12 ou 13 si on descend aux années 913-963 (45,6), par près de 17 ou 22 si on arrive à l'époque 970-1041 (64). Même si cet accroissement de la production monétaire est sans doute ici surestimé, en raison du biais dû à la plus faible monétarisation de Corinthe par rapport à Constantinople au Xe siècle, il n'en est pas moins tout à fait significatif, et il est confirmé par les proportions relatives observées sur d'autres sites[33] (voir fig. 2).

Pour assurer cet accroissement des frappes de cuivre, métal dont l'offre n'est pas tout à fait élastique comme on a trop souvent tendance à le croire, il fallut — à part le bref épisode de retour à l'étalon lourd du VIe siècle sous Basile II avec les folles anonymes de la classe A_2 en partie frappés au 1/15 ou au 1/18 de livre — baisser le poids du follis du 1/24 de livre (taille observée de 1028 à 1067 environ), au 1/48 de livre (1068-1081) et même recourir dans les années 1092, au moment de l'introduction du nouveau système monétaire d'Alexis Comnène, à la frappe du plomb[34]

La réforme de 1092[35] amène à la fois la *restauration* d'une monnaie d'or de haut titre, essentielle à la reprise des échanges, et la *stabilisation* des rapports nouveaux (cf. Tableau 1 et fig. 1). Dans le nouveau système, la pièce de bronze (le tétartèron) de quelque 3,5 g ne vaut plus que la moitié ou le tiers du follis précédent[36], et l'existence d'un demi-tétartèron confirme la volonté de pourvoir la circulation quotidienne d'une pièce au faible pouvoir d'achat. La «curieuse» valeur choisie dans le nouveau système pour la monnaie de métal précieux (21 carats environ pour l'hyperpère au lieu des 23 carats et plus du nomisma des IXe/Xe siècles, et même des 22 carats encore contenus dans les monnaies de Constantin VII et du début du XIe siècle) et la création d'une monnaie d'or blanc à 7 carats (voir fig. 1), ainsi que la disparition corrélée de tout monnayage d'argent plus ou moins pur sont dues à la nécessité de remettre en circulation le stock existant de monnaies dévaluées avec le moins de perte de métal possible. Les deux

32. Les pertes de monnaie qui alimentent ces trouvailles ont été démontrées, par plusieurs enquêtes modernes, proportionnelles au volume original des émissions, connu par les statistiques des ateliers. Cf. *int. al.*, L. GOULPEAU, Modélisation de la circulation monétaire à l'aide de deux constantes de temps, *PACT* 5, Strasbourg, Conseil de l'Europe, 1981, p. 287–298 ; R. REECE, Coin finds and coin production, dans *Rythmes de la production monétaire*, G. Depeyrot et T. Hackens éds., Louvain-la-Neuve, 1987 (paru en 1990), p. 335–341. J. Casey souligne par ailleurs les divers facteurs secondaires influant sur ces pertes (*Understanding Ancient Coins*, Londres, 1986, p. 68–79).

33. Voir C. MORRISSON, Numismatique et histoire..., dans 'Αφιέρωμα στὸν Νίκο Σβορῶνο, I, Réthymno, 1986, fig 1. p. 177.

34. Sur ce monnayage de plomb, aux effigies d'Alexis Ier, Irène et Jean II, autrefois considéré comme de simples tessères et récemment identifié par M. Hendy, voir HENDY, *BME*, p. 515 et pl. 30, 12, P GRIERSON, *Byzantine Coins*, Londres-Berkeley, 1982, p. 219 et pl. 60, 1033, 1035. Pour d'autres exemples d'utilisation du plomb comme succédané du cuivre en période d'inflation ou de crise monétaire, voir C. MORRISSON, Monnaies en plomb byzantines de la fin du VIe et du début du VIIe s., *Riv. It. Num.*, 83, 1981, p. 119–131 avec la bibliographie.

35. HENDY, *Coinage and Money*, p. 14–25, 39–49 ; ID., *BME*, p. 513–517.

36. Valeurs successivement proposées par M. Hendy. Celle de 1 staménon = 1/864 d'hyperpère (soit 1/3 d'un follis de compte valant 1/288 d'hyperpère) est indiquée dans *BME*, p. 516 sans justification.

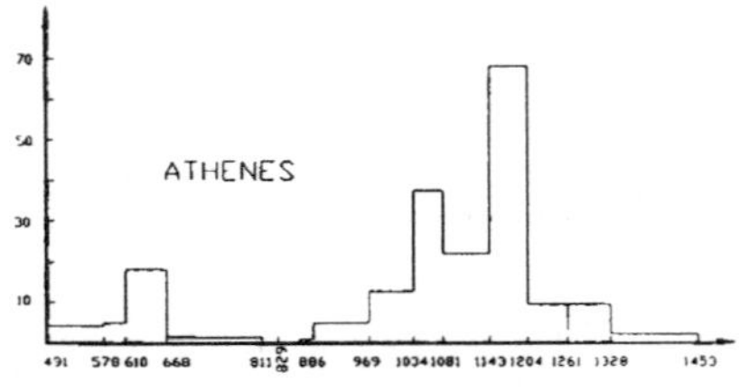

(D'après D. M. METCALF, *Hamburger Beiträge zur Num.*, 4, 1960)

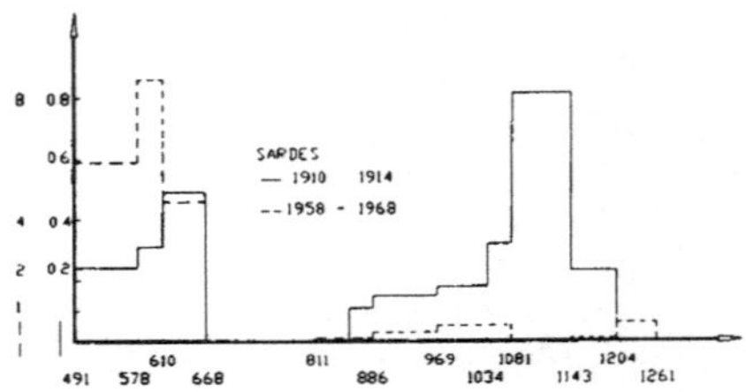

(Données des fouilles 1910-1914 publiées par H. W. BELL, 1916. Fouilles 1958-1968 par G. E. BATES, *Byzantine coins*, 1971)

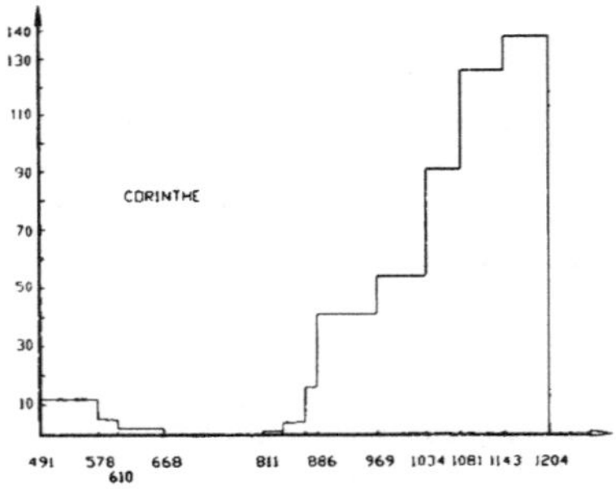

(D'après D. M. METCALF, *Hamburger Beiträge zur Num.*, 4, 1960)

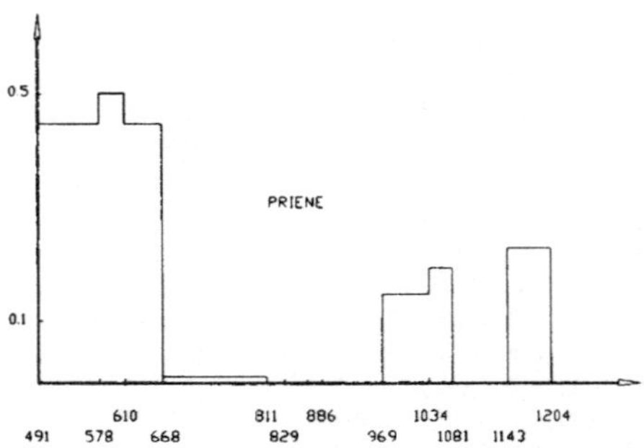

(Données publiées par K. REGLING, *Die Münzen von Priene*, Berlin, 1927, p. 185–186)

Fig. 2a. Trouvailles monétaires sur quelques sites byzantins (moyennes annuelles).

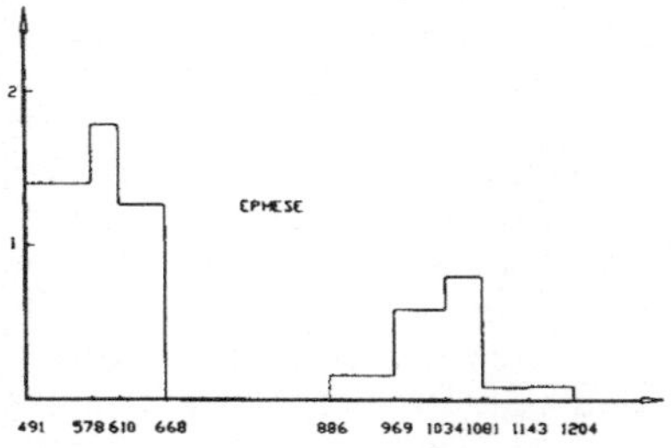

(Aux donnnées calculées par C. FOSS, *Ephesus after Antiquity*, Cambridge, 1979, p. 196–197, d'après les trouvailles de l'Artémision et celles des fouilles autrichiennnes jusqu'en 1977, j'ai ajouté les exemplaires des fouilles de 1981 inventoriées par S. KARWIESE, *Anzeiger der österr. Akad. der Wiss. Phil.-hist. Klasse*, 1981, p. 154–168)

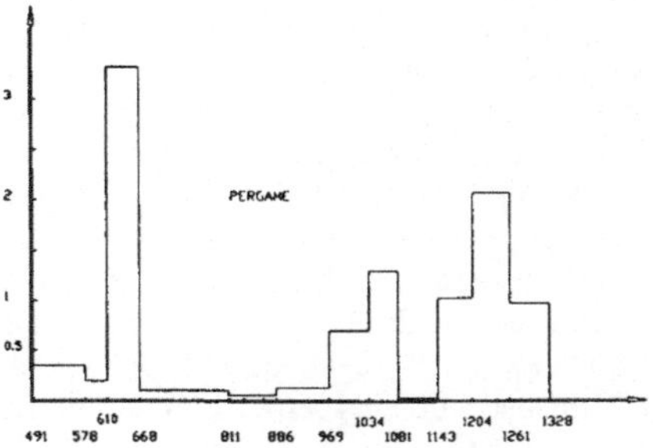

(Chiffres cumulés des fouilles 1904-1908 publiées par K. REGLING, *Altertümer von Pergamon*, I, Berlin, 1913 et des fouilles 1973-1981, publiées par C. MORRISSON et S. BENDALL, *Pergamenische Forschungen*, D.A.I. à paraître).

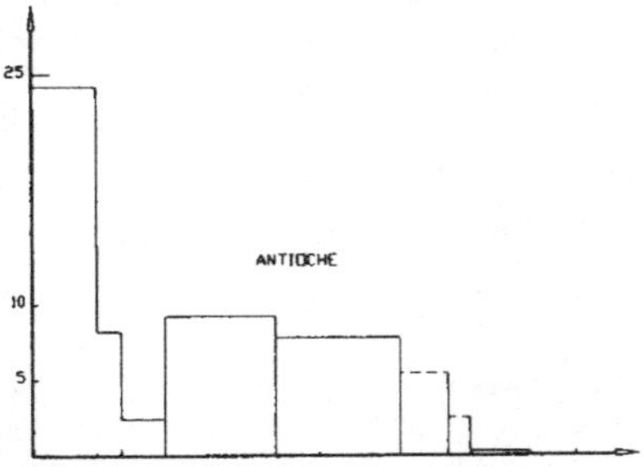

(D'après D. M. METCALF, *Hamburger Beiträge zur Num.*, 4, 1960)

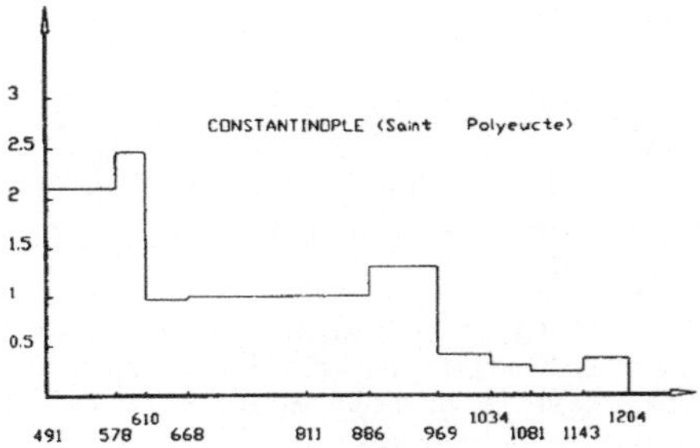

(Données des fouilles publiées par M. HENDY dans R.M. Harrison ed., *Excavations at Saraçhane in Istanbul*, vol. I, Princeton Univ. Press, 1986).

Fig 2b. Trouvailles monétaires sur quelques sites byzantins (moyennes annuelles).

paliers de 21 et 7 carats correspondent en fait à la volonté de remettre au creuset, réparties en deux groupes, les monnaies du début de la dévaluation d'une part (moyenne des monnaies d'or de Romain III à Théodora, de 1028 à 1056 : 87,6% Au = 21 carats) et d'autre part les émissions fortement alliées de la dernière période (de Michel VII à 1092). On a ici un nouveau témoignage de l'inélasticité de l'offre de monnaie dans l'économie byzantine médiévale[37].

Une stabilité relative est maintenue pendant tout le XIIe siècle : l'*hyperpère* reste au-dessus des 80% Au, et le glissement par rapport au taux initial de 86% — 20 1/2 carats, glissement qui peut être daté d'Andronic Ier et s'accentue sous Isaac II et Alexis III, reste toutefois volontairement limité. Le *trachy* en revanche est altéré dès le règne de Manuel Ier, où sa valeur intrinsèque n'est plus que le 1/4 de celle de l'hyperpère, et de nouveau sous Isaac II, cette valeur tombant alors au 1/6 de celle de l'hyperpère[38]. De même, la monnaie de cuivre argenté, le *staminum* des sources latines, dont le contenu d'argent passe de 6-7% sous Jean II (1118-1143) à 2-3% sous Alexis III (1195-1203), voit sa valeur par rapport à l'hyperpère passer de 1/48 en 1136 à 1/120 en 1190 et 1/184 en 1199[39].

Nous manquons malheureusement d'études de coins basées sur des corpus suffisamment représentatifs de ces divers monnayages, qui permettraient d'estimer leur importance respective en volume et les fluctuations de leur production. Les sondages réalisés indiqueraient une production d'hyperpères très inférieure sous Manuel Ier à ce qu'elle était sous Alexis Ier, mais cette dernière était alors stimulée par les refontes, et la mise en place de la réforme et les échantillons étudiés ont pu aussi en accentuer la surestimation[40]. D'autres recherches indiqueraient aussi une production d'hyperpères inférieure d'un tiers par rapport à celle des *trachéa*, proportion qui paraît normale vu la valeur et le rôle respectif de ces deux espèces. Enfin on s'accorde à constater une augmentation inflationniste de la monnaie de cuivre argenté à partir des années 1160[41].

2. *Les facteurs de la* demande *de monnaie.*

Les facteurs qui permettent d'interpréter cette évolution sont de deux ordres : financiers et économiques.

37. Hypothèse formulée dans CEB 2, p. 153–155. La baisse importante du taux de platine dans les hyperpères d'Alexis Ier par rapport au taux antérieur atteste néanmoins le recours à d'autres sources de métal (métal neuf ou d'orfèvrerie) que le métal monnayé existant. Quelques autres cas de recours partiel à du métal neuf : dans l'empire de Nicée pour l'hyperpère — voir ci-dessous, p. 311 — et à Byzance au IXe siècle pour le miliarèsion (A.A. GORDUS et D.M. METCALF, The Alloy of the Byzantine Miliaresion and the Question of the Reminting of Islamic Silver, *Hamburger Beiträge zur Numismatik*, 24/26, 1970/72 (publ. 1977), p. 9–36.

38. Ces deux altérations sont mentionnées par Nicétas Choniatès, éd. Van Dieten, CFHB 11, p. 67 (= Bonn, p. 89) : lors du passage de la IIe Croisade, ἀργύριον ἀδόκιμον εἰς νόμισμα κόπτεται, et p. 444 (= Bonn, p. 584) sous Isaac II : ἀργύριον κιβδηλεύσας ἀδόκιμον τὸ νόμισμα κέκοφε.

39. HENDY, *Coinage and Money*, p. 20–23.

40. D.M. METCALF, *Coinage in the Balkans*, Thessalonique, 1965, p. 99–100.

41. HENDY, *Coinage and Money*, p. 157–171 : à partir de la troisième émission du *staménon* de Manuel Ier, la production est assurée par trois puis par quatre officines au lieu de deux. En dépit de ses réserves (*Hamburger Beiträge zur Num.*, 24/26, 1970/72, p. 371), D.M. Metcalf considère «le schéma général d'expansion de cette espèce comme néanmoins clair» (*Coinage in South-Eastern Europe*, p. 110, n. 34).

Dans une société où les sources de numéraire sont très limitées (faible production minière et formes de crédit très minimes), il est évident que la principale solution dont dispose l'État pour faire face à des dépenses supérieures à ses recettes, en dehors d'économies drastiques, de confiscations massives, de l'envoi à la fonte des trésors laïcs ou ecclésiastiques, reste la dévaluation (baisse du poids, du titre, ou des deux, avec maintien de la valeur faciale, ou augmentation de la valeur faciale sans changement de la valeur intrinsèque etc.)[42]. Les XIe-XIIe siècles fournissent maint exemple de pareilles situations et du recours aux premières solutions évoquées :

la réduction des *rogai* par Isaac Ier en raison de la pénurie qui frappait l'Empire ; le paiement des *rogai* en partie en soie sous Romain IV en raison de la pénurie[43] ;

la cessation totale des paiements sous Nicéphore III[44] ; la confiscation ou saisie de biens ecclésiastiques sous Isaac Ier, puis sous Alexis Ier[45] ;

la fonte de vaisselle sous Alexis Ier[46] et sous Alexis III, lorsque, pour payer entre autres le tribut annuel exigé par l'empereur Henri VI, tribut de 16 kentènaria soit 115 200 hyperpères, on dépouilla les tombes impériales d'où on retira «plus de 70 kentènaria d'argent et une certaine quantité d'or» qu'on envoya à la fonte[47] Au XIVe siècle, on voit de même Michel IX fondre sa vaisselle pour recruter une armée contre les Bulgares[48]

Les altérations constatées dans la seconde moitié du XIe siècle et à la fin du XIIe siècle ressortissent bien évidemment d'une explication d'ordre fiscal. Ces deux crises sont trop connues, dans leurs grandes lignes du moins, pour qu'on y insiste ici. Mais la réponse doit être plus nuancée et même différente pour l'altération lente et modérée de la fin du Xe au milieu du XIe siècle, qui répondait essentiellement à la nécessité de fournir de numéraire un Empire plus étendu, où la part monétarisée de la production, voire même la production tout court s'était accrue régulièrement. Je ne reprendrai pas ici le détail de la démonstration que j'en ai apportée il y a une dizaine d'années[49] et que les critiques récentes de M. Hendy, répétées par A. Harvey, ne me paraissent pas avoir infirmée[50] Cette explication par une augmentation du volume des transactions monétaires (T dans

42. Rappel des diverses formes possibles de dévaluation : C. MORRISSON dans *Moneta ed economia*, p. 61–74. Sur les diverses sources de liquidités dans l'empire byzantin : M. HENDY, *BME*, p. 228 et s.

43. Isaac Ier : Τὰς τῶν ὀφφικίων δὲ δόσεις αὐτὸς πρῶτος περιέτεμεν... ἐκ τῆς κατεχούσης ἐνδείας τὴν βασιλείαν (SKYL. CONT. , éd. E. Tsolakès, p. 104 = Bonn, KÉDRÈNOS II, p. 642). Romain IV : οὐ διὰ χρυσίου πᾶσαν, ἀλλὰ τὸ ἐνδέον σηρικοῖς ὑφάσμασιν ἀναπληρωσάμενος (ID., éd. Tsolakès, p. 142, = Bonn, p. 688–689).

44. BRYENNIOS IV, I, éd. Gautier, Bruxelles, 1975 (CFHB 9), p. 259.

45. SKYL. CONT., éd. Tsolakès, p. 141–142 = Bonn, p. 642–643 ; *Alexiade* V, 2, 2-6 et VI, 3, 2-5.

46. *Alexiade* V, 2, 1 et 4.

47. NICÉTAS CHONIATÈS, éd. Van Dieten, CFHB 11, p. 479. Ces 70 kentènaria d'argent représentent une valeur de 39 000 hyperpères. L'expression exclut qu'il s'agisse ici de l'équivalent en argent d'un poids de 70 kentènaria d'or qui monterait à quelque 500 000 hyperpères.

48. PACHYMÈRE, Bonn, II, p. 446–447.

49. *TM*, 6, 1976, p. 3–47.

50. HENDY, *BME*, p. 3-4, 233–236 et compte-rendu de cet ouvrage dans *RN*, 1987, p. 245–256, aux p. 253–254.

l'équation quantitative) plutôt que par un déséquilibre budgétaire — qui aurait entraîné, T étant dans cette hypothèse supposé constant, une hausse des prix que nous ne constatons pas à cette époque alors que nous en avons au contraire plusieurs témoignages dans le dernier tiers du XIe siècle[51] — est confirmée par des études indépendantes de l'évolution économique et sociale. L'exploitation d'une surface accrue de terres consécutive à une pression démographique plus forte se manifeste alors par «la croissance de villages apparus à l'époque antérieure et par la multiplication de nouveaux centres de peuplement» en Macédoine par exemple[52], tandis que des phénomènes comparables sont observés dans l'Italie du Sud à la même époque[53]

On observe par ailleurs l'accroissement des populations urbaines et notamment de celle de Constantinople, première ville du monde chrétien au XIIe siècle[54]. De pair avec cette urbanisation, on assiste à une monétarisation croissante de l'économie (extension de la fiscalité monétaire, par exemple fiscalisation de la *strateia* ; extension géographique du secteur des trouvailles monétaires[55]), et à une relative expansion des échanges. Se constituent enfin une classe moyenne[56] et des fortunes qui ne sont plus uniquement fondées sur la richesse foncière, ou en tout cas dans lesquelles la part des espèces n'est pas négligeable. Ainsi le nobilissime Constantin, frère de Michel IV, possède en 1042 53 kentènaria, soit 387 600 nomismata, cachés dans une citerne ; le métropolite de Thessalonique prétend ne posséder que 30 livres d'or (2 160 nomismata), quand il en a en réalité cent fois plus (33 kentènaria soit 233 600 nomismata)[57]. Ce sont des sommes sans doute exceptionnelles[58] La fortune «moyenne» de Symbatios et Kalè Pakourianos

51. Voir les textes bien connus sur la hausse du prix du blé sous Michel VII, ci-dessous p. 361–363, et la confirmation indirecte de cette tendance apportée par l'affaiblissement de la valeur des dignités (J.-Cl. CHEYNET, Dévaluation des dignités et dévaluation monétaire dans la seconde moitié du XIe siècle, *Byz.*, 53, 1983, p. 453–477.

52. Cf. J. LEFORT *et al.*, *Paysages de Macédoine*, Paris, 1985, p. 104, 115–116 et *passim* ; ID., Population and Landscape in Eastern Macedonia during the Middle Ages : the Example of Radolibos, dans *Continuity and Change in Late Byzantine and Early Ottoman Society*, A. Bryer et H. Lowry eds., Birmingham-Washington, 1986, p. 11–21 ; et ici-même, p. 63–82.

53. Voir J. LEFORT et J.-M. MARTIN, dans ce volume, p. 11–26.

54. Parmi les indices du repeuplement de Constantinople, qui se manifesterait dès la fin du IXe siècle : la réfection des aqueducs sous Basile II et Romain III, la construction de nouvelles amenées d'eau sous Manuel Ier et Andronic Ier Comnène (C. MANGO, *Le développement urbain de Constantinople*, Paris, 1985, p. 62). «Quand les Croisés arrivent, Constantinople offre l'aspect d'une très grande ville», comme en témoigne en effet l'émerveillement des auteurs latins, Villehardouin le premier, devant la capitale qui «de toutes les autres était souveraine».

55. Voir les données numismatiques et archéologiques rassemblées par D.M. METCALF, *Coinage in South Eastern Europe*, p. 50–123.

56. P. LEMERLE, *Cinq Études sur le XIe siècle byzantin*, 1977, p. 289–293 (ascension sociale des *systèmatikoi* et *pragmateutai* auxquels Constantin X ouvre le Sénat). HENDY, *BME*, p. 579–582.

57. SKYLITZÈS, éd. I. Thurn (CFHB 5), p. 422 = KÉDRÈNOS, Bonn, II, p. 541 (fortune de Constantin) ; ID., éd. Thurn, p. 402 = Bonn, p. 518 (Théophane, archevêque de Thessalonique).

58. Le fait que la dot prévue pour la fille du stratège Doukas, fiancée de Digénès, soit de 20 kentènaria de «nomismata anciens» (14 400 nomismata), plus un *vestiarion* d'argent d'une valeur de 500 livres (soit 36 000 nomismata), sans parler de bijoux et de propriétés foncières,

(dont la propre dot était de 50 livres soit 3 600 nomismata), permet à la mort de celle-ci (1098) des dons en espèces de près de 182 livres, soit 13 102 nomismata, et d'autres en objets précieux pour une valeur sans doute approchante, en tout cas supérieure à 50 livres puisque la dot, on le sait, avait été investie (pour se protéger contre la dévaluation ?) en ἀργύρια σκεύη διάφορα[59]

Ces éléments d'expansion — relative certes à l'échelle médiévale — persistent au XIIe siècle, même si l'aristocratie militaire désormais au pouvoir n'est plus aussi favorable au développement politique et social du monde des affaires qu'elle le fut un temps au XIe siècle[60], et on ne peut considérer la crise des années 1070-1090 comme déterminante. La richesse des finances impériales au XIe siècle et encore au XIIe siècle est évidente, mais l'absence de sources équivalentes à celles du IXe siècle rend impossible un exercice d'estimation analogue et une comparaison serait vaine. Quelques ordres de grandeur peuvent toutefois être dégagés : le célèbre trésor amassé par Basile II, de 200 000 «talents» soit 14,4 millions de nomismata, représente un surplus moyen de 400 000 nomismata par an[61] ; la malheureuse expédition de Manuel Ier contre les Normands de Sicile de 1155 est estimée par Choniatès (CFHB, p. 96–97) à 300 kentènaria, soit 2,16 millions d'hyperpères ; Isaac II parvient encore à envoyer 40 kentènaria, soit 288 000 hyperpères, pour la défense de l'Empire contre les Normands en 1185 (*ibidem*, p. 357). Les largesses de Manuel sont considérables : à son avènement (1143), 1 kentènarion, soit 7 200 hyperpères à Sainte-Sophie et la promesse d'un don annuel de 2 chrysinoi à chaque feu (οἰκία) de Constantinople[62], c'est-à-dire quelque 150 000 hyperpères si on estime le nombre de familles à 75 000 environ, soit près de 160 000 hyperpères en tout. Du même ordre la dot et les frais du mariage fastueux de Théodora Comnène avec Baudouin III (1158) : 150 000 hyperpères (Guill. de Tyr XVIII, 22, *RHC Occ.* I, 2, p. 857–858). Plus modestes les dons faits l'année suivante au même Baudouin III lors de sa visite dans la capitale : 22 000 hyperpères et des objets d'argenterie (Guill. de Tyr, XVIII, 24-XX, 22–24 ; *ibidem*, p. 861–863, 980–987).

montre l'ordre de grandeur ou du moins l'idée qu'on se faisait au XIIe siècle d'une fortune digne d'un prince.

59. *Iviron* II, n° 44, l. 5. Il faut supposer une fortune approchante aux fermiers de l'impôt foncier, tel Dèmètrios Kamatèros qui s'était engagé à faire rentrer l'*akrostichon* des diocèses extérieurs de Thrace et Macédoine en 1104/1105 pour le double de la somme précédemment levée, et dont la maison fut confisquée en raison de son échec, ou tel son successeur Nicéphore Artavasde (*Néa Logarikè*, ZÉPOS, *JGR*, I, p. 334). La fortune donnée en gage devait approcher le montant de l'impôt mis en adjudication. On comparera, à ces données du XIe siècle, la fortune du protovestiaire Andronic Paléologue (vers 1328) qui n'a que 72 000 hyperpères (moins de 10 kentènaria), dont 12 000 seulement en espèces monnayées conservées dans un grand vase, le reste étant composé de bijoux et autres objets précieux (CANTACUZÈNE, Bonn, I, p. 278–279). Les quelque 48 kg représentés par ces 12 000 hyperpères ne sont pas une vue de l'esprit, comme l'attestent les quelque vingt kilos d'hyperpères trouvés dans deux vases à Istanbul vers 1950 (trésor dit de Cera Paşa).

60. HENDY, *BME*, p. 570–590.

61. Calculé sur la période 989-1025. On notera la cohérence de ce chiffre moyen, tout approximatif qu'il soit, avec les 300 000 nomismata par an estimés plus haut pour Théodora et Théophile.

62. KINNAMOS, Bonn, p. 32–33 ; NICÉTAS CHONIATÈS, éd. Van Dieten, CFHB 11, p. 49.

On sait peu de choses sur les revenus de l'État byzantin aux XIe et XIIe siècles : quelques chiffres toutefois chez des auteurs occidentaux qui ont pu tirer leur information de l'examen des sources fiscales byzantines par les Croisés de 1190 (pour Chypre) ou de 1204 (pour l'ensemble de l'Empire). Chypre aurait rendu un revenu fiscal annuel de 7 kentènaria, plus de 50 000 hyperpères[63] et Constantinople 20 000 hyperpères par jour selon Benjamin de Tudèle. Compte tenu de ce qu'on sait du revenu douanier de Constantinople et de Galata au milieu du XIVe siècle (230 000 hyperpères en tout — et de moindre valeur par surcroît — par an), le chiffre est impossible à accepter[64]. Mais, dans la mesure où le chroniqueur anglais Raoul de Coggeshall parle d'un revenu *total* de l'Empire de 30 000 hyperpères par jour, on peut se demander s'il n'y a pas confusion dans le premier cas entre le revenu tiré de la seule capitale et celui parvenant à Constantinople de l'ensemble de l'Empire. Si cette hypothèse est acceptable, les ressources annuelles de l'Empire au milieu du XIIe siècle se seraient élevées à quelque 7,3 millions d'hyperpères, somme peut-être exagérée mais qui ne paraît pas totalement impossible par rapport aux évaluations proposées plus haut, compte tenu de l'évolution économique et de l'influence encore en partie bénéfique exercée par le développement des échanges[65]

III. *Le déclin parallèle de la monnaie et des finances.*

Cette évolution concomitante est bien connue ou plutôt suffisamment évidente dans les grandes lignes[66] pour que nous nous bornions à insister sur quelques faits monétaires dont l'étude détaillée a pu progresser récemment. Le phénomène essentiel est l'*altération de la monnaie d'or* qui mène celle-ci de quelque 17 carats vers 1230-1260 à un palier inférieur de 11 carats en moins d'un siècle (fig. 3). Les contemporains en étaient bien avertis, témoin le passage si souvent cité de Pachymère : «Antérieurement, sous Jean III Vatatzès, les deux tiers du nomisma... étaient d'or fin, ... mais à présent, c'est même de moitié que l'or fin est diminué.»[67] Tandis que le texte aussi célèbre de Pegolotti[68] montre que les hommes d'affaires, grâce à la pierre de touche dont les manuels de marchands

63. ARNOLD DE LUBECK, *Chronica Slavorum*, IV, 16, *MGH, SS* XXI, p. 178. Comme le montre avec raison M. Hendy (*BME*, p. 173), ce chiffre est confirmé par celui de 300 000 besants blancs (valant 1/6 d'hyperpère) au début du XIIIe siècle (Cont. de Guillaume de Tyr, *RHC Occ.* II, 1, p. 191). Par comparaison, les quinze kentènaria (= 100 000 hyperpères) de revenus de Corfou, cités par Jean de Brompton, paraissent impossibles.

64. HENDY, *BME*, p. 173.

65. Voir l'analyse de M. HENDY, Byzantium 1081-1204 : An Economic Reappraisal, *Transactions of the Royal Historical Society*, 20, 5 ser., 1970, p. 31–52 et *BME*, p. 582–602.

66. Et retracée depuis longtemps : E. STEIN, *Untersuchungen zur spätbyzantinischen Verfassungs- und Wirtschaftsgeschichte*, 1925, réimpr. Amsterdam, 1962, p. 6–16, synthèse remarquable malgré quelques grossières erreurs numismatiques, et surtout D. ZAKYTHINOS, *Crise monétaire et crise économique à Byzance du XIIIe au XVe siècle*, Athènes, 1948, réimpr. dans ID., *Byzance. État-Société-Economie*, Londres, 1973, XI.

67. PACHYMÈRE, Bonn II, p. 493–494. Voir CEB 2, p. 162–168, avec la bibliographie antérieure.

68. PEGOLOTTI, *La Pratica della Mercatura*, éd. Evans, p. 288–289.

apprennent en effet le maniement, et grâce aussi sans doute à d'autres essais destructifs[69], s'efforçaient de connaître le titre des diverses émissions. Les analyses pratiquées récemment sur près de 200 monnaies[70] ont permis en premier lieu de déterminer la composition exacte de l'hyperpère pour chacune des émissions, émissions que la numismatique parvient à dater avec une certaine précision[71] Cela aboutit aux sept «étapes» distinguées sur le graphique de la fig. 3, qui se ramènent probablement à quatre seulement si on cherche à déterminer le titre théorique (dont Pachymère s'approche le plus) :

I	=	«1 et 2»	(1222-1261)	18 carats
II	=	«3 et 4»	(1261-1288)	16/15 carats[72]
III	=	«5 et 6»	(1288-1303)	14 carats
IV	=	«7 à 10»	(1303-1353)	12 carats

Ces résultats soulignent d'autre part la précision de l'information des utilisateurs[73] Ce point n'est pas seulement de portée scientifique, mais aussi pratique, dans la mesure où il explique que les taux de change s'adaptaient en grande partie pour tenir compte des valeurs intrinsèques respectives des diverses espèces.

69. *Ibidem*, p. 358 : «E la sua bontà e 'l suo tenere... sì si conosce per li conoscitori d'oro in sul paragone colle tocche dell'oro allegato a oro e ariento et a rame, come conviene e come bisogna». Tandis qu'un manuel inédit de 1305 conservé à la Marcienne conseille «Se tu none fossi ben chiaro nell' animo tuo, fanne sagio a fuoco per che lle leghe delle monete si ssi mutano da una ora all'altra» (communication de M. R.-H. Bautier).

70. C. MORRISSON, J.-N. BARRANDON and S. BENDALL, Proton Activation and XRF Analysis : an Application to the Study of the Alloy of Nicaean and Palaeologan Hyperpyra Issues, *Metallurgy in Numismatics 2* (Royal Num. Soc. Special Publ. n° 19), Londres, 1988, p. 23-39.

71. Cf. P. GRIERSON, *Byzantine Coins*, Londres - Berkeley, 1982, p. 290-294. Pour Michel VIII, il est aisé de distinguer et dater les deux types rares du début du règne — dont l'un continue celui de Théodore II —, du type à la Vierge au milieu des murs, adopté en 1261. On ne peut dater en revanche au sein de ce dernier, émis de 1261 à 1282, le passage du Christ tenant un rouleau au Christ tenant un livre. Pour Andronic II, on distingue bien sûr le type de l'empereur seul et les types en association avec Michel IX puis Andronic III. Au sein du premier, la distinction des variétés à l'effigie de l'empereur nimbé ou non correspond à une différence de titre et donc à une succession dans le temps que l'on date approximativement (1288). Au cours du règne commun d'Andronic II et de Michel IX enfin, le passage de six groupes de tours à quatre a été daté par S. Bendall entre 1302 et 1307. On est tenté de proposer la date de 1303 en relation avec les dépenses liées à la présence de la compagnie catalane et de rappeler que, la même année, le Sénat de Venise, ayant trouvé un «défaut dans les hyperpères de l'empereur apportés par Ugolino Giustiniani» décide de protester auprès d'Andronic II (R. CESSI-P. SAMBIN, *Le deliberazioni del Consiglio dei Rogati (Senato), Serie «Mixtorum»* I, Venise, 1960, p. 105, n. 24, cit. par BERTELÈ, *Moneta veneziana*, p. 19-20, n. 2 ; voir ci-dessous, p. 314).

72. La valeur de 15 carats donnée par Pachymère pour les hyperpères de Michel VIII paraît trop basse pour des monnaies dont le titre moyen de 15,5 carats implique plutôt un étalon de 16 carats. Elle conviendrait mieux aux monnaies de la phase «4» (Andronic II seul, nimbé, 1282 v. 1288). Faut-il en déduire que Pachymère tire ses informations, comme Pegolotti, d'essais officieux pratiqués sur des espèces en circulation plutôt que de documents contenant les spécifications officielles ?

73. Sur la précision et les sources des informations des changeurs occidentaux, voir M. BOMPAIRE et J.-N. BARRANDON, Les imitations de florins dans la vallée du Rhône au XIVe siècle, *Bibl. de l'École des Chartes*, 147, 1989, p. 141-199.

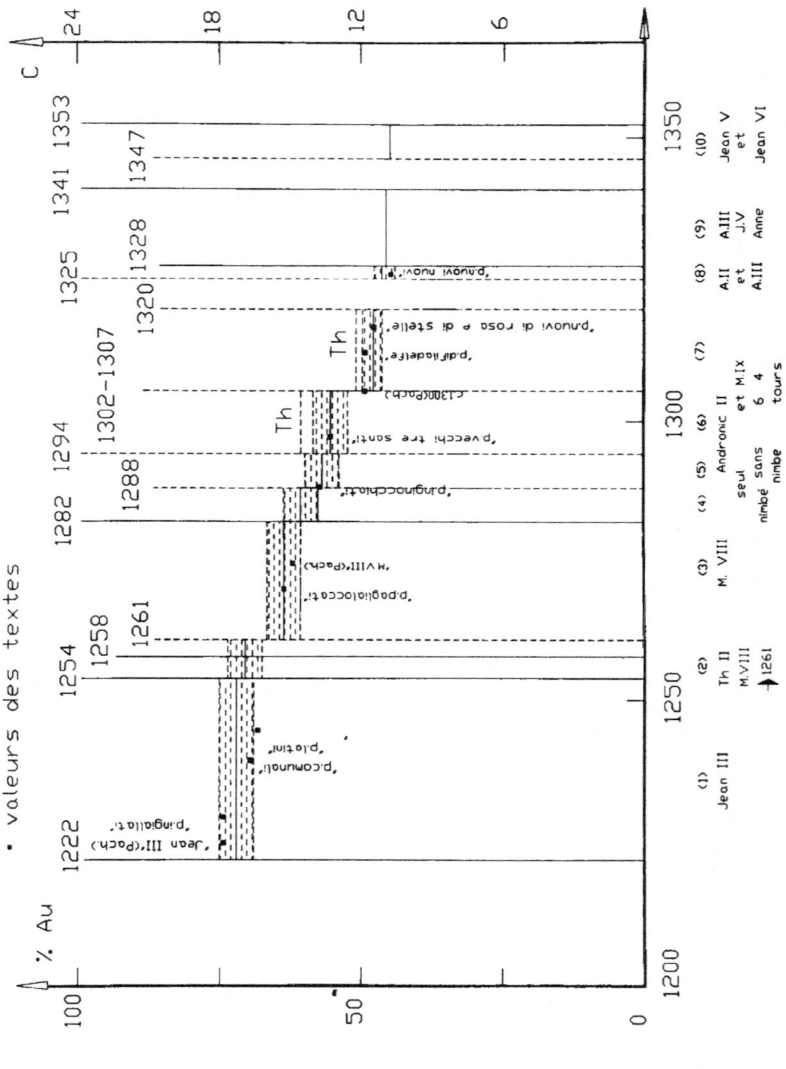

Fig. 3. Le déclin du titre de l'hyperpère de 1222 à 1354 d'après les analyses et les textes.

Enfin — ce qui pourrait avoir quelque intérêt si notre information sur les mines progressait — les analyses indiquent que la dévaluation de l'hyperpère de Nicée, de 18 à 16 carats, se fait seulement par ajout combiné d'or natif et d'un peu de cuivre (env. 7%), tandis que la dévaluation des Paléologues, en l'absence de toute ressource nouvelle en or, se fait par addition d'Ag et de Cu en parts à peu près égales (11% + 11% sous Michel VIII jusqu'à 16-18% chacun au début du XIVe siècle).

Les principales étapes de ce déclin sont corrélées avec les difficultés financières de l'Empire[74] Le palier de 1261 est lié aux dépenses nécessitées par la reconstruction et le ravitaillement de Constantinople ainsi que la construction d'une flotte. Le décrochement de 1282 (14,8 carats au lieu de 15,5) est imposé à Andronic II vraisemblablement par les dépenses antérieures de son père dans sa lutte contre la menace angevine (subsides à la curie romaine, aux Aragonais etc.). Les pertes accrues de territoires et par conséquent de recettes fiscales des années 1280 sont alors palliées à la fois par une réduction des dépenses (diminution des forces armées et de la flotte) et par une dévaluation, progressive de 1282 à 1288 environ, plus marquée après 1288. En 1303, la réduction sensible de la seconde émission aux «tre santi» (*i.e.* le Christ bénissant Andronic II et Michel IX), à 11,7 carats au lieu des 13,4 précédents, est probablement contemporaine et liée à l'effort consenti pour le paiement des Catalans (les quelque 900 000 hyperpères dus pour un an furent sans doute versés), survenant après le versement des indemnités réclamées par les Vénitiens. *

Entre 1325 et 1353 la guerre civile et les pertes successives de nouveaux territoires expliquent non plus la chute de l'hyperpère, puisque celui-ci a atteint une limite inférieure qu'on s'interdit de dépasser sans doute pour ne pas en faire un «besant blanc»[75], mais la baisse des quantités frappées. Un indice imparfait et provisoire de cette baisse peut être recherché dans l'étude des marques secrètes des hyperpères dont le ratio annuel est divisé par 2 sous Andronic II et Andronic III, par 3 sous Andronic III, par plus de 6 sous Jean V et Jean VI[76]

74. Les faits sont bien connus et nous renvoyons donc à la bibliographie : D. ZAKYTHINOS, *Crise monétaire et crise économique à Byzance*, cité n. 66. H. AHRWEILER, *Byzance et la mer*, Paris, 1967, p. 336 et s. Pour les dépenses de Michel VIII, voir V. LAURENT, Les Vêpres siciliennes et la dévaluation de l'hyperpère, *Mélanges Orlandos*, Athènes, 1964, p. 36–45.

75. Le souci de la couleur de l'alliage des monnaies d'or byzantines des XIIIe-XIVe siècles explique à notre avis le nouveau mode d'altération suivi à Byzance à cette époque (voir CEB 2, p. 119–120 et 160–161, et J.-N. BARRANDON, Modélisation de l'altération des monnaies d'or, *RN*, 1988, p. 7–26, à la p. 26). Une confirmation du rôle joué par cette préoccupation est apportée par un livre de changeurs du début du XVe siècle (Bibl. Nat. Fr. 5914, cité par M. Bompaire et J.-M. Barrandon, *loc. cit.*, p. 173 n. 105) : «On appelle aloi d'or, argent et cuivre, autant de l'un que de l'autre, senon que vous veillez aloier votred or plus sur l'un que sur l'autre car voulentiers quand on alaie or on le alaye un pou plus sur le cuivre que sur l'argent pour ce que le cuivre lui donne plus belle couleur que l'argent et plus jaune.»

76. Nous résumons ici des estimations effectuées à partir des données rassemblées par S. BENDALL, Sigla on Palaeologan Hyperpyra, *RN*, 1984, p. 161–192. Les hyperpères des Paléologues portent en effet, le plus souvent sur leur face convexe, une grande variété de différents (lettres et parfois autres symboles), dont la signification (marques de monétaires ou marques de contrôle) est encore incertaine. Leur nombre important indique, selon Bendall, «qu'ils étaient changés fréquemment, probablement tous les trois ou quatre mois» (*op. cit.*, p. 192). À titre d'hypothèse, si on ramène le nombre de ces différents au nombre d'années de chaque émission,

Mais il faut tenir compte ici, malgré le rôle déterminant de l'évolution des finances byzantines — le seul million d'hyperpères obtenu après une pression fiscale exceptionnelle par Andronic II en 1320[77] donne la mesure de leur déclin par rapport aux quelque sept millions dont devait encore disposer Michel VIII —, également de l'évolution monétaire internationale de l'époque. Il n'est plus possible de considérer, comme on a pu le faire pour le XIe siècle, Byzance comme un monde pratiquement clos dont les échanges extérieurs (flux d'entrée et de sortie) s'équilibrent plus ou moins. Les différences de ratio entre l'or et l'argent, non seulement entre Byzance et l'Italie, mais aussi, comme l'a montré Watson[78], entre Byzance, les États mamlouks ou l'Afrique du Nord d'une part, l'Europe occidentale et septentrionale d'autre part, différences assez importantes pour dépasser les frais de frappe et laisser un bénéfice appréciable après acquittement de ceux-ci[79], et la hausse considérable de l'or en termes d'argent en Occident dans la deuxième moitié du XIIIe siècle et la première moitié du XIVe (fig. 4), ont entraîné des exportations de métal, monnayé ou non, d'une zone à l'autre et contribué au double renversement des systèmes (1252-1284: «retour à l'or» en Italie; suivi d'un déclin de la frappe du gros d'argent à Venise dans les années vingt et trente du XIVe siècle et d'un arrêt total de cette frappe de 1356 à 1379[80]).

Ce renversement est marqué à Byzance par l'arrêt de la frappe de l'or en 1353, puis, quelque temps après, à une date incertaine entre 1354 et 1366[81], par l'instauration d'un système uniforme de monnaies d'argent représentant respectivement l'équivalent de 1/2, 1/4, 1/16 de l'ancien hyperpère, dont le titre et le poids ne subirent qu'une baisse, relativement modérée eu égard aux conditions dramatiques de la fin de l'Empire, de 22%[82].

Le parallélisme de ces mouvements complémentaires est illustré par l'examen des variations du taux de change de l'hyperpère (fig. 5): exprimée en livres courantes de monnaies génoises[83], la valeur de l'hyperpère monte régulièrement

on obtient les ratios suivantes: 1261-1282: 3,95 ou 4,35; 1282-1294: 6,7; 1294-1320: 6,35; 1325-1332: 3,37; 1338?-1347: 2,27; 1347-1353: 1.

77. GRÉGORAS, Bonn, I, p. 317.

78. A.M. WATSON, Back to Gold and Silver, *The Economic History Review*², 20, 1967, p. 1-34.

79. À Venise, dont le libéralisme monétaire est exceptionnel pour l'époque, les frais de frappe pour l'or équivalent au XIVe siècle à 1% pour le ducat et à 2% pour le gros. À Alexandrie, en 1345, Venise obtient du sultan mamlouk, entre autres privilèges, que les droits sur l'importation ou l'exportation d'or ou d'argent seront limités à 2% (*Diplomatarium Veneto-Levantinum*, p. 292–293). Sur les exportations de métal blanc de Venise en Orient, voir F.C. LANE et R.C. MUELLER, *Money and Banking in Medieval and Renaissance Venice*, Baltimore, 1985, p. 367–371; F.C. LANE, Exportations d'or et d'argent de Venise, 1200-1450, dans J. DAY éd., *Études d'histoire monétaire*, Lille, 1984, p. 29–48.

80. Analyse pertinente et détaillée de LANE et MUELLER, *op.cit.*, p. 324–332, 364–379, 416–421 et *passim*.

81. Les «hyperpères d'argent» sont mentionnés à cette date dans le testament de Dèmètrios Tzamplakôn. Si on laisse provisoirement de côté le problème de l'identification du *stavraton* dans le traité de 1337 entre la Crète vénitienne et l'émir d'Aydın, on retiendra l'hypothèse d'une émission dans le cadre de ce nouveau système au début du règne de Jean V (textes, sources et commentaires numismatiques de cette question complexe et non définitivement résolue dans P. GRIERSON, *Byzantine Coins*, Londres Berkeley, 1982, p. 314–316 et M. HENDY, *BME*, p. 542–545).

82. BERTELÈ, *Moneta veneziana*, p. 66–68; BERTELÈ-MORRISSON, p. 71–72, 86–89.

83. Voir les données rassemblées par M. BALARD, *Romanie*, p. 652–655.

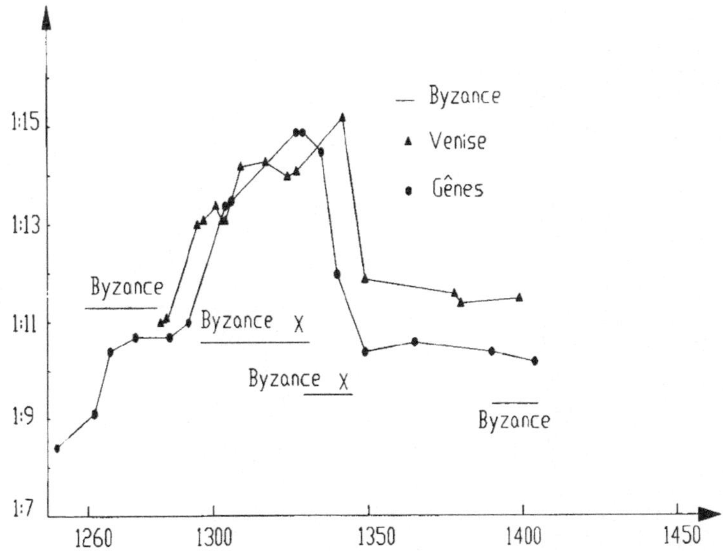

Fig. 4. Le rapport or/argent au XIIIe et au XIVe siècle.

pour atteindre un maximum dans les années 1330-1350 ; compte tenu en revanche du déclin de la valeur intrinsèque des deux monnaies, ces variations déflatées sont différentes et semblent indiquer un rapport presque toujours au-dessus de la parité pour l'hyperpère, les deux maxima principaux observés se situant dans les années 1290-1300 et autour de 1330, c'est-à-dire au moment où l'on constate les deux plus forts accroissements du ratio AV/AR en Occident et à Gênes en particulier. Inversement, la baisse du prix de l'argent dans les années 1350 amène le retour à des oscillations faibles autour d'une valeur d'équilibre.

Malgré son irrégularité, l'hyperpère continuait donc de faire prime sur la monnaie d'argent de Gênes et persista à être utilisé dans les échanges à Constantinople près d'un demi-siècle au moins après l'arrêt de son émission[84] Il n'en allait pas de même par rapport à la bonne monnaie d'or occidentale, puisqu'on sait que dès 1303 le Sénat de Venise proteste auprès d'Andronic II

84. Balard (*Romanie*, p. 657) cite des exemples de circulation de l'hyperpère d'or jusqu'en 1393, 1395, 1402 même et Bertelè (*Moneta veneziana*, p. 22–23, n. 1) des documents de 1387, 1397 et 1401. La rémanence de monnaies frappées dans la première moitié du siècle dans la circulation (ou dans la thésaurisation, comme en témoigne cette dot de 1399 versée en ὑπέρπυρα χρυσᾶ, MM II, p. 504, l. 22) est tout à fait possible sans qu'il soit nécessaire d'y voir des monnaies commémoratives du couronnement de Manuel II, les soi-disant hyperpères de cet empereur étant très probablement des faux modernes (cf. P GRIERSON, *Byzantine Coins*, Londres Berkeley, 1982, p. 294).

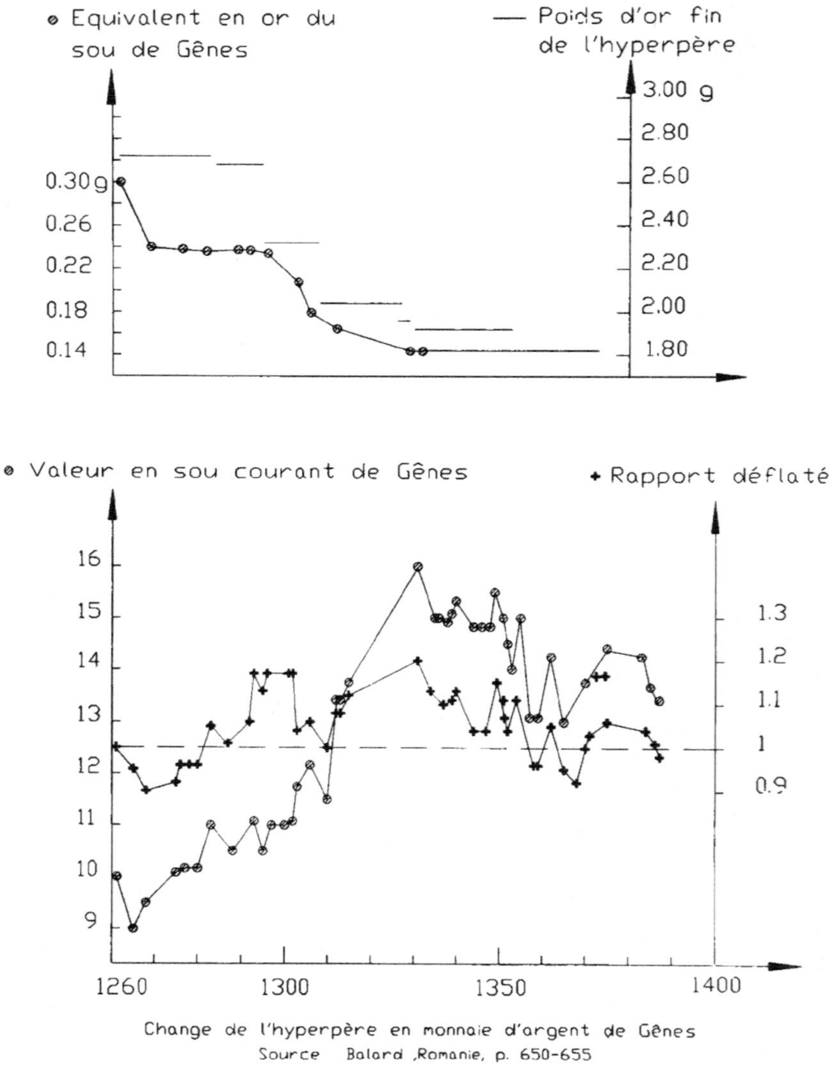

Fig. 5. Hyperpère et monnaie génoise (1261-1380).
Les données génoises sont empruntées à Balard, *Romanie*, p. 650–655.

au sujet d'un *defectus repertus in yperperis Imperatoris apportatis per Ugolinum Iustiniano* (voir-ci-dessus, n. 71) et qu'en 1315 le haut Conseil dut nommer une commission de trois sages pour «examiner les *besants* et d'autres monnayages similaires (le texte cite ici les tournois, les onces siciliennes) qui sont maintenant d'une telle diversité qu'il y a préjudice et perte pour l'État et les particuliers»[85]. Dans le même sens semble aller le fait que le change de deux hyperpères au ducat, attesté régulièrement au milieu du XIVe siècle, surestime de quelque 10% la monnaie vénitienne, compte tenu du rapport de fin des deux monnayages à cette date[86]

La pénétration de la monnaie vénitienne d'or, et surtout d'argent, dans la circulation byzantine est attestée à cette époque à la fois par les trouvailles isolées et les textes, où le ducat (*sc.* le gros d'argent) paraît, dès la fin du XIIIe siècle, préféré à l'hyperpère et même à la monnaie d'argent byzantine (le *basilikon*), de poids et de titres alors largement équivalent. Les mutations de l'or ont donc engendré la défiance vis-à-vis de l'ensemble des émissions, avant même que le *basilikon* ne subisse de réduction dans les années 1330.

Il y a donc dans *la chute de la monnaie byzantine* et la restriction considérable de son domaine de circulation *à partir du milieu du XIVe siècle* d'autres éléments que les causes purement budgétaires, certes essentielles : le rôle des mouvements monétaires sur le marché des changes, mais aussi des mécanismes «psychologiques» qui entraînent une fuite devant la monnaie nationale qui n'est pas toujours justifiée. Quant aux éléments du *déclin des finances* byzantines : outre toutes les pertes de ressources bien connues (pertes de territoire et par conséquent de matière agricole imposable, guerres civiles et dévastations, immunités accordées aux grands propriétaires laïcs ou ecclésiastiques et aux Latins), un élément important et trop méconnu (mais implicitement compris par Cantacuzène)[87] fut sans doute la faiblesse de la part des ressources assise sur le commerce, à un moment où l'accroissement des échanges, puis la réduction de l'Empire à ces îlots de transit qu'étaient devenus Constantinople et Thessalonique, augmentaient au contraire la part de ce secteur dans le revenu d'un pays dont toute richesse n'avait pas disparu.

85. R. CESSI, *Problemi monetari veneziani fino a tutto il sec. XIV*, Padoue, 1937, p. 68, n° 71.

86. Le ducat pesait 3,559 g à 23 1/2 carats et l'hyperpère contenait encore 1,97 g d'or fin environ. À deux hyperpères le ducat, la différence intrinsèque est de quelque 50 cg. Elle incorpore sans doute le transport et les frais d'affinage et de frappe.

87. Voir l'analyse des mesures fiscales prises par Jean VI en 1347/1348 et de leur échec partiel devant l'hostilité des Génois (taxation des céréales importées et du commerce du vin) dans N. OIKONOMIDÈS, *Hommes d'affaires grecs et latins à Constantinople (XIIIe-XVe siècles)*, Montréal-Paris, 1979, p. 47–52.

Add. Ce texte était déjà sous presse lorsque sont parus deux ouvrages importants touchant en partie au même sujet : A. HARVEY, *Economic expansion in the Byzantine empire, 900-1200*, Cambridge, 1989 et M.F. HENDY, *The Economy, Fiscal Administration and Coinage of Byzantium*, Northampton, Variorum Repr., 1989. On trouvera dans ce dernier volume (sous le n° II) la réimpression de l'article cité ici n. 26 et n. 65 et une nouvelle appréciation de cette époque cruciale : 'Byzantium, 1081-1204' : The Economy Revisited, Twenty Years On (art. n° III).

V

LE MICHAÈLATON ET LES NOMS DE MONNAIES A LA FIN DU XIe SIÈCLE

Jusqu'au milieu du XIe siècle, la désignation de la monnaie d'or byzantine est, dans l'ensemble, assez simple. Les textes grecs connaissent surtout les *nomismata*, *histaména* ou *tétartèra*[1] et, si certains détails iconographiques suscitent de nouvelles appellations (ainsi le *senzaton*)[2], celles-ci semblent peu employées, ou du moins nous sont mal connues. Les textes italiens parlent de *solidi*, qualifiés parfois de *constantini*, *constantiniani* ou encore de *soterichi*. Ce sont là des qualificatifs vagues, dont nous ne prétendons pas donner ici une liste exhaustive[3] : simple allusion à l'origine géographique pour les premiers — les *solidi* de Constantinople distincts, par exemple, des *solidi* d'Amalfi —, ou à l'iconographie pour les seconds, puisque, depuis Michel III, tous les *nomismata* portent une effigie du Christ au droit.

Dans le dernier quart du XIe siècle, si les textes juridiques conservent l'ancienne désignation[4], les actes de la pratique, en revanche, font connaître de nombreuses variétés ; la dévaluation est alors évidente, et l'on prend la précaution de désigner clairement l'espèce de *nomisma* utilisé, le plus souvent par le nom de l'empereur qui l'a frappé. Mais, puisque plusieurs empereurs du XIe siècle ont porté le même nom, ces termes, notamment *michaèlaton* et *rômanaton*, peuvent prêter à confusion. Et, si les textes précisent *boni*, *veteres* ou *maiores*, c'est souvent de façon si large que ces qualificatifs supplémentaires sont seulement source d'erreurs.

1. Cf. Ph. GRIERSON, From solidus to hyperperon : the names of Byzantine gold coins, *Numismatic Circular*, 74, 1966, p. 123-124.

2. Étudié par V. LAURENT, Τὸ σενζάτον. Nom de monnaie byzantine au Xe siècle, *REB*, 12, 1954, p. 193-197, et 14, 1956, p. 205-207, qui signale aussi, sans les commenter, d'autres noms comme *deithaton* et *skôlikaton*.

3. Voir le relevé des dénominations employées par les documents italiens chez R. FILANGIERI DI CANDIDA, Notizie sulle monete in uso nella Puglia dal secolo X al XII... Supplem. à M. CAGIATI, *Le Monete d'oro del reame delle Due Sicilie...* anno III, n°s 5-7, mai-juillet 1913, p. 31.

4. Ainsi la Παλαιὰ Λογαρικὴ, commentée par N. SVORONOS, Le cadastre de Thèbes, *Bull. Corr. Hell.*, 83, 1959, p. 79 et suiv.

Un passage, souvent cité, du Typikon de Pakourianos pour le monastère de Pétritzos-Bačkovo rassemble les principaux éléments du problème. Pakourianos déclare avoir confié ses biens, lorsqu'il avait été nommé * duc d'Antioche, à la garde de son frère, le magistros Apasios. Ces biens comprenaient, écrit-il, παλαιὸν λογάριον ῥωμανᾶτον, τραχὺ μονομαχᾶτον, δουκᾶτόν τε καὶ σκηπτρᾶτον, πρὸς δὲ καὶ μιχαηλᾶτον[5]. Si l'on suppose, avec N. Svoronos[6], que l'ordre employé est ici chronologique, *rômanaton* désigne le nomisma de Romain III, *monomachaton* celui de Constantin IX Monomaque[7], *doukaton* celui de Constantin X Doukas, nomisma qualifié aussi de *skèptraton*, par allusion au labarum — parfois appelé σκῆπτρον dans les textes[8] — que porte cet empereur sur certaines de ses émissions[9]. Enfin, *michaèlaton* désigne le nomisma de Michel VII. Telle était d'ailleurs l'interprétation traditionnelle depuis Du Cange[10]. Cependant, à la suite des recherches de Ph. Grierson[11] sur la dévaluation du nomisma, il semblait plus logique de voir dans le *michaèlaton* une monnaie de plein titre ou presque, et de l'attribuer à Michel IV ou à Michel V.

Pour plusieurs raisons, il faut revenir à l'interprétation traditionnelle :

1° Le synodikon d'Iviron, un manuscrit géorgien de la fin du XIe siècle et du début du XIIe, qui donne la liste des donations faites à cette époque au monastère, mentionne à plusieurs reprises le *dukadmikhaylati*[12].

5. Typikon de Pakourianos, éd. L. PETIT, *Viz. Vrem.*, app. au t. 11, 1904, p. 13 ; éd. critique des deux versions (grecque et géorgienne) par S. KAUCHTSCHISCHVILI, *Georgica*, V, Acad. Scientiarum RSS Georgiae, Tbilissi, 1963, p. 32, l. 13-15. La date de la nomination de Pakourianos à Antioche, sous Michel VII, est inconnue.

6. *Cadastre de Thèbes*, p. 99.

7. Τραχὺ porte sur tous les noms de monnaies qui suivent, et non sur ῥωμανᾶτον. Depuis Monomaque en effet, le nomisma *histaménon* (de bon poids) se distingue du *tétartèron* par sa forme scyphate. Τραχὺ doit être considéré comme l'équivalent, dans les textes grecs, de l'adjectif *skifatus* dans les documents italiens. Le mot apparaît sous la forme grécisée σκυφάτον seulement dans les documents d'Italie méridionale (p. ex., G. ROBINSON, History and Cartulary of the Greek monastery of S. Elias and S. Anastasius of Carbone, *Orient. Chr.*, XV-2, n° 53, Rome, 1929, p. 181 ; document daté de 1076).

8. DU CANGE, *Gloss. gr.* s.v.

9. W WROTH, *Catalogue of the imp. Byzantine coins in the British Museum*, II, pl. LXI, 1.

10. De imperatorum Constantinopolitanorum (...) numismatibus dissertatio, c. XCIV, in *Gloss. lat.*, p. 191.

11. Ph. GRIERSON, The debasement of the bezant in the eleventh century, *BZ*, 47, 1954, p. 379-394, et 54, 1961, p. 91-97.

12. Les noms de monnaies de ce document sont commentés par R. P. BLAKE, Some Byzantine accounting Practices illustrated from Georgian Sources, *Harvard Studies in Class. Philology*, 51, 1940, p. 11-33. Pour le *dukadmikhaylati*, voir p. 26. Y sont aussi mentionnés, parmi les monnaies du XIe s., le *hromanati*, le *dukati*, le *ek'ust'avi* (monnaie « à 6 têtes », soit le nomisma de Romain IV, Eudocie et ses fils, cf. W. WROTH *Catalogue*, II, pl. LXI, 11 et 12) ; le *botanioti* et le *stavrobotonati* (nomisma sur lequel Nicéphore III Botaneiatès tient un sceptre cruciforme, cf. W. WROTH, *Catalogue*, II, pl. LXIII, 4).

2° Une scholie de Tzetzès au *Ploutos* d'Aristophane montre qu'au XIIe siècle, on avait gardé le souvenir du *michaèlaton* comme d'une monnaie de faible valeur, ce qui ne peut être le cas du nomisma de Michel IV[13].

3° Les archives de Bari renferment plusieurs documents qui mentionnent des *michalati* et ce, seulement à partir de juin 1086[14]. Un document de septembre 1089 se rapporte à un prêt de 40 *romanati* pour lequel l'emprunteur s'était engagé à rembourser 120 *michalati*[15]. Même en tenant compte d'un taux d'intérêt très élevé, il ne peut s'agir de pièces de même titre : il est certain que les *michalati* sont de valeur inférieure aux *romanati*. Le texte est clair si l'on voit en ceux-ci les nomismata de Romain III, de plein titre (24 carats environ), et en ceux-là les pièces de Michel VII, dont le titre est compris entre 16 et 12 carats[16] et qui sont donc inférieures du tiers ou de la moitié aux premières.

4° Le *Liber censuum* enfin donne l'équivalence suivante : « I michalatum auri quod valet V tarenos regis »[17]. Le « tari du roi » désigne sans doute le *
tari émis à partir de Roger Ier à Messine et à Palerme ; pesant en moyenne 0,89 g., il titrait 691 ‰[18]. Le *michalatus* devait donc avoir 3,07 g. de fin et titrer 16 carats, ce qui correspond au titre des nomismata de Michel VII[19].

Toutes ces équivalences permettent donc d'affirmer que, dans les textes grecs et latins de la fin du XIe et du début du XIIe siècle, *rômanaton* désigne le nomisma de Romain III, et *michaèlaton* celui de Michel VII.

13. *Scholia in Aristophanem* IV, 1, ed. Lydia MASSA POSITANO, Groningue, 1960, p. 73, d 11 : τοῖς θατερισταῖς μιχαηλάτοις. Je remercie M. le prof. H. Hunger qui m'a signalé cette scholie au congrès d'Oxford.

14. *Codice diplomatico barese*, V, p. 15 : un homme est contraint de payer les dettes de son père, dont il vient d'hériter. Ces dettes, et par conséquent l'apparition du *michalatus* dans la circulation, sont donc antérieures à la date de l'acte.

15. *Cod. dipl. barese*, V, p. 20-21. Septembre 1089, Bari. « Ego Petracca Pelillo (...) et Nicolaus Curibario (...) *prestavimus quadraginta solidi romanati* ad St[efa]nus qui et sclavus f. Melis (...) Sic vero *ut* ille *redderet* nobis per (lacune) (...) *centum viginti solidi michalati boni* (...) Nunc autem luncxit se mecum predicto sclavo et cepit rogare me qualiter facerem cum illum finem de predictum devitum et accipere ab illum exinde *octoginta solidi michalati* (...) Ego accepi vice mea et de predicto collego meo *octoginta solidi michalati boni pesanti et sonanti* ». Le texte ne fournit malheureusement par les éléments d'interprétation nécessaires ; la durée du prêt notamment est inconnue. Si l'on suppose cette dernière d'un an, étant donné un rapport entre le *romanatus* et le *michalatus* de 1 à 2 environ, le taux serait de 50 %. Il est probable que la réduction de la dette de 120 à 80 *michalati* équivalait à la remise des intérêts.

16. Ph. GRIERSON, *The debasement*, p. 386.

17. *Le Liber censuum de l'Église romaine*, éd. P. FABRE, I, p. 29.

18. Selon les analyses effectuées au XIXe s. par D. SPINELLI, *Monete cufiche battute da' principi longobardi, normanni e suevi nel regno delle Due Sicilie*, Naples, 1844.

19. Une addition au texte du *Liber censuum* évalue le florin d'or (3,54 g., 24 carats) à 6 taris, soit un tari de 0,59 g. de fin et, en reprenant l'équivalence précédente (5 taris = 1 *michalatus*), un *michalatus* de 3,05 g. de fin, soit 16 carats.

De meilleur titre que les nomismata de Nicéphore III Botaneiatès et que les nomismata dévalués d'Alexis Ier Comnène[20], le *michaèlaton* reste en circulation dans l'empire jusqu'à la réforme monétaire de 1092, au moins. Il est en effet encore mentionné dans deux contrats de nolis vénitiens conclus à Constantinople en 1092 et 1095 : nous possédons les quittances données à l'un des contractants, de la somme d'un *michalatus*, afférant à une part (1/5e ou 1/6e) de l'ancre ainsi louée pour le voyage de Corinthe, ou d'Antioche dans le second cas[21]. La date de 1095 est cependant la dernière à laquelle la circulation du *michaèlaton* dans l'empire soit attestée.

En revanche, dès 1093, les textes donnent la preuve de l'introduction de l'hyperpère de bon aloi dans la circulation : le testament secret de Christodoulos, daté de mars, évalue les bateaux légués au monastère en νομίσματα ὑπέρπυρα, dont c'est ici la première mention[22]. Ces hyperpères sont très probablement les mêmes pièces que le document appelle aussi νομίσματα χιάτα, c'est-à-dire « nomismata marqués d'un χ »[23]. Une telle dénomination pourrait convenir en effet aux hyperpères d'Alexis Ier (W Wroth, *Catalogue of the Imperial Byzantine Coins in the British Museum*, II, pl. LXIV, 1-3) avec le Christ au droit, et dans le champ l'abréviation traditionnelle I̅C̅ X̅C̅, ainsi distingués des νομίσματα τραχέα d'électrum portant l'effigie de la Théotokos (*op. cit.*, pl. LXIV, 4-7). La dénomination χιάτον est rare ; elle se rencontre seulement dans les documents de Patmos[24]. Il est possible que cette expression, forgée immédiatement après l'introduction du nouveau nomisma, l'hyperpère, ait été ensuite abandonnée

20. Cf. Ph. Grierson, *The debasement*, p. 386, et les recherches de M. Hendy, sur le monnayage dans l'empire byzantin de 1081 à 1261 (à paraître dans les *Dumbarton Oaks Studies*).

21. R. Morozzo della Rocca-A. Lombardo, *Documenti del commercio veneziano dei sec. XI-XII*, Rome, 1849, n° 20 : « bisancium unum bonum michalatum pesantem » (1092), n° 23 : « bizancium unum michaelatum » (1095).

22. MM, VI, p. 82.

23. Aussi serait-il possible de restituer ὑπέρπυρα à la ligne 7, p. 82 : τὰ τέσσαρα πλοῖα, τὸ μὲν ἓν κουτρούβιν πιστικευόμενον παρὰ Ἰωάννου τοῦ Παγκά, ἔχον νομίσματα [ὑπέρπυρα] διακόσια χιάτα.

24. MM, VI, p. 82, 83, 88 (testament de Christodoulos), 108 (202 nomismata pris au monastère par le praktôr du thème de Samos, Pégonitès). L'expression se rencontre encore dans un autre document de Patmos, le testament de l'higoumène Sabbas (MM, VI, p. 243-244), sans date, dont le manuscrit est attribué à la fin du xiiie ou au début du xive s. par l'éditeur. — Les νομίσματα χιάτα sont distincts des νομίσματα χινάτα mentionnés dans le même texte (p. 244). Ces derniers sont, en revanche, à identifier avec les *drakhani k'inati* du synodikon géorgien d'Iviron (Blake, *art. cit.*, p.28). Faut-il encore distinguer ceux-ci des χιχάτα, variété de νομίσματα τραχέα mentionnée
* dans le testament de Grégoire Pakourianos ('Ορθοδοξία, 5, 1930, p. 616) ? La question mériterait une étude particulière ; ce document mal édité comporte en effet de nombreuses erreurs de lecture et notamment de datation. D'autre part, on ne peut encore trouver d'étymologie ou d'explication satisfaisante pour ces deux dernières appellations.

parce que jugée inutile, ou bien n'ait jamais été adoptée par la langue courante, à la différence de *théotokia*[25].

La réforme monétaire d'Alexis Ier Comnène n'exerce d'effets qu'à l'intérieur des limites de l'empire, et le *michaèlaton* reste plus longtemps en circulation dans les régions restées byzantines, ou du moins en relations étroites avec Byzance, jusqu'au règne de Michel VII. D'une part, l'Italie méridionale où, dans des actes de vente conclus à Bari de 1086 à 1099, les paiements sont effectués en solidi de cet empereur[26] ; en 1103 ils figurent encore dans un testament avec des deniers de Lucques, de l'or et de l'argent non monnayé[27]. D'autre part, la Syrie du Nord où, en 1103, Baudouin d'Édesse verse en ce numéraire la solde de ses chevaliers[28], et où, en 1124, la rançon du même Baudouin, devenu roi de Jérusalem, fait prisonnier par l'émir d'Alep, se monte à cent mille « michelois »[29]. Il ne faut pas s'exagérer l'importance de ces survivances, explicables l'une et l'autre par les conséquences des efforts diplomatiques ou militaires de Michel VII dans ces régions : les versements importants faits à Robert Guiscard[30], les dépenses nécessitées autour d'Antioche par la lutte contre les Turcs.

On sait enfin qu'Alexis Comnène utilisa encore à quelques reprises le *michaèlaton* pour des paiements extérieurs : versements promis à Bohémond par le traité de 1108[31], dons faits à l'abbaye du Mont-Cassin en 1112[32]. Dans les deux cas, *michaèlaton* désigne des pièces réelles et ne peut être entendu comme monnaie de compte. Cela ne fait aucun doute pour les donations au Mont-Cassin. De même, les termes du traité de Déabolis sont sans ambiguïté : Bohémond recevra deux cents livres d'or τοῦ προβεβασιλευκότος κυρίου Μιχαὴλ ποιότητά τε καὶ χαραγὴν ἀποφέροντα[33].

25. MM, VI, p. 98, 100. A. Frolow, Les noms de monnaies dans le typikon du Pantokratôr, *BySl.*, 10, 1949, p. 250-251. V. Laurent, Les monnaies tricéphales de Jean Comnène, *Rev. Numism.*, V, 13, 1951, p. 101.

26. *Cod. dipl. barese*, V, 15 (1086) ; 17 (1087) ; 19 (1088) ; 25 (1089) ; 32 (1091) ; 34 (1093) ; 36, 38 et 39 (1094) ; 42 (1097) ; 48 (1099).

27. *Cod. dipl. barese*, V, 62.

28. Guillaume de Tyr, *Rec. Hist. Crois. Occidentaux*, II, p. 470 : « triginta millium michaelitarum quod genus aureorum tunc in publicis commerciis erat celebre, a quodam imperatore Constantinopolitano, qui eam monetam sua faceret insignem imagine, Michaele nomine, sic nuncupatum. »

29. *Ibid.*, p. 576 : « Dicitur autem summa pro se pactae pecuniae fuisse centum mille michaelitarum, quae moneta in regionibus illis, in publicis commerciis et rerum venalium foro principatum tenebat. » La mention du *michaèlaton* appartient probablement à une source antérieure utilisée par Guillaume de Tyr, mais on ne peut savoir si ces commentaires y figuraient déjà ou s'il s'agit d'une glose ajoutée par l'historien.

30. Cf. le chrysobulle de Michel VII pour Robert Guiscard : Dölger, *Regesten*, 1003, et son commentaire par H. Bibicou, *Byz.*, 29-30, 1960-1961, p. 43-75.

31. Anne Comnène, Leib, III, p. 163, l. 22 ; Dölger, *Regesten*, 1243.

32. *Chron. Mon. Casinensis*, *MGH*, Scr., VII, p. 770, 785 : « libras octo solidorum michalatorum » ; Dölger, *Regesten*, 1262.

33. Anne Comnène, Leib, III, p. 137, l. 8-9. L'expression προβεβασιλευκὼς se rapporte à un empereur ayant précédé de peu le souverain régnant, et s'appliquerait difficilement à Michel IV. Ainsi, dans la *Vita Basilii*, V, 29, προβεβασιλευκὼς désigne Michel III, prédécesseur immédiat de Basile Ier.

Les versements sont effectués en *michaèlata* parce que cette espèce est plus facilement acceptée, tant en Syrie du Nord qu'en Italie méridionale, où il en circule encore un certain nombre. Dans les deux cas, il s'agit du phénomène, connu pour des périodes plus récentes, de « survivance périphérique » : une espèce tombée en désuétude dans son pays d'émission continue d'être employée à la périphérie[34]. En Syrie du Nord, plus exactement sur le haut Euphrate, c'est peut-être aussi une « utilisation renouvelée » de la monnaie : les pièces enfouies à la fin du XIe siècle[35] sont exhumées et remises en circulation au début du XIIe siècle[36]. Dans cette région, l'absence d'autorité politique frappant monnaie d'or contribue aussi à expliquer que les *michaèlata* aient été utilisés à nouveau tels quels. En Italie méridionale, la survivance ininterrompue du *michaèlaton* dans la circulation monétaire est favorisée par l'équivalence de son titre avec celui des taris siciliens, 691 ‰, soit environ 16 carats. Le change entre les deux monnaies, *michaèlaton* et tari, s'établit donc facilement à 1 pour 5, selon le simple rapport pondéral, puisqu'elles ont le même titre. Il n'en serait pas de même avec l'hyperpère, de titre supérieur au tari et au *michaèlaton* (20 carats au lieu de 16). Il est donc normal que le *michaèlaton* soit resté très longtemps en circulation en Italie méridionale, où il convenait mieux aux besoins des
* échanges que l'hyperpère[37], puisqu'il était de même aloi que le tari normand.

34. J'emprunte cette expression à M. Grierson, qui cite le cas de pièces britanniques antérieures à 1920, circulant encore actuellement en Irlande, tandis qu'elles sont rares en Angleterre.

35. Cf. les nombreux enfouissements de cette époque signalés dans le Diarbekir par S. Mc A. Mosser, A Bibliography of Byzantine coin hoards, *A. N. S. Numism. Notes and Monographs*, n° 67, New York, 1935.

36. On connaît d'autres exemples de trésors mis au jour en grande quantité : ainsi sous Basile Ier, πολλοὺς τῶν ὑπὸ γῆν θησαυρῶν ἐν ταῖς ἡμέραις αὐτοῦ εἰς φῶς προελθεῖν (*Vita Basilii*, V, 29, p. 256-257).

37. Sur la substitution du tari au nomisma dans la circulation monétaire de l'Italie méridionale, la recherche reste à faire ; cf. A. Guillou, Recherches sur la société et l'administration byzantines en Italie au XIe s., *XIII th Intern. Congress of Byz. Studies, Oxford, 1966, Supplementary Papers*, p. 116.

Corrigenda

p. 370, l. 4, au lieu de: duc d'Antioche, lire: duc de Théodosioupolis.

p. 372, n. 24, au lieu de: Grégoire Pakourianos, lire: Symbatios Pakourianos.

VI

LA LOGARIKÈ : RÉFORME MONÉTAIRE ET RÉFORME FISCALE SOUS ALEXIS Ier COMNÈNE*

Le traité de comptabilité fiscale, qui comprend la *Palaia* et la *Néa Logarikè*, a été composé par un notaire du Palais qui, ayant accès aux archives, y transcrit un certain nombre de documents officiels. Il est conservé dans un manuscrit unique, le *Parisinus gr.* 1670 de la fin du XIIe siècle, écrit après 1183, car il contient un traité sur les cycles lunaires qui présente, dans plusieurs exemples de calculs, l'an du monde 6691 = 1182/83 comme l'année de la rédaction dudit traité (Svoronos, *Cadastre*, p. 79, n. 2). La *Logarikè* doit avoir été écrite après la mort d'Alexis Ier

*Abréviations

Bertelè, *Lineamenti* : T. Bertelè, Lineamenti principali della Numismatica bizantina, *Riv. Ital. di Numism.*, 65, 1964, p. 33-118.

Bertelè-Morrisson = T. Bertelè, *Numismatique byzantine*, éd. fr. mise à jour par C. Morrisson, Wetteren, 1978.

BNC : C. Morrisson, *Catalogue des Monnaies Byzantines de la Bibliothèque Nationale*, Paris, 1970.

DOC : Ph. Grierson, *Catalogue of the Byzantine Coins in the Dumbarton Oaks Collection and in the Whittemore Collection*, vol. III, *Leo III to Nicephorus III*, 717-1081, Washington, 1973.

Dölger, *Beiträge* : F. Dölger, *Beiträge zur Geschichte der Byzantinischen Finanzverwaltung...*, réimpr. Hildesheim, 1960.

Hendy, *Coinage* : M. F. Hendy, *Coinage and Money in the Byzantine Empire 1081-1261*, Washington, 1969.

RN : *Revue Numismatique*.

Svoronos, *Cadastre* : N. Svoronos, *Recherches sur le cadastre byzantin et la fiscalité aux XIe et XIIe siècles : le Cadastre de Thèbes*, t. à p. du *Bull. Corr. Hell.* 83, 1959, 166 p. ; réimpr. dans N. Svoronos, *Études sur l'organisation intérieure, la société et l'économie de l'empire byzantin*, Londres, 1973.

Svoronos, *Epibolè* : N. Svoronos, L'épibolè à l'époque des Comnènes, *Tr.Mém.* 3, 1968, p. 375-395 ; réimpr. *ibid.*

Tannery, *Mémoires* — P Tannery, *Mémoires scientifiques* publiés par J. L. Heiberg, IV, *Sciences exactes chez les Byzantins*, Toulouse-Paris, 1924.

(1118), puisque celui-ci est appelé ἀοίδιμος dans le titre de la *Néa Logarikè* (p. 334, l. 2) et que le mémoire du logothète du Génikon, Georges Spanopoulos, daté de la IIe indiction, soit 1109, est qualifié d'*ancien* (Svoronos, *Cadastre*, p. 108 n. 2). Mais, à l'exception des comptes modèles ajoutés à la fin par l'auteur « pour une meilleure compréhension de ce qui vient d'être dit » (p. 340, l. 10), l'ensemble du texte n'est que le résumé ou la transcription de tableaux et de documents officiels — datés des années 1106-1109 —, d'où son intérêt exceptionnel.

Connu depuis longtemps, ce texte a été bien souvent paraphrasé ou commenté. F. Chalandon a ainsi repris l'exposé de V. Vasilevskij. Plus récemment M. Hendy, tout en critiquant certes, à la lumière de ses propres recherches numismatiques, l'interprétation de N. Svoronos, se contentait de reproduire l'analyse et l'examen détaillé que celui-ci avait donnés dans ses *Recherches sur le cadastre byzantin et la fiscalité aux XIe et XIIe siècles: le cadastre de Thèbes*, mais en les adaptant au cadre du système comnénien qu'il avait pu établir. On ne saurait assez souligner combien nous sommes tous redevables à N. Svoronos de la première lecture approfondie et critique d'un texte difficile, même si certaines de ces conclusions, justifiées en leur temps par l'état confus des connaissances sur la monnaie des Comnènes, doivent aujourd'hui être écartées.

La traduction que nous donnons ici est celle du texte édité par Zachariae von Lingenthal et repris par Zépos, et tient compte des additions et corrections signalées par Svoronos d'après le manuscrit. Le lecteur désireux d'entrer dans le détail du calcul de l'impôt foncier de base et des taxes complémentaires devra se reporter à l'étude de Svoronos, qu'il serait inutile de répéter ici. Notre propos est donc seulement, après avoir versé au dossier, avec cette traduction, la pièce essentielle, d'en présenter une lecture[1] qui confronte les données du texte avec la situation monétaire du début du XIIe siècle telle que nous la connaissons aujourd'hui.

Glossaire et conventions adoptées pour la traduction

ἀντιστροφή = l'appoint. Monnaie divisionnaire rendue au contribuable sur le nomisma versé.

ἀπαίτησις = recouvrement ou perception. Désigne parfois les sommes à recouvrer elles-mêmes (p. ex. p. 334, 11).

ἀπόδειξις = quittance, cf. Svoronos, *REB* 24, 1966, p. 102.

1. Une telle lecture est certes l'objet du chap. 6 de l'ouvrage fondamental de M. Hendy. Loin de vouloir minimiser la portée des résultats de ce travail (voir d'ailleurs le compte rendu détaillé que je lui ai consacré *Num. Chron.*[7], 11, 1971, p. 356-366), je me borne à en corriger ici certaines erreurs concernant la *Logarikè*, tout en cherchant à proposer une synthèse acceptable de nos connaissances actuelles sur la réforme monétaire et fiscale d'Alexis Ier

δέχεσθαι = « accepter », au sens technique : les contrôleurs de l'administration centrale des finances comptent à la décharge des percepteurs et autres responsables les sommes collectées par ceux-ci dans leurs circonscriptions (cf. SVORONOS, *ibid.*).

δημόσιον, ici pour δημόσιος κανών, = impôt foncier de base. Dans certains passages toutefois le terme n'a pas ce sens technique, mais celui plus vaste de « fisc », « trésor », par ex. p. 329, n. 9 et p. 332, § 5.

διοίκησις = diocèse, circonscription fiscale dont les limites correspondaient ou non avec celles du thème. Cf. SVORONOS, *Cadastre*, p. 55-57; *Actes de Lavra* I, p. 222.

διοικητής = percepteur, fonctionnaire fiscal placé à la tête d'un diocèse.

εἴδησις = information. Désigne parfois le document lui-même transmis pour information à un autre service, par ex. p. 338, l. 5.

ἐλατικόν (de ἐλαύνω = se déplacer) = taxe relative aux frais de déplacement des agents du fisc.

λογαριάζειν = compter.

λογαρική = comptabilité.

νοῦμμος, pl. νοῦμ(μ)ια = petite monnaie de cuivre.

παρακολουθήματα = impôts annexes au dèmosion. Le terme recouvre l'ensemble : dikératon, hexafollon, synètheia, élatikon, cf. SVORONOS, *Cadastre*, p. 81 et s.

παρεκβάλλειν = copier, « extraire », cf. SVORONOS, *Cadastre*, p. 61 n. 7 et *REB* 24, 1966, p. 106 n. 36.

περιϊστάναι = transformer une fraction ou un nombre, cf. P. TANNERY, *Mémoires*, 4, index III, s.v.

πράκτωρ = fonctionnaire du fisc, placé à la tête d'un thème fiscal. Au XIIe siècle, le duc exerce les fonctions de praktôr dans le ressort de son thème. Cf. H. AHRWEILER, *Recherches*, p. 77, 88, 90.

σεκρετικός = appartenant aux bureaux (σέκρετα). Substantivement, désigne les fonctionnaires des bureaux. Comme adjectif, s'applique par ex. aux documents émis ou conservés par les bureaux.

συνήθεια = (étymologiquement « coutume ») taxe complémentaire perçue primitivement au profit du praktôr.

σχιδεύω = saisir au profit du fisc, cf. P. LEMERLE, *Cinq Études sur le XIe siècle byzantin*, Paris, 1977, p. 155, n. 87. Le substantif correspondant, σχιδευμός, est attesté dans le Typikon du Pantocrator, éd. P. Gautier, *REB*, 32, 1974, l. 1495 (comment. n. 20 p. 119).

χάραγμα = frappe, métal frappé ou monnayé. (νόμισμα) χάραγμα monnaie d'or réelle, et par extension, ici, partie de l'impôt payée en monnaie d'or (nomisma). Cf. SVORONOS, *Cadastre*, p. 78-92.

χαρτίον (χ. σεκρετικόν) = document (des secréta) cf. SVORONOS, *Cadastre*, p. 20 n. 1 et *REB* 24, 1966, p. 105, n. 36.

χωρίον = commune.

ψηφία = fractions, au sens technique, v. *infra*. Parfois employé dans le sens plus général de chiffres, valeurs.

Traduction[*]

p. 326 Début, Dieu aidant, de l'antique comptabilité de César Auguste.

1. Il faut savoir que l'on compte 12 miliarèsia ou 12 monnaies d'argent (ἀργυρᾶ) au nomisma au sékréton du Génikon; en effet, le miliarèsion est compté pour un argyron, et l'argyron pour un miliarèsion.

2. Les stipulations (ἐπερωτήματα)[2] de la comptabilité du Génikon[3]

Fractions du nomisma	(=)	Miliarèsia	Folles	(Noummia)[4]
1/48	(1/48)	—	6	
1/24	(2/48)	—	12	
1/24 1/48	(3/48)	—	18	
1/8	(6/48)	—	36	
1/8 1/48	(7/48)	—	42	
1/12	(4/48)	1	—	500
1/6	(8/48)	2	—	1 000
1/4	(12/48)	3	—	1 500
1/3	(16/48)	4	—	2 000
1/3 1/12	(20/48)	5	—	2 500
1/2	(24/48)	6	—	3 000
1/2 1/12	(28/48)	7	—	3 500
1/2 1/6	(32/48)	8	—	4 000
c.-à-d. 2/3				
1/2 1/4	(36/48)	9	—	4 500
1/2 1/3	(40/48)	10	—	5 000
1/2 1/3 1/12	(44/48)	11	—	5 500
1/2 1/3 1/6	(48/48)	12	—	6 000

[*] La pagination indiquée en marge renvoie à l'éd. de Zépos, *Jus Graeco romanum*, t. I.

2. Cf. Dèmètrakou, *Dict.*, *s.v.* 2). Terme attesté en épigraphie au sens de ἀπόφασις, ἔγκρισις.

3. Ce passage est réédité par Svoronos *(Cadastre)* d'après le *Paris. gr.* 1670.

4. Ces chiffres ne portant pas de dénomination ne figurent pas dans le tableau de Zépos et sont restitués par N. Svoronos.

p. 327 3. Le recouvrement (ἀπαίτησις) du dikératon a lieu selon la règle (τύπον) du Génikon de la façon suivante :

Pour une fraction de nomisma de	(=)	On perçoit un dikératon de tant de folles	Total avec le dikératon			C'est-à-dire	Miliarèsia	Folles
			Fraction de nomisma	(=)	Folles			
1/48	1/48)	Jusqu'au 1/48 de nomisma on perçoit un dikératon de 1 follis, et (une somme) avec le dikératon de 7 folles						
1/24	(2/48)	1			13	=	—	—
1/24 1/48	(3/48)	2			20	=		—
1/12	(4/48)	2			26	=	1	2
1/12 1/48	(5/48)	3			33	=	1	9
1/8	(6/48)	3			39	=	1	15
1/8 1/48	(7/48)	4			46	=	1	22
1/6	(8/48)	4			52	=	2	4
1/4	(12/48)	6	1/4 1/48	(13/48)	—	=	3	6
1/3	(16/48)	8	1/3 1/48	(17/48)	2	=	4	8
1/3 1/12	(20/48)	10	1/3 1/12 1/48	(21/48)	4	=	5	10
1/2	(24/48)	12	1/2 1/24	(26/48)	—	=	6	12
1/2 1/48	(25/48)	13	1/2 1/24 1/48	(27/48)	1	=	6	19
1/2 1/24	(26/48)	13	1/2 1/12	(28/48)	1	=	7	1
1/2 1/24 1/48	(27/48)	14	1/2 1/12 1/48	(29/48)	2	=	7	8
1/2 1/12	(28/48)	14	1/2 1/8	(30/48)	2	=	7	14
1/2 1/8	(30/48)	15	1/2 1/6	(32/48)	3	=	8	3
1/2 1/8 1/48	(31/48)	16	1/2 1/6 1/48	(33/48)	4	=	8	10

p. 328 4. C'est ainsi qu'il faut percevoir le dikératon et ainsi seulement; à partir de 1/2 1/6, c'est-à-dire de 2/3 (δίμοιρον) de nomisma de charagma, il faut percevoir également l'hexafollon en charagma; compter 12 miliarèsia au nomisma, sachant que le miliarèsion comprend 24 folles selon l'ancien barême (παράδοσιν) du césar Auguste, rendre l'appoint (ἀντιστρέφειν τὰς στροφάς) mot à mot « remettre les *strophai* », la monnaie divisionnaire due au contribuable) sur l'unité en ce qui regarde l'impôt de base (δημοσίον). Il convient de savoir que l'hexafollon fut ajouté par Léon l'Isaurien.

p. 328

Pour un nomisma de	(=)	Dikératon: Nomisma	Dikératon: (=)	Dikératon: Folles	Hexafollon: Folles	Hexafollon: C'est-à-dire nomisma	Total avec le dikératon et l'hexafollon: Nomisma	Total: (=)	Total: Folles	-u-d.	Miliarèsia	Folles	=	Nomisma de charagma	Appoint (*antistrophè*): Nomisma	Appoint: (=)	Appoint: Folles
Jusqu'à ($^1/_2$) $^1/_6$, c'est-à-dire $^2/_3$ de nomisma, on perçoit un dikératon de 16 folles, un hexafollon de 6 folles, soit un total avec le dikératon et l'hexafollon de ($^1/_2$) $^1/_6\,^1/_{24}\,^1/_{48}$ de nomisma et 4 folles, soit 8 miliarèsia 22 folles, le charagma (est) de 1 nomisma et l'appoint de $^1/_4$ de nomisma et 2 folles																	
[$^1/_2\,^1/_6$ soit $^2/_3$	($^{32}/_{48}$)	—		16	6		$^1/_2\,^1/_6\,^1/_{24}\,^1/_{48}$	($^{35}/_{48}$)	4	=	8	22	=	1	$^1/_4$	($^{12}/_{48}$)	2]
$^1/_2\,^1/_6\,^1/_{48}$	($^{33}/_{48}$)	—		17	6	—	$^1/_2\,^1/_4$	($^{36}/_{48}$)	5	=	9	5	=	1	$^1/_6\,^1/_{24}\,^1/_{48}$	($^{11}/_{48}$)	1
$^1/_2\,^1/_6\,^1/_{24}$	($^{34}/_{48}$)	—		17	6	—	$^1/_2\,^1/_4\,^1/_{48}$	($^{37}/_{48}$)	5	=	9	11	=	1	$^1/_6\,^1/_{24}$	($^{10}/_{48}$)	1
$^1/_2\,^1/_6\,^1/_{24}\,^1/_{48}$	($^{35}/_{48}$)	—		18	6	—	$^1/_2\,^1/_4\,^1/_{24}\,^1/_{48}$	($^{39}/_{48}$)	—	=	9	18	=	1	$^1/_6\,^1/_{48}$	($^9/_{48}$)	—
$^1/_2\,^1/_4$	($^{36}/_{48}$)	—		18	6	—	$^1/_2\,^1/_3$	($^{40}/_{48}$)	—	=	10	—	=	1	$^1/_6$	($^8/_{48}$)	—
$^1/_2\,^1/_4\,^1/_{48}$	($^{37}/_{48}$)	—		19	6	—	$^1/_2\,^1/_3\,^1/_{48}$	($^{41}/_{48}$)	1	=	10	7	=	1	$^1/_8$	($^6/_{48}$)	5
$^1/_2\,^1/_4\,/_{24}$	($^{38}/_{48}$)	—		19	6	—	$^1/_2\,^1/_3\,^1/_{24}$	($^{42}/_{48}$)	1	=	10	13	=	1	$^1/_{12}\,^1/_{48}$	($^5/_{48}$)	5
$^1/_2\,^1/_4\,^1/_{24}\,^1/_{48}$	($^{39}/_{48}$)	—		20	6	—	$^1/_2\,^1/_3\,^1/_{24}\,^1/_{48}$	($^{43}/_{48}$)	2	=	10	20	=	1	$^1/_{12}$	($^4/_{48}$)	4
$^1/_2\,^1/_3$	($^{40}/_{48}$)	—		20	6	—	$^1/_2\,^1/_3\,^1/_{12}$	($^{44}/_{48}$)	2	=	11	2	=	1	$^1/_{24}\,^1/_{48}$	($^3/_{48}$)	4
$^1/_2\,^1/_3\,^1/_{48}$	($^{41}/_{48}$)	—		21	6	—	$^1/_2\,^1/_3\,^1/_{12}\,^1/_{48}$	($^{45}/_{48}$)	3	=	11	9	=	1	$^1/_{24}$	($^2/_{48}$)	3
$^1/_2\,^1/_3\,^1/_{24}$	($^{42}/_{48}$)	—		21	6	—	$^1/_2\,^1/_3\,^1/_8$	($^{46}/_{48}$)	3	=	11	15	=	1	—	—	9
$^1/_2\,^1/_3\,^1/_{24}\,^1/_{48}$	($^{43}/_{48}$)	—		22	6	—	$^1/_2\,^1/_3\,^1/_8\,^1/_{48}$	($^{47}/_{48}$)	4	=	11	22	=	1	—	—	2
Jusqu'à $^1/_2\,^1/_3\,^1/_{12}$ de nomisma, on perçoit un dikératon de 22 folles, un hexafollon de 6 folles, soit un total, avec le dikératon et l'hexafollon, de un nomisma de charagma et 4 folles.																	
[$^1/_2\,^1/_3\,^1/_{12}$	($^{44}/_{48}$)			22	6	—	1	(1)	4]								
$^1/_2\,^1/_3\,^1/_8$	($^{46}/_{48}$)	—		23	6	—	1	(1)	17	=	—	—	=	—	—	—	—
$^1/_2\,^1/_3\,^1/_8\,/_{48}$	($^{47}/_{48}$)	—		24	6	$^1/_{48}$	1 $^1/_{12}$	(1 $^4/_{48}$)	—	=	—	—	=	—	—	—	—
1*	(1)	$^1/_{12}$	($^4/_{48}$)	—	—	$^1/_{48}$	1 $^1/_{12}\,^1/_{48}$	(1 $^5/_{48}$)	—	=	—	—	=	—	—	—	—
1 $^1/_{12}$	(1 $^4/_{48}$)	$^1/_{12}$	($^4/_{48}$)	2	6	$^1/_{48}$	1 $^1/_6\,^1/_{48}$	(1 $^9/_{48}$)	2	=	—	—	=	—	—	—	—

p. 329

1 1/6	(1 8/48)	1/12	(4/48)	4	—	1/48	1 1/4 1/48	(1 13/48)	4	=	—	—	=	—	—	—	—
1 1/4	(1 12/48)	1/12 1/48	(5/48)	—	—	1/48	1 1/3 1/24	(1 18/48)	—	=	—	—	=	—	—	—	—
1 1/3	(1 16/48)	1/12 1/48	(5/48)	2	—	1/48	1 1/3 1/8	(1 22/48)	2	=	—	—	=	—	—	—	—
1 1/3 1/12	(1 20/48)	1/12 1/48	(5/48)	4	—	1/48	1 1/2 1/24	(1 26/48)	4	=	—	—	=	—	—	—	—
1 1/2	(1 24/48)	1/8	(6/48)	—	—	1/24	1 1/2 1/6	(1 32/48)	—	=	—	—	=	2	1/3	(16/48)	—

Jusqu'à 1 (1/2) 1/48 de nomisma, on perçoit un dikératon de 1/8 de nomisma et un follis, un hexafollon de 1/24 de nomisma, soit un total, avec le dikératon et l'hexafollon, de un nomisma (1/2) 1/6 1/48 et un follis, [=] deux nomismata de charagma, appoint 1/4 1/24 de nomisma et 5 folles.

[1 1/2 1/48	(1 25/48)	1/8	(6/48)	1	—	1/24	1 1/2 1/6 1/48	(1 33/48)	1	=	—	—	=	2	1/4 1/24	(14/48)	5]
1 1/2 1/24	(1 26/48)	1/8	(6/48)	1	—	1/24	1 1/2 1/6 1/24	(1 34/48)	1	=	—	—	=	2	1/4 1/48	(13/48)	5
1 1/2 1/24 1/48	(1 27/48)	1/8	(6/48)	2	—	1/24	1 1/2 1/6 1/24 1/48	(1 35/48)	2	=	—	—	=	2	1/4	(12/48)	4
1 1/2 1/12	(1 28/48)	1/8	(6/48)	2	—	1/24	1 1/2 1/4	(1 35/48)	2	=	—	—	=	2	1/6 1/24 1/48	(11/48)	4
1 1/2 1/8	(1 30/48)	1/8	(6/48)	3	—	1/24	1 1/2 1/4 1/24	(1 38/48)	3	=	—	—	=	2	1/6 1/48	(9/48)	3
1 1/2 1/8 1/48	(1 31/48)	1/8	(6/48)	4	—	1/24	1 1/2 1/4 1/24 1/48	(1 39/48)	4	=	—	—	=	2	1/6	(8/48)	2
1 1/2 1/6	(1 32/48)	1/8	(6/48)	4	—	1/24	1 1/2 1/3	(1 40/48)	4	=	—	—	=	2	1/8 1/48	(7/48)	2
1 1/2 1/4	(1 36/48)	1/8 1/48	(7/48)	—	—	1/24	1 1/2 1/3 1/12 1/48	(1 45/48)	—	=	—	—	=	2	1/24 1/48	(3/48)	—

Jusqu'à 1 (1/2) 1/3 de nomisma, on perçoit un dikératon de 1/8 1/48 de nomisma et 2 folles, un hexafollon de 1/24 de nomisma, soit un total, avec le dikératon et l'hexafollon, de deux nomismata de charagma et 8 folles.

[1 1/2 1/3	(1 40/48)	1/8 1/48	(7/48)	2	—	1/24	2	(2)	8]	=	—	—	=	—	—	—	—

Jusqu'à 1 (1/2) 1/3 1/12 de nomisma on perçoit un dikératon de 1/8 1/48 de nomisma et 4 folles, un hexafollon de 1/24 de nomisma, soit un total, avec le dikératon et l'hexafollon de 2 nomismata 1/12 1/48 et 4 folles.

[1 1/2 1/3 1/12	(1 44/48)	1/8 1/48	(7/48)	4	—	1/24	2 1/12 1/48	(2 5/48)	4]	=	—	—	=	—	—	—	—

* [n. 9] Dans le manuscrit, la note suivante a été ajoutée : Telles sont les [taxes] calculées (λογισθέντα) et reconnues (ἐγνωσμένα) au titre du dèmosion et versées au Trésor impérial (τῷ βασιλικῷ κοιτῶνι). Le praktôr d'habitude perçoit en sus, pour ses propres besoins, sur chaque nomisma une taxe complémentaire (συνήθεια) d'un douzième de nomisma, soit un miliarèsion, soit 24 folles ; et pour les frais de déplacement de son subordonné, qui amène le contribuable à verser ce qui revient au dèmosion, un élatikon de 12 folles, soit 1/24e de nomisma. Et le charagma, c'est-à-dire [la somme de] un nomisma, appartient au dèmosion (fisc) tandis que les 36 folles reviennent au praktôr.

p. 330

Pour un nomisma de	Dikératon tant de nomismata	(=)	Hexafollon tant de nomismata	(=)	Total avec le dikératon et l'hexafollon, tant de nomismata	(=)
2	1/6	(8/48)	1/24	(2/48)	2 1/6 1/24	(2 10/48)
3	1/4	(12/48)	1/24 1/48	(3/48)	3 1/4 1/24 1/48	(3 15/48)
4	1/3	(16/48)	1/12	(4/48)	4 1/3 1/12	(4 20/48)
5	1/3 1/12	(20/48)	1/12 1/48	(5/48)	5 1/2 1/18	(5 25/48)
6	1/2	(24/48)	1/8	(6/48)	6 1/2 1/8	(6 30/48)
7	1/2 1/12	(28/48)	1/8 1/48	(7/48)	7 1/2 1/6 1/24 1/48	(7 35/48)
8	1/2 1/6	(32/48)	1/6	(8/48)	8 1/2 1/3	(8 40/48)
9	1/2 1/4	(36/48)	1/6 1/48	(9/48)	9 1/2 1/3 1/12 1/48	(9 45/48)
10	1/2 1/3	(40/48)	1/6 1/24	(10/48)	11 1/24	(11 2/48)
11	1/2 1/3 1/12	(44/48)	1/6 1/24 1/48	(11/48)	12 1/8 1/48	(12 7/48)
12	1	(1)	1/4	(12/48)	13 1/4	(13 12/48)
13	1 1/12	(1 4/48)	1/4 1/48	(13/48)	14 1/3 1/48	(14 17/48)
14	1 1/6	(1 8/48)	1/4 1/24	(14/48)	15 1/3 1/8	(15 22/48)
15	1 1/4	(1 12/48)	1/4 1/24 1/48	(15/48)	16 1/2 1/24 1/48	(16 27/48)
16	1 1/3	(1 16/48)	1/3	(16/48)	17 1/2 1/6	(17 32/48)
17	1 1/3 1/12	(1 20/48)	1/3 1/48	(17/48)	18 1/2 1/4 /48	(18 37/48)
18	1 1/2	(1 24/48)	1/3 1/24	(18/48)	19 1/2 1/3 1/24	(19 42/48)
19	1 1/2 1/12	(1 28/48)	1/3 1/24 1/48	(19/48)	20 1/2 1/3 1/8 1/48	(20 47/48)
20	1 1/2 1/6	(1 32/48)	1/3 1/12	(20/48)	22 1/12	(22 4/48)
21	1 1/2 1/4	(1 36/48)	1/3 1/12 1/48	(21/48)	23 1/6 1/48	(23 9/48)
22	1 1/2 1/3	(1 40/48)	1/3 1/8	(22/48)	24 1/4 1/24	(24 14/48)
23	1 1/2 1/3 /12	(1 46/48)	1/3 1/8 1/48	(23/48)	25 1/3 1/24 1/48	(25 21/48)
24	2	(2)	1/2	(24/48)	26 1/2	(26 24/48)
25	2 1/12	(2 4/48)	1/2 1/48	(25/48)	27 1/2 1/12 1/48	(27 29/48)
26	2 1/6	(2 8/48)	1/2 1/24	(26/48)	28 1/2 1/6 1/24	(28 34/48)
27	2 1/4	(2 12/48)	1/2 1/24 1/48	(27/48)	29 1/2 1/4 1/24 1/48	(29 39/48)
28	2 1/3	(2 16/48)	1/2 1/12	(28/48)	30 1/2 1/3 1/12	(30 44/48)
29	2 1/3 1/12	(2 20/48)	1/2 1/12 1/48	(29/48)	32 1/48	(32 1/48)
30	2 1/2	(2 24/48)	1/2 1/8	(30/48)	33 1/8	(33 6/48)
31	2 1/2 1/12	(2 28/48)	1/2 1/8 1/48	(31/48)	34 1/6 1/24 1/48	(34 11/48)
32	2 1/2 1/6	(2 32/48)	1/2 1/6	(32/48)	35 1/3	(35 16/48)
33	2 1/2 1/4	(2 36/48)	1/2 1/6 1/48	(33/48)	36 1/3 1/12 1/48	(36 21/48)
34	2 1/2 1/3	(2 40/48)	1/2 1/6 1/24	(34/48)	37 1/2 1/24	(37 26/48)
35	2 1/2 1/3 1/12	(2 44/48)	1/2 1/6 1/24 1/48	(35/48)	38 1/2 1/8 1/48	(38 31/48)
36	3	(3)	1/2 1/4	(36/48)	39 1/2 1/4	(39 36/48)
37	3 1/12	(3 4/48)	1/2 1/4 1/48	(37/48)	40 1/2 1/3 1/48	(40 41/48)
38	3 1/6	(3 8/48)	1/2 1/4 1/24	(38/48)	41 1/2 1/3 1/8	(41 46/48)
39	3 1/4	(3 12/48)	1/2 1/4 1/24 1/48	(39/48)	43 1/21 1/48	(43 3/48)
40	3 1/3	(3 16/48)	1/2 1/3	(40/48)	44 1/6	(44 8/48)
41	3 1/3 1/12	(3 20/48)	1/2 1/3 1/48	(41/48)	45 1/4 1/48	(44 17/48)
42	3 1/2	(3 24/48)	1/2 1/3 1/24	(42/48)	46 1/3 1/24	(46 18/48)
43	3 1/2 1/12	(3 28/48)	1/2 1/3 1/21 1/48	(43/48)	47 1/3 1/8 1/48	(47 23/48)
44	3 1/2 1/6	(3 32/48)	1/2 1/3 1/12	(44/48)	48 1/2 1/12	(48 28/48)
45	3 1/2 1/4	(3 36/48)	1/2 1/3 1/12 1/48	(45/48)	49 1/2 1/6 1/48	(49 33/48)
46	3 1/2 1/3	(3 40/48)	1/2 1/3 1/8	(46/48)	50 1/2 1/4 1/24	(50 38/48)
47	3 1/2 1/3 1/12	(3 44/48)	1/2 1/3 1/8 1/48	(47/48)	51 1/2 1/3 1/24 1/48	(51 43/48)
48	4	(4)	1	(1)	53	(53)
49	4 1/12	(4 4/48)	1 1/48	(1 1/48)	54 1/12 1/48	(54 5/48)

p. 331

Pour un nomis-ma de	Dikératon tant de nomismata	(=)	Hexafollon tant de nomismata	(=)	Total avec le dikératon et l'hexafollon, tant de nomismata	(=)
50	4 1/6	(4 8/48)	1 1/24	(1 2/48)	55 1/6 1/24	(55 10/48)
51	4 1/4	(4 12/48)	1 1/24 1/48	(1 3/48)	56 1/4 1/24 1/48	(56 15/48)
52	4 1/3	(4 16/48)	1 1/12	(1 4/48)	57 1/3 1/12	(57 20/48)
53	4 1/3 1/12	(4 20/48)	1 1/12 1/48	(1 5/48)	58 1/2 1/48	(58 25/48)
54	4 1/2	(4 24/48)	1 1/8	(1 6/48)	59 1/2 1/8	(59 30/48)
55	4 1/2 1/12	(4 28/48)	1 1/8 1/48	(1 7/48)	60 1/2 1/6 1/24 1/48	(60 35/48)
56	4 1/2 1/6	(4 32/48)	1 1/6	(1 8/48)	61 1/2 1/3	(61 40/48)
57	4 1/2 1/4	(4 36/48)	1 1/6 1/48	(1 9/48)	62 1/2 1/3 1/12 1/48	(62 45/48)
58	4 1/2 1/3	(4 40/48)	1 1/6 1/24	(1 10/48)	64 1/24	(64 2/48)
59	4 1/2 1/3 1/12	(4 44/48)	1 1/6 1/24 1/48	(1 11/48)	65 1/8 1/48	(65 7/48)
60	5	(5)	1 1/4	(1 12/48)	66 1/4	(66 12/48)
61	5 1/12	(5 4/48)	1 1/4 1/48	(1 13/48)	67 1/3 1/48	(67 17/48)
62	5 1/6	(5 8/48)	1 1/4 1/24	(1 14/48)	68 1/3 1/8	(68 22/48)
63	5 1/4	(5 12/48)	1 1/4 1/24 1/48	(1 15/48)	69 1/2 1/24 1/48	(69 27/48)
64	5 1/3	(5 16/48)	1 1/3	(1 16/48)	70 1/2 1/6	(70 32/48)
65	5 1/3 1/12	(5 20/48)	1 1/3 1/48	(1 17/48)	71 1/2 1/4 1/48	(71 37/48)
66	5 1/2	(5 24/48)	1 1/3 1/24	(1 18/48)	72 1/2 1/3 1/24	(72 42/48)
67	5 1/2 1/12	(5 28/48)	1 1/3 1/24 1/48	(1 19/48)	73 1/2 1/3 1/8 1/48	(73 47/48)
68	5 1/2 1/6	(5 32/48)	1 1/3 1/12	(1 20/48)	75 1/12	(75 4/48)
69	5 1/2 1/4	(5 36/48)	1 1/3 1/12 1/48	(1 21/48)	76 1/6 1/48	(76 9/48)
70	5 1/2 1/3	(5 40/48)	1 1/3 1/8	(1 22/48)	77 1/4 1/24	(77 14/48)
71	5 1/2 1/3 1/12	(5 44/48)	1 1/3 1/8 1/48	(1 23/48)	78 1/3 1/24 1/48	(78 19/48)
72	6	(6)	1 1/2	(1 24/48)	79 1/2	(79 24/48)
73	6 1/12	(6 4/48)	1 1/2 1/48	(1 25/48)	80 1/2 1/12 1/48	(80 29/48)
74	6 1/6	(6 8/48)	1 1/2 1/24	(1 26/48)	81 1/2 1/6 1/24	(81 34/48)
75	6 1/4	(6 12/48)	1 1/2 1/24 1/48	(1 27/48)	82 1/2 1/4 1/24 1/48	(82 39/48)
76	6 1/3	(6 16/48)	1 1/2 1/12	(1 28/48)	83 1/2 1/3 1/12	(83 44/48)
77	6 1/3 1/12	(6 20/48)	1 1/2 1/12 1/48	(1 29/48)	85 1/48	(85 1/48)
78	6 1/2	(6 24/48)	1 1/2 1/8	(1 30/48)	86 1/8	(86 6/48)
79	6 1/2 1/12	(6 28/48)	1 1/2 1/8 1/48	(1 31/48)	87 1/6 1/24 1/48	(87 11/48)
80	6 1/2 1/6	(6 32/48)	1 1/2 1/6	(1 32/48)	88 1/3	(88 16/48)
81	6 1/2 1/4	(6 36/48)	1 1/2 1/6 1/48	(1 33/48)	89 1/3 1/12 1/48	(89 21/48)
82	6 1/2 1/3	(6 40/48)	1 1/2 1/6 1/24	(1 34/48)	90 1/2 1/24	(90 26/48)
83	6 1/2 1/3 1/12	(6 44/48)	1 1/2 1/6 1/24 1/48	(1 35/48)	91 1/2 1/8 1/48	(91 31/48)
84	7	(7)	1 1/2 1/4	(1 36/48)	92 1/2 1/4	(92 36/48)
85	7 1/12	(7 4/48)	1 1/2 1/4 1/48	(1 37/48)	93 1/2 1/3 1/48	(93 41/48)
86	7 1/6	(7 8/48)	1 1/2 1/4 1/24	(1 38/48)	94 1/2 1/3 1/8	(94 46/48)
87	7 1/4	(7 12/48)	1 1/2 1/4 1/24 1/48	(1 39/48)	96 1/24 1/48	(96 3/48)
88	7 1/3	(7 16/48)	1 1/2 1/3	(1 40/48)	97 1/6	(97 8/48)
89	7 1/3 1/12	(7 20/48)	1 1/2 1/3 1/48	(1 41/48)	98 1/4 1/48	(98 13/48)
90	7 1/2	(7 24/48)	1 1/2 1/3 1/24	(1 42/48)	99 1/3 1/24	(99 18/48)
91	7 1/2 1/12	(7 28/48)	1 1/2 1/3 1/24 1/48	(1 43/48)	100 1/3 1/8 1/48	(100 23/48)
92	7 1/2 1/6	(7 32/48)	1 1/2 1/3 1/12	(1 44/48)	101 1/2 1/12	(101 28/48)
93	7 1/2 1/4	(7 36/48)	1 1/2 1/3 1/12 1/48	(1 45/48)	102 1/2 1/6 1/48	(102 33/48)
94	7 1/2 1/3	(7 40/48)	1 1/2 1/3 1/8	(1 46/48)	103 1/2 1/4 1/24	(103 38/48)
95	7 1/2 1/3 1/12	(7 44/48)	1 1/2 1/3 1/8 1/48	(1 47/48)	104 1/2 1/3 1/24 1/48	(104 43/48)
96	8	(8)	2	(2)	106	(106)
97	8 1/12	(8 4/48)	2 1/48	(2 1/48)	107 1/12 1/48	(107 5/48)

	Pour un nomisma de	Dikératon tant de nomismata	(=)	Hexafollon tant de nomismata	(=)	Total avec le dikératon et l'hexafollon, tant de nomismata	(=)
	98	8 1/6	(8 8/48)	2 1/24	(2 2/48)	108 1/6 1/24	(108 10/48)
	99	8 1/4	(8 12/48)	2 1/24 1/48	(2 3/48)	109 1/4 1/2 1/48	(109 15/48)
	100	8 1/3	(8 16/48)	2 1/12	(2 4/48)	110 1/3 1/12	(110 20/48)
	200	16 1/2 1/6	(16 32/48)	4 1/6	(4 8/48)	220 1/2 1/3	(220 40/48)
	300	25	(25)	6 1/4	(6 12/48)	331 1/4	(331 12/48)
	400	33 1/3	(33 16/48)	8 1/3	(8 16/48)	441 1/2 1/6	(441 32/48)
	500	41 1/2 1/6	(41 32/48)	10 1/3 1/12	(10 20/48)	552 1/12	(552 4/48)
	600	50	(50)	12 1/2	(12 24/48)	662 1/2	(662 24/48)
	700	58 1/3	(58 16/48)	14 1/2 1/12	(14 28/48)	772 1/2 1/3 1/12	(772 34/4)
	800	66 1/2 1/6	(66 32/48)	16 1/2 1/6	(16 32/48)	883 1/3	(883 16/48)
	900	75	(75)	18 1/2 1/4	(18 36/48)	993 1/2 1/4	(993 36/48)
	1000	83 1/3	(83 16/48)	20 1/2 1/3	(20 40/48)	1104 1/6	(1104 8/48)
p. 332	2000	166 1/2 1/6	(166 32/48)	41 1/2 1/6	(41 32/48)	2208 1/3	(2208 16/48)
	3000	250	(250)	62 1/2	(62 24/48)	3312 1/2	(3312 24/48)
	4000	333 1/3	(333 16/48)	83 1/3	(83 16/48)	4416 1/2 1/6	(4416 32/48)
	5000	416 1/2 1/6	(416 32/48)	104 1/6	(104 8/48)	5520 1/2 1/3	(5520 40/48)
	6000	500	(500)	125	(125)	6625	(6625)
	7000	583* 1/3	(583 16/48)	145 1/2 1/3	(145 40/48)	7729 1/6	(7729 8/48)
	8000	666 1/2 1/6	(666 32/48)	166 1/2 1/6	(166 32/48)	8833 1/3	(8833 16/48)
	9000	750	(750)	187 1/2	(187 24/48)	9937 1/2	(9937 24/48)
	10000	833 1/3	(833 16/48)	208 1/3	(208 16/48)	11041 1/2 1/5	(11041 32/48)

5. Voici donc ce qui est alors recouvré et que l'on fait rentrer au titre d'impôt foncier de base (dèmosion). En plus de ces sommes, le praktôr a coutume de lever à son propre profit, sur chaque nomisma, une synètheia d'un miliarèsion, c'est-à-dire d'1/12 de nomisma. Et pour les frais de déplacement de son subordonné qui amène le contribuable à verser ce qui revient au dèmosion, un élatikon de 12 folles, c'est-à-dire 1/24 de nomisma. Et les dikératohexafolla, en tant que relevant (ὡς ὄντα) du dèmosion [service], figuraient aussi (ἐτίθεντο) sur le registre (κατάστιχον)[5] remis par le dèmosion au sékréton du Génikon. La synètheia et l'élatikon étaient remis eux aussi au dèmosion et au sékréton du Génikon. Ces services versaient ensuite les débours (ἐκθέσεις) des membres du sékréton, selon le décompte (ἔκθεσις) de chaque diocèse, en tant que réclamé au profit (ὑπὲρ ὠφελείας) du dioikètès et de ses subordonnés, comme il a été dit. Ces sommes figuraient sur le registre de celui-ci, mais non sur la

* L'éd. Zépos porte ici par erreur πφγ au lieu de φπγ.

5. Sur les différentes significations de ce terme : tout document comportant une liste ordonnée en stichoi, voir Svoronos, *Cadastre*, p. 58, n. 2.

quittance (ἀπόδειξις) du contribuable qui lui avait été remise par le dioikètès. Ensuite, puisqu'elles avaient été distinguées au dèmosion, elles étaient détaillées par ses soins et inscrites sur la quittance du contribuable de la commune de la façon suivante : avec la somme (σῶμα) de 100 nomismata, un dikératon de 100 miliarèsia, soit 8 nomismata 1/3, un hexafollon de 25 miliarèsia soit 2 nomismata 1/12, une synètheia de 3 nomismata et un élatikon de 1 nomisma, — soit ensemble avec le dikératohexafollon, la synètheia et l'élatikon 114 nomismata 1/3 1/12.

p. 332 6. Des synètheiai et des élatika.

Pour un nomisma de	(= en folles)	On doit lever une synètheia de tant de nomismata	(= en folles)	et un élatikon de tant de nomismata	(= en folles)		(Pourcentage par rapport à l'impôt foncier de base)
1	(288)	$1/12$ c.-à-d. un miliarèsion	(24)	$1/24$ c.-à-d. 12 folles	(12)		(12,5 %)
2	(576)	$1/6$	(48)	$1/24$	(12)		(10,4 %)
3	(864)	$1/4$	(72)	$1/24$	(12)		(9,7 %)
4*	(1152)	$1/3$	(96)	$1/24$	(12)		(9,3 %)
5	(1140)	$1/3$ $1/12$	(120)	$1/24$	(12)		(9,1 %)
6	(1728)	1	(288)	$1/2$	(144)	et ainsi jusqu'à 10 nomismata	(25 à 15 %)
10 $1/2$	(3024)	2	(576)	1	(288)	et ainsi jusqu'à 30 nomismata	(28,5 à 10 %)
30 $1/2$	(8784)	3	(864)	1	(288)	et ainsi jusqu'à 100 nomismata	(13 à 4 %)
100 $1/2$	(28944)	6	(1728)	1	(288)	et ainsi jusqu'à 200 nomismata	(6,9 à 3 %)
200 $1/2$	(57744)	9	(2592)	1		et il demeure ainsi	($\leqslant$ 4,9 %)

En effet la synètheia et l'élatikon n'augmentent plus et ne sont plus recouvrés au-delà de 10 nomismata, lorsque les nomismata de l'impôt foncier de base dépassent 201.

* L'éd. Zépos porte 3 par erreur.

p. 333

Pour un nomisma de	(= en folles)	On lève: Un dikératon de tant de nomismata	On lève: Un hexafollon de tant de nomismata	On lève: Une synètheia de tant de nomismata	On lève: Un élatikon de tant de nomismata	(Total des taxes additionnelles en folles)	Total avec le dikératohexafollon, la synètheia et l'élatikon tant de nomismata	(=)	(Pourcentage de l'ensemble des taxes par rapport à l'impôt foncier de base)
1	(288)	1/12	1/48	1/12	1/24	(66)	**1** 1/6 1/24 1/48	(**1** 11/48)	(22,9 %)
2	(576)	1/6	1/24	1/6	1/24	(120)	**2** 1/3 1/12	(**2** 20/48)	(20,8 %)
3	(864)	1/4	1/24 1/48	1/4	1/24	(174)	**3** 1/2 1/12 1/48	(**3** 29/48)	(20,1 %)
4	(1.152)	1/3	1/12	1/3	1/24	(228)	**4** 1/2 1/4 1/24	(**4** 38/48)	(19,7 %)
5	(1.440)	1/3 1/12	1/12 1/48	1/3 1/12	1/24	(282)	**5** 1/2 1/3 1/8 1/48	(**5** 47/48)	(19,5 %)
6	(1.728)	1/2	1/8	**1**	1/2	(612)	**8** 1/8	(**8** 6/48)	(35 %)
7	(2.016)	1/2 1/12	1/8 1/48	**1**	1/2	(642)	**9** 1/6 1/24 1/48	(**9** 11/48)	(31,8 %)
8	(2.304)	1/2 1/6	1/6	**1**	1/2	(672)	**10** 1/3	(**10** 16/48)	(29,1 %)
9	(2.592)	1/2 1/4	1/6 1/48	**1**	1/2	(702)	**11** 1/3 1/12 1/48	(**11** 21/48)	(27 %)
10	(2.880)	1/2 1/3	1/6 1/24	**1**	1/2	(732)	**12** 1/2 1/24	(**12** 26/48)	(25,4 %)
10 1/2	(3.024)	1/2 1/3 1/24	1/6 1/24 1/48	**2**	**1**	(882)	**14** 1/2 1/12 1/48	(**14** 29/48)	(39 %)
15	(4.320)	**1** 1/4	1/4 1/24 1/48	**2**	**1**	(1.179)	**19** 1/2 1/24 1/48	(**19** 27/48)	(30,4 %)
20	(5.760)	**1** 1/2 1/6	1/3 1/12	**2**	**1**	(1.464)	**25** 1/12	(**25** 4/48)	(25,4 %)
25	(7.200)	**2** 1/12	1/2 1/48	**2**	**1**	(1.614)	**30** 1/2 1/12 1/48	(**30** 29/48)	(22,4 %)
30	(8.640)	**2** 1/2	1/2 1/8	**2**	**1**	(1.764)	**36** 1/8	(**36** 6/48)	(20,4 %)
30 1/2	(8.784)	**2** 1/2 1/24	1/2 1/8 1/48	**3**	**1**	(2.070)	**37** 1/2 1/6 1/48	(**37** 33/48)	(23,5 %)
35	(10.080)	**2** 1/2 1/3 1/12	1/2 1/6 1/24 1/48	**3**	**1**	(2.202)	**42** 1/2 1/8 1/48	(**42** 31/48)	(21,8 %)
40	(11.520)	**3** 1/3	1/2 1/3	**3**	**1**	(2.352)	**48** 1/6	(**48** 8/48)	(20,4 %)
45	(12.960)	**3** 1/2 1/4	1/2 1/3 1/12 1/48	**3**	**1**	(2.502)	**53** 1/2 1/6 1/48	(**53** 33/48)	(19,3 %)
50	(14.400)	**4** 1/6	**1** 1/24	**3**	**1**	(2.652)	**59** 1/6 1/24	(**59** 10/48)	(18,4 %)
55	(15.840)	**4** 1/2 1/12	**1** 1/8 1/48	**3**	**1**	(2.802)	**64** 1/2 1/6 1/24 1/48	(**64** 35/48)	(17,6 %)
60	(17.280)	**5**	**1** 1/4	**3**	**1**	(2.952)	**70** 1/4	(**70** 12/48)	(17,0 %)
65	(18.720)	**5** 1/3 1/12	**1** 1/3 1/48	**3**	**1**	(3.102)	**75** 1/2 1/4 1/48	(**75** 37/48)	(16,5 %)
70	(20.160)	**5** 1/2 1/3	**1** 1/3 1/8	**3**	**1**	(3.252)	**81** 1/4 1/24	(**81** 14/48)	(16,1 %)
75	(21.600)	**6** 1/4	**1** 1/2 1/24 1/48	**3**	**1**	(3.402)	**86** 1/2 1/4 1/24 1/48	(**86** 39/48)	(13,0 %)
80	(23.040)	**6** 1/2 1/6	**1** 1/2 1/6	**3**	**1**	(3.552)	**92** 1/3	(**92** 16/48)	(15,4 %)
85	(24.480)	**7** 1/12	**1** 1/2 1/4 1/48	**3**	**1**	(3.702)	**97** 1/2 1/3 1/48	(**97** 41/48)	(15,1 %)
90	(25.920)	**7** 1/2	**1** 1/2 1/3 1/24	**3**	**1**	(3.852)	**103** 1/3 1/24	(**103** 18/48)	(14,8 %)
95	(27.360)	**7** 1/2 1/3 1/12	**1** 1/2 1/3 1/8 1/48	**3**	**1**	(4.002)	**108** 1/2 1/3 1/24 1/48	(**108** 43/48)	(14,6 %)
100	(28.800)	**8** 1/3	**2** 1/12	**3**	**1**	(4.152)	**114** 1/3 1/12	(**114** 20/48)	(14,1 %)
100 1/2	(30.240)	**8** 1/3 1/24	**2** 1/12 1/48	**6**	**1**	(5.034)	**117** 1/2 1/3 1/8 1/48	(**117** 47/48)	(≤16,6 %)

Et pour les chiffres supérieurs du dèmosion, jusqu'à 200 nomismata, on exige le même montant pour la synètheia et l'élatikon; au-delà, la somme exigée pour les nomismata [*sc.* de l'impôt foncier] augmentant, la synètheia et l'élatikon augmentent aussi, pour atteindre 10 nomismata, et ne vont pas au-delà. Au-delà de 10 nomismata, la synètheia et l'élatikon n'augmentent plus et ne sont plus exigés, lorsque les (nomismata) du démosion dépassent 201.

Ainsi pour chaque nomisma on lève un dikératon d'un miliarèsion, c'est-à-dire 1/12 de nomisma; un hexafollon de 6 folles, c'est-à-dire 1/48 de nomisma; une synètheia d'un miliarèsion, c'est-à-dire 1/12 de nomisma et un élatikon de 12 folles, c'est-à-dire 1/24 de nomisma. Les miliarèsia doivent être comptés à raison de 12 au nomisma pour toute levée d'impôt.

Fin, Dieu aidant, de l'antique comptabilité de César Auguste.

p. 334 *Et début du nouveau et présent système de recouvrement par ordre de feu l'empereur, le seigneur Alexis Comnène.*

I. [Voici] les doubles (τὰ ἴσα) des rapports (ὑπομνήσεων) des précédents fonctionnaires du Génikon, Jean Tzirithôn et Georges Spanopoulos, ainsi que ceux des rescrits (λύσεων) impériaux vénérés émis (ἐξενεχθεισῶν) en réponse à ceux-ci et extraits (παρεκβληθεισῶν) de l'ancien état de situation des bureaux (ἀπὸ τῆς ἀρχαίας σεκρετικῆς θέσεως) du susdit Spanopoulos, déposé dans l'Ôaton voûté du Grand Palais, dont le contenu était le suivant :

1. Le samedi 6 mars, indiction II [1109], fut déposé un rapport du précédent (fonctionnaire) du Génikon Jean Tzirithôn, dont les termes étaient les suivants :

Auguste Majesté. Les sommes à recouvrer dans les diocèses extérieurs de Thrace et de Macédoine étaient levées et transportées selon les prescriptions de l'ancienne règle. Pour la XIIIe[6] indiction [1104/1105], Dèmètrios Kamatèros s'était engagé à faire rentrer l'akrostichon de ces circonscriptions pour le double; comme il n'y était pas parvenu, sa maison (τὸ ὀσπήτιον) située près de l'Hippodrome fut confisquée (ἐσχιδεύθη). Ensuite, pour la XIVe indiction [1105/1106], [la perception] fut confiée au proèdre Nicéphore Artavasde, lequel, ayant mené à bien le recouvrement de cette indiction, sollicita que lui fût confié celui de la XVe indiction [1106/1107]. Il avouait, dans son rapport, qu'il avait constaté que le recouvrement dans ces diocèses s'effectuait habituellement en demandant dans certains chôria, au lieu d'un miliarèsion, un nomisma; dans d'autres, au lieu de deux miliarèsia, un nomisma trachy; dans d'autres, au lieu de trois

6. Pour la correction de γ' dans le texte imprimé, en ιγ' d'après le ms., voir Svoronos, *Cadastre*, p. 90 n. 2.

miliarèsia, un nomisma; et dans d'autres, au lieu de quatre miliarèsia, un nomisma, tandis que toutes les «personnes» (πρόσωπα) et les monastères et certains chôria (ne payaient) pour 12 miliarèsia qu'un nomisma trachy. Et il avait donc lui-même procédé au recouvrement pour la XIVe indiction suivant ce qui avait été fait pour les recouvrements précédents. Et il demandait alors comment procéder pour le recouvrement de la XVe indiction [1106-1107].

[1er rescrit]

Et Ta Majesté rendit un rescrit *(lysis)* ordonnant de percevoir sur tous, membres d'un chôrion et « personnes », au lieu d'un *argyron* c'est-à-dire un miliarèsion, un nomisma avec le dikératohexafollon, la synètheia et l'élatikon. Pour la perception des nomismata, on demandera un ancien nomisma trachy (τὸ τραχὺ παλαιὸν) avec ses parakolouthèmata. Mais, comme ceux qui devaient procéder au recouvrement de cette façon calculaient que ce recouvrement serait une lourde charge, Artavasde remit un autre rapport, contenant expressément les termes rapportés plus haut, et Ta Majesté rendit un rescrit dans les termes suivants :

p. 335

[2e rescrit] Rescrit : « Comme ma Majesté l'a indiqué auparavant, le recouvrement des fractions (λεπτὰ ψηφία) des dèmosia à acquitter (τῶν τελουμένων δημοσίων) est effectué en noumia de cuivre (διὰ χαλκῶν νουμίων), et il est de nouveau prescrit de percevoir ainsi : le charagma en nomismata, les fractions, comme il a été dit, en noumia, mais au taux de 4 miliarèsia au nomisma. C'est ainsi qu'il convient de recouvrer les noumia au titre du *dèmosion*, ainsi qu'il a été décrété de les recouvrer. Que le recouvrement soit effectué au même taux (ὁμοίως) sur toutes les « personnes » et sur les membres des chôria (χωρίταις). Que le présent rescrit soit donc enregistré (καταστρωθήτω) parmi les documents des bureaux officiels (σεκρετικοῖς χαρτίοις)[7] pour information (εἰς εἴδησιν). »

Ce rescrit ayant été présenté devant le sékréton, son contenu a provoqué des doutes parmi mes collègues. Les uns disaient que l'ordonnance (πρόσταξις) prévoyait la réduction (τὸ ἀναλύειν)[8] des fractions en 12 miliarèsia au nomisma, c'est-à-dire que là où il y avait 1/2 nomisma on comptait celui-ci pour 6 miliarèsia, comme il avait été prescrit anciennement (ἀπὸ παλαιοῦ), et ensuite le tiers pour 4 miliarèsia, et ainsi de suite jusqu'à 12 miliarèsia au nomisma; ayant ainsi calculé et ayant transformé[9] les fractions en un montant donné, on percevait, au lieu de 4 miliarèsia,

7. Sur le sens de χαρτίον et χάρτης, voir Svoronos, *Cadastre*, p. 20.

8. Sur l'emploi et la signification technique de ce terme, voir le traité arithmétique de Rhabdas, éd. Tannery, index III, *s.v.*

9. εἰς ποσότητά τινα τῶν λεπτῶν ψηφίων περιϊσταμένων. Sur la signification technique de περιϊστάναι, voir le même traité, index III, *s.v.*

un nomisma avec les parakolouthèmata. D'autres fonctionnaires du sékréton disaient que l'ordonnance impériale prescrivait ceci, à savoir que les fractions soient calculées au taux de 4 miliarèsia le nomisma, et que là où il y avait 1/2 nomisma on compte celui-ci pour 2 miliarèsia, en fonction du taux de 4 miliarèsia au nomisma, et d'autre part que là où il y avait 1/4 de nomisma, on perçoive alors 1 miliarèsion. Telle était donc l'équivoque, et comme ils n'avaient pas reçu jusqu'à ce jour de rescrit en raison de l'absence de ta Majesté, on procéda à la perception des deux années, la XVe [1106/1107] et la Ire indiction [1107/1108] de la façon jugée avantageuse et utile par le sékréton, c'est-à-dire en comptant le 1/2 nomisma inscrit à 6 miliarèsia, et en percevant à ce titre (ὑπὲρ τούτων) un nomisma trachy 1/2 avec les parakolouthèmata. Attendu que Ta Majesté est présente, et que le recouvrement de la IIe indiction [1108/1109] dans ces circonscriptions a lieu, je te fais rapport sur ce sujet afin que ton pouvoir divin explique clairement les termes de ton vénéré rescrit.

[3e rescrit] Rescrit

Le précédent rescrit de ma Majesté était tout à fait clair et sans ambiguïté. Ma Majesté avait ordonné ceci : que d'une part le nomisma (du) charagma soit perçu en nomismata trachéa aspra, et d'autre part les fractions en noumia de cuivre (διὰ νουμίων χαλκῶν) ; que les noumia soient comptés à raison de 4 miliarèsia au nomisma, de telle sorte que celui qui devait 1/2 nomisma donne 2 miliarèsia en monnaie de cuivre, et pour 1/3 (τριμοίρου) s'acquitte d'un miliarésion 8 folles, pour 1/4 d'un miliarèsion, pour 1/6 de 16 folles, pour 1/8 de 12 folles, pour 1/12 de 8 folles, pour 1/24 de 4 folles, pour 1/48 de 2 folles. Voici ce qu'a fait connaître
p. 336 le rescrit de ma Majesté de façon claire et irréfutable. Et ce qui a entraîné sa prétendue obscurité n'est rien d'autre que la cupidité des dioikètai. Ma Majesté ne veut pas dire pour autant celle des employés du sékréton; en effet, ceux-ci savaient sans doute que la perception n'était pas effectuée conformément à l'ordonnance de ma Majesté et, cherchant à ce que les dioikètai calculent selon ce qui avait été mis en recouvrement, ils ont présenté un rapport à ce sujet. Mais ma Majesté a ordonné ce qui suit : que les dioikètai soient comptabilisés selon ce qui aura été exigé pour l'akrostichon des circonscriptions, et qu'on leur réclame ce qu'ils ont perçu à la suite de l'ordonnance de ma Majesté en profitant de cette obscurité qu'ils prétendent. Que le reste du recouvrement ait lieu et soit comptabilisé conformément à la susdite ordonnance de ma Majesté, et que les percepteurs ne perçoivent rien de plus. Ma Majesté n'a en effet nullement autorisé les percepteurs (ἀπαιτηταῖς) à lever quoi que ce soit au-delà des (sommes) qui leur ont été fixées comme on l'a dit. Plutôt, les dioikètai qui ont effectué cette perception abusive devraient même subir le châtiment qui convient. Mais disposée avec plus de bienveillance envers eux, ma Majesté décide qu'ils ne seront comptabilisés et qu'on ne

leur réclamera que ce qu'ils ont perçu de la façon certes qu'ils ont reconnu avoir appris du susdit rescrit de ma Majesté. Désormais le recouvrement aura lieu conformément au véritable but de cette ordonnance, ainsi qu'il a été exposé plus haut clairement et en détail. Que le présent rescrit soit donc enregistré pour information. Il y avait aussi : au mois de février, IIe indiction [1109], en lettres pourpres de notre puissante et sacrée Majesté et avec le sceau habituel de cire. Il y avait aussi : a été enregistré devant le logothète et le grand logariaste.

2. Dans le même dossier (θέσει) se trouve un autre document contenant ce qui suit : le samedi 14 août, IIe indiction [1109], fut enregistré un rapport du logothète du Génikon Georges Spanopoulos qui comprenait ce qui suit :

Auguste Majesté, il a été procédé à la perception des impôts publics en Occident pour la XVe indiction [1106/1107] écoulée et la Ire qui l'a suivie au détriment des sujets de ta Majesté, attendu que les percepteurs, interprétant à tort (παρερμηνευσάντων) ton édit (πρόσταγμα), ont recouvré le charagma en nomismata, les fractions en comptant 12 miliarèsia au nomisma et en percevant en leur place 1/3 de nomisma, c'est-à-dire pour 4 miliarèsia un nomisma. Rapport fut fait à ton autorité sacrée, il y a peu de temps, et tu as ordonné par un auguste rescrit de percevoir le charagma en nomismata trachéa aspra, et les fractions en monnaie de cuivre, de compter ces noumia à raison de 4 miliarèsia au nomisma, de sorte que celui qui doit 1/2 nomisma verse 2 miliarèsia en monnaie de cuivre, et pour 1/3, 1 miliarèsion 8 folles; pour 1/4, 1 miliarèsion; pour 1/6, 16 folles; pour 1/8, 12 folles; pour 1/12; 8 folles; pour 1/24, 4 folles, et pour 1/48, 2 folles. Le vénéré rescrit contenant donc ceci, certains de ceux qui avaient coutume de payer les impôts fonciers afférents à leurs propriétés [directement] à la capitale, devaient payer leurs impôts au titre du charagma (τὰ μὲν διὰ χαράγματος τέλη) en nomismata, ce qu'on leur demandait et qu'ils firent, ainsi que les fractions en noumia, conformément à l'ordonnance de ta Majesté. Et il n'y avait aucun motif d'ambiguïté à ce sujet.
p. 337 En revanche, ils soulèvent une certaine ambiguïté concernant les dikératohexafolla. En effet pour le dikératohexafollon, comme le trachy continue à entraîner l'ancien dikératohexafollon de 30 folleis, les contribuables qui doivent payer et sur les nomismata du charagma et sur le montant des nomismata résultant de la somme payable en noumia [mot à mot « et sur les noumia aboutissant à une certaine quantité de nomismata »], à raison de 4 miliarèsia au nomisma, comme l'ordonnance prescrit de les compter, protestent en alléguant qu'ils ne doivent pas payer le dikératohexafollon qui correspondait anciennement (ἐξ ἀρχῆς) au nomisma, c'est-à-dire 30 folleis, mais 10 folleis seulement, c'est-à-dire le tiers de 30[10]. Moi, ton

10. Traduction de Svoronos, *Cadastre*, p. 95 n. 3, pour tout ce passage, depuis « comme le trachy ».

indigne serviteur, sachant qu'il en résulterait une perte non négligeable pour le trésor et prévoyant en outre des réclamations des bureaux (σεκρετικὰς συζητήσεις) à ce sujet, je sollicite qu'il me soit expressément prescrit à quel taux je dois percevoir le dikératohexafollon tant sur les nomismata du charagma que sur le montant résultant de la somme payable en noumia.

[4e rescrit] Rescrit[11]

Ma Majesté ordonne que l'on perçoive maintenant, tant pour les nomismata du charagma que pour les noumia, à raison de 4 miliarèsia au nomisma, comme tu l'as toi-même rapporté et comme le veut l'ordonnance rendue récemment, la moitié du dikératohexafollon exigé auparavant, c'est-à-dire 15 folles seulement au nomisma et rien de plus, tant pour le charagma que pour les noumia, comme il a été dit.

3. Rapport [suite]

Mais je sollicite également de me voir prescrire, moi ton indigne serviteur, si je dois percevoir la synètheia et l'élatikon également en nomismata ou bien en noumia. En effet, jusqu'à 7 nomismata, on perçoit pour la synètheia et l'élatikon, sur chaque nomisma 1 miliarèsion 12 folles, proportionnellement au montant des nomismata, et la synètheia avec l'élatikon augmente ainsi jusqu'à 10 nomismata, où l'on perçoit à ce titre un nomisma 1/2 [voir en effet au § 6 le tableau, p. 332]. Pour un montant plus élevé du dèmosion le recouvrement persiste, et jusqu'à 20 nomismata

[Lacune du manuscrit. Blanc de 2 lignes. Voir Svoronos, *Cadastre*, p. 96 n. 1. Cf. infra, p. 456]

Attendu qu'autrefois la perception de la synètheia et de l'élatikon était effectuée pour les petites fractions du nomisma en noumia, moi-même, au lieu d'un nomisma 1/2 et au lieu de 3 nomismata, et ainsi de suite, qui devaient être versés au titre de la synètheia et de l'élatikon, j'ai demandé des noumia à raison de 4 miliarèsia au nomisma. Ce que les contribuables ont trouvé accablant; et ils objectent que les noumia doivent êtres payés en noumia, au taux appliqué pour les impôts du dèmosion (καθ' ὅμοιον τοῖς δημοσιακοῖς τελέσμασι) [c'est-à-dire comme le kanôn et le

11. Comme l'a montré Svoronos, *Cadastre*, p. 96, n. 4, la suite de ce rescrit, qui date de juin 1109, figure à la page suivante En fait, le compilateur du traité, pour la clarté de son exposé, cite la première partie du rescrit ici, divisant le rapport de Spanopoulos, qui reprend au § 3. La première partie du rescrit répond à la question de Spanopoulos concernant le dikératohexafollon ; la seconde à celle concernant la synètheia et l'élatikon exposée au § 3. Ici le compilateur a pu jouer sur l'ambiguïté du terme *lysis* qui désigne certes, en diplomatique, un rescrit impérial, mais aussi, en arithmétique, la solution d'un problème (p. ex. Traité de Rhabdas ; éd. Tannery, *op. cit.*, 158, 22 162, 12 164, 10 et *passim*).

dikératohexafollon], et d'autre part les nomismata en nomismata. Que ta puissante Majesté me fasse connaître par ordonnance sa position sur ce point.

p. 338 Rescrit [suite][12]

Ma Majesté décrète que la perception de la synètheia et de l'élatikon soit effectuée en noumia, et que l'on perçoive seulement 18 folles au nomisma tant pour ce qui est exigé au titre du charagma[13] que pour les 4 miliarèsia comme il a été exposé plus haut[14], que le dèmosion à verser par chacun s'élève à une grande ou à une petite somme. Transmets donc copie écrite (εἴδησιν ἔγγραπτον) de ces décisions (οἰκονομιῶν) au responsable (τῷ ἐνεργοῦντι) des diocèses occidentaux (τὰς δυτικὰς διοικήσεις) afin qu'il perçoive, conformément à celle-ci, le dikératohexafollon, la synètheia et l'élatikon de la même façon dont il convient de les compter dans ces cas-là, à partir du mois de mars de la présente seconde indiction. Le précédent rescrit de ma Majesté, mal interprété par les percepteurs (διοικηταῖς) en ce qui concerne les 4 miliarèsia, est rendu invalide par cette dernière ordonnance-ci. Il y avait : du mois de juin, IIe indiction [1109], en lettres pourpres de notre auguste Majesté, et avec le sceau habituel de cire. Donné le tant. A été enregistré par le logothète et le grand logariaste.

Les souscriptions des membres du sékréton :

L'indigne serviteur de notre puissante et auguste Majesté, le génikos Michel Koutrikos.

Le logariaste du sékréton du Génikon Georges Apibithioum.

Le notaire impérial dudit sékréton du Génikon Constantin Rôthônas.

Jean Serblias notaire impérial du sékréton du Génikon.

Le notaire impérial du sékréton du Génikon Nicolas Triphyllos.

Le juge du voile et de l'hippodrome Jean Manouèlitès, j'ai signé le présent document que j'ai trouvé conforme au document émis par le sékréton qui m'avait été confié et montré.

II. En vertu donc du contenu (περιλήψεις) et du pouvoir des saintes et vénérées ordonnances impériales qui ont été transcrites plus haut, il convient de procéder à la perception de chaque montant exigible de la façon qui suit :

12. Cf. n. 11 *supra*.
13. Lacune du texte imprimé, restituée par Svoronos, *Cadastre*, p. 96, n. 6.
14. Cf. *supra*, Rescrit p. 336.

339

Pour un nomisma de	(=)	On lève un dèmosion			c'est-à-dire		Et pour les parakolouthèmata (dikératon, hexafollon, synètheia et élatikon) tant de folles	Total (avec le dikératohexafollon, la synètheia et l'élatikon)		(=)
		de tant de nomismata trachéa de charagma	miliarèsia	folles	nomisma	folles		Nomismata de charagma	Folles	
1/48	(1/48)	—	—	2	—	—	1/2 1/6 1/48	—	2 1/2 1/6 1/48	(2 33/48)
1/24	(2/48)	—	—	4	—	—	1 1/4 1/8	—	5 1/4 1/8 c'est-à-dire 5 1/3 1/24	(5 18/48)
1/24 1/48	(3/48)	—	—	6	—	—	2 1/16	—	8 1/16	(8 3/48)
1/12	(4/48)	—	—	8	—	—	2 1/2 1/4	—	10 1/2 1/4	(10 36/48)
1/12 1/48	(5/48)	—	—	10	—	—	3 1/3 1/12 1/48	—	13 1/3 1/12 1/48	(13 21/48)
1/8	(6/48)	—	—	12	—	—	4 1/8	—	16 1/8	(16 6/48)
1/8 1/48	(7/48)	—	—	14	—	—	4 1/2 1/4 1/24 1/48	—	18 1/2 1/4 1/24 1/48	(18 39/48)
1/6	(8/48)	—	—	16	—	—	5 1/2	—	21 1/2	(21 24/48)
1/4	(12/48)	—	1	—	—	24	8 1/4	—	32 1/4	(32 12/48)
1/3	(16/48)	—	1	8	—	32	11	—	43	(43)
1/3 1/12	(20/48)	—	1	16	—	40	13 1/2 1/4	—	53 1/2 1/4	(53 36/48)
1/3 1/8	(22/48)	—	1	20	—	44	15 1/8	—	59 1/8	(59 6/48)
1/3 1/8 1/48	(23/48)	—	1	22	—	46	15 1/2 1/4 1/24 1/48	—	61 1/2 1/4 1/24 1/48	(61 39/48)
1/2	(24/48)	—	2	—	—	48	16 1/2	—	64 1/2	(64 24/48)
1/2 1/48	(25/48)	—	2	2	—	50	17 1/6 1/48	—	67 1/6 1/48	(67 9/48)
1/2 1/24	(26/48)	—	2	4	—	52	17 1/2 1/4 1/8	—	69 1/2 1/4 1/8	(69 42/48)
1/2 1/24 1/48	(27/48)	—	2	6	—	54	18 1/2 1/24 1/48	—	72 1/2 1/24 1/48	(72 27/48)
1/2 1/12	(28/48)	—	2	8	—	56	19 1/4	—	75 1/4	(75 12/48)
1/2 1/12 1/48	(29/48)	—	2	10	—	58	19 1/2 1/3 1/12 1/48	—	77 1/2 1/3 1/12 1/48	(77 45/48)
1/2 1/8	(30/48)	—	2	12	—	60	20 1/2 1/8	—	80 1/2 1/8	(80 30/48)
1/2 1/8 1/48	(31/48)	—	2	14	—	62	21 1/4 1/24 1/48	—	83 1/4 1/24 1/48	(83 15/48)
1/2 1/6	(32/48)	—	2	16	—	64	22	—	86	(86)
1/2 1/4	(36/48)	—	3	—	—	72	24 1/2 1/4	—	96 1/2 1/4	(96 36/48)
1/2 1/3	(40/48)	—	3	8	—	80	27 1/2	—	107 1/2	(107 24/48)
1/2 1/3 1/12	(44/48)	—	3	16	—	88	30 1/4	—	118 1/4	(118 12/48)
1/2 1/3 1/12 1/48	(45/48)	—	3	18	—	90	30 1/2 1/3 1/12 1/48	—	120 1/2 1/3 1/12 1/48	(120 45/48)
1/2 1/3 1/8	(46/48)	—	3	20	—	92	31 1/2 1/8	—	123 1/2 1/8	(123 30/48)
1/2 1/3 1/8 1/48	(47/48)	—	3	22	—	94	32 1/4 1/24 1/48	—	126 1/4 1/24 1/48	(126 15/48)
1	(1)	**1**	—	—	—	—	33	**1**	33	(33)
1 1/12	(1 4/48)	**1**	—	8	—	—	35 1/2 1/4	**1**	43 1/2 1/4	(43 36/48)
1 1/6	(1 8/48)	**1**	—	16	—	—	38 1/2	**1**	54 1/2	(54 24/48)
1 1/4	(1 12/48)	**1**	1	—	—	—	41 1/4	**1**	65 1/4	(65 12/48)
1 1/3	(1 16/48)	1	1	8	1	32	44	**1**	76	(76)
1 1/3 1/12	(1 20/48)	**1**	1	16	1	40	46 1/2 1/4	**1**	86 1/2 1/4	(86 36/48)
1 1/3 1/8	(1 27/48)	**1**	1	20	1	44	48 1/8	**1**	92 1/8	(92 6/48)
1 1/3 1/8 1/48	(1 23/48)	**1**	1	22	1	46	48 1/2 1/4 1/24 1/48	**1**	94 1/2 1/4 1/24 1/48	(94 39/48)
1 1/2	(1 24/48)	**1**	2	—	—	—	49 1/2	**1**	97 1/2	(97 24/48)
1 1/2 1/12	(1 28/48)	**1**	2	8	—	—	52 1/4	**1**	108 1/4	(108 12/48)
1 1/2 1/6	(1 32/48)	**1**	2	16	—	—	55	**1**	119	(119)
1 1/2 1/4	(1 36/48)	**1**	3	—	—	—	57 1/2 1/4	**1**	129 1/2 1/4	(129 36/48)
1 1/2 1/3	(1 40/48)	**1**	3	8	—	—	60 1/2	**1**	140 1/2	(140 24/48)
1 1/2 1/3 1/12	(1 44/48)	**1**	3	16	—	—	63 1/4	**1**	151 1/4	(151 12/48)
1 1/2 1/3 1/8	(1 46/48)	**1**	3	20	—	—	64 1/2 1/8	**1**	156 1/2 1/8	(156 30/48)
1 1/2 1/3 1/8 1/48	(1 47/48)	**1**	3	22	—	—	65 1/4 1/24 1/48	**1**	159 1/4 1/24 1/48	(159 15/48)
2	(2)	**2**	—	—	—	—	66	**2**	66	(66)
2 1/2	(2 24/48)	**2**	2	—	—	—	82 1/2	**2**	130 1/2	(130 24/48)
2 1/2 1/4	(2 36/48)	**2**	3	—	—	—	90 1/2 1/4	**2**	162 1/2 1/4	(162 36/48)
3	(3)	**3**	—			—	99	**3**	99	(99)

p. 340 Et c'est selon la méthode suivante qu'il convient de percevoir les valeurs supérieures du dèmosion : d'une part les impôts du charagma, en charagma, c'est-à-dire en nomismata trachéa aspra (διὰ τραχέων ἄσπρων νομισμάτων) ; et on lèvera sur chaque nomisma du charagma, à titre de parakolouthèmata, pour le dikératohexafollon d'une part 15 folles, pour la synètheia et l'élatikon d'autre part 18 folles, c'est-à-dire [en tout] 33 folles. Et d'autre part on doit percevoir les fractions (λεπτὰ ψηφία) en monnaie de cuivre (διὰ νουμίων χαλκῶν), compter ainsi les noumia à raison de 4 miliarèsia au nomisma et percevoir, en outre, de la même façon, sur chaque nomisma, au titre des parakolouthèmata 33 folles, conformément à la divine ordonnance impériale.

III. Pour une meilleure compréhension de ce qui vient d'être dit, on peut exposer ce qui suit :

1. Considérons les impôts annuels dus par le vénéré monastère de X :

Au titre du nomisma	1	1/2	1/3	1/12
	2	1/2	1/4	
	4	1/2	1/4	1/24
	et	1/3	1/8	

Total avec les sommes à payer au titre du charagma 7 nomismata, c'est-à-dire 7 trachéa, et au titre des parakolouthèmata, perçus à raison de 33 folles par nomisma, 231 folles. Au titre des fractions en miliarèsia (διὰ δὲ λεπτῶν μιλιαρησίων), 11 miliarèsia 2/3, c'est-à-dire 280 folles, et au titre des parakolouthèmata portant sur ces dernières, en comptant les miliarèsia à raison de 4 au nomisma, qui s'élèvent à 2 nomismata 1/2 1/3 1/12, 96 folles 1/4.

Total :	nomismata du charagma	7
	fractions	607 1/4 folles,

ce qui donne, à raison de 16 folles au nomisma trachy, au cours du jour (ὡς ἡ ἡμέρα ἔχει, 38 nomismata trachéa moins un follis 1/2 1/4, soit un total de 45 nomismata trachéa.

2. Considérons les impôts dus annuellement par Un tel, à savoir 1 nomisma de charagma, et 9 miliarèsia de fractions
c'est-à-dire pour deux années (les XIIe [1103/1104] et XIIIe [1104/1105] indictions)

2 nomismata de charagma et 18 miliarèsia

pour 2 nomismata de charagma.		2 trachéa
et pour leurs parakolouthèmata.	66 folles	
soit 33 folles par nomisma		
et sur ces 18 miliarèsia.	432 folles	
(et) au titre de leurs parakolouthèmata (ces 18 miliarèsia étant comptés au taux de 4 au nomisma, se montent à 4 nomismata 1/2 et pour chaque nomisma, on perçoit 33 folles).	148 folles 1/2	
Total des impôts à percevoir pour 2 années, tant pour les 2 nomismata de charagma que pour les fractions.	646 folles 1/2	
qui font, à raison de 12 au nomisma trachy, au cours du jour		54 trachéa
soit en tout.		56 nomismata trachéa

Commentaire

I

Sans remonter à Auguste, quoi qu'en dise le texte, la *Palaia Logarikè* n'en constitue pas moins un témoignage capital sur la situation qui prévalait à Byzance depuis plusieurs siècles. L'équivalence donnée au § 1 :

1 nomisma = 12 miliarèsia = 288 folles
1 miliarèsion = 24 folles

est en effet attestée depuis la fin du IXe siècle, comme le montrent les *Gloses nomiques* et d'autres scholies aux *Basiliques*, et confirmée par plusieurs comptes du *Livre des Cérémonies*[1]. Le passage des *Gloses nomiques* analysé par Svoronos[2] implique néanmoins un changement de rapport entre monnaies d'or et d'argent. Il oppose en effet, pour 125 miliarèsia de 1 carat 3/4 chacun, l'équivalence ancienne de 218 carats et 9 noummia (soit un nomisma de 24 carats : 1 3/4 = 13 5/7 miliarèsia, arrondis par excès à 14), à l'équivalence « en vigueur actuellement (πρὸς τὸ νῦν κρατοῦν),

1. *De Cerim.* I, 799-800.
2. Svoronos, *Cadastre*, p. 80, n. 2.

de 109 miliarèsia 9 noummia = 9 nomismata 1 miliarèsion 9 noummia (soit un nomisma de 12 miliarèsia). Selon les comptes de l'expédition de Crète, le nomisma valait bien en effet, en 949, plus de 12 miliarèsia[3]. Il est malheureusement impossible de dater précisément ce passage de 14 à 12 miliarèsia au nomisma[4], ni l'origine de la première valeur; impossible encore de mettre en relation ces changements avec des mutations métrologiques, le poids théorique du miliarèsion étant, semble-t-il, demeuré inchangé de Basile Ier à Basile II. La relation 1/12 paraît cependant plus ancienne, puisque le dikératon, cet impôt complémentaire créé par Léon III pour financer la réfection des murs de Constantinople après le tremblement de terre de 740, était, selon Théophane, de 1 miliarèsion par nomisma[5]. Peut-être même remontait-elle au-delà, si telle est bien la valeur qu'il faut attribuer à l'hexagramme, créé en 615[6]. Telle serait alors l'explication de l'emploi équivalent de ἀργυρόν pour μιλιαρήσιον au § 1 : l'hexagramme est en effet appelé τὸ νόμισμα ἀργυροῦν par les textes, et le Continuateur de Théophane emploie encore ἀργύριον pour désigner le miliarèsion[7].

Dans le domaine métrologique, la persistance de certaines valeurs, tant pour les étalons pondéraux que pour les rapports entre les espèces, est un phénomène bien connu. Dans la *Logarikè*, la valeur de 6 000 noummia attribuée au nomisma en est un autre exemple : telle est en effet l'équivalence attestée à l'époque constantinienne, après 323, elle-même empruntée, par l'assimilation du sou au talent, à l'ancienne division de celui-ci

3. *De Cerim.* I, 675.

4. Et *a fortiori* à 10, valeur attestée dans la *Souda*, éd. Adler, Leipzig, 1933, III, p. 395, n° 1062 : Μιλιαρίσιον, τὸ τοῦ νομίσματος δέκατον.

5. THÉOPHANE, De Boor, I, 412.

6. Selon Grierson. Bertelè, en revanche, considère que l'on aboutit ainsi à un rapport or/argent exceptionnellement élevé, de 1/17 environ, supérieur à celui attesté en Orient et en Occident à la même époque et que seule l'hypothèse de 6 hexagrammes au solidus (d'où un rapport de 1/8,5 environ) est conforme à la situation de l'empire sous Héraclius et au désir d'économies à l'origine de cette émission (*Lineamenti*, p. 72-76 ; *éd. fr.* p. 57-60). La présence de nombreux hexagrammes dans des trésors à l'extérieur de l'empire est la preuve que la pièce n'était pas surévaluée, mais que sa valeur nominale correspondait à sa valeur intrinsèque, ou même dépassait cette dernière. Cette sous-évaluation aurait même causé son exportation et par là sa disparition sous Justinien II (P. GRIERSON, The Monetary Reforms of Abd al-Malik, *Journ. of the Ec. and Soc. Hist. of the Orient*, 3, 1960, p. 261-264). Cf. également le livre — paru depuis la rédaction de cet article — de P. YANNOPOULOS, *L'hexagramme*, Louvain, 1978.

7. THÉOPH. CONT., Bonn, p. 418. Il s'agit de distributions faites par Romain Ier aux pauvres de la capitale, très éprouvés par un hiver exceptionnellement rigoureux. Les μηναῖα τριμήσια dont parle le texte ne sont pas une preuve de la persistance de cette monnaie d'or divisionnaire, dont les derniers exemplaires connus remontent à Basile Ier (*BNC* II, p. 543, n. 1), car il est dit plus loin que les sommes distribuées s'élevèrent à douze mille (pièces) d'argent monnayé (ἀργύρου ἐγκεχαραγμένου χιλιάδας δώδεκα). *Trimèsia* est au contraire ici un exemple de compte en fractions de nomisma, comme la Logarikè en offre tant.

en 6 000 drachmes[8]. A l'époque byzantine, cette équivalence précise n'est jamais attestée. Un chiffre voisin, de 7 200 nummi, est cité dans la Novelle 16 de Valentinien III, en 445. La réduction de moitié du poids du nummus à la fin du ve siècle, qui porta celui-ci à quelque 0,50 g seulement, dut être accompagnée ou suivie d'une réévaluation du solidus en termes de monnaie de bronze. En effet, quelle que soit l'interprétation adoptée des données des *Tablettes Albertini*[9], on en déduit une équivalence variant de 11 200 à 14 000 nummi. Pour l'époque justinienne, les textes et la métrologie du follis combinés indiquent des valeurs successives de 14 400, 8 400 et 7 200 nummi[10]. Aucun document écrit ne nous permet ensuite d'interpréter les mutations du follis aux vi^e-viie siècles et son déclin pondéral.

Nous ignorons si l'équivalence 1 follis = 40 nummi, introduite par Anastase, fut conservée à l'époque méso-byzantine; auquel cas, l'équation

				[1] *Nummi*	[2]
1 nomisma =	12 miliarèsia =	24 kératia =	288 folles	[= 11 520]	[= 6 000]
	1 miliarèsion =	2 kératia =	24 folles	[= 960]	[= 500]
		1 kération =	12 folles	[= 480]	[= 250]
			1 follis	[= 40]	[= 20 5/6]

devrait être développée comme en [1].

Si, au contraire, l'équivalence 1 nomisma = 6 000 noummia qui figure dans la *Palaia Logarikè* correspond à une réalité et n'est pas un simple procédé arithmétique[11], l'équation doit être développée comme en [2], ce qui implique pour le follis une valeur réduite à 20 5/6 nummi, arrondie par défaut à 20, soit un réajustement qui pourrait correspondre à une augmentation importante du poids du follis, tel le passage, avec la classe A 2 de folles anonymes sous Basile II, d'une taille au 42e à une taille au 18e de livre.

Bien que les variations de poids des espèces d'argent et de cuivre sous les Isauriens et les Macédoniens nous autorisent à supposer quelques changements, dont les textes gardent certains indices, il n'en reste pas moins que le rapport 1 : 12 : 288 reflétait, dans l'ensemble, la réalité monétaire. Appliqué à la métrologie de la fin de l'époque macédonienne, avant le début de l'altération du nomisma, il impliquait les rapports suivants entre les métaux :

8. J.-P. Callu, *La politique monétaire des empereurs romains de 238 à 311*, Paris, 1969, p. 363.
9. C. Morrisson, Les origines du monnayage vandale, *Actes du VIIIe Congrès Int. de Numism.* (1973), Paris-Bâle, 1976, p. 461-472 ; *Ann. E.P.H.E. IVe Section*, 1974, p. 343.
10. C. Morrisson, *RN*^{6}, 16, p. 188.
11. Comme le veut P. Grierson (*DOC* III, 1, p. 17).

AV / AR 1 à 8

AV / Æ 1 à 740 ou 864[12].

Le premier, peu éloigné de celui qui prévalait alors en Occident, était en revanche inférieur aux divers taux estimés vers la même époque dans l'Orient musulman[13]. Cette différence peut avoir contribué au déclin des frappes d'argent à Byzance au cours du XIe siècle, puis à leur disparition. Mais des facteurs internes, tel l'emploi de l'argent en proportion croissante dans l'alliage des nomismata, ont pu jouer un rôle également important.

A ces variations près, sous les derniers Macédoniens, métrologie théorique et métrologie réelle se correspondaient; la valeur nominale des espèces était égale, ou peu s'en faut, à leur valeur intrinsèque. Le nomisma de compte, sur lequel est fondé la *Palaia Logarikè*, était donc légitimement appelé χάραγμα νόμισμα, ce qui soulignait son caractère de monnaie réelle.

Concrètement, les espèces des trois métaux étaient bien en effet utilisées pour le paiement de l'impôt. Certes, le nomisma jouait un rôle primordial; mais le principe selon lequel, suivant des préférences remontant au Ve siècle, l'État exigeait « un versement ... en pièces d'or (χάραγμα, χαραγή), sur lequel la monnaie était rendue (ἀντιστροφή) en pièces de cuivre (νοῦμμοι, φόλλεις) »[14] n'était pas aussi rigoureux qu'on le dit. Les tableaux des § 3 et 4 montrent que le petit contribuable, pour une cote inférieure à 2/3 de nomisma et 4 folles, s'acquittait uniquement en miliarèsia et en folles[15]. De même, au-delà, les fractions supérieures à 1 nomisma sont payées en petite monnaie jusqu'à 1 nomisma 2/3. Pour des raisons de simplification, le tableau du § 4 n'indique pas la conversion en miliarèsia et en folles de la somme à payer *(télouménon)*, qui est exprimée seulement en nomisma et en fractions de nomisma. Mais l'absence de référence relative au charagma et à l'antistrophè témoigne que le contribuable, redevable, par exemple, d'un *téllouménon* de 1 1/4 1/48 de nomisma (= 1 13/48) et 4 folles, versait 1 nomisma, 3 miliarèsia (= 12/48 nomisma) et 10 folles (= 1/48+4 folles)[16]. Tel quel, le règlement du sékréton du Génikon ne manifeste donc pas une préférence excessive pour le métal précieux, comme celle née de la crise du IVe siècle; il codifie simplement une façon

12. Pour un miliarèsion taillé au 108e de livre et un follis (fin classe A2 et classe B) au 28e de livre (*BNC* II, p. 539, 622). Le rapport AV/Æ est de 1/864 dans l'hypothèse d'un follis au 24e de livre (*DOC* III, 1, p. 71 — au § 2, l. 9, lire « the heaviest coins in class A2 » et non A1). Noter que ce rapport serait le même que celui qui aurait existé vers 550 dans l'hypothèse de Hahn (cf. *RN*6, 16, 1974, p. 188).

13. A. H. WATSON, *Ec. Hist. Rev.*, 20, 1967, p. 23, 27.

14. F. DÖLGER, *Beiträge*, p. 77. M. HENDY, *Coinage*, p. 51.

15. D'où l'absence, dans le tableau de recouvrement du § 3 (p. 327), de toute référence au charagma et à l'antistrophè.

16. Les blancs du tableau du § 4 étaient aisément remplis, et la conversion effectuée, en se reportant au tableau du § 3.

de procéder toute de bon sens (rendre la monnaie au-delà de .66, de même que, aujourd'hui, nous arrondissons au franc supérieur au-delà de .51) et reflète une situation d'équilibre[17].

II

La dévaluation survenue au cours du XIe siècle porta naturellement atteinte à cet équilibre; désormais le nomisma et le miliarèsion de la *Logarikè* n'étaient plus identiques à ceux du numéraire en circulation. Ce n'était plus que des monnaies de compte qu'il fallait convertir en termes de monnaies réelles du numéraire courant[18]. D'où les expressions si fréquentes par la suite dans les documents du XIIe siècle, de κατὰ τὴν ἡμέραν προτιμώμενα, προτιμηταῖα, καινούργια et, dans la *Néa Logarikè* elle-même, de phrases comme ὡς ἡ ἡμέρα ἔχει (p. 340, l. 23 et 42). D'où également les précautions prises parfois, en particulier dans les testaments, pour désigner précisément les espèces détenues en caisse, et par conséquent leur qualité.

Dans la réalité, si l'établissement et le calcul de l'impôt suivaient toujours les règles de la *Palaia Logarikè*, la perception devait s'adapter à la réalité monétaire, comme l'a montré Svoronos, par l'intermédiaire du mécanisme de l'*épibolè*. Ce procédé fixait le rapport entre le chiffre de l'impôt et une quantité déterminée de terre, soit « pour tant de modia, un nomisma ». Pour une commune donnée, le taux de l'*épibolè* était obtenu en divisant le nombre de modia de terre taxés par le montant de l'impôt originel de la commune[19]. Lorsque la valeur intrinsèque du nomisma baissait, comme ce fut le cas à partir du milieu du XIe siècle[20], il suffisait d'augmenter dans une proportion équivalente le taux de l'épibolè, en diminuant le nombre de modia correspondant à un nomisma d'impôt[21] *
Le dossier de l'*épibolè* de Lavra témoigne ainsi d'une majoration de 72,25 % entre 1044 et 1079 qui ne peut être justifiée entièrement par les acquisitions du couvent entre ces deux dates, ni par certains redressements[22]; elle constitue en partie un ajustement à la dévaluation du nomisma, dont le titre est tombé pendant la même période de 44 % (de 90 % au début du règne de Monomaque à 50 % sous celui de Michel VII Doukas).

17. A. H. M. Jones, *The Later Roman Empire*, I, p. 429-432.
18. Telle est l'hypothèse la plus vraisemblable, proposée par Svoronos (*Cadastre*, p. 89) et reprise par Hendy (*Coinage*, p. 7, 52).
19. Svoronos, *Cadastre*, p. 119-129 ; Un rescrit inédit..., *Tr.Mém.* 1, 1965, p. 337-338 ; *Epibolè*, p. 383-385.
20. C. Morrisson, La dévaluation..., *Tr.Mém.* 6, 1976, p. 3-13 et tableau, p. 30-40.
21. Svoronos, *Cadastre*, p. 126-127.
22. Svoronos, *Epibolè*, p. 376-377.

Le miliarèsion, altéré plus tardivement et dans une proportion différente, n'a pas subi une dévaluation parallèle à celle de la monnaie d'or[23]. Sa valeur théorique d'1/12 de nomisma ne fut probablement pas modifiée; le fisc avait avantage à sous-évaluer ainsi une espèce qui servait au paiement d'une partie des impôts et pouvait entrer ensuite dans l'alliage de la monnaie d'or dévaluée[24].

Le follis a également connu une baisse, pondérale, importante : si les derniers exemplaires anonymes de la classe A2 (976-1025 ou 1034) et ceux des classes B (1034-1041) à G (1067-1071) sont encore taillés au 24e de livre (poids théorique : 13,44 g), les derniers folles anonymes et ceux du début du règne d'Alexis Ier (classes H à L, 1081-1092 environ) ont été taillés au 48e de livre (6,72 g), et peut-être à moins. Cette baisse de 50 % est certes du même ordre que la baisse du titre du nomisma (— 60 % entre 1054 et 1081; — 63 % entre 1040 et 1081), et Ph. Grierson a suggéré de voir dans ce déclin rapide à la fin du XIe siècle « une tentative de maintenir au même chiffre le rapport entre les deux espèces »[25]. Mais ce parallélisme n'existe que grossièrement : à y regarder de plus près, et quels que soient les poids théoriques estimés, il semble que la baisse de la monnaie de bronze ait précédé la dévaluation de la monnaie d'or. Il y aurait eu alors, si le rapport numérique était resté le même entre les deux espèces, une hausse de la valeur de l'or en termes de bronze de 1 : 864 vers 1034 à 1 : 1152 en 1067; le changement de taille vers 1071, malgré l'altération concomitante du nomisma, aurait réduit le rapport AV/Æ de près de moitié (1 : 665); mais pour terminer, la dévaluation catastrophique du nomisma sous Michel VII et Nicéphore III aurait ramené le rapport à un chiffre dépassant celui de l'époque des plus lourds folles anonymes du

23. C. MORRISSON, La dévaluation..., *Tr.Mém.* 6, 1976, p. 8-11 et tableau p. 41-47.

24. Un *michaèlaton* contenait par exemple plus d'un tiers d'argent (de 33 à 40 % environ), *ibid.*, p. 39.

25. *DOC* III, 1, p. 71.

règne de Basile II (1 : 1316 contre 1 : 1152)[26]. Mais en l'absence de document écrit sur le rapport légal et le taux de change du marché, il est impossible de déterminer comment ces mutations profitaient ou nuisaient au gouvernement et au public.

Les attendus de la *Néa Logarikè* nous éclairent, en revanche, sur les problèmes que posait, lors de la perception, la conversion des impôts à payer *(télouména)*, dont le montant était exprimé en nomismata, miliarèsia et folles théoriques, en monnaies réelles.

Rappelons les faits tels qu'ils sont exposés dans le premier rapport de Jean Tzirithôn (p. 334). Jusqu'à la XIIe indiction (1103/1104), les sommes à recouvrer étaient perçues selon les prescriptions anciennes. Démétrios Kamatèros, qui s'était engagé à doubler le montant de l'impôt de la XIIIe indiction (1104/1105), n'y est pas parvenu, et sa maison de Constantinople a été confisquée. Nicéphore Artavasde, qui sollicite le recouvrement de la XVe indiction (1106/1107), explique qu'il a procédé à la perception de la précédente indiction (1105/1106) suivant ce qui avait été fait pour les recouvrements antérieurs. C'est-à-dire en percevant

26. Baisse du poids du follis et dévaluation du nomisma au XIe siècle :

Type de follis	Date	Taille à la livre	Poids théorique (en g)	Rapport AV/Æ (pour 1 nomisma = 288 folles) nominal	ramené au poids de fin du nomisma
A1	971-976	42^{e}	7,68	1 : 493	1/ : 493
A2	976-	18^{e}	17,92	1 : 1152	1 : 1152
	-1034	24^{e}	13,44	1 : 864	1 : 864
B	1034-1041	—	—	—	1 : 960 v. 1040
C	1042-1050	—		—	(4.03 g)
					1 : 1029 (3,76 g)
D	1050-1057				
E	1059				
F			—	—	
Constantin X	1067	—	—	—	1 : 1152 v. 1067
					(3,36 g)
G	1067-1071	48^{e}	6,72	1 : 432	1 : 665 v. 1071
Romain IV	1068-1071	—	—	—	(2,91 g)
H	1071-1078		—	—	
Michel VII	1071-1078	—	—	—	
I	1078-1081	—	—	—	1 : 1316 v. 1081
Nicéphore III	1078-1081	—	—	—	(1,47 g)
J	1081	—	—	—	
K			—	—	1 : 5230 (0,37 g)
L	1092				
Alexis Ier					

dans certaines communes, au lieu de 1 miliarèsion, 1 nomisma
dans d'autres, au lieu de 2 miliarèsia, 1 nomisma trachy.
dans d'autres, au lieu de 3 miliarèsia, 1 nomisma
dans d'autres, au lieu de 4 miliarèsia, 1 nomisma
et enfin pour toutes les « personnes » fiscales, les monastères et certaines communes, au lieu de 12 miliarèsia, 1 nomisma trachy.

La progression régulière du montant des miliarèsia dans ce passage indique que le nomisma figurant en regard est bien une seule et même monnaie, l'espèce réelle à percevoir, parfois qualifiée de *nomisma trachy*[27]. Le texte oppose clairement au miliarèsion comptable, considéré comme le 1/12e de l'ancien nomisma de plein poids et de bon titre, le nomisma trachy ayant cours. La suite de la *Logarikè* (p. 335 et s., *passim*) suppose pour ce *nomisma trachy aspron* une valeur de 4 miliarèsia au nomisma (de compte), soit 1/3 du nomisma de bon titre.

Les numismates ont identifié cette dénomination. Il s'agit d'une monnaie concave d'électrum ou d'or blanc[28] frappée, à partir d'Alexis Ier et jusqu'à la fin du règne de Manuel Ier, à un titre de 6 à 7 carats environ[29]. Quelques difficultés naissent de l'emploi du terme *trachy* dans des textes plus anciens. En effet, comme *hyperpyron*, avant de devenir un quasi-substantif sous les Comnènes, *trachy* n'a d'abord été qu'un adjectif signifiant âpre, rude au toucher, et désignant la qualité des pièces. On le rencontre ainsi, sous la forme *olotrachi* dans des documents d'Italie méridionale datés de 971 à 1033, et sous celle d'ὁλότραχον dans des documents athonites de 1015, 1030 et 1034. Sous la forme *trachy*, le terme paraît dans deux textes célèbres de la fin du XIe siècle, la diataxis d'Attaliate (1077) et le typikon de Pakourianos (1083)[30]. Il désigne alors, parmi les monnaies d'or

27. Hendy, *Coinage*, p. 54.

28. Le terme d'électrum est employé par tous les auteurs ; à tort, me fait observer M. J. Lafaurie. En effet, il ne s'agit pas d'un métal alliant or et argent à l'état natif comme celui des premières monnaies de Lydie, mais d'un alliage artificiel que le terme « d'or blanc » désigne de façon plus appropriée. Cf. l'expression « besant blanc », employée pour qualifier les monnaies concaves à 4 carats frappées à Chypre sous les Lusignan, à l'imitation du trachy byzantin.

29. Bertelè, *Lineamenti*, p. 67-71 ; Hendy, *Coinage*, p. 19-20, 10-11 ; tableau de l'ensemble des analyses effectuées dans Bertelè-Morrisson, p. 51-52. Sous le règne d'Isaac II, le titre du trachy fut réduit environ de moitié ; sous Alexis III, il est de quelque 3 carats. Il est possible que sa valeur théorique ait également été diminuée et portée à 1/4 d'hyperpère (C. Morrisson, *Ann. E.P.H.E. IVe Section*, 1976, p. 404). Le premier trachy de l'empire de Nicée (Hendy, pl. 30, 2) ne contient plus que 16 % d'or et 67,7 % d'argent. Les émissions suivantes de Théodore Ier Lascaris (Hendy, pl. 31, 4) sont frappées en argent presque pur (94 %) : au terme de cette évolution, le trachy est donc redevenu une monnaie d'argent, de valeur
* toutefois plus élevée par rapport au nomisma que l'ancien miliarèsion, étant donné son poids.

30. Ces deux textes (avec leur analyse détaillée) font l'objet de deux des *Cinq études sur le XIe siècle byzantin* de P. Lemerle, Paris, 1977 (v. p. 137, n. 54, pour le *trachy*).

de bon poids — la diataxis oppose en effet *trachéa* et *tétartèra* —, les émissions dévaluées de Monomaque et ses successeurs. Ces émissions étant caractérisées, à partir du type 2 de Monomaque, par leur forme concave, il est probable que le terme *trachy* finit par désigner celle-ci[31].

Lorsque l'expression même de ἄσπρα τραχέα νομίσματα est utilisée en 1104 dans un acte de Lavra[32], quelques années avant le document cité par la *Logarikè*, elle se rapporte sans aucun doute à la même espèce valant 1/3 de nomisma. En cette première décennie du XIIe siècle, quels sont concrètement ces *trachéa* en circulation auxquels il est fait allusion ? Il s'agit, me semble-t-il, non seulement du nouveau nomisma d'or blanc émis par Alexis Ier après la réforme monétaire (Hendy, pl. 6, 1-9 = *BNC*, pl. XCIII-XCIV, El 03-06 ; XCV, El 01) *mais aussi de l'ensemble des histaména antérieurs à la réforme, d'Alexis Ier* (Hendy, pl. 1, 1-12 = *BNC*, pl. XCIII, * El 01-02; XCIV, AR 01-02)[33] *et de ses prédécesseurs immédiats*, Nicéphore III et Michel VII. Considérons en effet le titre de ces différentes émissions, gravement affecté par la seconde dévaluation :

Michel VII	type 1	16 1/4 à 15 carats	(67,7 à 62,5 %)
	type 2	15 à 11 3/4 carats	(62,5 à 48,9 %)
Nicéphore III	type 1	10 à 8 1/2 carats	(41,7 à 35,4 %)
	type 2	8 1/2 carats	(35,4 %)
	type 3	8 à 7 carats	(33,3 à 29,2 %)
Alexis Ier, Constantinople			
	type 1	3 carats à peine (Hendy, *Coinage*, p. 41)	(12,5 %)
	type 2	alliage uniquement Ag/Cu *(ibid.)*	

Alexis Ier, Thessalonique

le type 2 avec saint Démétrius tenant la croix avec l'empereur (*BNC*, pl. XCIV, AR 01-02), dont l'alliage paraît également composé uniquement d'argent et de cuivre, est cité dans un acte de Lavra, de 1097, qui fait état de la vente d'une petite vigne de 3 modioi et d'une

31. Si cette équivalence est acquise (HENDY, *Coinage*, p. 6 ; *DOC* III, 1, p. 6), il ne faut pas pour autant en déduire que la concavité a été adoptée pour distinguer les nouvelles monnaies altérées des anciens nomismata de bon titre. Comme le suggérait Bertelè, la forme creuse permettait de renforcer les nomismata de plein poids dont le flan avait été élargi et par conséquent aminci, à partir du début du XIe siècle (pour les distinguer des tétartèra). Cette forme devint ensuite une caractéristique de *poids*, et non de titre ; c'est pourquoi elle s'applique à partir des Comnènes à toutes les espèces frappées sur le pied de l'ancien histaménon, nomisma d'or blanc et surtout nomisma de billon. BERTELÈ-MORRISSON, p. 54-55, n. 1.

32. *Actes de Lavra* I, n° 56, l. 103-104. Il s'agit d'un chrysobulle d'Alexis Ier concernant l'épibolè (SVORONOS, *Epibolè*, p. 379-381), donc d'un document fiscal de même nature que ceux de la *Logarikè*.

33. La distinction fondamentale des types antérieurs et postérieurs à la réforme a été établie par HENDY (*Coinage*, p. 39-46, 76-80, 89-101). Exposé plus bref dans *BNC* II, p. 665-671. Les différentes dénominations sont commodément illustrées dans BERTELÈ-MORRISSON, pl. IV

terre de 2 modioi, soit deux parcelles non entretenues ou en friche, pour le prix « en charagma d'or de 45 nomismata *trachéa stauroagiodèmètrata* de bas aloi »[34]. Ce texte atteste bien que, malgré l'extrême pauvreté de sa teneur de fin, le *dèmètraton* d'Alexis Ier est considéré comme une espèce « d'or ». Il prouve, d'autre part, que plusieurs années après la réforme monétaire d'Alexis Ier, circulent encore les nomismata dévalués de l'ancien système[34bis]

Il faut ouvrir ici une parenthèse sur la date de cette réforme monétaire. Rappelons les documents cités et les arguments avancés par M. Hendy à l'appui de son hypothèse : 1092 ou peu de temps après — datation qui semble avoir été généralement admise[35]. Les premières mentions des espèces créées par la réforme sont respectivement datées de :

1093 pour l'hyperpère (testament secret de saint Christodoulos de Patmos, MM, VI, p. 82)[36];

1093 pour la monnaie d'or blanc au type de la Vierge (κομνηνάτα θεοτοκία — don accordé aux moines de Patmos après la mort de saint Christodoulos, par un sigillion d'Alexis Ier, confirmé par Jean II Comnène);

1097 pour le tétartèron de cuivre (distribué par Alexis Ier aux pauvres de l'armée croisée — Albert d'Aix, *Hist. Hierosol.* I, X).

D'autre part, à l'occasion du couronnement de Jean II fut frappé un nomisma de 8 carats (*BNC*, pl. XCIII, El/03), d'un titre supérieur à

34. *Actes de Lavra* I, n° 53 : τίμημα καὶ ἀρεσθέν τοῦ χρυσίου διαχαράγματος νομίσματα τεσσαράκοντα καὶ πέντε τραχέα σταυροαγιοδημητρᾶτα τῆς τετρημμένης ποιότητος, ἅ δὴ καὶ λαβῶντες ταυτὰ τὰ τοῦ χρυσίου τεσσαράκοντα καὶ πέντε νομίσματα, etc. M. Lemerle confirme qu'il est impossible de comprendre, contrairement aux doutes que m'exprimait M. Protonotarios, « 40 nomismata d'or *et* 5 trachéa ».

34 *bis*. Une autre preuve de la permanence des anciennes espèces dans la circulation est apportée par le testament de Kalè-Maria Pakourianos (novembre 1098) qui continue d'opposer, comme la diataxis d'Attaliate en 1077, *trachéa* et *tétartèra*, et spécifie, pour certains legs, que la somme doit être versée en *trachéa kainourgia* (*sc.* les espèces réformées, « récentes », frappées par Alexis Ier. Sur ce document, cf. *infra*, p. 452, n. 43). Cette dernière distinction, toutefois, ne semble pas essentielle et le testament n'y insiste pas, indice de l'assimilation aux émissions nouvelles d'or blanc, des anciens nomismata trachéa dévalués. Une autre source d'Iviron, un manuscrit géorgien contenant la liste des bienfaiteurs du monastère et de leurs largesses, actuellement conservé à Tbilissi, mentionne encore au début du XIIe siècle, à côté des « *drahkani* nouveaux » (vraisemblablement les *trachéa kainourgia*), des *drahkani alek''sati* et des *perperay*, les émissions antérieures à Alexis *(drahkani votaniati, dukati* ou plus précisément *doukad-mikhaylati, ek'us'tavi* - - « à 6 têtes » *sc.* de Romain IV, Eudocie et ses enfants — et *hromanati)*. Ce document, signalé et commenté par R. P Blake, Some Byzantine accounting practices illustrated from Georgian sources, *Harvard Studies in Classical Philology*, 51, 1940, p. 11-33 ; cf. *DOC* III, 1, p. 48, 56-62 *passim*, mériterait une publication et une analyse détaillée.

35. Hendy, *Coinage*, p. 39-49.

36. 1093 encore dans le même document, et 1094 si les mentions de νομίσματα χιάτα désignent bien, comme je l'ai proposé (*Tr.Mém.* 3, 1970, p. 372) l'hyperpère (MM VI, p. 82, 92).

celui des trachéa précédents d'Alexis Ier. Ce nomisma constituait vraisemblablement (avec ou sans l'hyperpère de même type, dont nous ne connaissons pas d'exemplaire) la tête des émissions réformées. M. Hendy soutient que la réforme doit être placée assez tôt dans le règne, du moins aussi tôt que la situation militaire et financière de l'empire rend plausible une telle mesure, car c'est ce que « suggère le relativement faible nombre de monnaies de type traditionnel parvenu jusqu'à nous ». L'argument perd cependant de sa force si l'on veut bien considérer que les premières monnaies d'Alexis Ier, étant donné leur médiocrité et leur titre variable, étaient moins susceptibles d'être thésaurisées que les nomismata réformés de teneur supérieure et stable. *

Il n'y a pas néanmoins de raison valable pour reculer au-delà la date de la réforme monétaire. Mais, s'il est possible de conserver cette date de 1092, rien ne permet de concevoir cette mesure comme le remplacement rapide des anciennes espèces par les nouvelles dénominations. Tout indique, au contraire, la persistance des nomismata dévalués dans la circulation, ainsi qu'en fait foi l'acte de 1097, cité plus haut, ou l'existence de trésors mixtes, mêlant espèces anciennes et réformées[37]. D'où l'importance des *trachéa*, monnaies réelles, qui constituaient, jusque vers le début du XIIe siècle, l'essentiel des nomismata « d'or » courant, et dont la valeur variable, de 2 à 10 ou 15 carats, était théoriquement assimilée à 4 miliarèsia, soit 1/3 de nomisma[38]. Le nouveau *trachy*, la monnaie d'or blanc, représentait

37. On connaît malheureusement peu de trésors enfouis sous le règne d'Alexis. Citons cependant celui de Hissar (Bulgarie), 1922, qui comprenait 60 nomismata d'électrum — un de Michel VII, 58 de Nicéphore III, un d'Alexis Ier — et 5 hyperpères d'Alexis Ier (N. MUŠMOV, *Bull. de l'Inst. Arch. Bulgare*, 1, 1921-1922, p. 242 ; M. HENDY, *Coinage*, p. 354) et celui de Sofia, 1897, constitué d'une part de 35 « monnaies d'or » de Romain III, Constantin IX, Constantin X, Eudocie, Romain IV, Nicéphore III et Alexis Ier (un hyperpère, reprod. par D. M. METCALF, The Reformed Gold Coinage of Alexius I Comnenus, *Hamburger Beiträge zur Numismatik*, 5, 16, 1962, p. 280, no 21, pl. 8) et d'autre part de 171 « monnaies d'argent » (probablement d'or pâle) de Michel VII, Nicéphore III, Alexis Ier (SABATIER, pl. LII, 3 soit un histaménon dévalué antérieur à la réforme = BNC, pl. XCIII, El/01) (G. SCHLUMBERGER, *CRAI*, 25, 1897, p. 303-304 ; HENDY, *Coinage*, p. 383). Dans ces deux trouvailles des nomismata dévalués de la seconde moitié du XIe siècle, et des histaména d'Alexis antérieurs à la réforme sont mêlés à des espèces réformées, en l'occurrence des hyperpères. A Kalipetrovo (Roumanie) furent découvertes, avec de l'orfèvrerie, 30 histaména de Basile II à Michel VII et un trachy réformé d'Alexis Ier (cf. G. SEVEREANU dans « *Inchinare lui N. Iorga... 60 de ani* », Cluj, 1931, p. 388-395). Un tel dépôt illustre l'assimilation du nouveau trachy aux anciennes espèces dévaluées qui composent ici les 2/3 du trésor. Le récent art. de I. IORDANOV (*Arkheologija* [Sofia] 20, 1978, p. 7-12) sur « la réforme monétaire d'Alexis Ier... à la lumière des trouvailles numismatiques de Bulgarie orientale » ne cite qu'un dépôt antérieur à la réforme et propose de dater celle-ci de 1087-1092.

38. Ces émissions étant probablement regroupées sous l'appellation de *palaion trachy*, espèce en laquelle l'empereur recommande de percevoir les « nomismata » de l'impôt (v. *infra*, p. 455, n. 48).

exactement cette valeur théorique, grâce à son titre de quelque 8 carats[39]. Sa mise en circulation dut être effectuée progressivement à mesure que la rentrée des anciens trachéa — les uns surestimés, les autres sousestimés par le fisc — fournissait une partie du métal nécessaire. Dans les premières années du XIIe siècle, la réalité monétaire est encore complexe : un nouveau système, où monnaie de compte et monnaies réelles se correspondent comme autrefois, a été institué et se met en place peu à peu. Mais il faut tenir compte de la coexistence des anciennes et des nouvelles espèces monétaires, et des problèmes que celle-ci soulevait, pour interpréter la *Logarikè*.

III

C'est au cours des indictions suivantes (1106/1107 et surtout 1108/1109) que prend forme définitive le nouveau système de collection. Rappelons-en les principaux traits avant d'en mesurer les implications monétaires.

A la question de Nicéphore Artavasde, Alexis Ier répond par un rescrit ordonnant de percevoir sur tous, membres d'un chôrion aussi bien que « personnes », *au lieu d'un miliarèsion, un nomisma* [*sc. trachy*], ce qui égalisait le taux de recouvrement, mais le portait à un maximum, puisque le fisc évaluait ainsi le nomisma trachy au quart de sa valeur théorique (1 miliarèsion au lieu de 4)[40]. On comprend que les responsables aient calculé que, dans ces conditions, « le recouvrement serait une lourde charge » (p. 334, l. 35). Une telle mesure eût toutefois été impensable si seuls les nouveaux trachéa *(théotokia)* avaient eu cours à cette date. L'empereur fixait en fait le taux à une valeur correspondant à peu près à celle des trachéa les plus pauvres, tels les *stauroagiodèmètrata* de Thessalonique ou d'autres émissions du début de son règne, titrant 2 ou 3 carats au plus, soit effectivement 1/12 de nomisma. Il refusait donc de tenir compte de la variété des trachéa en circulation. Bien plus, en ajustant la valeur fiscale de reprise sur les plus faibles d'entre eux, il prétendait retirer pour le Trésor le bénéfice maximum de l'opération.

Dans la situation antérieure, en revanche, les percepteurs semblent avoir tenu compte de cette variété dans le titre des trachéa. En effet, les variations de taux énumérées par Nicéphore Artavasde (p. 334) n'étaient pas uniquement, comme le veut Hendy, « des taux d'imposition divergeant de façon extravagante », les « personnes », c'est-à-dire les plus gros contribuables et les grands couvents notamment, réussissant, grâce à la faiblesse du pouvoir central en cette période troublée, à obtenir que leurs impôts soient perçus en comptant le nomisma à sa valeur théorique

39. Les chiffres indiqués par M. Hendy, d'après la mesure des poids spécifiques, sont sous-estimés. Cf. C. Morrisson, *Bull. Soc. Fr. Numism.* 27, 1972, p. 163.
40. Hendy, *Coinage*, p. 56.

(12 miliarèsia), et non à sa valeur réelle, beaucoup plus faible[41]. Je crois que cette échelle pouvait aussi, dans une certaine mesure, correspondre à la valeur réelle des trachéa dont disposaient les contribuables de telle ou telle commune.

Posons approximativement :

Taux pour un nomisma *(sc. trachy)*	Titre (en carats)	Trachy de valeur intrinsèque correspondante	Hypothèses: *A)* Paiement en michaèlata à 16 carats = 8 miliarèsia	*B)* Paiement en trachéa réformés à 8 carats = 4 miliarèsia (hyp. Hendy)	*C)* Paiement en trachéa dévalués antérieurs à la réforme, à 2 carats = 1 mil.
« 1 miliarèsion »	2 et moins	Alexis I, type 2, pré-réforme	taux × 8	taux × 4	taux normal
« 2 miliarèsia »	4 à 3	Alexis I, type 1, pré-réforme	taux × 4	taux × 2	taux : 2
« 3 miliarèsia »	6 à 5	Alexis I, trachy réformé (?)	taux × 2 2/3	taux × 1 1/3	taux : 1 1/3
« 4 miliarèsia »	8 à 7	Alexis I, trachy réformé Nicéphore III, types 2 et 3	taux × 2	taux normal	taux : 4
« 12 miliarèsia »	10 et plus	Nicéphore III type 1 Michel VII Romain IV, etc.	2/3 du taux normal	taux : 3	taux : 12

Dans l'interprétation de Hendy, où le trachy en cause est uniquement le trachy réformé de 8 carats (ci-dessus, hypothèse B), seul le taux de 4 miliarèsia est un taux normal; les communes où la perception se fait à raison de 1, 2 ou 3 miliarèsia au nomisma, voient donc le taux multiplié par 4, 2 ou 1,33 à leur détriment, tandis qu'inversement les contribuables avantagés, au taux de 12 miliarèsia, ne paient que le tiers du taux normal.

Dans l'hypothèse d'une circulation prolongée jusqu'au début du XIIe siècle de trachéa antérieurs à la réforme d'Alexis Ier[42], il est difficile de se prononcer d'une manière aussi simple et définitive. Admettons, par exemple, que tel couvent ait acquitté son dû en *michaèlata*, c'est-à-dire en trachéa d'une valeur de 6 à 8 miliarèsia (= 12 à 16 carats) (ci-dessus,

41. Hendy, *Coinage*, p. 54.

42. Comme paraissent l'attester les entrées du synodikon géorgien d'Iviron, datées en partie des années 1074-1116, mentionnant divers dons au monastère, effectués en *ek'ust'avi* (monnaie à 6 têtes = Romain IV, Eudocie et ses fils), *doukadmikhaylati* (Michel VII Doukas), *botanioti* et *stavrobotonati* (Nicéphore III Botaniate), *dimitrati* (Alexis Ier, Thessalonique. v. *supra*, p. 448 n. 34).

hypothèse A); en ce cas, le taux de 12 miliarèsia représentait certes une bonification à son avantage, de l'ordre d'un tiers, mais non une diminution du montant de l'impôt par trois comme dans la première hypothèse (B). Inversement, le contribuable qui n'aurait disposé pour s'acquitter que d'un *michaèlalon*, dans une commune où on appliquait le taux extrême d'un miliarèsion, se trouvait lésé par une sous-estimation de facteur 8, tandis que ceux qui versaient au fisc des trachéa dévalués d'Alexis, antérieurs à la réforme (ci-dessus, hypothèse C), bénéficiaient d'un taux normal. Supposons même que de tels trachéa aient été acceptés dans une commune soumise au taux de 12 miliarèsia; en pareil cas, la réduction de fait revenait à diviser le taux normal par 12.

Mais la réalité était probablement plus complexe que le résumé du rapport d'Artavasde conservé dans la *Logarikè* ne le laisse deviner. Ou bien les percepteurs choisissaient le taux de conversion le plus avantageux pour l'État, en fonction du genre de trachéa détenus par la majorité des contribuables d'une commune donnée. Ou bien, contrairement à ce que dit la *Logarikè* (par excès de simplification ?), le taux n'aurait pas varié selon les communes, mais selon les contribuables, en fonction des espèces présentées en paiement. Quelle que soit la solution, il est clair que les couvents et les autres « personnes » étaient, à des degrés divers, avantagés par rapport aux autres contribuables. L'importance de leurs revenus, de leurs liquidités[43], leurs relations commerciales avec la capitale[44], leur

43. Parmi les quelques documents contemporains dans lesquels nous pouvons trouver des indications à ce sujet, le typikon de Grégoire Pakourianos pour le monastère de Bačkovo (1083) prévoit des dépenses en numéraire pour les rogai des moines et les distributions en espèces de 983 nomismata soit 13 3/4 livres (cf. P. Lemerle, *Cinq Études sur le XI*e *siècle*, p. 190-191). Les dépenses sont largement couvertes par les revenus, et l'utilisation de l'excédent à prévoir est fixée par le typikon qui spécifie en outre qu'une réserve de 10 livres sera conservée en permanence dans la caisse du monastère (éd. P. Petit, *Viz. Vrem.*, 11, Suppl. nº 1, 1904, p. 45-46). Quelques années plus tard (janvier 1090), Symbatios Pakourianos déclare dans son testament avoir reçu en dot de sa femme, Kalè Basilakina, la somme de 50 livres en espèces (διὰ χαράγματος) aussitôt remployées à l'achat de divers objets en argent. Après avoir énuméré ses legs à ses parents et à ses gens, il stipule entre autres que sur les 12 livres de trachéa d'or en sa possession, dont 6 livres de χιχάτα et 6 livres de πρωτοχαράγα, les 6 livres de χιχάτα seront distribuées aux pauvres avec 3000 mesures (de blé), tandis que les 6 livres de πρωτοχαράγα seront données aux hommes libres à son service. Le testament de sa veuve, Kalè, daté du 4 novembre 1098, fait état de legs beaucoup plus nombreux ; les legs en espèces atteignent des
* sommes considérables : 54 livres à son père, 1 livre de ῥωμανᾶτα à sa mère, 7 livres de χιχάτα aux moines d'Iviron, 3 livres de tétartèra à son père spirituel, environ 13 1/4 livres de trachéa (*kainourgia* ou non) à ses *apodouloi*, 3 livres et 30 livres de tètartèra à l'higoumène de Raboula et à la religieuse Hélène Diaxénè, enfin 8 livres de trachéa à diverses religieuses et à ses *apodoulai*, soit au total quelque 119 livres en espèces de qualité variable. La testataire est parfaitement avertie de ces différences car elle prend le soin de rappeler quels sont les legs à effectuer en *trachéa kainourgia* et ceux, plus rares, qui devront être donnés διὰ τεταρτήρης ποιότητος. Ce n'est pas le lieu de s'étendre plus sur ces documents (fort mal édités dans 'Ορθοδοξία

permettaient certainement de disposer, avant les petits propriétaires des autres communes ou en plus grande abondance, soit des nouveaux trachéa, soit des anciennes espèces de meilleur titre. En obtenant de se voir appliqué le taux favorable de 12 miliarèsia, ces grands contribuables bénéficiaient, on l'a vu, d'un taux représentant les 2/3 ou le tiers de la normale[45]

Le choix fait par l'empereur du taux maximum entraîna certainement les difficultés que redoutaient les services fiscaux, et la même année, Alexis dut répondre à Artavasde par un second rescrit (p. 335). Le principe fondamental de la *Néa Logarikè* y est déjà posé : désormais, il faut distinguer le charagma, c'est-à-dire en fait les unités entières du kanôn, et d'autre part les fractions (λεπτὰ ψηφία) que ce soit du kanôn ou des parakolouthèmata[46]. Le charagma sera perçu en nomismata (*trachéa palaia*, selon le premier rescrit), « les fractions en monnaie de cuivre, *mais au taux de 4 miliarèsia au nomisma* » (p. 335, l. 3-5).

Une certaine équivoque demeurait : quelques fonctionnaires comprirent que l'équivalence traditionnelle 1 nomisma = 12 miliarèsia restait valable pour l'établissement de l'impôt, et que le taux de 1 nomisma = 4 miliarèsia s'appliquait seulement à la conversion de la somme à percevoir (p. 335, l. 11-19)[47]. D'autres, au contraire, comprenaient que le taux de 4 miliarèsia s'appliquait dès le calcul de l'impôt (l. 19-24).

Prenons par exemple les chiffres donnés dans le compte modèle qui figure à la fin de la *Néa Logarikè*, et appliquons ces deux modes de calcul tels que nous les comprenons :

5, 1930, p. 613-618 et 6, 1931, p. 346-371 ; cf. P LEMERLE, *Cinq Études*, p. 161, n. 102) qui seront étudiés par J. Lefort et N. Oikonomidès dans leur édition des Actes d'Iviron. Je remercie J. Lefort de m'avoir communiqué leur transcription, établie d'après les originaux conservés à Iviron, et d'avoir examiné ces textes avec moi.

44. P LEMERLE, Notes sur l'administration byzantine à la veille de la IVe Croisade d'après deux documents inédits de Lavra, *REB* 19, 1961, p. 258-272. Réimpr. dans *Le monde de Byzance: Histoire et Institutions*, Londres, Var. Repr., 1978.

45. Réduction que le fisc tentait de compenser par la révision du montant de l'*épibolè* ; v. *supra* p. 443, n. 19.

46. Pour le détail, v. *infra* p. 455.

47. SVORONOS (*Cadastre*, p. 94) comprend que le taux de 4 miliarèsia s'appliquait au *calcul* des parakolouthèmata des fractions. Le texte ne me paraît pas justifier cette interprétation : καὶ οὕτως ψηφιζομένων (*sc.* à raison de 12 miliarèsia au nomisma) ... εἰσπράττεσθαι ἀντὶ μιλλιαρησίων δ' νόμισμα ἓν μετὰ τῶν παρακολουθημάτων αὐτοῦ. Le rapport postérieur de Spanopoulos justifie également cette façon de voir (p. 336, l. 34-37). Cette divergence de détail ne modifie pas le sens du commentaire ; en effet, les calculs de Svoronos, comme les miens, montrent bien que la première interprétation était la plus défavorable aux contribuables, qui payaient 3/4 de plus selon lui, 1/3 de plus selon moi. Je ne vois pas par ailleurs sur quel passage du texte Hendy peut s'appuyer pour prétendre que les fonctionnaires voulaient calculer les fractions au taux de 4 miliarèsia lorsque leur somme s'élevait à un nombre entier de nomismata, et conservaient le taux traditionnel (12 miliarèsia) dans les autres cas (*Coinage*, p. 56).

Comptes*

	D'après la première interprétation (incorrecte) du second rescrit (p. 335, l. 11-19)	D'après la seconde interprétation (correcte) (p. 335, l. 19-24)
I *Kanôn*		
1. Charagma	7 = 7 trachéa	id. soit 7 trachéa
2. Fractions	$\frac{140}{48} \times 12$ = 35 mil. = 840 fol.	$\frac{140}{48} \times 4$ = 11 mil. $\frac{32}{48}$ = 280 fol.
II *Parakolouthèmata*		
1. Sur 7 nom. de charagma (cf. barême, p. 333)	2 nom. $\frac{11}{48}$ = 642 fol.	id. soit 642 fol.
2. Sur les fractions (au taux ancien id.)	sur 35 mil. : 4 = 8 nom. $\frac{3}{4}$ = 696 fol.	sur 11 mil. $\frac{32}{48}$: 4 = 2 nom. $\frac{44}{48}$ = 2 nom. $\frac{11}{12}$ = 208 fol.
Total	7 trachéa + 2 178 fol. soit 7 trachéa + 90 mil. $\frac{3}{4}$	7 trachéa + 1 130 fol. soit 7 trachéa + 47 mil.
Soit à payer, au taux de 4 mil. le trachy	7 trachéa + 22 $\frac{2}{3}$ (90 $\frac{3}{4}$: 4) = 29 trachéa $\frac{2}{3}$	7 trachéa + 11 $\frac{3}{4}$ (47 : 4) = 18 trachéa $\frac{3}{4}$

* *Rappel* : 1 nomisma = 12 miliarèsia = 288 folles
1 miliarèsion = 24 folles
(1/48 de nomisma = 6 folles)

Comme l'empereur était absent de la capitale, en raison de la nouvelle attaque normande menée par Bohémond (1107-1108), on procéda à la perception des deux indictions 1106/1107 et 1107/1108 de la façon la plus avantageuse pour le fisc, c'est-à-dire selon la première interprétation (p. 335, l. 25-31). Au retour de l'empereur, Jean Tzirithôn, fonctionnaire du Génikon, lui adresse un rapport, daté du 6 mars 1109, dressant l'état de la question depuis 1103/1104 — rapport dont nous avons tiré tout ce qui précède. Alexis Ier répond par un troisième rescrit, dont la *Logarikè* donne heureusement le détail, et qui marque l'établissement des principes fondamentaux de la *Néa Logarikè*.

L'ambiguïté est clairement levée, Alexis donnant raison à la seconde interprétation :

d'une part, le charagma sera perçu en *nomismata trachéa aspra*[48],
d'autre part, les fractions en monnaies de cuivre, comptées à raison de 4 miliarèsia au nomisma,

celui qui doit 1/2 nomisma payant 2 miliarèsia (= 48 folles)
celui qui doit 1/3 nomisma payant 1 miliarèsion 8 f. (= 32 folles)
celui qui doit 1/4 nomisma payant 1 miliarèsion (= 24 folles)
celui qui doit 1/6 nomisma payant 16 folles
celui qui doit 1/8 nomisma payant 12 folles, etc.

(d'après le rapport de Spanopoulos, p. 336, l. 40-45). Seule la cupidité des percepteurs *(dioikètai)* — et non des fonctionnaires du Génikon, que l'empereur prend soin de disculper (p. 336, l. 2-3) — a pu les entraîner à recouvrer l'impôt de façon erronée. L'empereur les blâme, mais loin de prescrire le remboursement des sommes indûment perçues, spécifie seulement que soit réclamé aux *dioikètai* le montant même ainsi calculé (p. 336, l. 6-18).

Une autre difficulté est néanmoins soulevée par certains contribuables qui payaient leurs impôts fonciers directement à la capitale (*sc.* les « personnes » et certains couvents[49]); ils protestaient contre le fait qu'on leur faisait payer le dikératohexafollon à l'ancien taux de 30 folles au nomisma, alléguant à juste titre que ce taux, établi « anciennement » [sur un nomisma de plein titre], devait être ramené à 10 folles [puisque le nomisma trachy sur lequel s'appuyaient désormais les comptes ne valait plus que 4 miliarèsia au lieu de 12] (p. 337, l. 1-9). Spanopoulos, prévoyant qu'une telle réduction entraînera une perte non négligeable pour le Trésor et provoquera des réclamations des bureaux, sollicite donc une décision impériale sur ce point précis (p. 337, l. 9-14). Comme toujours, en pareil cas, on arrive à un compromis. L'empereur accorde un taux de 15 folles, soit la moitié du taux de la *Palaia Logarikè*, au lieu du tiers réclamé par les contribuables, qui aurait été conforme à la valeur du nouveau trachy (p. 337, l. 16-22).

Dans le même rapport, divisé en deux parties par le compilateur de la *Logarikè* pour la clarté de l'exposé[50], Spanopoulos fait état des réclamations

48. Remarquer la différence entre le premier rescrit (1106), où les nomismata du charagma doivent être perçus en *trachéa palaia* (p. 334, l. 33), et celui-ci qui parle de *nomismata trachéa aspra*. On peut comprendre que cette dernière expression désigne uniquement les trachéa réformés, d'or *blanc*. La nouvelle dénomination aurait donc à cette date remplacé, en majeure partie, les *trachéa palaia* dont il n'est plus fait mention officielle.

49. Ainsi Lavra. Cf. *Actes de Lavra* I, n° 51, l. 103-104 (1104) τελεῖν ὀφειλόντων τῶν μοναχῶν διὰ πόλεως εἰς τὸ τῶν οἰκειακῶν σέκρετον. Svoronos, *Cadastre*, p. 95, n. 1.

50. Cf. *supra*, p. 437, n. 11.

portant sur la synètheia et l'élatikon : il rappelle d'abord la progression du barême ancien; après une lacune qui concernait peut-être, suggère Svoronos, une réduction du taux demandée comme pour le dikératohexafollon, il expose le mode de perception observé pour la synètheia et l'élatikon. Il n'a pas séparé, comme le spécifiait l'empereur, nomismata et fractions, les premiers perçus en trachéa, les seconds en monnaies de cuivre à raison de 4 miliarèsia au nomisma. Mais il a appliqué à l'ensemble ce dernier taux, désavantageux pour les contribuables, qui l'ont trouvé « accablant »[51] (p. 337, l. 33-39). Dans sa réponse, l'empereur ne semble pas faire droit à cette requête, mais, comme pour le dikératohexafollon, il accorde une réduction du taux de moitié; celui-ci passe de 36[52] à 18 folles au nomisma, quel que soit le montant du dèmosion (kanôn) (p. 338, l. 1-5). On supprimait ainsi les anomalies qui caractérisaient le barême de la *Palaia Logarikè* (p. 332, § 6; v. graphique, p. 463). Les parakolouthèmata, dans le barême de la *Néa Logarikè* (p. 339) sont effectivement calculés à un taux constant de 33 folles au nomisma (15 pour le dikératohexafollon, 18 pour la synètheia et l'élatikon), que le kanôn, ici appelé « nomisma », soit de 1/48 de nomisma ou, à l'autre extrême, de 3 nomismata. Le tableau, dans sa première colonne, montre bien que l'impôt est estimé en nomismata anciens, devenus une monnaie de compte idéale, toujours divisée en 12 miliarèsia et 288 folles. Mais cet impôt est perçu en trachéa, et les miliarèsia et folles correspondant aux fractions de l'impôt sont divisés par trois, en vertu du nouveau rapport clairement établi par la *Néa Logarikè* : 4 miliarèsia (au lieu de 12) au nomisma. Ainsi pour un impôt de 1/48 de nomisma (soit 6 folles) on verse 2 folles, pour 1/24 (soit 12 folles) 4 folles, pour 1/12 (soit 24 folles) 8 folles, etc.

L'auteur du traité ajoute enfin « pour une meilleure compréhension de ce qui vient d'être dit » deux comptes modèles (p. 340, l. 10-42) dont nous reprenons ici les données sous forme de tableau comparatif :

51. En raison de ce mode de calcul en effet, on payait plus au titre des fractions que des unités. Cf. *infra*, le commentaire du compte modèle, p. 458 et s.

52. Taux de la *Palaia Logarikè:* 1/12 pour la synètheia, soit 24 folles, et 1/24 pour l'élatikon, soit 12 folles.

	1er exemple (§ III, 1)		2e exemple (§ III, 2)
Impôt foncier de base	(sur diverses propriétés) $1+\frac{1}{2}+\frac{1}{3}+\frac{1}{12}$ nom. $2+\frac{1}{2}+\frac{1}{4}$ $4+\frac{1}{2}+\frac{1}{4}+\frac{1}{24}$ $\frac{1}{3}+\frac{1}{8}$		(pour deux années, les XIIe et XIIIe indictions soit 1118/19 et 1119/20 1133/35 1148/50) le contribuable payant annuellement 1 nomisma de charagma et 9 miliarèsia de fractions
Total	(7) [nomismata]	$+ (2+\frac{1}{2}+\frac{1}{3}+\frac{1}{12} = 2\frac{44}{48})$ [nomismata résultant de l'addition des fractions]	2 nomismata 18 miliarèsia
(1) Charagma	7 nom. trachéa	[= 672 folles]	2 nom. trachéa
(2) Parakolouthèmata sur le charagma (au taux de 33 folles au nomisma)	7×33	= 231 folles	2×33 = 66 folles
(3) Fractions, en miliarèsia (à raison de 4 miliarèsia au nomisma	$2\frac{44}{48}\times 4 = 11\frac{2}{3}$ mil. $\times 24$ (à raison de 4 miliarèsia au nomisma)	= 280 folles	18 mil. $\times 24$ = 432 folles
(4) Parakolouthèmata sur les fractions (taux : 33 folles/nom.)	$2\frac{44}{48}$ nom. soit $2\frac{1}{2}+\frac{1}{3}+\frac{1}{12}\times 33 = 96\frac{1}{4}$ folles		432 fol. i.e. $4\frac{1}{2}$ nom.* $\times 33 = 148\frac{1}{2}$ folles
Total :			
Nomismata de charagma	7		
Fractions [= (2)+(3)+(4)]		$607\frac{1}{4}$ folles	$646\frac{1}{2}$ folles
Cours du jour du trachy	16 folles		12 folles
Somme à payer en trachéa	$7+(607\frac{1}{4}: 16 \simeq 38$**)	= 45 nom. trachéa	$2+(646\frac{1}{2}: 12\simeq 54$***) = 56 nom. trachéa

* Au taux de 4 mil. le nomisma, soit 96 folles le nomisma.
** 37,95.
*** 53,83.

Les deux exemples sont destinés à illustrer le mode de calcul et de perception de l'impôt encore en vigueur au moment de la rédaction du traité. On comprend mal pourquoi seul l'un d'entre eux est daté : seul le souci d'ajouter un quantième quelconque après la mention des deux années pour lesquelles est dû l'impôt paraît être à l'origine de cette précision. Précision d'ailleurs fallacieuse, puisqu'il nous est difficile d'identifier ces indictions. Postérieures au règne d'Alexis Ier certainement puisque, sous les dernières indictions XII et XIII de cet empereur, on appliquait encore en partie les règles de la *Palaia Logarikè*, tandis que ce compte-ci est manifestement établi selon celles de la *Néa Logarikè*[53]. L'utilité même de ce deuxième compte ne paraît pas non plus évidente, puisqu'il diffère surtout du premier, semble-t-il, par le cours du change du trachy, 12 au lieu de 16 folles. En fait, à y bien réfléchir, on devine l'intention pédagogique sous-jacente de l'auteur : la comparaison du total définitif révèle que le contribuable « moyen » du second compte, en raison de l'importance de ses fractions (18 miliarèsia au lieu de 11 pour le monastère du premier compte)[54], paie plus que ce dernier.

Telle est en effet la conséquence de l'application des principes fondamentaux de la *Néa Logarikè*; car la distinction du charagma et des fractions, l'addition de toutes les sommes fractionnelles, *lepta* proprement dits aussi bien que taxes complémentaires portant sur le charagma d'une part et sur les *lepta* d'autre part, entraîne le versement de sommes proportionnellement fort élevées au titre des fractions. Cette anomalie,

53. Svoronos (*Cadastre*, p. 108, n. 2) penche en faveur d'une datation en 1133/35. Des trois possibilités après la mort d'Alexis Ier (1118/20, 1133/35, 1148/50), cette seconde date lui paraît préférable. D'une part, elle laisse le laps de temps nécessaire pour que le document de Spanopoulos puisse être qualifié d'*ancien* (p. 334, l. 4-6) ; d'autre part, le taux de 12 folles pour un trachy se rapproche de la valeur de 1/48 de nomisma (= 6 folles) attribuée au trachy dans le typikon du Pantokrator. Mais, comme nous le verrons (*infra*, p. 461), il ne s'agit pas de la même dénomination. Il est donc difficile de trancher.

54. A ce propos, une difficulté demeure : pourquoi les fractions de l'impôt du second compte sont-elles exprimées en miliarèsia et non en fractions de nomisma, conformément à l'usage, comme dans le premier compte ? Ces 18 miliarèsia ont-ils déjà fait l'objet d'une conversion dès la première ligne du compte, et sont-ils donc réellement supérieurs de 50 % aux 11 miliarèsia 2/3 du premier compte ? Au contraire, si nous les considérons comme l'équivalent de 1 nomisma ½ (de compte), convertis au nouveau taux, comme les $2\frac{44}{48}$ nomismata du monastère, ils auraient donné 6 miliarèsia ($1{,}5 \times 4$) soit 144 folles et non 432. Le document, sous sa forme actuelle, ne permet pas de décider. Il y a néanmoins, dans cette présentation, la présomption d'un calcul lésant le contribuable en triplant la somme à payer pour les *lepta* et, par conséquent, pour les taxes portant sur ces dernières ($432 + 148\frac{1}{2} = 580\frac{1}{2}$ folles au lieu de $144 + 49\frac{1}{2} = 193\frac{1}{2}$), tandis que la conversion des miliarèsia des fractions aurait entraîné le paiement définitif de $2 + 21\frac{2}{3} = 23\frac{3}{3}$ trachéa au lieu de 56.

telle du moins pour notre mentalité habituée à l'uniformité ou à la progressivité des taux, a pu surprendre. « A tax of thirty-eight on a mere seven is outside the order of the possible », écrit Hendy, et cette méprise l'a conduit à supposer que le trachy réclamé au titre des fractions et des taxes ne pouvait être le trachy d'or blanc, mais seulement la monnaie concave de billon désignée du même nom dans le typikon du Pantokrator, qui lui donne la valeur de 1/48 du nomisma d'or[55]. Comme l'a fait remarquer à juste titre Svoronos, pareille interprétation est absolument exclue : « on doit voir dans les deux cas (des unités et des fractions) une seule et même monnaie, puisqu'on peut additionner le chiffre des *trachéa* des unités du kanôn et le chiffre obtenu après conversion des *follis* en *trachéa* dans le cas des fractions »[56]. D'autre part, il ne s'agit pas d'une « taxe de 38 sur 7 » : les parakolouthèmata ne s'élèvent en fait qu'à 327 folles $\frac{1}{4}$ soit, au taux de 16 folles le trachy, à quelque 20 trachéa. Malgré cette correction, le taux des taxes complémentaires par rapport au kanôn reste élevé : 20 trachéa sur les 9 $\frac{44}{48}$ de l'impôt de base (charagma et fractions réunis) font 206 %! Mais ceci seulement si l'on compte en *trachéa* au taux fictif, nous le verrons, de 16 folles : le même calcul en folles — convertissant les nomismata de l'impôt de base au taux comptable de 288 folles — donne un rapport de 11,4 %, inférieur de plus de la moitié à celui de la *Palaia Logarikè*[57].

Calculs « gratuits », si l'on peut s'exprimer ainsi, car seules comptent en définitive les sommes à verser au fisc; de là toute l'importance du taux de conversion du follis comptable en trachéa. Or, ce cours n'est mentionné que dans ce seul passage de la *Logarikè*, tandis que les divers rescrits impériaux établissaient clairement le principe du paiement des sommes fractionnelles « en monnaie de cuivre »[58], ce que confirme encore l'expression de Zonaras : ἔστι δ' οὗ καὶ διὰ χαλκέων [ὁ βασιλεὺς] ἐδασμοφόρει[59] De quelles monnaies de cuivre le contribuable byzantin disposait-il en cette première décennie du XIIe siècle ? L'expression peut s'appliquer aux anciens folles du XIe siècle, au tétartèron de cuivre créé par Alexis Ier et s'étendre vraisemblablement au staménon (trachy), la monnaie concave argentée qui contenait plus de 90 % de cuivre pour 6 à 7 % d'argent sous Jean II[60]. Mais sous Alexis Ier cette dernière espèce n'est pas encore frappée en grandes quantités et ne connaît pas la fortune qu'elle atteindra

55. *Coinage*, p. 64.
56. *REB* 32, 1974, p. 404.
57. *Supra*, tableau, p. 333: « Pour un nomisma de 10 » les taxes complémentaires représentent 25,48 % de l'impôt de base et 27 % pour 9.
58. *Supra*, p. 335, l. 2 et s. ; p. 337, l. 48-49 ; p. 338, l. 1, etc. *passim*.
59. XVIII, 22 (éd. Dindorf, Teubner, IV, 239).
60. M. F. Hendy et J.-A. Charles, The Production Techniques, Silver Content and Circulation History of the Twelfth-Century Byzantine Trachy, *Archaeometry*, 12, 1, 1970, p. 13-21 ; H. Mattingly, The Lazania Hoard of Byzantine Coins, *Report of the Dep. of Antiquities, Cyprus, 1333-1333*, Nicosie, 1951, p. 22-23.

sous ses successeurs : « the scyphate coinage in bronze, which in later reigns was to dominate the currency of almost the whole of the Balkan peninsula, seems to have had only a modest beginning in the time of Alexius. It has rarely been found in hoards and then usually only in residual quantities », écrit D. M. Metcalf[61]. En revanche, les tétartèra ont été trouvés en grand nombre dans les fouilles d'Athènes et de Corinthe, et les dépôts isolés en sont assez fréquents[62]. La *Logarikè* n'indique pas le taux auquel ils étaient acceptés en paiement. Hendy suppose que le tétartèron aurait valu la moitié ou le tiers du follis[63]. Cette dernière hypothèse semble préférable, puisqu'elle maintient entre le trachy d'or blanc et le tétartèron le rapport de 1/288 qui existait auparavant entre le nomisma et le follis. Le système monétaire institué par la réforme était donc le suivant :

AV Hyper-père	El Trachy d'or blanc *(Manuelatus)*	(Miliarésion)	(Kération)	Billon Aspron trachy *(Staminum)*	(Follis)	Æ Tétartéron	Æ Demi-tétartéron
1	3	(12)	(24)	48	(288)	864 ?	1728 ?
	1	(4)	(8)	16	(96)	288 ?	576 ?
		(1)	(2)	4	(24)	72 ?	144 ?
			(1)	2	(12)	36 ?	72 ?
				1	(6)	18 ?	36 ?
					(1)	3 ?	6 ?
						1 ?	2 ?

Le compte final semble indiquer que le paiement de l'ensemble de l'impôt, fractions et taxes comprises, a lieu en trachéa : « pendant le règne de Jean II Comnène ... la distinction entre la monnaie dans laquelle on perçoit le charagma et celle dans laquelle on perçoit le reste de l'impôt n'existe plus, puisque le trachy dans lequel on calcule et on perçoit le charagma ... ne vaut que 16 ... folleis »[64]. L'expression employée dans le texte (γινόμεναι) ne s'applique cependant qu'au simple résultat d'une opération de conversion[65] : on peut comprendre que la distinction charagma-fractions et taxes restait en vigueur, faculté étant laissée au contribuable de s'acquitter en tétartèra ou en staména du montant correspondant à ces dernières, seul le charagma étant versé en trachéa.

61. *Coinage in the Balkans*, Thessalonique, 1965, p. 89.
62. D. M. Metcalf, *ibid.*, p. 85-86.
63. La première hypothèse est celle soutenue en 1973 (comm. à la Table ronde sur le XIe siècle byzantin, Collège de France). La seconde est celle retenue pour la rédaction du vol. IV du *DOC* (à paraître).
64. Svoronos, *Cadastre*, p. 117.
65. γίνεσθαι « se dit d'un nombre résultant d'une opération de calcul » (P. Tannery, Notice sur les lettres de Rhabdas, index III *s.v.*).

Le cours du jour du trachy indiqué dans le compte ne peut être un cours réel : si l'on persiste à croire, comme Hendy, que le trachy est, partiellement du moins, la monnaie de billon, elle serait en ce cas acceptée par le fisc pour plus du double de sa valeur réelle (16 au lieu de 6, c'est-à-dire 2,33 fois plus). Si, comme je le pense avec Svoronos, il s'agit toujours du même trachy d'or blanc, le nomisma tricéphale ou tiers d'hyperpère, la différence entre le cours fixé par le fisc et la valeur réelle est encore plus élevée, mais en sens inverse : le trachy est surévalué, le contribuable payant 6 fois sa valeur réelle (16 au lieu de 96)[66] La raison de cette surévaluation vient de la nécessité de compenser les deux concessions accordées par la *Néa Logarikè* :

1) le paiement en petite monnaie des trachéa correspondant aux fractions et aux taxes;

2) le calcul des fractions à raison de 4 miliarèsia au nomisma qui diminuait par trois la recette escomptable.

Comparons en effet la situation du monastère du compte modèle à différentes dates :

— avant la réforme, selon les barêmes de la *Palaia Logarikè*, un impôt de base de $9 \frac{44}{48}$ nomismata aurait entraîné des parakolouthèmata de $2 \frac{19}{48}$ nomismata (plus précisément 2 nomismata 118 folles) et, par conséquent, le versement de 11 nomismata de charagma et 4 miliarèsia 22 folles[67].

— après la réforme, selon la *Néa Logarikè*, si les folles exigés au titre des fractions et des taxes avaient été convertis en nomismata au taux comptable de 288, l'impôt du monastère se serait monté à $11 \frac{1}{24}$ nomismata[68].

66. Reste la possibilité que ce taux ait été fixé assez près de la valeur réelle des trachéa les plus médiocres du début du règne d'Alexis Ier, tels les *dèmètrata*, soit 1 miliarèsion environ (*supra*, p. 448). Au quel cas, le taux de 16 folles n'était guère éloigné de la valeur réelle (24), valeur peut-être inférieure encore pour des trachéa contenant moins de 2 carats de fin. Si cette hypothèse n'est pas dénuée de fondement, pareil taux permettait au gouvernement de retirer ainsi de la circulation les derniers trachéa dévalués antérieurs à la réforme.

67. Le montant des fractions n'atteignant pas 2/3 de nomisma, la pratique de l'antistrophè n'entre pas en ligne de compte.

68. Telle est la raison de la « valeur or » de l'impôt calculé par Svoronos (*Cadastre*, tableau II, f. p. 102). Il se décompose ainsi :

Charagma	7	[nomismata]		
Fractions	$2 \frac{44}{48}$	—		
Taxes [i.e.	$1 \frac{1}{7}$]	—	231	folles
			+ 96 1/4	folles
	$11 \frac{1}{24}$	nomismata	327 1/4	folles

Or, dans l'exemple donné, le fisc percevait 45 trachéa, soit la contre-valeur de 15 nomismata-or. Le taux de conversion des folles en trachéa était donc le moyen comptable de compenser la baisse de recette due à l'acceptation en paiement des trachéa pour le charagma et au calcul des fractions au taux de 4 miliarèsia le nomisma. Et comme souvent en pareil cas, la compensation allait au-delà du résultat recherché, au détriment du contribuable, qui payait une somme plus élevée du tiers que celle qu'il aurait versée sous le régime de la *Palaia Logarikè.*

La *Néa Logarikè*, dont tous les calculs sont établis sur le trachy d'une valeur de 4 miliarèsia ou 1/3 d'hyperpère, représentait donc une adaptation à la nouvelle situation monétaire : la surévaluation du trachy à la perception permettait d'effacer les inconvénients qui en résultaient, de maintenir, et même d'augmenter la valeur des rentrées fiscales. Elle révèle l'importance prise à cette date par la nouvelle monnaie d'or blanc dans la circulation : le trachy créé par Alexis Ier Comnène, même s'il n'est pas, comme l'hyperpère, à la tête du système monétaire, en est bien la pierre angulaire. Sans exagérer « la pénurie d'or dans l'empire », il faut reconnaître la place relativement plus grande occupée par cette monnaie d'or divisionnaire[69]. La seconde dévaluation du XIe siècle, mais aussi la monétarisation croissante de l'économie byzantine avaient, en une évolution naturelle, mené à la création d'une espèce moins coûteuse, tant à la frappe qu'à l'utilisation,
* dont la *Néa Logarikè* montre le rôle essentiel.

*
* *

L'ensemble de la *Logarikè* pourrait se ramener à une longue variation sur le *trachy* : aussi est-ce autour de ce thème que s'articulent les conclusions

69. La question mériterait une étude menée selon trois directions de recherche : analyse des trésors et trouvailles, étude des coins des exemplaires conservés, relevé des mentions dans les textes. Les trésors donnent une image biaisée de l'importance respective des deux espèces, puisque l'on préférait naturellement thésauriser une espèce de meilleur aloi — l'hyperpère — plutôt que la monnaie d'or blanc, que le seul fait d'être alliée, quelle que fût la proportion, jetait dans un certain discrédit. Un relevé rapide des 18 trouvailles répertoriées par Metcalf *(Coinage in the Balkans, op. cit.)* et Hendy pour la période 1081-1204 indique la répartition suivante : 13 trésors d'hyperpères, 4 trésors de trachéa, 1 trésor mixte et, étant donné le nombre d'exemplaires de certains dépôts de métal précieux, un déséquilibre plus grand encore au niveau du nombre de pièces : 377 trachéa contre 1371 hyperpères. Une étude de coins bien menée permettrait d'estimer l'importance *relative* des émissions respectives : Metcalf a compté 100 à 150 paires de coins pour le type I de l'hyperpère de Manuel contre 350 pour chacun des types 3 à 5 du trachy du même empereur, soit un rapport d'environ 1 à 3 (*Coinage in the Balkans*, *op. cit.*, p. 99 100). Dans les textes, le relevé peut se heurter à certaines difficultés d'interprétation — telle l'identification de la nature exacte des *tricéphales* — et devrait soigneusement distinguer les mentions fiscales, ou les clauses pénales, des mentions réelles. A première vue, on a l'impression que l'importance de l'hyperpère grandit sous le règne de Manuel ; dans la première moitié du XIIe siècle le trachy jouerait en revanche un rôle plus important.

de la lecture que nous venons d'en faire. Le *trachy* est certes absent des barêmes de la *Palaia Logarikè*, qui ne connaissent que les trois espèces principales, nomisma, miliarèsion et follis, qui jouent chacune leur rôle dans le paiement de l'impôt : rappel de la situation monétaire équilibrée qui régnait dans l'empire sous les derniers Macédoniens. Dès 1105, comme le montre le rapport de Tzirithôn, le *trachy* joue un rôle essentiel dont nous pouvons supposer qu'il remonte déjà à une dizaine d'années auparavant. Toutes les difficultés de la perception viennent de divergences dans le taux de conversion en *trachy* des nomismata, miliarèsia et folles des documents fiscaux, devenus de simples monnaies de compte à la suite de la dévaluation du XIe siècle et de la création d'espèces différentes par Alexis Ier vers 1092. Ces taux divergents ne sont pas des taux d'imposition différents mais correspondent à la valeur réelle des trachéa en circulation au début du XIIe siècle. Celle-ci pouvait effectivement varier dans la proportion de 1 à 12 (*supra*, tableau, p. 451). Le *nomisma aspron trachy* du texte n'est pas, en effet, uniquement le nouveau nomisma d'or blanc, à 8 carats, le tiers d'hyperpère créé par Alexis Ier en 1092, mais aussi le cas échéant tout histaménon antérieur — tout nomisma ainsi altéré méritant ailleurs dans le texte l'appellation de *palaion trachy*.

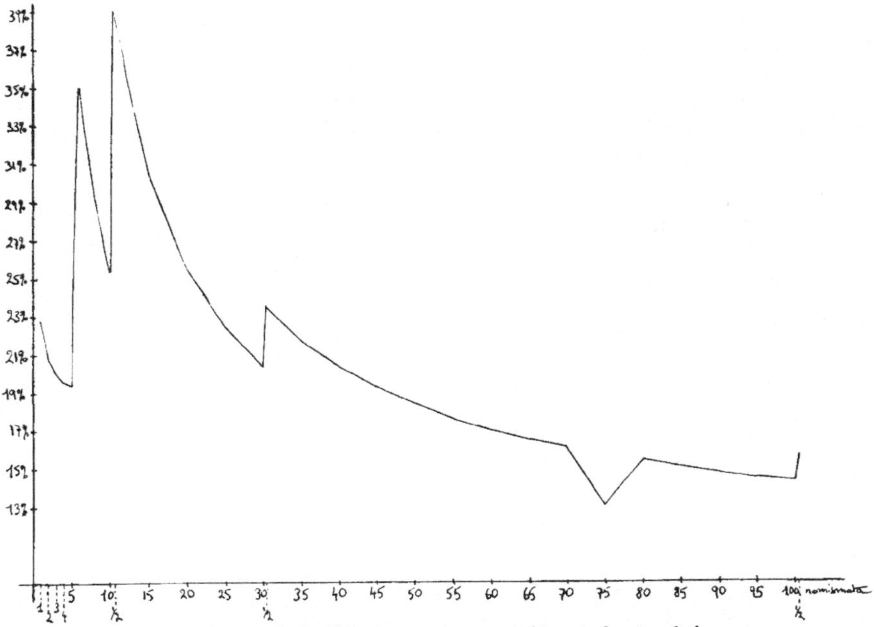

Taux des parakolouthémata par rapport à l'impôt foncier de base dans la Palaia Logarikè
(exprimé en nomismata, en abscisse)

Les différents rescrits impériaux qui établissent les principes de la « nouvelle comptabilité » mettent fin à ces divergences en acceptant d'aligner le mode de calcul sur la valeur (un tiers d'hyperpère soit 4 miliarèsia) du nouveau trachy qui commençait à remplacer les trachéa anciens, peu à peu retirés de la circulation à la faveur des levées fiscales. Une réforme du mode de calcul des taxes complémentaires est également promulguée : leur taux n'est pas réduit de 1/3, comme le demandaient les contribuables désireux de le voir correspondre à la valeur du trachy; du moins, l'empereur accepte-t-il de le réduire de moitié et de l'uniformiser, mettant fin aux variations anormales qui caractérisaient ces taxes dans l'ancienne comptabilité.

Il ne faut pas chercher de nouveau trachy dans le taux de conversion à 16 ou à 12 folles indiqué comme le « cours du jour » dans le compte modèle de la fin du texte. Aucune monnaie connue ne peut correspondre à cette valeur qui serait 2 fois 1/2 ou 2 fois celle du staménon, la monnaie concave de billon. Impossible également de croire que les fractions étaient payées en monnaies concaves *(trachéa)* de billon, tandis que le charagma était payé en monnaies concaves *(trachéa)* d'or blanc, puisque les deux chiffres sont additionnés. Le cours de 16 folles n'est qu'un cours nominal qui surévalue de 6 fois la valeur du trachy et permet de compenser, et au-delà, la baisse de recette qu'auraient entraînée l'acceptation en paiement des trachéa pour les nomismata du charagma et le calcul des fractions au taux réduit de 4 miliarèsia le nomisma. Sous Alexis Ier, réforme monétaire et réforme fiscale, inséparables, ont progressé de pair. Mais la fiscalité, dont les tâtonnements nous sont mieux connus, a dû s'adapter la dernière, se coulant pour ainsi dire dans le moule de la réalité monétaire, qu'elle nous permet de reconstituer maintenant.

Corrigenda

p. 452, n. 43, au lieu de: son père, lire: son beau-frère.

VII

LA DÉCOUVERTE DES TRÉSORS À L'ÉPOQUE BYZANTINE : THÉORIE ET PRATIQUE DE L'ΕΥΡΕΣΙΣ ΘΗΣΑΥΡΟΥ

Parmi l'abondante moisson de documents mise avec un soin admirable à la disposition du chercheur par le directeur des Archives de l'Athos, l'éditeur des Actes de Lavra et d'autres documents inédits tel le privilège du despote d'Épire Thomas Ier pour le Vénitien Jacques Contareno[1], l'attention du numismate et de l'historien de la monnaie est attirée avant tout par les mentions d'espèces. Celles-ci permettent en effet de préciser la nature des dénominations et, confrontées avec l'étude des trouvailles ou d'autres éléments de chronologie interne, de mieux cerner l'apparition et le rôle dans la circulation des différentes monnaies. Bien qu'il n'ait pas encore, loin de là, livré tous ses secrets, cet aspect a déjà été suffisamment exploré[2]. Aussi voudrais-je aujourd'hui examiner, à propos de l'εὕρεσις θησαυροῦ — une expression de ces documents jusqu'ici mieux connue des juristes, mais d'un intérêt évident pour les numismates —, la règle et la pratique de la découverte des trésors dans le monde byzantin. Les observations préliminaires indispensables sur la nature et l'origine de ceux-ci ne sauraient toutefois constituer une mise au point sur la thésaurisation qui mériterait à elle seule un dossier particulier.

***

Le terme de θησαυρός s'est à Byzance chargé de la signification grecque et latine[3] du terme et désigne aussi bien le dépôt, le lieu où sont conservés les objets précieux que le contenu même de ces dépôts et plus précisément, selon la définition du juriste Paul (Dig. XLI, 1, 31, 1), « vetus quaedam depositio pecuniae, cuius non extat memoria ut iam dominum non habeat »[4]. C'est ce sens strict et dérivé qui est le plus fréquemment

1. P. Lemerle, Le privilège du despote Thomas Ier pour le Vénitien Jacques Contareno, *BZ*, 44, 1951, p. 389-396 (repris dans *Le Monde de Byzance : Histoire et Institutions*, Londres Var. Reprints 1979).
2. Pour une orientation bibliographique, cf. Bertelè-Morrisson, *Numismatique byzantine*, Wetteren 1978, p. 105-107. Les dossiers de l'Athos renferment encore des inédits susceptibles de modifier certaines conclusions, ainsi à Iviron (document inédit, publication en préparation par J. Lefort) le document n° 26, un acte de vente de 1042 où la mention de *michaèlata* montre que le terme a déjà été appliqué aux nomismata de Michel IV et ne désigne pas aussi exclusivement que je le croyais (*Tr. Mém.* 3, 1968, p. 369-374) les histaména de Michel VII (cf. d'ailleurs P. Grierson, *Dumbarton Oaks Catalogue* III, p. 60).
3. *RE*, VI A 1, p. 1-13, s.v. Θησαυρός (L. Ziehen) et Thesaurus (B. Kübler).
4. D'où dans *Basil.* L, I, 30 : Ἡ ἀμνημόνευτος τῶν χρημάτων ἀπόθεσις θησαυρός ἐστι καὶ ὡς μὴ ἔχουσα δεσπότην τοῦ εὑρίσκοντος γίνεται.

attesté, de Libanios ou d'Artémidore jusqu'à Cantacuzène[5] tandis que le sens originel ne se conserve plus que, déformé, comme synonyme de ταμεῖον[6] alors que le grec classique distinguait nettement les deux notions de *dépôt* et de *caisse*[7] Puisque le terme évoque naturellement la richesse[8], la réalité en est parfois simplement décrite comme des χρήματα[9]

Car l'origine du trésor est bien l'épargne, qu'elle soit publique ou privée, la part des revenus disponibles mise de côté, conservée en réserve, ou, plus prosaïquement enfermée (mise sous clé ?)[10]. Ces dépôts (parathékai) modestes ou non — qui deviendront trésors si leur propriétaire est dans l'impossibilité de les récupérer — sont en effet resserrés dans des récipients plus ou moins appropriés à cet usage. La bourse ou le sac est le premier et le plus connu d'entre eux sous différents noms : λογάριον, βαλάντιον, μαρσύπιον, ἀπόδεσμος, ἐπικόμβιον ou ἀποκόμβιον, σακκίον et enfin κοδρίον[11]. Aucun trésor byzantin ne nous est parvenu dans un tel contenant mais il est loisible de se représenter des bourses de cuir, aux fermoirs plus ou moins ouvragés à l'instar de celui de Sutton Hoo[12]. Les textes parfois sont plus précis et Cantacuzène décrit les ἐπικόμβια jetés à la foule après le couronnement impérial comme des « liens faits de morceaux de toile attachés, renfermant trois pièces d'or impériales, autant ou plus de pièces d'argent et autant de pièces de bronze »[13]. Mais cuir ou toile sont périssables et ne servent donc qu'à la conservation provisoire ou au transport des espèces. L'épargne se cache volontiers dans un vase ou une jarre : un modeste jardinier égyptien « rassemble et remplit un vase de petite monnaie »[14] ; un malade indigent recueilli dans un koinobion possède une

5. Cf. les textes cités *infra*, p. 327-342.

6. Psellos, *Chronographie*, éd. Renauld, II, p. 119 où les deux termes sont successivement employés à propos des deniers publics dilapidés par les prédécesseurs d'Isaac Comnène. Le même auteur emploie ailleurs indifféremment, tantôt l'un, tantôt l'autre pour désigner les réserves impériales (θησαυρός, I, p. 120-1, 144 ; ταμεῖα, II, p. 50, 62).

7. Cf. Platon, *Rép.* VIII, 548 A ; Pollux, *Onomasticon*, IX, 44 (*Lexicographi Graeci* IX, éd. E. Bethe, Teubner, 1967).

8. Psellos II, p. 115.

9. *Récits de Daniel le Scètiote* (*BHG*³ 618) éd. L. Clugnet, *Revue de l'Orient chrétien*, 5, 1900, p. 257, *Vie de Théodore de Sykéon* (Subsidia hagiographica 48, Bruxelles 1970, éd. A. J. Festugière) ch. 114. Χρήματα, comme *pecunia*, désigne la partie mobilière du patrimoine, non seulement les espèces monnayées mais aussi les bijoux et les vêtements.

10. (Ἀποτεθησαυρισμένος (Skylitzès, éd. Thurn, p. 429 = Kedr. II, p. 550 ; Psellos I, p. 147), ἐπιταμιευόμενος (Choniates I, p. 453), κατακεκλεισμένος (Attaliates, 260).

11. Ce dernier terme est apparemment un *hapax* de Cyrille de Skythopolis, *Vita Euthymii*, éd. E. Schwartz, Leipzig 1939, p. 69. Sur le rôle de ces sacs dans la circulation monétaire, cf. M. Hendy, *Coinage and Money in the Byzantine Empire 1081-1261*, Washington 1969, p. 303-309 et *Revue Numismatique* (art. cit., n. 40), p. 151-154.

12. R. Bruce-Mitford, *The Sutton Hoo Ship-burial. A Handbook*, 2ᵉ éd., Londres 1972, p. 73 et pl. G.

13. Cantacuzène I, 41, t. I, p. 203 : ἀποδέσμους τινὰς ἐν ὀθονίων τμήμασι δεδεμένους, ἔνδον ἔχοντας νομίσματα χρυσᾶ τῶν βασιλικῶν τρία καὶ ἐξ ἀργύρου τοσαῦτα ἢ καὶ πλείω καὶ ὀβολοὺς ἀπὸ χαλκοῦ τοσούτους. L'habitude de nouer ainsi ensemble une quantité donnée de monnaies dans des morceaux ou des sacs de toile est attestée par l'archéologie. On peut citer ainsi le trésor de La Ciotat, « un bloc de monnaies de bronze ayant conservé la forme du sac où elles se trouvaient » (*Revue des Études Latines*, 18, 1952, p. 261 ; *Centenaire de la Soc. Fr. de Num.*, Exposition, Paris, Hôtel de la Monnaie, 1965, p. 197), ou les fragments de toile retrouvés avec les 20.000 monnaies du trésor d'Evreux (J.-P. Callu, *La politique monétaire des empereurs romains de 238 à 311*, Paris 1969, p. 296, n. 8) et plusieurs trésors où les monnaies, retrouvées parfaitement alignées, constituaient certainement des rouleaux, enveloppés à l'origine dans de la toile, liée aux deux extrémités (cf. les trésors constantiniens de Seltz — réf. dans Callu, *op. cit.*, p. 363, n. — ou le trésor du Brusc « une vingtaine de deniers d'argent... agglomérés les uns aux autres en rouleau » — Musée des Docks, Inv. fouilles sous-marines 1964 C 774). Je dois cette dernière référence et celle du trésor de La Ciotat à l'amabilité de Cl. Brenot. Sur ces rouleaux constantiniens de 50 folles, v. J. Jahn, Folles in Lederrollen, *Jahrb. f. Num. u. Geldgesch.* 28-9, 1978-9, p. 21-25.

14. *Histoire des solitaires égyptiens*, éd. F. Nau, *Revue de l'Orient Chrétien*, 4, 1909, p. 368 : συνήγαγε καὶ ἐγέμισε κεράμιον κέρματος.

marmite avec de l'or (χύτραν χρυσίου) qu'il cache sous sa paillasse[15]. Le trésor de Jannès et Jambrès enfoui à l'époque des pharaons repose dans un petit vase de bronze peut-être suspendu à une chaîne de fer (κάδιον χαλκοῦν κρεμάμενον καὶ ἅλυσιν σιδηρᾶν)[16]. La novelle 105 de Justinien cite une variété de récipients dans lesquels peuvent être placés les pièces destinées aux distributions : « bouilloires, coupes diverses, vases carrés » (μιλιαρίοις τε καὶ μήλοις καὶ καυκίοις καὶ τετραγωνίοις συμμέτροις καὶ τοῖς τοιούτοις)[17]. Dans la fortune du protovestiaire Andronic Paléologue figure entre autres un vase de bronze (ἀγγειόν τι ἐκ χαλκοῦ πεποιημένον) contenant douze mille pièces d'or[18]. Dans ce dernier cas, la valeur du contenant et la richesse du contenu se rehaussent mutuellement ; de même lorsque Monomaque fait porter à la Sklèrèna un vase de bronze orné de figures et de ciselures, rempli d'argent[19]. Les exemples archéologiques de tels contenants sont abondants et pourraient être multipliés ; à Aïn Kelba (Maurétanie Césarienne) vers 540, quelque 1200 nummi, valant en tout au plus un sixième de sou, étaient enfermés dans un petit vase de terre de 18 cm de haut, à Nikertai (Syrie), 534 monnaies d'or du VIIe siècle emplissaient jusqu'à ras un vase de terre cuite à bouche trilobée et à rainures, un peu plus orné que le précédent, ou encore quelque vingt-cinq kilos d'hyperpères des Paléologues soit plus de 6000 pièces furent mises au jour à Istanbul (Djera Paša) en 1956 dans trois grandes amphores[20].

D'ordinaire toutefois, négociants ou riches propriétaires déposent leurs trésors, espèces monnayées ou non, bijoux, vaisselle, vêtements dans un coffre (*arca*, ἄρκλα)[21] qui peut être une simple cassette de bois (κιβώτιον)[22], un coffre de fer *(arca ferrea)*[23] ou de bronze tels ceux dans lesquels l'impératrice Théodora conservait ses « dariques »[24]. Le trésor du monastère palestinien d'Euthyme est en revanche conservé dans des meubles

15. *Ibid.*, 2, 1907, p. 62.
16. *Histoire Lausiaque*, éd. Butler, p. 49.
17. *C.J.* 105, 2.1, 3. Cf. A. Maricq, *Byz.*, 20, 1950, p. 317-326 dont l'interprétation et la correction (μιλιαρίοις au lieu de μιλιαρήσιοις) me paraissent justifiées.
18. Cantacuzène, I, p. 278. Un exemple archéologique récent mais plus modeste en est fourni par un trésor de 146 monnaies romaines trouvé à Néry (Oise) dans un « seau en bronze dont le bord supérieur avait disparu et les parois avaient été en partie rabattues » (H. Huvelin et D. Nony, *Rev. Num.*⁶, 20, 1978, p. 89).
19. Psellos, I, p. 144 : Πίθον οὖν χαλκὸν, ἔξωθεν καταπεποικιλμένον τύποις δή τισι καὶ γλύμμασι, χρημάτων πεπληρωκὼς. Le vocabulaire pour désigner ce genre de contenants est évidemment d'une variété aussi grande que la réalité. Un dernier ex. peut en être cité dans Jean Moschos (*Pré Sp.* CXIII, *PG* 87, 3093) : un lapidaire dont les richesses sont convoitées par les marins du bateau sur lequel il voyage, fait jeter à la mer les jarres (ζικία, err. pour βικία, cf. Lampe, *Patristic Greek Lexicon*, *s.v.*) contenant ses pierres précieuses.
20. Aïn Kelba, *Mélanges... offerts à J. Lafaurie*, Paris 1980, p. 239 ; Nikertai, *Rev. Belge Num.*, 118, 1972, p. 31 ; Djera Paša : communication de G. Zacos.
21. Corippe, *Iohann.* III, 369 « Magnis cumulata est arca sacellis ». Zacharias Rhet., *Dialog.* I, 9. Ἄρκλα peut aussi désigner ces dépôts de la charité publique que sont les troncs, tels ceux disposés dans tous les portiques de Constantinople par Romain Ier lors du terrible hiver de 932/33 pour recueillir l'aide destinée aux pauvres (*Contin. Theoph.* p. 418). Des exemples de tirelires médiévales (début XIIe s.) — des cruches dans la panse desquelles une ouverture *ad hoc* a été pratiquée, sont publiés par F. d'Angelo (Due salvadenai medievali, *Sicilia archeologica*, 8, 27, avril 1975, p. 37-40).
22. Cantacuzène, I, p. 278. Cf. aussi les ξύλινα βαλλάντια dans lesquels les riches du XIVe siècle enferment leurs monnaies de l'or le plus fin (Alexios Makrembolites, *Dialogue between the Rich and the Poor*, éd. I. Ševčenko, *ZRVI* 6, 1960, p. 221). Un tel coffre de bois, recouvert d'ivoire, est conservé intact avec son système de fermeture au Victoria and Albert Museum (coffret Veroli, Xe s.). Il est reproduit (fig. 15) dans l'intéressante introduction de G. Vikan et J. Nesbitt, écrite à l'occasion d'une exposition temporaire présentée à Dumbarton Oaks, « Security in Byzantium, Locking, Sealing and Weighing », Dumbarton Oaks, Byzantine Collection, Publications n° 2, Washington, 1980.
23. Paul Diacre, *Hist. Langobardorum* III, I, MGHS Rer. Lang., p. 97 (Justin II avare et méprisant les pauvres fait faire des coffres de fer pour y rassembler les talents d'or dont il se saisissait).
24. Psellos, I, p. 147 (δαρεικῶν μυρίων, ὧν δὴ καὶ θήκας χαλκᾶς ἐπεποίητο).

XIII.

Insignia uiri illustris comitis largitionum.

2

3

XIV.

Insignia uiri illustris comitis priuatarum.

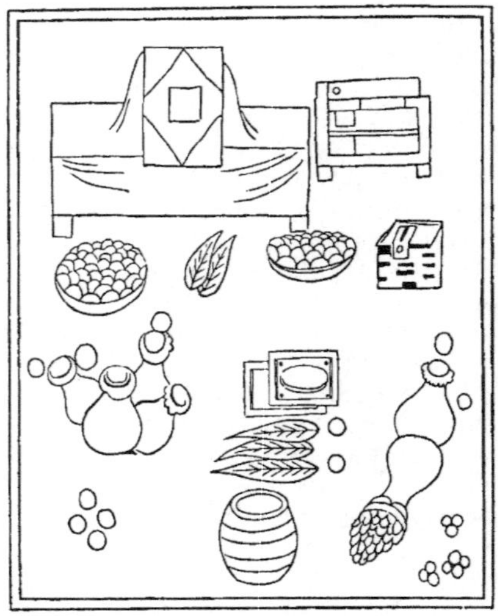

XI.

Insignia uiri illustris comitis sacrarum largitionum.

2

XII.

Insignia uiri illustris comitis priuatarum.

2

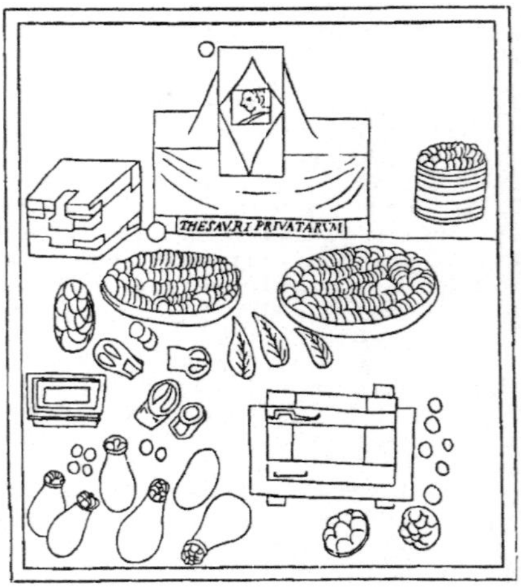

(ἀρμάρια)[25] où peuvent être aussi bien rangés les livres, les ornements liturgiques et les objets du culte. Bourses, vases et coffres demeurent néanmoins les récipients monétaires par excellence : c'est à ce titre qu'ils figurent dans les représentations du Calendrier de 354 ou parmi les attributs du *comes sacrarum largitionum* et du *comes rerum privatarum* dans la *Notitia Dignitatum*. Le dessin permet d'identifier, au milieu de pièces éparses, de plats, de fibules, de plaques de ceintures, de bracelets et de feuilles (d'or?) symbolisant les distributions, des bourses ou des vases marqués ou non d'un chiffre indiquant le montant de leur contenu, des plateaux chargés de monnaies, des plats et enfin un coffret à fermoir et un tonneau (?)[26] (Fig. ci-contre).

Cette épargne publique ou privée lorsqu'elle n'est pas en permanence sous bonne garde, est le plus souvent cachée : « dans la terre » dit Kékauménos[27] annonçant cette boutade d'un numismate du XIXe siècle : « la terre était le coffre-fort de nos ancêtres ». Les cachettes les plus courantes se trouvent dans les maisons elle-mêmes[28], ménagées dans les murs, sous le seuil d'une porte. Le trésor de l'*Aululaire* était caché sous le foyer[29] de même que plusieurs dépôts balkaniques enfouis au moment de l'arrivée des Slaves[30]. Les détenteurs de réserves plus considérables que ces modestes dépôts de folles vont jusqu'à faire édifier des galeries souterraines à cet usage : tel Basile II creusant « des couloirs en spirale et des galeries à la manière des Égyptiens »[31], Narsès, qui selon Paul Diacre, aurait creusé secrètement une grande citerne dans sa maison pour y enfouir ses richesses[32], ou encore ces légendaires rois des Thracésiens qui, avant d'entrer en campagne contre les Perses « venus d'Italie », auraient d'un commun accord fait creuser des chambres souterraines dans une colline pour y enfermer leurs richesses en sécurité[33].

Pour s'éviter un tel travail toutefois on utilise la plupart du temps des cavités existantes, naturelles ou non, cavernes ou grottes d'une part, tombeaux, puits ou citernes d'autre part. Dans le récit de la prise de Rhodes par Cassius (42 av. J.-C.), Appien nous apprend ainsi que les habitants, par crainte du pillage ou de la confiscation, avaient caché leur or et leur argent dans le sol, au fond des puits ou des citernes, et dans des tombeaux[34]. Et c'est effectivement dans une citerne de Morgantina, dévastée par

25. CYRILLE DE SKYTHOPOLIS (*cit.* n. 11), p. 69. Le σκευρὶν dans lequel un riche habitant d'Émèse retrouve par l'intervention de Syméon Salos le *logarin* (bourse) de cinquante nomismata qui lui avait été dérobé par un domestique, est probablement aussi un meuble-resserre ; coffre ou armoire cela ne peut être précisé (LÉONTIOS DE NÉAPOLIS, *Vie de S. Syméon le Fou*, éd. L. Ryden, Stockholm, 1963, p. 161).

26. H. STERN, *Le calendrier de 354*, Paris 1953, pl. XV. *Notitia Dignitatum*, éd. O. Seeck, Or. XIII, p. 36 et XIV, p. 37, Occ. XI, p. 148 et XII, p. 154. Faut-il rapprocher de ces « tonneaux » les sortes de gouttières en bois armé de fer dans lesquelles fut trouvée une partie des 20.000 monnaies constantiniennes du trésor de Luxeuil (1972) (cf. *L'Est Républicain* 16 et 20 sept. 1972) ? Information inédite due à Cl. Brenot.

27. § 141. Éd. Wasilewsky-Jernstedt, p. 60 = éd. G. G. Litavrin, Moscou, 1972, p. 238, l. 17.

28. Michel le Syrien (IX, 28, éd. Chabot II, p. 238-239) nous montre les richesses abandonnées dans les maisons des « grands » qui ont fui ou sont morts de la peste en 542 ; les pillards sont punis de châtiments surnaturels. CORIPPE (*Iohann.* III, v. 363-370) décrit les mêmes pillages dans les maisons des villes d'Afrique vidées de leurs habitants pour les mêmes raisons. Lorsqu'ils peuvent fuir l'épidémie, au lieu d'être surpris par la mort, comme dans ces deux cas, les riches emportent au contraire leurs richesses avec eux, tels les fuyards de 387 décrits par Libanios chargeant leur argent sur des chariots et des bêtes de somme (*Oratio*, XXIII, 18, éd. Foerster, II, p. 502).

29. PLAUTE, *Aulularia*, pr. 6-8 « in medio foco defodit ».

30. V POPOVIĆ, Les témoins archéologiques des invasions avaroslaves dans l'Illyricum byzantin, *Mél. Ec. Fr. Rome, Ant.*, 87, 1975, p. 469, citant plusieurs trésors d'or et de bronze dans des pots enfouis sous les sols et les foyers d'argile à Sadovsko, un village fortifié de Bulgarie.

31. PSELLOS, I, p. 119 : ὑπογείους ὀρύξας ἕλικας κατὰ τὰς τῶν Αἰγυπτίων σύριγγας.

32. PAUL DIACRE, *Hist. Langob.* III, 12, MGHSs rer. Lang., p. 99.

33. *La Nouvelle Vie de Constantin*, éd. F. Halkin *Analecta Bollandiana*, 77, 1959, p. 372 : εἴς τινα βουνὸν ὑπογαίους καμάρας ποιήσαντες, τὸ χρῆμα ἐγκατακλείουσι καὶ φύλακας κοινῶς ἐπιστησάμενοι.

34. APPIEN, *De bellis civilibus* IV, 73, cit. par G. MACDONALD, Coin-Finds and how to interpret them, *Proceedings of the Royal Philos. Soc. of Glasgow*, 34, 1902-3, p. 12.

les Romains en 211 av. J.-C., qu'a été trouvé l'un de ces trésors de monnaies d'argent qui ont permis de dater de façon décisive l'apparition du denier romain[35]. Le récit d'Appien implique donc *in fine* que tous les trésors des tombes ne sont pas forcément des offrandes funéraires comme ces richesses païennes ou barbares destinées à accompagner le défunt dans sa vie de l'au-delà qui étaient activement recherchées de l'Italie à l'Égypte ou aux confins de la Perse, et dont l'habitude était encore vivante au début de l'empire, comme en témoignent les épigrammes de Grégoire de Nazianze conservées dans l'*Anthologie*[36] L'utilisation de pareilles cachettes visait à entourer le trésor d'une sécurité supplémentaire : l'inviolabilité des sépultures. Les trésors païens sont gardés par des démons ; Macaire d'Alexandrie se heurte à soixante-dix d'entre eux interdisant l'accès de la tombe de Jannès et de Jambrès, les magiciens autrefois confondus par Moïse[37]. Au milieu du VIe siècle, Kawad Ier cherchait en vain à l'aide de la science des mages et des juifs à s'emparer d'un trésor défendu par les démons aux confins indo-perses. Seules les prières d'un évêque chrétien, les ayant chassés, lui permettent de s'en emparer[38]. Nous verrons plus loin le traitement que la législation byzantine réserve à ceux qui cherchent à s'emparer des richesses de morts.

La hiérarchie des récipients que nous avons évoquée reflète la diversité des épargnes et des disponibilités de trésorerie, depuis les modestes dépôts souvent formés de simple monnaie d'appoint des paysans égyptiens[39] jusqu'aux milliers de nomismata voire de kentènaria rassemblés par de grands dignitaires laïcs ou ecclésiastiques ou par les souverains eux-mêmes[40]. Les éléments font malheureusement défaut pour apprécier la part relative de cette thésaurisation dans les patrimoines, du moins les indications éparses sur les valeurs absolues qu'elle pouvait atteindre justifient-elles l'intérêt porté par l'État à la découverte des trésors.

35. T. V. Buttrey, *Congr. Int. di Num.*, Rome 1961 (1965) II, *Atti*, p. 261-273 et *Quad. Tic. di Numism. e Ant. Class.* 8, 1979, p. 149-157, à la p. 150.

36. Sur 80 épigrammes funéraires, 32 font allusion de façon plus ou moins précise à l'or enfoui ou du moins recherché dans les tombeaux (*e.g. Anthologie* VIII, 105, 176, 178, 180 et *passim).*

37. *Hist. Lausiaque*, éd. Butler, p. 50.

38. Kedr. I, p. 634.

39. Tel le κέρμα mis de côté sur les conseils du diable (!) par un jardinier podagre dans l'espoir d'obtenir sa guérison des médecins (*Hist. des solitaires égyptiens, loc. cit. supra*, n. 14).

40. Aux données rassemblées par G. Dagron et moi-même dans *Rev. Num.*[6], 17, 1975, p. 148-150 (à la n. 23, restituer « p. 453 ») ; puis par J.-P. Callu (*Ktèma* 3, 1978, p. 301-316), on ajoutera celles tirées des passages de Cantacuzène cités *infra*, n. 118 et 119, ainsi que quelques autres données tardives rassemblées par N. Oikonomidès (*Hommes d'affaires grecs et latins à Constantinople, XIIIe-XVe siècles*, Conférence Albert le Grand, 1977, Montréal, 1979, p. 64-65). Les testaments de Symbatios et de Kalè Pakourianos (1090 et 1098) donnent une idée des espèces détenues par les particuliers puisque celui-là peut distribuer 12 livres et celle-ci 119 livres de monnaies d'or de qualités diverses (cf. *Tr. Mém.* 6, 1979, p. 452, n. 43). Les typika donnent parfois des précisions sur l'importance de la trésorerie courante des fondations : 983 *histaména trachéa* au moins seront distribués chaque année aux moines et aux fidèles à Bačkovo, selon les volontés de Grégoire Pakourianos (cf. P. Lemerle, *Cinq études sur le XIe siècle byzantin*, Paris, 1977, p. 190). Pour l'ensemble des fondations dépendant du Pantocrator, il était dépensé chaque année quelque 36 livres d'hyperpères et près de 16 livres pour les rogai et autres distributions en espèces (cf. P. Gautier, Le Typikon du Christ Sauveur Pantocrator, *REB* 32, 1974, p. 12-21). Pour faire face à l'imprévu, très probablement, Pakourianos précise qu'il y aura toujours 10 livres dans les caisses (ἵνα μὴ ἀπολείψῃ ποτὲ ἀπὸ τῆς μονῆς λογάριον ἕως δέκα λιτρῶν, ch. 26, éd. L. Petit, p. 46, 23). Et comme le démontre M. Hendy (dans un article à paraître dans les *Mélanges Grierson*, dont il m'a aimablement communiqué le manuscrit), le trésor de 786 hyperpères d'Alexis I, Jean II, Manuel I, Andronic I et Isaac II trouvé à Gornoslav, à 17 km au sud-est de Philippopolis, dans une région où s'étendaient les domaines légués par Pakourianos à sa fondation (cf. la carte dressée par C. Asdracha dans P. Lemerle, *op. cit.*, p. 176), représente l'encaisse du monastère (761 nomismata pour les *rogai* à verser à Pâques, 24 nomismata à distribuer pour la commémoraison du père de Pakourianos le « grand jeudi » — saint —, plus un nomisma représentant la commission du trapézitès pour le change de ces 24 pièces d'or en monnaie d'appoint). Cette encaisse aurait été enfouie ou cachée à l'automne 1189 au moment de l'occupation de Philippopolis par Frédéric Ier et de la prise des *kastra* de Petritzos et de Prenezès proches de Bačkovo par des croisés allemands.

La rareté de la richesse et l'inégalité extrême de sa répartition, la faiblesse des rendements et des profits, le niveau misérable de la plupart des salaires, leur inexistence même pour une part non négligeable de la population, forment aussi le contexte dans lequel la découverte d'un trésor est un événement miraculeux. « Un pauvre rêva qu'il disait ces iambes : *tout ce qui était inespéré est venu d'un coup pour la première fois* [Sophocle, fr. 776]. Il trouva un trésor et devint riche »[41]. Un autre pauvre, le carrier Eulogios, gagnait un carat par jour et nourrissait les pauvres tous les soirs. L'abbé Daniel, ému par sa charité, jeûne et prie pour que Dieu lui rende ses bienfaits. Il voit en rêve deux anges verser « beaucoup d'argent dans le pli du vêtement d'Eulogios ». Se réveillant, il sait que sa prière a été entendue et remercie Dieu. En effet Eulogios découvre ensuite un trésor au cours de son travail et devient riche et comblé d'honneurs[42]

Le trésor, don de Dieu[43], de la fortune ou du hasard[44], ne peut être découvert sans l'aide divine[45] qui récompense ainsi la générosité. A celui dont les charités sont trop mesurées sera enlevé ce qu'il a voulu garder pour lui[46], à ceux qui ont donné sans compter, dès ici-bas sont envoyées des richesses, prémices ou symbole des trésors qu'ils se sont ainsi amassé dans les cieux « là où ni voleur n'approche, ni mite ne détruit » (Luc 12, 33 ; Mat. 6, 19). Le thème de ces découvertes inattendues parcourt la littérature édifiante : le poisson christologique en est souvent le centre, de saint Augustin à Jean Moschos ; l'objet précieux (anneau d'or ou pierre) trouvé dans ses entrailles vient en aide chez l'un au pauvre fidèle qui a perdu son manteau tandis qu'il récompense chez l'autre ceux qui ont accepté, en donnant cinquante pièces d'argent aux pauvres, de prêter au Dieu des chrétiens[47] Des fondateurs d'églises ou de monastères se voient indiquer en songe l'endroit où ils trouveront les sommes d'argent nécessaires à l'achèvement de leurs constructions[48]. Enfin Dieu récompense de même avec la munificence qui convient, la générosité d'empereurs comme Tibère II ou Basile Ier. Tibère, à qui Sophie reprochait d'avoir épuisé par ses libéralités le trésor amassé par Justin II, exprime sa confiance en la providence : « de his quae Dominus tribuit, congregemus thesauros in caelo, et Dominus nobis augere dignabitur in secula ». En effet, ayant fait enlever dans le palais une dalle de marbre ornée d'une croix pour que celle-ci ne soit plus foulée aux pieds, il trouve au-dessous une seconde puis une troisième plaque semblable et enfin un grand trésor de plus de mille centènaria. Vers la même époque un vieillard lui révèle aussi la cachette du trésor de Narsès qui s'élevait à plusieurs milliers de centènaria d'or

41. ARTÉMIDORE, *La clef des songes*, trad. A. J. Festugière, Paris, 1975, IV, 59, p. 265 = éd. Pack, Teubner, 1963, p. 284-285.
42. *Loc. cit.* (n. 9).
43. LIBANIOS, *Declam.* XXIX, 5.
44. *Eth. Nic.* III, 3, 1112^a 27 (περὶ τῶν ἀπὸ τύχης, οἷον θησαυροῦ εὑρέσεως). *Rhét.* I, 5, 1362^{a}q
45. THOMAS MAGISTROS, Περὶ βασιλείας, 20, *PG* 145, 477 C. (Cf. *infra*, p. 340).
46. Dans son sermon 239 sur l'aumône, saint Augustin, après avoir évoqué le sort de ses concitoyens dont « uno impetu hostili universi thesauri divitum perierunt », rapporte l'histoire d'un homme aisé, qui ayant changé un sou d'or n'en avait donné aux pauvres que cent *folles*, une part modique *(exiguum)*. Pour lui faire regretter sa bonne action, le diable envoie un voleur lui dérober le reste de la somme. Comprenant au contraire la leçon évangélique, la victime déclare « j'ai perdu ce que je n'avais pas donné car je ne l'avais pas déposé là où le voleur ne pénètre pas » (*PL* 39, 1704).
47. SAINT AUGUSTIN, *Civ. Dei* XXII, 9, *PL* 41, 765-766. JEAN MOSCHOS, *Pré Spirituel*, 185, *PG* 87^3, 3057-3061. Dans les deux cas, le trésor découvert fait plus que compenser la perte ou le don consenti (300 *folles* puis un anneau d'or au lieu d'un manteau de 50 *folles* au plus et 300 pièces d'argent au lieu de 50).
48. Le patrice Nicolas, domestique des scholes d'Orient, qui avait fondé deux églises en expiation du meurtre de sa femme adultère, trouve sur l'indication d'un ange vu en songe, la bourse pleine d'or (τὸ χρυσοβάλανδον) qui donne son nom à la fondation (*Patria*, III, 76, éd. Preger, II, p. 243). Cf. R. JANIN, *Constantinople byzantine*², Paris 1964, p. 330-331 et *Les Églises et les Monastères*, Paris 1969, p. 540-541.

et d'argent[49] Avec moins de détails, la *Vita Basilii* attribue aussi à la compassion de Basile Ier envers les pauvres et à sa justice la découverte de nombreux trésors enfouis dans la terre[50].

Sans attendre ces bienfaits de la providence beaucoup devaient se mettre directement à l'œuvre, comptant sur leur flair ou les indications de la tradition. Les tombeaux étaient, comme on l'a vu, un objectif tout désigné et nombreuses sont les mentions dans la littérature édifiante des VIe-VIIe siècles de ces fossoyeurs-pilleurs (νεκροτάφοι, τυμβωρύχοι), analogues aux larrons-fossiers occidentaux, avoués ou suspects à l'occasion[51]. Dans l'Égypte musulmane, au témoignage, entre autres, d'Ibn Ḫaldūn « ce métier est si commun... que chaque dynastie égyptienne, lorsqu'elle tirait vers sa fin et qu'elle mettait des impositions sur les divers genres d'industrie, y soumettait aussi les chercheurs de trésor »[52] Dans l'Italie ostrogothique, la recherche des trésors, enfouis auprès des morts, « auxquels ils ne seront d'aucune utilité », est encouragée par Théodoric ; à condition qu'on s'abstienne de toucher aux cendres des morts, « c'est à bon droit que l'or est retiré des tombeaux lorsque ceux-ci n'ont pas de maître connu. Bien plus, c'est une sorte de faute que d'abandonner sans profit aux cachettes des morts ce dont l'existence des vivants peut se soutenir. Car ce n'est pas cupidité que s'emparer de ce qu'aucun maître ne saurait se plaindre d'avoir perdu »[53].

Les efforts humains étaient rarement couronnés de succès, comme on s'en doute. Dans une lettre à un correspondant ecclésiastique non identifié, Photius relate les faits suivants à propos d'un groupe parti creuser une « tombe hellénique » pour y chercher des trésors : comme ils se dépensaient en vain et n'avaient rien trouvé, chacun dit à son voisin : si nous ne tuons pas un chien et ne mangeons pas de sa chair, la terre ne nous

49. Paul Diacre, *loc. cit.* (n. 32). Plus loin (III, 34, p. 112, 113) Paul Diacre relate la découverte de trésors inestimables en un lieu indiqué en songe au roi de Bourgogne Gontran *pacificus et omni bonitate conspicuus*. De même que Tibère distribue les richesses découvertes aux pauvres, Gontran les consacre à la fabrication d'un ciborium en or d'un grand poids destiné au Saint Sépulcre mais qui reste sur le tombeau de saint Marcel dans sa capitale de Châlon.

50. Théoph. Cont., p. 256-257. Πλὴν εἰ καὶ τότε ἔτι ἐσπάνιζε χρημάτων ὁ βασιλεύς... προσεγένετο καὶ ἑτέρων χρημάτων πλῆθος αὐτῷ ἱκανόν, τοῦτο μὲν θεοῦ διὰ τὸν πρὸς τοὺς πένητας ἔλεον αὐτοῦ καὶ τὴν δικαιοσύνην πολλοὺς τῶν ὑπὸ γῆν θησαυρῶν... εἰς φῶς εὐδοκήσαντος προελθεῖν, τοῦτο δὲ καὶ ἀπὸ τοῦ ἐν τῷ εἰδικῷ εὑρεθέντος χρυσοῦ.

51. Cf. *supra*, n. 16 ; *Enquête sur les moines d'Égypte*, X, 3, éd. Festugière, *Subs. Hagiogr.* n° 53, Bruxelles, 1971, p. 69 ; Jean Moschos, *Pr. Sp.* 77 ; Vie de Théodore de Sykéon, 114, 115a, 116, éd. Festugière, *Subs. Hagiogr.* 48, Bruxelles, 1970, I, p. 89-90, 91, 92. Ces travaux de nivellement ou de creusement font sortir des démons du sol dont le saint délivre heureusement les paysans. L'auteur d'une de ces tranchées, malheureusement soupçonné par la rumeur publique d'avoir agi ainsi pour se procurer un trésor, est arrêté sur l'ordre du gouverneur d'Ancyre et inculpé de τυμβωρυχία. Pour un exemple du IXe siècle, cf. le passage de Photius *cit. infra*, n. 54.

52. Ibn Ḫaldūn, *Prolégomènes*, tr. de Slane, p. 335, cit. par M. Lombard, *Les Métaux dans l'Ancien Monde*, Paris-La Haye 1974, p. 199 avec d'autres sources. Cf. aussi E. Ashtor, *Social and Economic History of the Near East in the Middle Ages*, Berkeley 1976, p. 80 et 340, n. 8.

53. Cassiodore, *Variar.* IV, XXXIV, MGH Aa XII, p. 129. « Aurum enim sepulcris iuste detrahitur, ubi dominus non habetur : immo culpae genus est inutiliter abditis relinquere mortuorum, unde se vita potest sustentare viventium. Non est enim cupiditas eripere quae nullus se dominus ingemiscat amisisse ». C'est presque dans les mêmes termes qu'Athalaric recommande de favoriser l'entreprise d'un certain Théodore, habile mineur, pour organiser l'exploitation dans le domaine de Rusticiana (Bruttium) : « intretur beneficio artis in penetrale telluris et velut in thesauris suis natura locuples inquiratur ... Cur enim iaceat sine usu, quod honestum potest esse compendium ?... Honesta sunt lucra per quae nemo laeditur et bene adquiritur quod a nullis adhuc dominis abrogatur » (*id.* IX, III, p. 270). Recherche des trésors et exploitation minière ne sont que deux moyens parallèles de se procurer le métal jaune avec lequel « toute production peut s'acheter » et « pourquoi serait-il nécessaire d'épuiser la terre par une fécondité renouvelée si l'on peut trouver en elle des richesses supérieures ? Le métal est assez rarement mis au jour pour être recherché avec d'autant plus d'ardeur » (*id.* IX, III, p. 269-270).

livrera pas ce que nous y cherchons. Et aussitôt ce qui avait été dit fut fait »[54]. De telles pratiques étaient certainement parmi les superstitions les plus courantes comme ces sacrifices de coqs à d'autres fins mentionnés par les manuscrits astrologiques[55].

Ces derniers textes nous renseignent mieux en revanche sur des procédés plus complexes. La connaissance des astres permet en effet de choisir les « conjonctions » (καταρχαί) propices et de déterminer les jours les plus favorables à la recherche des trésors, considérée comme une activité normale ou qui du moins prend rang à côté d'autres plus ordinaires comme les semailles, les transactions commerciales, etc. Les *Apotelesmatica* d'Héphaïstion de Thèbes (IVe-Ve s.) offrent entre autres de nombreuses indications de cet ordre ; il est intéressant de remarquer que recherche des métaux (exploitation minière?) et des trésors y sont considérés comme des activités parallèles[56]. Des traductions byzantines plus tardives (XIe, XIIIe siècles) d'astrologues arabes ou perses, intègrent aussi dans leurs *zôdologia* la découverte de trésors parmi les heureux événements favorisés par certaines positions des astres[57].

Il existe enfin des formules magiques censées permettre la découverte de trésors. Les *Anecdola* transmettent une invocation περὶ θησαυροῦ aux trois noms divins et à trois anges qui indiqueront s'il se trouve un trésor, de quelle nature et de quel montant, en un lieu donné[58]. Des invocations de même nature sont prescrites dans un manuscrit du XVe siècle, le Paris. gr. 2419 ; elles devront être écrites en hébreu sur une peau de faon, suivies de serments et de demandes pour que soit révélé l'emplacement du trésor. « Et dans la nuit, il sera révélé s'il y a ou non un trésor dans l'endroit où tu le soupçonnes. » Le même manuscrit met ensuite sous le nom d'Apollônios de Tyane des prescriptions très détaillées sur le sujet, comprenant à la fois des invocations magiques et des rites de purification[59].

La permanence des recettes et superstitions relatives aux trésors dans la tradition byzantine souligne le caractère miraculeux et fabuleux qui leur est attribué. Il est rare en effet qu'on leur suppose une origine naturelle : peu d'auteurs évoquent comme Caméniates les trésors « d'or, d'argent et de pierres précieuses » que peuvent apporter les échanges commerciaux actifs d'une ville comme Thessalonique[60]. Tout enrichissement

54. Photius, *Epistolai*, éd. I. N. Valettas, Londres 1864, n° 81, p. 409. Τύμβον Ἑλληνικὸν ἀπῆλθον διορύξαι πρὸς ἀνεύρεσιν χρημάτων ματαιοποιοῦντες δὲ, καὶ μηδὲν εὑρίσκοντες, εἶπεν ἕκαστος πρὸς τὸ πλησίον αὐτοῦ, ὅτι, εἀν μὴ σφάξωμεν κύνα, καὶ ἐκ τῶν κρεῶν αὐτοῦ ἀψώμεθα, οὐ μὴ ἐπιδώσει ἡμῖν ἡ γῆ τὸ ζητούμενον. Αὐτικα γοῦν ὁ λόγος εἰς ἔργον προέϐη. Selon Koukoulès (Βίος καὶ πολιτισμός I, 2, p. 192) la recherche des trésors est le seul but qui soit explicitement désigné par les témoignages sur la survivance des sacrifices à l'époque byzantine.

55. Cit. par Koukoulès, *ibid.*

56. Héphaïstion de Thèbes, *Apotelesmaticorum epitomae quattuor*, éd. Pingree, Teubner, 1973, index *s.v.* T. I, p. 244 : Ἐν δὲ τοῖς χερσαίοις καὶ στερεοῖς καθεστώσης αὐτῆς ὀρύσσειν χρὴ ὅσα κατὰ γῆν προσήκει — μέταλλα, θεμελίους, θησαυρούς.

57. Albumasaris, *De revolutionibus nativitatum*, éd. Pingree, Teubner, 1968, p. 26, 162, 187, 202, 252... (Traduction du XIe s. de l'œuvre de Abū Ma'shar Ja'far ibn Muhammad, né en 787 mort en 886. Cf. A. Mieli, *La science arabe*, réimpr. Leyde, 1966, p. 89). Sp. Lampros, Τὸ μετὰ σολομωνικῆς ἰατροσοφίον τῆς Βονωνίας, *Neos Hell.* 15, 1921, p. 30-40 : il s'agit du *Bonon.* 3632 (= CCAG IV, *Bonon.* 18) où figure aux f. 296 et s. un ζωδολόγιον traitant de l'εὕρεσις θησαυροῦ (f. 306 r), ouvrage du géomancien arabe al-Zanati (XII-XIIIe s.), traduit — d'après une version perse — en vers politiques par le moine Arsénios en 1266 (cf. CCAG IV, p. 43, p. 118, n. 1).

58. A. Delatte, *Anecdota atheniensia*, I, Liège-Paris 1927, p. 39 : Ὀρκίζω σας ἀπὸ τὰ ὀνόματα τοῦ κυρίου Μυράς, Ἀλφυτάν, Γεών, Γερίων, καὶ ἀπὸ τὰ ὀνόματα τῶν ἀγγέλων Μελαξοήλ, Βερνιοήλ καὶ Σακιϐοήλ, νά μου εἴπητε ἄν εἶναι θησαυρὸς εἰς τὸν — ὁδεῖνα τόπον — καὶ τί εἶδος εἶναι καὶ πόσος εἶναι.

59. K. Preisendanz, Zwei griechische Schatzzauber aus Kodex Parisinus 2419, *BNJ* 3, 1922, p. 273-281. Le texte lui-même figure aux p. 274-275.

60. Jean Caméniates, *De Exp. Thessal.*, éd. Böhlig, CFHB 4, Berlin, 1973, p. 10-11. Le thème est lié à l'image de la grande ville : cf. à propos de Carthage, Salvien, *De Gub. Dei*, VII, XIV (MGH Aa I, p. 94 = éd. Pauly, CSEL 8, p. 174) s'inspirant d'Ezéchiel sur Tyr (Ez. 28, n. 5).

rapide ou soudain, à moins qu'il ne soit le fruit de larçins et de spoliations ou de la faveur impériale, paraît inexplicable ; le bénéficiaire sera facilement soupçonné d'avoir découvert un trésor, ceci avec les conséquences légales que nous verrons[61]. Les richesses ne peuvent être accumulées, dans les conditions de l'époque, que par des années d'une épargne légitimement considérée comme un vice et taxée d'avarice puisqu'elle n'est ni redistribuée ni investie à des fins productives[62]. C'est ce qu'expriment en partie les attendus de la novelle 51 de Léon VI évoquant la « pratique inhumaine » de certains εὔποροι qui « ingrats envers le Seigneur, sans compassion pour leurs frères, non seulement ne tendent pas une main secourable aux malheureux mais, comme s'ils voyaient avec jalousie les rayons du soleil éclairer leurs sombres trésors, cachent leurs biens sous terre »[63].

L'économique ne s'exprime jamais en tant que tel dans la pensée byzantine ; comme dans la pensée antique ou plus encore dans celle de l'Occident médiéval, il n'est traité que sous l'angle de l'éthique. Ce qui n'empêche pas une conscience claire de certains mécanismes fondamentaux. Le patriarche Nicéphore condamne la passion de l'or de ce nouveau Midas, Constantin V, dont l'âpreté à exiger des impôts continus et sans cesse accrus pour mettre de côté le métal jaune, son dieu, a entraîné une déflation catastrophique pour les paysans contraints de vendre leurs récoltes ou même leurs biens à vil prix. L'auteur distingue bien deux causes à cette baisse excessive : l'accroissement de la pression fiscale qui force les producteurs à augmenter les quantités mises sur un marché où la demande est inélastique (« copiam vendendi secuta vilitate » écrivait Tacite, *An.* VI, XXIII), mais aussi et surtout la thésaurisation impériale qui raréfie les signes monétaires. « Les ignorants y virent la fertilité de la terre et la prospérité des affaires tandis que les bons esprits le jugèrent l'effet de la tyrannie et de l'amour des richesses et un mal né de la haine pour les hommes »[64]. L'*inopia rei nummariae* avec ses effets pervers est un fléau que la plupart des autres souverains cherchent au contraire à écarter ; la législation sur la découverte des trésors est en grande partie inspirée par ce souci. Mais elle exerça souvent par ses modalités et leur application une influence exactement contraire au but poursuivi.

***

La législation byzantine sur les trésors n'a fait, si l'on excepte la thèse de Tourtoglou[65], l'objet d'aucune monographie et n'est considérée qu'incidemment à la faveur de sa mention dans des textes d'époques diverses[66]. Aussi peut-il être utile de

61. Cf. *infra*, p. 334.

62. Paul Diacre, *loc. cit.* (n. 23). Quodvultdeus, *De tempore barbarico* cit. par P Courcelle, *Hist. litt. des grandes invasions germaniques*³, Paris 1964, p. 130. Les pillages des Barbares ne sont que « le châtiment mérité des avares au cœur sec ».

63. Éd. P. Noailles - A. Dain, p. 197.

64. Nicéphore, *Antirrhétikos* III, 74, *PG* 100, 513-516, *Hist.* éd. De Boor, p. 76 : ὅπερ τοῖς μὲν ἀνοήτοις εὐφορία τε γῆς καὶ πραγμάτων εὐθηνία ἐνομίζετο, τοῖς δὲ εὖ φρονοῦσι τυραννίδος καὶ φιλοχρηματίας ἔργον καὶ ἀπανθρωπίας νόσος ἐκρίνετο.

65. M. A. Tourtoglou, Παρθενοφθορία καὶ εὑρέσις θησαυροῦ, Athènes 1963. Cette thèse de droit est essentiellement consacrée au commentaire de ces deux κεφάλαια dans les documents tardifs et veut surtout démontrer que l'E.θ. n'est pas un prélèvement sur les trésors mais une revendication de l'ensemble du montant des découvertes par le fisc. Le livre du grand numismate anglais G. F. Hill, *Treasure trove in law and practice from the earliest time to the present day*, Oxford 1936, est bien informé de la législation romaine et de sa reprise dans le code justinien ou les Basiliques. Mais il ignore entièrement l'évolution tardive et les textes de la pratique. De même Zachariae von Lingenthal (*Geschichte des griechisch-römischen Rechts*, 3ᵉ éd., Berlin 1892, p. 216).

66. Le meilleur de ces commentaires et le plus détaillé est sans conteste celui de H. Monnier, à propos des vexations de Nicéphore, dans ses « Études de droit byzantin », *Nouv. Rev. Hist. Dr. Fr.* 19, 1895, p. 73-81. Sinon, voir G. Ostrogorsky, *Pour l'histoire de la féodalité byzantine* p. 116 (allusion

rappeler ici les caractéristiques et les phases de son évolution. Quatre grandes périodes peuvent être distinguées : de l'une à l'autre on oscille entre un droit plus favorable à la propriété privée et une coutume — ou plutôt une application de ce droit — fiscalisante et régalienne. La tradition écrite classique règne naturellement à l'époque justinienne et macédonienne tandis que la coutume l'emporte pendant les siècles obscurs qui les séparent, ainsi que dans les quelque deux cents dernières années de l'empire.

Les dispositions qui figurent dans le Code Justinien (X, 15) sont souvent présentées comme la remise en vigueur des règles édictées suivant « l'équité naturelle » par Hadrien, qui prévoyait le partage du trésor par moitié entre l'inventeur et le propriétaire (*Inst.* II, 1, 39). La réalité est toutefois plus complexe et le texte vaut d'être cité dans son entier. Il reproduit un rescrit de Léon et Zénon daté de 474 : « Que personne n'ose plus à l'avenir importuner les oreilles bienveillantes de Notre Piété par des suppliques concernant la recherche d'un trésor sur sa propriété ou sur celle d'autrui ou la découverte d'un trésor par lui-même ou par un autre. En effet nous accordons à chacun la liberté de rechercher un trésor (c'est-à-dire des richesses cachées en des temps anciens par des propriétaires inconnus) sur ses terres — à condition qu'il s'abstienne de sacrifices infâmes et punissables ou de toute autre pratique illégale — ainsi que la possibilité d'user de celui qu'il aura trouvé. Ceci afin qu'aucune accusation injuste et envieuse ne vienne poursuivre ce bienfait de Dieu, et qu'il soit inutile de solliciter ce qui est déjà autorisé par la loi... Sur les terres d'autrui que personne n'ose, malgré ou même contre la volonté ou à l'insu des propriétaires, rechercher pour son propre compte des richesses cachées. Si quelqu'un croit devoir faire appel à nous à ce sujet ou si, s'étant livré malgré la loi à des recherches sur le terrain d'autrui, il trouve un trésor, il sera contraint de le céder en totalité au maître des lieux et sera puni pour avoir violé une loi salutaire. Si en revanche, sans l'avoir délibérément cherché, il trouve par hasard, en labourant ou en cultivant les terres d'autrui ou en toute autre circonstance, un trésor, la trouvaille sera partagée par moitié avec le propriétaire. Il adviendra ainsi que chacun jouira de ses biens sans convoiter ceux d'autrui »[67]. La loi reconnaît le principe du droit éminent du propriétaire du terrain de la découverte, principe conservé dans notre législation actuelle : s'il en est aussi inventeur, le propriétaire a droit à la totalité de la trouvaille, dans le cas contraire, à la moitié. Mais, alors que le législateur contemporain n'envisage implicitement que les trouvailles fortuites, le texte de Zénon prend soin de distinguer celles-ci des trouvailles résultant de recherches délibérées, preuve de l'importance de l'activité des chasseurs de trésor à l'époque byzantine. Sur ses terres le propriétaire jouira de toutes les trouvailles qu'il aura pu faire ou faire faire qu'elles qu'en soient les conditions, pourvu que les recherches éventuelles n'aient pas recouru aux pratiques magiques qui ont été décrites plus haut. Il est interdit en revanche de se livrer à quelque recherche que ce soit sur la terre d'autrui ; le contrevenant devra livrer tout ce qu'il aura trouvé au propriétaire et sera puni par la loi, son acte étant assimilé certainement à un vol. Celui qui au contraire mettra au jour par hasard un trésor, à la faveur par exemple de travaux agricoles (labours, cultures) qui devaient être, comme ils le sont encore de nos jours, l'occasion la plus courante de découvertes, aura droit à la moitié de l'ensemble.

Lorsque paraît ce rescrit en 474 la libéralité de l'empereur est récente ; si des suppliques ou des pétitions continuent encore de l'importuner, c'est bien que la loi n'a

sans réf. au fait que « l'heureux trouveur devait remettre aux autorités une partie de sa trouvaille, généralement la moitié ») ; I. Ševčenko, Alexios Makrembolites and his « Dialogue between the Rich and the Poor », *ZRVI* 6, 1960, p. 225. A. Guillou dans *La civiltà bizantina dal IV al IX Secolo*, Univ. di Bari, Centro di Studi Biz., Corsi di Studi I, 1976, Bari 1977, p. 389-392 (à propos du texte de la vie de Théodore de Sykéon, cit. n. 51).

67. *C.J.* X, XV.

pas toujours été si généreuse : en 315 Constantin ne prescrivait-il pas aux *rationales* de s'abstenir de soumettre à la question l'inventeur qui apportait de lui-même un trésor au fisc et même de lui en laisser la moitié ? Celui en revanche qui aurait refusé de livrer ces richesses mais aurait été dénoncé, ne bénéficiait pas de semblable clémence[68]. Sous Théodose Ier (380) la loi semblait s'être adoucie puisqu'elle annonçait déjà les principes
* du rescrit de Zénon, propriété entière à l'inventeur sur son propre sol, un quart de la trouvaille à l'inventeur sur le sol d'autrui, et répétait que l'inventeur n'avait à craindre aucune poursuite injustifiée de la part du fisc ou d'une personne privée, ni à encourir aucun danger de torture à ce sujet[69]. L'allusion à la torture se trouve encore en 390 dans une constitution adressée au préfet du prétoire par laquelle les empereurs accordent aux inventeurs de trésors de jouir des biens découverts *sine aliquo terrore*[70]. Au milieu du ve siècle encore, la légende des Sept Dormants d'Éphèse, martyrisés sous Dèce (249-251), nous montre à leur réveil, leur serviteur Jamblique arrêté en ville où il était allé faire des achats « à cause des pièces de monnaie qu'il portait, pris pour quelqu'un qui aurait découvert un trésor ancien »[71]. La terreur légale continuait donc bien de s'exercer sur toute une catégorie de trésors ; les textes de 380 et 390 ne s'appliquaient qu'aux trouvailles fortuites *(quolibet casu, suadente numine vel ducente fortuna)* et le fisc revendiquait toujours les trouvailles issues de recherches délibérées. Le préambule du rescrit de Zénon laisse penser, comme le suppose Hill, que l'État accordait, à la manière des permis de recherche d'aujourd'hui, des autorisations de chasse au trésor[72]. Ces concessions étaient probablement la source de profits immédiats plus sûrs que la part de découvertes éventuelles ainsi abandonnée aux fouilleurs, mais aussi certainement la cause d'innombrables chicanes auxquelles le rescrit de Zénon veut mettre fin. Ce régime incite à nouveau, comme les textes de Cassiodore[73], à rapprocher recherche de trésors et activité minière : à l'image de ces taxes annuelles fixes perçues des propriétaires de terrains métallifères[74] l'État exigeait sans doute une taxe *de requirendo thesauro* en échange d'une autorisation de recherche et de la possibilité de jouir d'une partie, ou de la totalité, des découvertes éventuelles.

La libéralisation du régime de la découverte des trésors dont témoigne le rescrit de 474 resta limitée à la *pars Orientis*. Elle ne s'appliqua pas, semble-t-il, en Occident ; dans l'Italie ostrogothique du moins, le *comes rerum privatarum* doit veiller à ce que les richesses découvertes soient portées dans les caisses publiques[75]. La revendication fiscale reste entière, revenant au régime préconstantinien, proche d'ailleurs du principe germanique du droit régalien sur le trésor.

68. *C. Th.* X, 18, 1, Quicumque thesaurum invenerit et ad fiscum sponte detulerit, medietatem consequatur inventi, alterum tantum fisci rationibus tradat, ita tamen, ut citra inquietudinem quaestionis omnis fiscalis calumnia conquiescat.

69. *C. Th.* X. 18,2, Quisquis thesauros et condita ab ignotis dominis tempore vetustiore monilia quolibet casu reppererit, suae vindicet potestate neque calumniae formidinem fiscali aut privato nomine ullis deferentibus pertimescat ; non metalli qualitas, non repperti modus sub aliquod periculum quaestionis incurrat.

70. *C. Th.* X, 18, 3, Eos qui suadente numine vel ducente fortuna thesauros reppererint, reppertis laetari rebus sine aliquo terrore permittimur.

71. V. le résumé de ce miracle dans Photius, *Bibliothèque*, cod. 253, éd. Henry, VII, p. 211 : ὃς τὴν Ἐφεσίων καταλαβὼν πόλιν συλλαμβάνεται δι' ἃ ἐκόμιζε νομίσματα, ὡς θησαυρῶν ἀρχαίων εὑρετής. Sur la date du miracle (448) et celle des premières versions de la légende, cf. E. Honigmann, Stephen of Ephesus and the Seven Sleepers, dans ses *Patristic Studies* (XVII) = Studi e Testi, 173, Vatican 1953, p. 125-168.

72. G. F. Hill, *op. cit.* (n. 65), p. 29.

73. Cf. *supra*, n. 53.

74. Auraria aeraria atque ferraria praestatio, C. Th. XI, 20, 6 (430). Aeraria praestatio, C. Th. XI, 1, 23 (393).

75. Cassiodore, *Variar.* VI, 8 (MGH Aa XII, p. 182) Repositivae quoque pecuniae, quae longa vetustate competentes dominos amiserunt, inquisitione tua nostris applicantur aerariis.

Est-ce en vertu de ce droit régalien que l'on voit dans l'Italie de la fin du VIe siècle telle que la décrit Paul Diacre, un vieillard révéler à l'empereur Tibère, contre récompense, la cachette des trésors de Narsès[76]? Dans le contexte symbolique de l'épisode légendaire, où deux trésors viennent récompenser la générosité impériale, ce n'est pas sûr ; toutefois, il est significatif que le récit sous-entende la propriété impériale du trésor comme allant de soi.

La littérature orientale des VIe-VIIe siècles ne fournit pas d'exemples illustrant les termes mêmes de la loi, découverte fortuite ou non d'un trésor sur sa propre terre ou celle d'autrui. L'aventure des moines du couvent d'Euthymios rapportée par Cyrille de Skythopolis n'est pas à proprement parler une découverte de trésor : les richesses enfouies sous une grosse pierre aux environs de Jérusalem sont des bourses, dérobées dans les réserves du couvent ; leur voleur ne peut les récupérer car il se heurte à un serpent et une force immatérielle le terrasse. Saisi d'une maladie incurable, il ne peut guérir qu'en avouant son crime et les moines avertis rentrent en possession de leur or sans difficulté[77]. En pareil cas, il n'y a pas trésor puisque le propriétaire du bien enfoui est connu et vivant ; peu importe le lieu d'enfouissement *in meo an in alieno*, le *ius possessionis* reste entier[78]. Le trésor découvert par Eulogios dans la carrière où il travaille est bien en revanche cet « enfouissement dont la mémoire s'est perdue et qui n'a plus de maître ». L'inventeur cèle toutefois sa découverte : « si je l'apporte à la maison, pense-t-il, l'archonte le saura et s'en emparera, et moi je serai menacé ; plutôt la cacher dans cette région éloignée, où personne ne me connaît »[79]. Seule une législation de type constantinien pourrait inspirer pareille crainte ; or le récit, rédigé au début du VIIIe siècle, est placé sous le règne de Justin II. Il faut donc supposer ou bien qu'Eulogios craint d'être puni pour s'être livré à des recherches sur la terre d'autrui, la carrière ne lui appartenant certainement pas, ou bien qu'il craint aussi d'être accusé d'avoir eu recours à des pratiques interdites. Le libéralisme qu'une lecture trop moderne du rescrit de Zénon fait apparaître est en fait limité, lorsqu'on n'est pas propriétaire des lieux de la découverte, aux trouvailles fortuites. Apporter la preuve de ce caractère fortuit ne devait pas être aisé et l'on comprend la prudence du carrier.

En feignant de considérer le plus de trouvailles possibles comme le résultat de recherches réprouvées, le fisc pouvait donc, sans déborder le cadre de la loi, en revendiquer la possession. Même dans le cas de recherches pratiquées par des moyens licites, mais sur les terres d'autrui, tout en imposant à l'inventeur la restitution de tout le trésor au propriétaire, les autorités exigeaient probablement en sus du coupable, considéré comme voleur, le paiement d'une amende. En outre, en tant que propriétaire lui-même d'un grand nombre de lieux publics[80], l'État pouvait réclamer, selon les conditions de la découverte, la moitié ou la totalité du contenu des trésors mis au jour[81] Que non seule-

76. PAUL DIACRE, *op. cit.* (n. 23), p. 98-99.
77. CYRILLE DE SKYTHOPOLIS, *Vita Euthymii, loc. cit.* (n. 11).
78. *Dig.* XLI, 2, 44 (Papinianus) = *Basil.* L, 2, 44. *Dig.* X, 4, 15 = *Basil.* XV, 4, 15.
79. *Récits de Daniel le Scétiote, loc. cit.* (n. 9).
80. Pour une définition de ces lieux, cf. le πόνημα νομικόν de Michel Attaleiates (*JGR*, éd. Zepos, VII, p. 420).
81. Cela découle d'une simple application du principe général énoncé dans *C. Just.*, X, 15, mais est explicite dans le rescrit de Marc-Aurèle et Vérus (*Dig.* XLIX, 14, 3, § 10-11) : « Si in locis fiscalibus vel publicis religiosisve aut in monumentis thensauri reperti fuerint, divi fratres consituerunt, ut dimidia pars ex his fisco vindicaretur. Item si in Caesaris possessione repertus fuerit, dimidiam aeque partem fisco vindicari. Deferre autem se nemo cogitur, quod thensaurum invenerit, nisi ex eo thensauro pars fisco debeatur. Qui autem, cum in loco fisci thensaurum invenerit, partem ad fiscum pertinentem suppresserit, totum cum altero tanto cogitur solvere ». Les mêmes dispositions sont reprises dans les Basiliques (LVI, 2, 3) : 'Εαν ἐν δημοσίῳ τόπῳ ἢ βασιλικῷ ἢ ἀφωρισμένῳ εἰς ταφὴν ἢ μνημεῖον θησαυρὸς εὑρεθῇ, τὸ ἥμισυ τῷ δημοσίῳ διαφέρει. Οὐδεὶς [εἰς] μηνύειν ἑαυτὸν εὑρηκέναι

ment les monuments mais également les tombeaux aient été considérés comme des lieux publics explique, plus que toute considération morale — encore que, plus tard, Kékauménos fasse du violateur de tombes l'égal d'un meurtrier[82] —, les poursuites engagées contre les τυμβωρύχοι. Dans ce contexte s'inscrit l'épisode d'Ardabourios rapporté par le patriographe anonyme qui compose à la fin du VIIIe siècle les Παραστάσεις σύντομοι χρονικαί : sous Léon, le stratège Ardabourios trouve en Thrace une statue d'Hérodien tout à fait bossue et grossière : il se met en colère et la détruit. L'ayant détruite il y trouve cent trente trois livres d'or en talents (nomismata) qu'il déclare avec empressement à l'empereur[83]. Mais il est tué à cause de ceux-ci et s'écrie au milieu de ses souffrances : nul n'ayant mêlé le plomb à l'or n'a été aussi puni que moi ni subi ce qui m'arrive par la faute de ce basileus bossu...[84]. Certes l'explication de l'exécution d'Ardabourios à cause de la statue et de son trésor est contraire à l'histoire, et n'a même rien que la législation de l'ἔυρεσις θησαυροῦ pourrait fonder : toutefois la déclaration qui est faite à l'empereur avec empressement par Ardabourios lui est au contraire tout à fait conforme. Moins régalien que les Ostrogoths, l'État byzantin des VIe-VIIe siècles ne manquait donc pas d'occasions de revendiquer pour son compte la possession de grand nombre de découvertes.

Ce fut probablement à partir de ces deux directions, définition des lieux de découverte et de leurs modalités, que la jurisprudence put évoluer à nouveau au cours du VIIIe siècle dans le sens d'une revendication de plus en plus étendue de l'État sur le contenu des trésors. De l'ampleur de ces prétentions du fisc témoignent les sixième et septième *kakôseis* de Nicéphore éclairées par le passage de la novelle LI dans laquelle Léon VI déclare qu'avant lui « une cupidité perverse, par je ne sais quelle argumentation captieuse, gratifiant le fisc d'un gain injuste, lui a fait don jusqu'à ce jour du trésor trouvé et a fait tomber la loi en désuétude »[85]. La sixième « vexation » consistait en effet à faire rechercher par les stratèges ceux qui s'étaient enrichis soudainement et à revendiquer leur fortune comme s'ils étaient des inventeurs de trésors : ἕκτην, σκοπεῖσθαι παρὰ τῶν στρατηγούντων τοὺς ἀθρόως ἐκ πτωχείας ἀνακτησαμένους, καὶ ἀπαιτεῖσθαι χρήματα ὡς εὑρετὰς θησαυρῶν[86]. La septième *kakôsis* concernait également les inventeurs de trésors bien que l'expression ne soit pas employée par les chroniqueurs, car le lien est

θησαυρὸν ἀναγκάζεται, εἰ μὴ μέρος αὐτοῦ τῷ δημοσίῳ διαφέρει. Ὁ δὲ ἀποκρύπτων τὸ διαφέρον τῷ
* δημοσίῳ μέρος τὸν ὅλον θησαυρὸν ἀποδίδωσιν. Cf. *Ecloga* XLIII, 63 (*JGR* IV, p. 566) et *Syn. Maior* Θ, 11, 2 (*JGR*, V, p. 315).

82. Kékauménos, *Stratégikon*, § 20, p. 7 = éd. Litavrin, p. 130, l. 19.

83. Cf. *supra*, n. 68.

84. Patria, éd. Preger I, p. 29. Cf. *Rev. Num.*[6], 17, 1975, p. 161 et n. 75. Malgré l'absurdité de la conclusion, Ardabourios exécuté à cause de la découverte du trésor, ou de la destruction de la statue (?), il est intéressant de remarquer l'emploi du terme technique précis καταμηνύειν (cf. *Basil.* VI,
* 1, 109, *Synopsis tôn Nomôn* 43, 64 = *JGR* VII, p. 178, etc.) pour la déclaration de la découverte aux autorités.

85. *Les Novelles de Léon VI le Sage*, éd. P Noailles-A. Dain, Paris 1944, p. 197-198 : Ἀλλ' ἡ φαύλη πλεονεξία οὐκ οἶδ' ὅπως τοῦτον παραλογισαμένη, κέρδος ἄδικον τῷ δημοσίῳ χαριζομένη ἐκείνῳ μέχρι τοῦ νῦν τὸν εὑρισκόμενον δίδωσι θησαυρὸν εἰς ἀπραξίαν τὸν νόμον περιστήσασα. Il est impossible de dater précisément le début de cette ἀπραξία ; une scholie figurant sur une copie du *Marcianus* 179 prise en 1533 par Viglius Zuichem (cf. Mortreuil, *Hist. du Droit Byzantin*, II p. 300) déclare que la novelle remet en vigueur *Inst.* II, 1, ἐκ συνηθείας πάλαι σιωπηθέντα. Πάλαι s'applique évidemment aux quelque cent années séparant la novelle de Léon VI des *kakôseis* de Nicéphore (vers 810) et peut remonter plus haut mais jusqu'où ? On pourrait être tenté de mettre en relation l'abandon des dispositions du Code sur les trésors avec la politique fiscale de Constantin V et l'avidité de celui-ci, dénoncée par le patriarche Nicéphore (cf. *supra*, n. 64).

86. Théophane, *Chronographie*, éd. De Boor, I, p. 487, l. 6-8. Cf. Kedr. II, p. 38 : Ἕκτη τυραννὶς σκοπεῖσθαι παρὰ τῶν στρατηγούντων τοὺς ἀθρόως ἐκ τῆς πτωχείας ἀνακτισθέντας, καὶ ἀπαιτεῖσθαι χρήματα ὡς εὑρετὰς θησαυρῶν ; Zonaras III, p. 307 καὶ τὸ τοὺς ἐξ ἀπόρων ὅπως δήποτε εἰς εὐπορίαν μετενεχθέντας χρήματα ἀπαιτεῖσθαι, ὡς εὑρετὰς θησαυρῶν.

évident avec ce qui précède ; il s'agissait de dépouiller de leur fortune tous ceux ayant trouvé une jarre ou un vase dans les vingt années écoulées : ἑβδόμην, τοὺς πρὸ κ' χρόνων εὑρηκότας καὶ μέχρι τῆς δεῦρο πίθον ἢ σκεῦος ὁτιοῦν καὶ αὐτοὺς ἐξαργυρίζεται[87]. La découverte de trésors n'est, bien évidemment, que le prétexte de confiscations destinées, avec les autres mesures de Nicéphore, à rétablir les finances impériales obérées par le laxisme d'Irène. La mention des jarres ou des vases qui auraient pu être mis au jour montre toutefois le mécanisme juridique employé : pour éviter les dénonciations, les inventeurs tenus de déclarer leurs découvertes se bornaient jusque-là à celle du contenant. Difficile pour l'État de faire la preuve que ces récipients contenaient des trésors. Nicéphore renverse la situation : toute personne ayant déclaré dans les vingt dernières années[88] la découverte d'un vase est présumée avoir tiré de celui-ci toute sa fortune actuelle qui lui est par conséquent confisquée. Cette mesure, jugée excessive par le chroniqueur, cherchait en fait à avoir valeur d'exemple et de dissuasion ; en confisquant la fortune des inventeurs de mauvaise foi, Nicéphore espérait inciter ceux qui les suivraient à une déclaration honnête et complète des découvertes à venir. Il est peu probable qu'il y parvînt. La revendication fiscale était en tout cas encore entière au début du règne de Basile Ier, dont les finances furent en partie soulagées par la découverte providentielle de nombreux trésors[89].

Le retour aux « anciennes lois » dans les *Basiliques* amena naturellement, en ce qui concerne les trésors, la remise en vigueur du droit du *Digeste* sous sa forme la plus favorable à l'inventeur. Les *Basiliques*, après avoir repris en effet au livre L, 1, 30 la définition du trésor donnée par Paul dans le *Digeste*[90], envisagé en L, 1, 60 le cas de la découverte par un esclave ou par le fils[91], reproduisent plus loin les dispositions du rescrit de Marc-Aurèle et Vérus attribuant au fisc la moitié du trésor trouvé sur les lieux considérés comme lui appartenant (δημοσίῳ τόπῳ ἢ βασιλικῷ ἢ ἀφωρισμένῳ εἰς ταφὴν ἢ μνημεῖον)[92].

Les mêmes principes se trouvent rappelés dans la novelle LI de Léon VI qui, outre cette source (*Dig.* XLIX, 14, 3), s'inspire également du décret d'Hadrien (*Inst.* II, 1, 39) sans toutefois, contrairement à ce qu'affirment le scholiaste et, à sa suite, l'éditeur, rétablir entièrement ce dernier[93]. La générosité d'Hadrien allait en effet jusqu'à laisser « suivant l'équité naturelle » à l'inventeur l'entière propriété du trésor découvert fortuitement « in sacro aut in religioso loco ». Cette précision est omise par la Novelle et l'exemple du Sphôrakion que nous verrons plus loin nous confirmera que l'omission était bien voulue ; la revendication fiscale s'étendait aux lieux « religieux » et Léon VI ne faisait que revenir aux dispositions de Marc-Aurèle. Si la novelle LI ne comprend donc rien de différent ou qui vienne s'ajouter au contenu des *Basiliques*, son intérêt réside en revanche dans la synthèse qui y est faite des lois antérieures (*Inst.* II, 1, 39, *Dig.* XLIX, 14, 3 et *C. Just.* X, 15, 1) et surtout dans les attendus qui sont donnés par

87. Théophane, *ibid.*, l. 8-9.

88. Monnier, *l. c.* (n. 66), p. 81 voit dans cette limitation temporelle une relative modération de l'empereur dans l'application de la loi. Celle-ci ne prévoyait en effet aucune prescription des droits du Trésor sur les biens vacants. Dölger (*Regesten*, n° 376) préfère y voir, à l'instar de la 8e vexation, la suppression d'une décision d'Irène remontant à l'époque de son premier règne (790), soit à une vingtaine d'années auparavant.

89. Cf. *supra*, n. 50.

90. Cf. *supra*, p. 321, n. 4.

91. Résumé de *Dig.* XLI, 1, 63 (sur les subtilités juridiques de ce passage, cf. Kübler, *RE*, s.v. *Thesaurus*, p. 12). Les conclusions découlent de l'application du principe du partage par moitié entre l'inventeur et le propriétaire.

92. Cf. *supra*, n. 81. *Ecloga ad Prochiron mutata* XXXVII, 57 : Ἐν δημοσίῳ τόπῳ ἢ ἐν μνημείῳ. Id. dans l'*Épitomè* XLIII, 63.

93. P. Noailles - A. Dain, *Les Novelles de Léon VI*, p. 195 et p. 196, n. 2.

l'empereur. On remarquera d'abord que la novelle, bien que figurant dans une partie assez disparate de la collection (44 à 57 pour laquelle aucun plan n'est perceptible), est associée à deux autres traitant de problèmes financiers ou monétaires : la novelle L frappant de nullité la donation non écrite supérieure à cinq cents nomismata et la novelle LII sur le cours des monnaies impériales. Le rapprochement avec cette dernière qui vise à éviter la ruine que constitue la disette du numéraire (τὴν ἔνδειαν [νομίσματος]) implique le même but pour la novelle sur les trésors. Celle-ci déclare en effet que la thésaurisation est une « pratique inhumaine » et qu'inversement la recherche des trésors cachés et leur découverte devraient procurer un avantage à l'humanité. Circulation monétaire facilitée par la suppression des décris et des mutations et par conséquent de la thésaurisation que celles-ci entraînent toujours, remise en circulation du numéraire enfoui encouragée par une législation libérale favorable aux inventeurs de trésors, sont les deux volets d'une politique originale qui coïncide ou même conditionne les signes observables à la même époque d'un renouveau de la vie urbaine et des échanges[94].

La reprise de dispositions des *Basiliques* dans les recueils juridiques ultérieurs témoigne que celles-ci étaient encore en vigueur et susceptibles d'être appliquées aux xᵉ et xiᵉ siècles[95]. Un seul récit toutefois peut être rapporté à cette période et précisément au règne de Léon VI : un Romain remarque sur la terrasse de l'église du Sphôrakion des lettres latines gravées dans la pierre ; connaissant leur signification [*sc.* l'indication de l'emplacement du trésor], il révèle celui-ci à l'empereur. Sur les trois kentènaria du trésor ainsi remis à l'empereur, ce dernier en laisse trente livres à l'inventeur[96]. Ces 10 % sont bien inférieurs à la moitié prévue pour l'inventeur aux termes des lois restaurées dans les *Basiliques* et la *Novelle* de Léon VI, même lorsque l'État est propriétaire du lieu, ce qui est le cas ici. Cette maigre proportion rappelle en revanche les pratiques de Nicéphore ne laissant au cérulaire que 10 livres sur les cent qui composaient sa fortune[97], confisquée en application de la sixième kakôsis (?). Or cette part d'un dixième est celle que la législation attribuait à ceux qui avaient découvert des objets dans la terre jusqu'à une profondeur d'une coudée (soit une cinquantaine de centimètres)[98]. L'ambiguïté juridique entre simples découvertes et découvertes de

94. Les statistiques établies à partir des trouvailles de monnaies isolées sur le site de Corinthe témoignent par ex. d'un accroissement de facteur vingt du volume de la circulation de monnaies d'appoint entre le règne de Théophile et celui de Basile II. Entre le règne de Basile Iᵉʳ et celui de Léon VI, les chiffres sont multipliés par trois. Cf. D. M. Metcalf, *Coinage in South-Eastern Europe (820-1396)* (Royal Num. Soc., Special Publication 11), Londres 1979, p. 18-21, 36-40, etc., avec la bibliographie.

95. *Épitomè* 43, 63-64 (*JGR* IV, p. 566) ; Ecloga ad Prochiron mutata 37, 57 (*JGR* VI, p. 302-303).
* Synopsis Θ, II, 1-2 (*JGR* V, p. 315) ; Synopsis minor Δ, 29 (*JGR* VI, p. 378) et Θ, 11 (*JGR* VI, p. 414) ; Photius, *Nomocanon*, éd. Rhalli-Potli, *Syntagma* I, p. 195-196.

96. *Patria* III, 30, éd. Preger, II, p. 225 : ἀνελθὼν Ῥωμαῖος τις τοῦ εὔξασθαι εἰς τοὺς ναοὺς τῆς πόλεως εἶδεν Ῥωμαϊκα γράμματα λίθινα ἐπὶ τοῦ πινσοῦ καὶ τὴν δύναμιν αὐτῶν γνοὺς ἐγνώρισεν τῷ βασιλεῖ. Καὶ δέδωκεν αὐτῷ χάραγμα λίτρας λ'. Cet épisode explique le titre de l'épigramme de l'*Anthologie* (I, 7) : « Εἰς τὸν αὐτὸν [ναὸν τοῦ ἁγίου Θεοδώρου ἐν τοῖς Σφωρακίου — cf. I, 6] ἐν ᾧ τὸ λογάριον εὑρέθη » que les éditeurs, se méprenant sur le sens de *logarion* : bourse, traduisent « sur la même église, où fut trouvée cette épigramme ». Je dois cette observation à G. Dagron qui prépare une étude sur « les Byzantins épigraphistes » à paraître prochainement dans la *Revue des Études Grecques*.

97. Zonaras XV, 14, l. 29-33. Dans Théophane (éd. De Boor I, p. 487-488) la proportion est de 100 nomismata sur 100 livres soit 1/72. Le passage du calcul duodécimal au décimal entre les deux auteurs est significatif d'une transformation que l'on observe aussi dans l'expression des grandes sommes pour lesquelles les kentènaria et leurs multiples prépondérants dans les textes du viiᵉ siècle sont peu à peu remplacés par les myriades.

98. Harménopoulos, *Hexabiblos*, 26, 1 : τῶν δὲ ἐκριπτομένων ἀπὸ θαλάσσης εἰς γῆν καὶ
* εὑρισκομένων ἐπὶ πῆχυν ἕνα λαμβανέτω ὁ ἀποσώζων δέκατον μέρος τῶν ἀποσωζομένων. Les paragraphes suivants étant empruntés au Digeste par l'intermédiaire des Basiliques, il est bien probable que la source de celui-ci se trouve aussi dans le droit classique. Il ne m'a pas été possible, pour le moment, de la retrouver.

trésors, les premières conçues comme celles de véritables dépôts, permettait donc à l'État, sans abolir la législation qu'il venait de restaurer, de s'emparer de la plus grande partie d'un trésor trouvé dans un lieu public. D'autre part la disposition prévoyant que, si l'inventeur cèle la découverte faite en un lieu public, la totalité sera confisquée, devait servir de prétexte à toutes sortes de dénonciations justifiées ou non, sollicitées ou non qui pouvaient entraîner, tout en respectant en apparence la législation classique, la confiscation de bien des richesses.

Ainsi s'explique qu'au milieu du XIVe siècle, Harménopoulos puisse encore répéter les principales dispositions des *Basiliques*[99], alors que depuis près d'un siècle la législation classique sur la découverte des trésors n'est plus appliquée. Les actes impériaux de l'époque des Paléologues, même les plus généreux à l'égard de leurs bénéficiaires, réservent en effet souvent expressément les droits du fisc sur la perception des « trois articles publics » (τῶν δημοσιακῶν κεφαλαίων) : « pour meurtre, viol et découverte de trésor » (φόνου, παρθενοφθορίας, καὶ εὑρέσεως θησαυροῦ). La première mention en figure dans un chrysobulle de Michel VIII pour Esphigménou daté de 1259, la dernière dans un acte de confirmation d'un haut fonctionnaire également pour Esphigménou qui, selon J. Lefort, date d'après 1403 et probablement de 1409. Le tableau suivant (p. 338) résume les données des différents documents contenant la mention de l'εὕρεσις θησαυροῦ et indique les autres képhalaia qui lui sont parfois associés.

Les trois seuls cas dans lesquels « les trois képhalaia » sont inclus dans l'immunité figurent dans des documents n'émanant pas d'autorités byzantines : soit un faux, comme le chrysobulle de Zographou attribué à Jean V (1342) (doc. n° 10) — et ici la transformation des restrictions du praktikon antérieur (1333) en une exemption totale et détaillée est, parmi bien d'autres indices, l'une des preuves de l'inauthenticité — soit certains chrysobulles émis par Étienne Dušan en 1346 en faveur de plusieurs monastères athonites (doc. n°s 14-17). On connaît les circonstances et les motifs qui poussaient le souverain à tout faire pour se ménager la bienveillance de la Sainte Montagne[100] ; les revenus abondants qu'il tirait de l'exploitation et de l'exportation de l'argent des mines serbes permettaient ces concessions et les donations qui les accompagnèrent[101].

L'impécuniosité croissante des Paléologues n'autorisait pas de telles libéralités ; aussi ne renoncèrent-ils jamais à l'affirmation des droits de l'État sur la découverte des trésors. Même le chrysobulle d'Andronic II accordant à Jannina nombre d'exemptions et de franchises pour sceller le retour de la ville à l'empire (1319) (doc. n° 8), s'il ne réclame pas la redevance pour l'édification ou l'entretien des places fortes *(kastroktisia)* ni, probablement non plus le phonikon[102], — deux articles pour lesquels l'immunité n'est jamais autrement accordée — réserve expressément les droits du trésor impérial sur le trésor qui pourrait être mis au jour : « s'il arrive à quelqu'un d'y découvrir un trésor — si cela est possible en vérité — que ce qui aura été trouvé soit saisi et apporté au vestiarion gardé de Dieu »[103] Exceptionnel, ce document l'est aussi par cette spécification : les autres chrysobulles se limitent en général à une formule prescrivant pour

99. *Hexabiblos*, 6, 3 = *Bas.* L, 1, 59 ; 6, 4 = *Bas.* LVI, 2, 3.

100. Cf. G. OSTROGORSKY, *Geschichte des byzantinischen Staates*², Munich 1962, p. 416.

101. D. KOVAČEVIĆ-KOJIĆ, Dans la Serbie et la Bosnie médiévales : les mines d'or et d'argent, *Annales ESC*, 15, 1960, p. 245-258.

102. C'est ainsi, toutefois, que je comprends le passage selon lequel le meurtrier sera puni selon la coutume de la cité (ἔτι ἵνα ὁ μέλλων ἐμπεσεῖν εἰς φόνον παιδεύηται ὑπὲρ τούτου κατὰ τὴν ἐκεῖσε συνήθειαν, *MM* 5, p. 82, l. 27-28, qui, inséré entre l'exemption de la *kastroktisia* et la mention de l'εὕρεσις θησαυροῦ concerne vraisemblablement l'aspect fiscal du châtiment dû au criminel.

103. *MM* 5, p. 82, l. 28-30, ἔτι ἵνα ἐὰν γένηται εὕρεσις θησαυροῦ ἐκεῖσε παρά τινος, εἰ μὲν κατὰ ἀλήθειαν ἔνι τοῦτο, ἀναλαμβάνηται αὐτὸ τὸ μέλλον εὑρεθῆναι καὶ εἰσκομίζηται εἰς τὸ θεοφρούρητον βεστιάριον.

N°	Date	Origine et nature de l'acte	KÉPHALAIA							
			φονικὸν	παρθενοφθορία	εὕρεσις θησαυροῦ	σιταρκία	καστροκτισία	ὁρική	χάραγμα	ἐννόμιον
1	1259	Esphigménou. Chrysobulle	+	+	+					—
2	1283/4	Esphigménou. Praktikon	+	+	+		—		+	—
3	1303	Privilège du despote d'Épire	+		+		+			—?
4	1311	Pantéléimôn. Chrysobulle	+	+	+	+				
5	1316	Iviron. Praktikon	+		+					—
6	1317	Lavra. Praktikon	+	+	+					—
7	1318	Saint Jean Prodrome. Chrysobulle	+		+	+	+	+		
8	1319	Jannina. Chrysobulle	+ (?)		+		—		—	
9	1323	Chilandar. Praktikon	+	+	+					
10	1333	Zographou. Praktikon	+	+	+					
11	1334	Esphigménou. Confirmation	+	+	+	+				
12	1342	Zographou. Chrysobulle (Faux)	—	—	—	—	—	—	—	
13	1344	Philothéou. Chrysobulle	+	+	+					
14	1346	Philothéou. Chrysobulle de Dušan	—		—		—	—	—	
15	1346	Iviron. Chrysobulle de Dušan	—	—	—		—	—		—
16	1346	Xèropotamou. Chrysobulle de Dušan	—		—		—	—		—
17	1346	Esphigménou. Chrysobulle de Dušan	—	—	—		—	—		—
18	1409 (?)	Esphigménou. Confirmation *(sigilliôdes gramma)*	+	+	+					

+ : képhalaion exclus de l'exemption.
— : képhalaion inclus dans l'exemption.

1. *Actes d'Esphigménou, Archives de l'Athos* VI, publ. par J. Lefort, app. A, l. 60-62.
2. *Ibid.*, n° 7, l. 7-8.
3. P. Lemerle, *art. cit.* (n. 1), p. 391, l. 15-16.
4. *Akty russkago na svjatom Afone monastyrja sv... Panteleimona*, Kiev 1873, n° 20, p. 166.
5. F. Dölger, *Sechs byzantinische Praktika des 14. Jhdts für das Athoskloster Iberon*, Munich 1949, n° RK, l. 332.
6. *Actes de Lavra II, Archives de l'Athos VIII*, n° 104, l. 167.
7. A. Guillou, *Les archives de Saint Jean Prodrome sur le Mont Ménécée*, Paris 1955, n° 8, l. 16-17.
8. *MM* 5, p. 82.
9. *Actes de Chilandar I, Actes grecs, Actes de l'Athos V*, publ. par L. Petit, *VV* 17, 1911, Priloženie 1, n° 92, l. 146.
10. *Actes de Zographou, Actes de l'Athos IV*, publ. par W. Regel, E. Kurtz et B. Korablev, *VV* 13, 1907, Priloženie 1, n° 29, l. 90-92.
11. *Actes d'Esphigménou*, n° 20, l. 12-13, 21-23.
12. *Actes de Zographou*, n° 32, l. 45-47. Cr. F. Dölger, Die Mühle von Chantax, Untersuchung über vier unechte Kaiserurkunden, Εἰς μνήμην Σπ. Λάμπρου 1, 1935, p. 13-28 = *Byzantinische Diplomatik*, 1956, p. 189-203, à la p. 202.
13. *Actes de Philothée, Actes de l'Athos VI*, publ. par W. Regel, E. Kurtz et B. Korablev, *VV* 20, 19, n° VIII.

14. *Ibid.*, n° IX, = A. Soloviev-V. Mošin, *Diplomata graeca regum et imperatorum serviae*, Belgrade 1936 (réimpr. Londres 1974), n° 8, l. 91-94. L'édition Regel a la leçon πλὴν τοῦ φόνου καὶ τῆς εὑρέσεως θησαυροῦ corrigée en καὶ à juste titre par Soloviev d'après une bonne copie sur papier du XVIe siècle.

15. Soloviev-Mošin, n° 7, l. 91-99.

16. *Actes de Xèropotamou, Archives de l'Athos III*, publ. par J. Bompaire, n° 25, l. 35-36, 42-43 = Soloviev-Mošin, n. 12, l. 65-72, 84-86.

17. *Actes d'Esphigménou*, n° 22, l. 32-35 = Soloviev-Mošin, n° 13, l. 63-69.

18. *Ibid.*, n° 31, l. 8.

le bénéficiaire διατηρεῖσθαι ἀνώτερα [les biens énumérés] πάσης δημοσιακῆς ἐπηρείας καὶ ὀχλήσεως ἤγουν ἀγγαρείας, παραγγαρείας .., etc. καὶ πάσης ἄλλης ἐπηρείας καὶ συζητήσεως *ἄνευ μέντοι τῶν τριῶν κεφαλαίων* τοῦ φονικοῦ τῆς τοῦ θησαυροῦ εὑρέσεως καὶ τῆς παρθενοφθορίας tandis que les praktika font figurer une restriction semblable à la ligne indiquant le montant perçu par le bénéficiaire au titre de l'ἀήρ. Le seul acte un peu plus explicite, en dehors du chrysobulle d'Andronic II pour Jannina est celui dumême empereur transformant en possession héréditaire l'*oikonomia* de Troulènos dans la région de Serrès (doc. n° 7), et exemptant ses paysans de toutes taxes à l'exception des articles τῆς σιταρκίας, τῆς καστροκτισίας, τῆς ὀρικῆς, τοῦ φόνου καὶ τῆς εὑρέσεως τοῦ θησαυροῦ, qui « doivent seuls être réclamés de ces biens ainsi qu'il est de coutume de les exiger de toutes les propriétés, même *chrysoboullatoi*, pour les services et l'intérêt communs » (ὑπὲρ τῶν κοινῶν δουλειῶν καὶ τῆς κοινῆς χρήσεως).

C'est, semble-t-il, ce passage — ainsi que la mention de l'εὕρεσις θησαυροῦ à côté d'amendes pénales transformées en taxes permanentes[104], qui amène G. Ostrogorsky à la considérer elle aussi comme une « redevance due au trésor pour *invention du trésor* »[105]. Pourtant le privilège de Jannina infirme absolument cette interprétation, en précisant que la totalité du trésor découvert sera confisquée. Et la même conclusion doit être tirée de deux textes contemporains : le dialogue entre le riche et le pauvre d'Alexis Makrembolitès (vers 1343) et le discours de Thomas Magistros Περὶ βασιλείας adressé à Andronic II quelque temps avant 1321. Makrembolitès oppose dans la bouche du riche l'état florissant d'autrefois où les Byzantins possédaient le monde (probablement l'époque justinienne sinon même le IIe siècle) à celui de son temps : « Et si à cette époque-là on trouvait un riche trésor (εὕρεσιν θησαυροῦ πολυτάλαντον), l'empereur ne se l'appropriait pas mais ordonnait qu'il soit utilisé par celui qui l'avait découvert ; mais maintenant, contraints par la pénurie (ὑπ' ἐνδείας), ils s'emparent même de la propriété des morts parce que leurs revenus sont diminués »[106]

L'assimilation du trésor à la « propriété des morts » est révélatrice de l'interdit qui continuait, en dépit de la législation, à associer recherche des trésors et violation de sépulture[107]. La jouissance accordée autrefois à l'inventeur n'est pas un résumé partial

104. Cf. F. Dölger, Das ἀερικόν, *BZ* 30, 1929/30, p. 450-457, qui considère (p. 452-453) l'εὕρεσις θησαυροῦ comme « eine Abgabe vom Schatzfund » et ne semble pas l'assimiler à une contribution permanente.

105. G. Ostrogorsky, *loc. cit.* (n. 66).

106. Alexis Makrembolitès (cit. n. 22), p. 221.

107. La législation classique contre les violateurs de sépultures (*C. Th. IX* 17 = *C. Just. IX*, 19) ; cf. *RE* VII A 2, *s.v. Tymborychia* et *int. al.* F. de Visscher, *Le droit des tombeaux romains*, Milan 1963, p. 155-146) ne punit que l'enlèvement des ossements, des colonnes, des marbres ou des ornements lapidaires et ne fait aucune allusion aux richesses qui peuvent y avoir été dérobées. D'accord avec les moralistes qui rappelaient que le Christ, ressuscité nu, avait été enseveli comme un pauvre, les *Basiliques* (LIX, 1, 14) reprennent le conseil du *Digeste* (XI, 7, 14) : « non autem oportet ornamenta cum corporibus condi nec quid aliud hujusmodi quod homines simpliciores faciunt ». Surtout, résumant la loi Iulia *de residuis*, le même texte (en LX, 45, 5), précise que « il n'est pas permis d'enfouir des richesses. Par suite celles qui auront été trouvées dans des tombeaux ne seront pas *hosia* », c'est-à-dire n'auront pas

des dispositions des *Basiliques* mais un thème emprunté à Zonaras (XI, 20), peut-être par l'intermédiaire du discours antérieur de Thomas Magistros[108] où l'expression revient à plusieurs reprises. Ce dernier discours fait souvent référence à l'inconstance des mercenaires, ce qui témoigne de l'influence des conséquences malheureuses de l'enrôlement de la compagnie catalane, et nous donne un *terminus post* 1304-1308, tandis que l'absence de toute référence aux discordes de la guerre civile offre le *terminus ante* 1321[109]. La difficulté de ce texte rhétorique[110] m'incite à donner ici une analyse détaillée des §§ 20-21 consacrés à la découverte des trésors :

§ 20. L'empereur doit prendre garde à ne pas se considérer à l'instar des souverains de jadis[111] comme le propriétaire de tout trésor trouvé où que ce soit dans la terre, à la place de l'inventeur. Le trésor doit plutôt appartenir à ses sujets en raison des richesses que l'empereur possède en abondance et du devoir qui lui incombe de faire le bien envers tous (477 B). C'est en effet chose haïssable à Dieu et contraire à ses enseignements, car il est absolument impossible de découvrir un trésor sans l'aide divine et Dieu le donne comme il le juge bon. En se saisissant du trésor avant même qu'il ait été déposé les empereurs s'opposent aux décrets divins, car ils s'approprient par force les biens mêmes donnés par Dieu à d'autres (477 C). Que l'empereur ne prétende pas s'emparer des trésors pour le bien public (ὑπὲρ τοῦ κοινῇ λυσιτελοῦντος)[112] ni veiller aux armées, aux ambassades et à d'autres choses semblables. Personne ne le croira alors que les richesses publiques (τῶν δημοσίων χρημάτων) et les impôts (φόρων) ont depuis toujours été fixés à cet effet et sont bien suffisants. Les trésors ne peuvent contribuer efficacement à l'impôt (φορά) par le fait qu'ils sont, continuellement sous terre et que, même une fois devenus visibles à quelques-uns [*sc.* leurs inventeurs] ils n'en demeurent pas moins invisibles pour tous les autres[113] ; bien qu'apparus ils se cachent et seul un tout petit nombre à grand-peine et à force de temps finit par devenir visible pour tous (477 D). Il s'en faut de beaucoup qu'on puisse dire que (les empereurs) contribuent par de tels agissements au bien public. Qu'y a-t-il de pire que de

le caractère de *res religiosa* que protégeait la loi avec tant de sévérité. Il faut remarquer que ce paragraphe est suivi d'une série d'autres punissant les vols d'argent public en général, de monnaies frappées à l'atelier de métal précieux des mines impériales (LX, 45, 6-10). Sans l'encourager ni l'autoriser explicitement, la loi ne condamnait donc pas la mise au jour des trésors enfouis dans les tombes, qui pouvait contribuer à apporter du métal au trésor public précisément protégé dans ce chapitre LX, 45. On ne peut donc que souscrire à l'observation de Hill (cit. n. 65 ; p. 15-16) selon lequel « la faim d'or » l'emportant sur le sentiment populaire et les sanctions religieuses, la pratique générale était de considérer les trésors des tombes comme des trésors ordinaires. Et de citer deux lettres de Cassiodore illustrant cette pratique : dans l'une, Théodoric ordonne une enquête sur le prêtre Laurentius qui aurait violé des tombes pour y chercher de l'or ; il devra être forcé de donner ce qu'il n'avait pas le droit de trouver (*Variar.* IV, XVIII, MGH Aa XII, p. 122) ; dans l'autre (IV, XXXIV, *ibid.*, p. 129), le roi ordonne au comte *(saio)* Duda, de se rendre en un lieu où, dit-on, un trésor est caché et de le revendiquer pour le fisc en prenant soin de ne pas toucher « aux cendres des morts, car nous refusons de rechercher des gains qui pourraient être obtenus au prix de crimes funestes. Que les monuments protègent les cendres, que les colonnes et les marbres ornent les sépulcres ; mais que ceux qui ont quitté le commerce de la vie, ne conservent pas les pièces d'or *(talents)* ». Ce dernier passage ne fait que reprendre les spécifications de la loi *de violato sepulchro*, associées à l'interdiction d'enfouir des richesses.

108. Thomas Magistros, Περὶ βασιλείας, *PG* 145, col. 481.

109. A. Laiou, *Constantinople and the Latins, The Foreign Policy of Andronicus II 1282-1328*, Cambridge, Mass. 1972, p. 351-352.

110. Cette difficulté n'aurait pu être surmontée sans l'aide du R. P. J. Paramelle que je remercie pour son efficace et érudite obligeance. Il a bien voulu non seulement m'en faciliter la compréhension mais a également collationné le texte de Migne sur celui de l'édition d'A. Maï (*Script. Vet. Nova Coll. VII*, 3, p. 162-165) dont Migne « a rectifié les erreurs obvies », et surtout sur le manuscrit utilisé probablement par Maï pour son édition, le *Vatic. gr.* 711 (xive siècle) où le passage qui nous intéresse occupe les ff. 113^{v}, l. 4 ; 116^{v}, l. 7.

111. πρὸ σοῦ *PG* 477 B^{6}. προτοῦ V.

112. On retrouve là l'expression du doc. n° 7, *cit. supra*, p. 338.

113. 477 D^{13}. Le P. Paramelle propose de modifier la ponctuation en mettant la virgule avant πᾶσι : τῷ τ' ἐμφανεῖς οἱστισινοῦν γεγονότες, πᾶσι καὶ οὕτως οὐδὲν ἧττον ἀφανεῖς εἶναι τοῖς ἄλλοις.

se saisir des trésors trouvés par d'autres ? De même que, comme le dit Démosthène, la maison et le navire doivent avoir des fondements assurés, ainsi les principes des actions doivent-ils être vrais et justes (480 A). Or l'empereur n'allèguera rien d'autre que la raison d'État et la nécessité qui en découle (πλὴν τὸ τῆς ἀρχῆς συγκεχωρηκὸς καὶ τὴν ἐντεῦθεν ἀνάγκην). Mais ainsi il se place au rang des tyrans qui mènent leurs affaires selon leur bon plaisir et non au rang des vrais souverains. Alors qu'autrefois Nerva a ordonné à celui qui avait trouvé un trésor d'en user à sa guise[114] (480 B) lui, un païen, faisant ainsi si grand cas de la justice et du bien au point de ne pas convoiter ce qui lui tombait du ciel (ὡς καὶ τοῦ περιτυχόντος δόντος οὐκ ἐπεστράφθαι), il serait absurde que les empereurs[115], formés par les saintes lois à ce sujet, revendiquent les découvertes comme si elles leur appartenaient (τῶν εὑρημένων ὡς ὑμῖν διαφερόντων ἀντιποιεῖσθαι) et s'indignent avec des menaces pour que la totalité leur en soit révélée (τὰ δεινότατα πάντων πρὸς ἀπειλὴν ἐφ' ᾧ τὸ ξύμπαν ... ἐμφανὲς γεγενῆσθαι). Ils tombent ainsi sans le savoir sous les chefs d'accusation semblables ou pires de dénonciation et d'escroquerie (συκοφαντίας καὶ πλεονεξίας) (480 C). Et qu'y a-t-il de si grand dans les trésors pour mériter pareille accusation ? Pour ne pas l'encourir, l'auteur lui-même renoncerait volontiers à tous les trésors dont il pourrait être le maître. Si donc la chasse aux trésors (τὸ μὲν θησαυροῖς ἐφεδρεύειν) comporte une telle *nemesis* de la part de Dieu et des hommes, au contraire le fait de les laisser à leurs inventeurs fait partie des choses honorables. Que l'empereur choisisse donc d'être admiré plutôt que dénigré (480 D).

§ 21. Le fait de soumettre ses sujets à imposition (τοῖς ὑπηκόοις εἰσφορὰς ἐπιτάττειν), lorsque les empereurs manquent d'argent est une violence étrangère à la bienveillance dont ils doivent témoigner. Bien pire, en réclamant à leurs sujets, avant de leur faire le bien, cela même qu'ils veulent leur donner, ils commencent par leur faire le mal par ces impositions. Certes, s'il n'y avait aucun moyen de se procurer des richesses, les sujets verseraient naturellement *l'impôt*. Mais s'il y a beaucoup d'or dans les caisses (κειμηλίοις), abondance d'argent et de pierres précieuses et que tout cela a été préparé en vue de l'intérêt public (481 A) comment serait-il juste, au lieu de se servir des ressources légitimes de demander ailleurs le remède convenant à la nécessité ? Puisque cela a été rassemblé par avance en vue du besoin à venir, il faut l'utiliser pour remédier à la situation présente et personne ne doit avoir à souffrir de verser l'impôt. Et lorsque les affaires seront rétablies (481 B) que les trésors soient remplis avec surabondance. Si rien de semblable n'a lieu, mais que d'une autre façon il y ait un surplus considérable inutile, il faut que celui-ci devienne productif à propos pour les affaires (συντελὴς καὶ τοῖς πράγμασιν ἐν καιρῷ) (481 C).

Il serait vain de chercher dans ces chapitres une théorie byzantine de l'impôt : les arguments de Magistros sur le devoir de bienveillance de l'empereur envers ses sujets[116], sur la bonne volonté naturelle de ceux-ci à payer l'impôt, s'il n'y a pas d'autres moyens de se procurer des ressources, sont fort utopiques[117] ; ses considérations sur le rétablissement des affaires et la surabondance qui en découle pour les caisses de l'État assez vagues et le § 21 se termine par une rhétorique encore plus creuse que tout ce qui a précédé. Le § 20 toutefois est assez clair sur le point qui nous intéresse : l'empereur a

114. Il s'agit de l'épisode rapporté par Zonaras (XI, 20, Bonn, II, p. 506), d'après Philostrate : le père d'Hérode Atticus ayant trouvé dans sa maison un grand trésor, rempli de crainte par sa découverte, demanda à Nerva ce qu'il fallait en faire. Et celui-ci lui répondit d'en user, et même d'en abuser.

115. 480 C[4] ὑμεις δ' εἰ. ὑψεῖς δ' οἱ V.

116. La προμήθεια ou l'εὖ ποιεῖν due par le souverain à ses sujets est un vieux thème de la littérature sur la βασιλεία. *Philanthropia* est plus rarement employé avec cette connotation (cf. H. HUNGER, *Byzantinische Grundlagenforschung*, Londres, Variorum Reprints, 1973, XIII, p. 18-19 notamment).

117. Nicéphore Blemmydès considère plus clairement la levée de l'impôt comme un droit de l'empereur pour lui permettre d'accomplir son devoir de protection à l'égard de ses sujets (*PG* 142, col. 613-614 ; Λόγος ὁποῖον δεῖ εἶναι τὸν βασιλέα, c. 1). C'est la théorie classique que Magistros avait d'ailleurs reprise au § 20 (477 D). L'allusion, en 481 A, aux contributions que verseraient naturellement (εἰκότως) les citoyens est probablement un rappel des conditions de l'antiquité grecque (cf. p. ex. ISOCRATE, *Trapezitikos*. 41).

tort de vouloir s'emparer du trésor à la place de l'inventeur et du trésor trouvé où que ce soit. Magistros a donc bien en vue la saisie *totale* du trésor par le fisc, quel que soit le lieu de découverte. D'autre part l'allusion (477 D) à l'inefficace contribution des trésors à la φορά (aux rentrées fiscales?) en raison du petit nombre des découvertes et du caractère clandestin de la majeure partie d'entre elles ne peut s'expliquer que par la menace de la confiscation. Les accusations qui peuvent être portées contre l'empereur de συκοφαντία et de πλεονεξία (480 C) sont enfin caractéristiques des abus nécessairement engendrés par une fiscalisation aussi excessive des trésors.

De même que sous Nicéphore Ier, il est en effet certain que les prétentions régaliennes à la possession des trésors s'exerçaient surtout sur les fortunes considérées pour les besoins de la cause comme en provenant. Cette menace permanente de confiscation, qualifiée à juste titre de πλεονεξία par Magistros, amenait les détenteurs de richesses à tenter de mettre à l'abri la part mobilière de celles-ci et le pouvoir, au contraire, à rechercher, et récompenser, les dénonciations qui lui permettraient de s'en emparer. Cantacuzène nous en offre deux exemples, datant naturellement des deux guerres civiles ; dans le premier, on voit la veuve du protovestiaire Andronic Paléologue, à qui Andronic III avait demandé de se rendre à Didymoteichon avec toute sa fortune, craignant pour celle-ci, la cacher chez des amis. Un dénonciateur révèle cette cachette à Cantacuzène qui l'en récompense (par « quelques bienfaits » d'un montant ou d'une nature non spécifiés). Cantacuzène annonce cette découverte à l'empereur qui lui propose de s'en emparer comme « inventeur » (οὐκοῦν σὲ τὸν εὑρηκότα δίκαιον ἔχειν). Cantacuzène refuse de se laisser vaincre par l'appât du gain et répond qu'il ne s'est jamais en temps de guerre emparé des richesses de quiconque. Sur son conseil, l'or est distribué à l'armée, une partie des objets et des vases aux membres des grandes familles et le reste va au trésor impérial[118]. Si l'assimilation entre fortune cachée et trésor est patente, il ne faut toutefois pas voir, dans la proposition faite par Andronic III à Cantacuzène d'en prendre possession, une contradiction avec la règle de la confiscation et une survivance de la législation favorable à l'inventeur. La réponse de Cantacuzène montre en effet qu'il se refuse à accepter les prises de guerre et que c'est à ce titre que l'empereur lui offrait de garder les richesses qu'il avait découvertes.

L'autre exemple, qui se rapporte à la seconde guerre civile nous montre, comme sous Nicéphore, celui qui s'est enrichi trop rapidement soupçonné d'avoir trouvé un trésor : un certain Angelitzès, ἐκ τῶν φαύλων καὶ ἀσήμων πολιτῶν, était soupçonné auparavant d'avoir trouvé un trésor, mais la chose n'était pas prouvée et personne ne s'en émouvait. A l'époque de la guerre civile, ce personnage fut nommé, en raison de sa haine pour Cantacuzène, gouverneur de Gratianoupolis (1343/44). Il commença alors à user de sa richesse et il devint évident qu'il avait, comme on le soupçonnait, un trésor. L'empereur (Cantacuzène) s'étant emparé de la capitale, fait donc saisir tout ce qui se trouvait dans sa maison et ce qui était caché et s'en sert pour les « dépenses nécessaires » ainsi que pour la solde des mercenaires turcs[119]. Au-delà de l'hypocrisie flagrante du mémorialiste, le texte a l'intérêt de mettre en évidence l'utilisation de l'εὕρεσις θησαυροῦ comme support

118. Cantacuzène, Bonn, I, p. 278-279. La fortune se montait à 12 000 pièces d'or, des bijoux, des coupes d'or et de l'argent non monnayé d'une valeur de 40 000 hyperpères (δισχιλίους καὶ μυρίους ἔχον χρυσοῦς, καὶ ζῶναι καὶ ἐκπώματα ἐκ χρυσοῦ πεποιημένα καὶ ἄργυρος ἄσημος καὶ γυναικεῖοι κόσμοι καὶ ἕτερ' ἄττα τετρακισμυρίων ἄξια χρυσίων).

119. Cantacuzène, Bonn II, p. 425-426. Le personnage n'est pas autrement connu (cf. *Prosopographisches Lexikon der Palaiologenzeit* 1, Vienne 1976, n° 155). Il est probable, en dépit des allégations méprisantes de Cantacuzène, qu'il appartenait à cette classe moyenne (la *mèsè moira*) d'hommes d'affaires byzantins dont l'apogée se situe au milieu du xive siècle (cf. N. Oikonomidès, *Hommes d'affaires grecs et latins à Constantinople* — cit. n. 40 — p. 115-120).

juridique des confiscations. Les véritables découvertes de trésors existaient à n'en pas douter, comme en témoigne celle de dizaines de milliers de pièces d'un or très pur faite en territoire turc vers 1328 et relatée par Nicéphore Grégoras[120], mais échappaient plus facilement au fisc et devaient rapporter moins.

De cette confrontation des textes juridiques, des documents administratifs avec les témoignages littéraires ou historiques plus rares que nous avons pu rassembler, se dégagent les deux enseignements suivants : le trésor est à l'origine une réserve, la part de la fortune mise de côté pour être utilisée en cas de besoin. Dans les conditions de l'époque cette épargne accumulée sous forme d'espèces, de métal non monnayé ou de bijoux ne peut être qu'improductive ; aussi la thesaurisation est-elle prohibée comme un vice moral et un fléau social[121]. La lutte de l'État byzantin contre la pénurie monétaire *(endeia khrématôn)* a oscillé entre deux extrêmes : encourager la mise au jour et la remise en circulation des trésors par une législation favorable aux inventeurs (époques justinienne et macédonienne) ou imposer leur confiscation en période de pénurie budgétaire *(aporia khrèmatôn)* (sous les Isauriens et les Paléologues). Nul doute, à en juger d'après l'état et le rôle de la monnaie d'or à Byzance, que la première de ces politiques ait été la plus profitable[122].

120. Nicéphore Grégoras, Bonn I, p. 446-447. A l'époque de l'abdication d'Andronic II, εὕρηται παρὰ τὴν τῶν Περσῶν γῆν πύργος τις ἐγκεκαλυμμένος, νομισμάτων μεστὸς καθαρωτάτου χρυσίου μυριάδες οὐ ῥαδίως ἀριθμηταί. Ὧν οὐκ ὀλίγα διαδεξάμενοι οἱ τῶν Λατίνων ἔμποροι διέσπειραν πανταχῇ γῆς καὶ θαλάττης, εἰδότες χρειώδη τυγχάνοντα διὰ τὴν τοῦ χρυσοῦ καθαρότητα ὧν ἕκαστον πολλοῖς τῶν Βυζαντίων ὤνιον ἐγεγόνει τριῶν νομισμάτων πολιτικῶν.

121. Outre les textes cités ci-dessus (n. 53, 63 et 107) on peut rappeler aussi l'interdiction du *Livre de l'Éparque* de « thésauriser les *noummia* en temps de pénurie *(endeias)* » (IX, 5).

122. Ce n'est qu'un agréable devoir que de remercier ici tous les collègues et amis à l'obligeance desquels je n'ai pas recouru en vain dans cette « chasse aux trésors » : Mlle Claude Brenot pour ses informations sur leurs contenants, M. Gilbert Dagron pour ses recettes astrologiques et les textes patriographiques (cf. *Ann. du Collège de France, Résumé des cours* 1978-1979 et 1979-1980), MM. Jean Durliat, Philip Grierson, Michael Hendy, Jacques Lefort et le R. P Joseph Paramelle. Qu'ils veuillent bien m'excuser s'ils ne retrouvent pas ici tous les « talents » qu'ils m'ont confiés avec tant de générosité.

Corrigenda

p. 332, l. 6, au lieu de: un quart, lire: trois quarts.

p. 334, n. 81, au lieu de: *Ecloga*, lire: *Épitomè*.

p. 334, n. 84 à la fin, au lieu de: *Synopsis*...etc.), lire: *Épitomè* 43, 64 = *JGR* IV, p. 566 etc.).

p. 336, n. 95, supprimer les dernières deux lignes.

p. 336, n. 98, au lieu de: Les paragraphes suivants...de la retrouver, lire: La source est ici le Νόμος Ναυτικὸς § 47 cité par Heimbach dans son édition de l'*Hexabiblos*, p. 895.

VIII

Découverte de trésors à l'époque byzantine et monnaies inconnues: les *pentalaimia*

Dans un article récent consacré à la découverte des trésors à l'époque byzantine, paru dans le volume 8 de *Travaux et Mémoires* offert en hommage à M. Paul Lemerle, j'ai étudié la législation mais aussi la pratique de cette *heurésis thèsaurou* (1). Celle-ci est, on s'en doute, en un temps où l'accumulation du capital et l'enrichissement sont des phénomènes limités, quand ils ne dépendent pas du bon plaisir du prince, un événement exceptionnel et proprement miraculeux. Aussi n'est-il pas étonnant que l'imaginaire et la légende imprègnent beaucoup de récits.

Don du hasard ou de la fortune pour Aristote, le trésor à l'époque byzantine est devenu celui de Dieu qui récompense ainsi les âmes généreuses. Dans le « récit sur la construction de... Sainte-Sophie » *(Diègèsis...,* éd. PREGER, *Scriptores originum Constantinopolitanarum,* Teubner 1951, t. I, p. 88-89), on voit Justinien, découragé parce qu'il n'avait pas « la somme suffisante » pour continuer les travaux, recevoir l'apparition d'un ange qui lui procure le lendemain vingt doubles sacs de quatre *kenténaria* chacun soit 576 000 *nomismata* (2). Et dans les paragraphes ajoutés dans la version des *Patria* du Xe siècle (éd. PREGER, t. II, p. 287), le parallèle est attribué à la restauration des Saints-Apôtres par Théodora : c'est le même découragement puis l'apparition en rêve cette fois-ci des saints Apôtres qui indiquent à l'impératrice une plage au-delà de la porte Dexiokratès (sur la Corne d'Or). Elle se rend à l'endroit indiqué et y trouve effectivement « douze jarres emplies d'or qui avaient été enfouies ».

Parfois le thème édifiant peut avoir un fondement réel. Ainsi au cours de ses recherches en vue de l'édition des actes de Docheiariou qu'il prépare (à paraître dans Archives de l'Athos), N. N. Oikonomidès a pu établir les faits suivants qu'il a aimablement portés à ma connaissance : un acte inédit de

---

(1) C. MORRISSON, La découverte des trésors à l'ép. byzantine : théorie et pratique de l'heurésis thésaurou, *Homm. à P. Lemerle, Centre de Rech. et Civilis. de Byz., Trav. et Mémoires*, 8, 1981, p. 321-343.

(2) Le *boulgidion* (du lat. *bulga*, d'où notre *budget*) est un sac de cuir ou de toile (cf. Suidas, s.v. *kôrykion*), qui servait notamment au transport des espèces que l'empereur emportait en campagne pour le paiement de la solde et des autres dépenses (*De Caerim*, App. Bonn I, p. 470, 13 et 471, 8). Cf. aussi les sacs *(thylakoi)* contenant l'or et l'argent monnayé de la trésorerie impériale dispersés et saisis par les Turcs à Myrioképhalon (Nicétas Choniates, p. 242-25, Bonn). La paraphrase grecque vulgaire porte *boulgidia.*

février 1112 établit la vente du proasteion d'Isôn (*énoria de* Brya, Chalcidique) à l'higoumène Néophytos pour la somme de 28 hyperpères *palaia pentalaimia eustathma kai aresta.* Les monnaies d'or ainsi désignées ne peuvent être que des *nomismata* portant au total cinq bustes ; or les seuls types connus correspondants sont ceux de Constantin VI et Irène avec au revers les effigies de Léon III, Constantin V et Léon IV trônant (*BNC* 26/Cp/AV/01-03) ou ceux beaucoup plus rares de Théophile et Théodora accompagnés de leurs trois filles Thèkla, Anna et Anastasia (32/Cp/AV/11). Un autre type de *pentalaimion* est mentionné par Skoutariotès, qui en attribue la frappe à Romain Ier : « Romain Lécapène couronna ses propres enfants, Christophore, Etienne et Constantin ainsi que Michel, fils de Christophore, de telle sorte qu'il y eut sept [*sic*] empereurs. Ceux-ci étaient donc cinq et les *nomismata* à leur type furent donc appelés *pentalaimia* » (SATHAS, *MB,* 7, p. 149, cit. par Grierson, *DOC,* III, 1, p. 46). Bien qu'aucune monnaie de ce type ne nous soit parvenue, il n'est pas exclu — la chronique de Skoutariotès n'ayant pu en l'occurrence créer cette information *ex nihilo* — de penser dans le monnayage déjà si varié du règne de Constantin VII (cf. *BNC*, II, p. 565) à une émission qui aurait associé Romain Ier à Constantin VII, Christophore, Etienne et Constantin (924-931). Quoi qu'il en soit, en 1112, les *pentalaimia* sont certainement une espèce ancienne (de deux ou plusieurs siècles) à laquelle son poids, son titre et sa conservation ont gardé, selon la législation en vigueur, toute sa valeur libératoire.

Comment l'higoumène disposait-il de cette somme ? L'explication miraculeuse en est fournie par le *proskynètarion* du couvent (composé par le protosyncelle Cyrille de Smyrne, et édité par l'archimandrite Gabriel Smyrnaios à Bucarest, 1843) qui rapporte à l'higouménat de Néophytos (soit après 1087 et avant 1118, cf. D. Papachryssanthou, *Actes du Prôtaton :* Arch. de l'Athos, VII, p. 133, n. 215) l'épisode suivant (p. 10-15) : il y avait dans la péninsule de Longos à proximité d'un métoque du couvent une statue ancienne portant l'inscription : « Celui qui me frappera à la tête trouvera quantité d'or ». Personne n'avait réussi à en élucider la véritable signification et beaucoup avaient frappé la tête et plus ou moins brisé la statue sans découvrir le trésor. Un jeune moine nommé Basile placé dans ce métoque apprend de l'inspiration divine le sens de l'inscription : à l'emplacement de l'ombre de la tête il met au jour « une quantité d'or dans un plein chaudron de cuivre recouvert d'une plaque de marbre ». Refermant aussitôt la cachette, il s'empresse d'aller annoncer la nouvelle à l'higoumène qui charge trois moines de l'accompagner pour récupérer le trésor. Ce qui fut fait, mais, « comme la nature humaine l'emporte toujours... à cause des biens de ce monde et surtout du métal de l'or... bien qu'ils fussent bons et estimables, les trois moines s'accordèrent pour faire le mal ensemble et voler l'or ». Comme ils revenaient dans la barque du monastère, ils lièrent les pieds et les mains du jeune moine et le jetèrent à la mer avec au cou la dalle de marbre qui recouvrait le trésor. S'étant partagés celui-ci, ils le cachèrent dans l'*arsana* (3) du monastère. Heureusement la Providence veillait au salut des coupables comme à celui du jeune moine. Dès qu'il fut tombé à l'eau, les archanges Michel et Gabriel le retirèrent des profondeurs de la mer et le déposèrent tel qu'il était « pieds et poings liés et la pierre attachée au cou », la nuit dans l'église du monastère où il s'endormit d'un sommeil profond. Le sacristain venu allumer les cierges pour l'office du matin le découvre ainsi et rapporte la nouvelle à l'higoumène qui apprend de la bouche du jeune moine ce qui s'est passé. Les trois coupables sont alors convaincus de mensonge, comme ils prétendaient n'avoir rien trouvé, et sont renvoyés pour un temps du monastère. Cette somme imprévue arrivée dans les caisses du couvent est employée à l'embellissement de l'église (peintures, achat de vaisselle sacrée) et « à l'acquisition de tout ce qui était utile au

(3) *Arsana* (port, bassin, cf. *arsenal*) doit désigner ici *l'échelle* du monastère.

saint monastère ». Nul doute que l'achat de 1112 ne soit l'une de ces acquisitions et la preuve, par l'ancienneté des espèces désignées, de la réalité de la découverte du trésor mentionné par la tradition du couvent. L'absence de toute mention ou crainte d'une intervention de l'Etat semble aussi montrer qu'à l'époque des Comnènes, la législation libérale de Léon VI (nov. LI) était toujours appliquée. L'épisode atteste aussi la validité de la novelle suivante de Léon VI (LII) rétablissant les dispositions de *C. Just,* XI, 11, 1 et 3, en décidant que « toute espèce de monnaie conservera également sa valeur et son cours, pourvu qu'elle soit d'une frappe authentique, d'un titre non altéré et d'un poids exact, aussi bien si elle émane d'un empereur ancien que d'un empereur tout à fait récent ». L'exemple de ces *pentalaimia* vieux de plus d'un siècle et demi ou de trois siècles est le premier fourni par les textes de cette remise en circulation de vieilles espèces dont les trouvailles offrent, pour le bronze du moins, tant d'illustrations (4).

Corrigenda

p. 150, avant-dernière ligne, ajouter: *Actes de Docheiariou*, Paris, 1984, p. 9–10 et no. 3, l. 39.

---

(4) Cf. C. MORRISSON, « The re-use of obsolete coins : the case of Roman imperial bronzes revived in the late fifth century », *Studies in Numismatic Method presented to Philip Grierson*, C.N.L. Brooke et *al.*, eds., Cambridge, 1983, p. 95–111.

IX

LA DÉVALUATION DE LA MONNAIE BYZANTINE AU XIe SIÈCLE : ESSAI D'INTERPRÉTATION *

Pendant longtemps l'on a célébré la stabilité inégalée du nomisma, ce dollar du Moyen Age[1]. L'image a d'ailleurs quelque peu perdu de sa

* Sigles et abréviations :

BERTELÈ, *Lineamenti* : T. BERTELÈ, Lineamenti principali della Numismatica bizantina, *Riv. Ital. di Numism.* 65, 1964, p. 33-118.
BMC : W. WROTH, *Catalogue of the Imperial Byzantine Coins in the British Museum*, Londres, 1908.
BNC : C. MORRISSON, *Catalogue des Monnaies Byzantines de la Bibliothèque Nationale*, Paris, 1970.
DOC : Ph. GRIERSON, *Catalogue of the Byzantine Coins in the Dumbarton Oaks Collection and in the Whittemore Collection*, vol. III, *Leo III to Nicephorus III, 717-1081*, Washington, 1973.
GRIERSON, *Debasement* : Ph. GRIERSON, The Debasement of the Bezant in the Eleventh Century, *BZ*, 47, 1954, p. 379-394.
GRIERSON, *Notes* : Ph. GRIERSON, Notes on the Fineness of the Byzantine Solidus, *BZ*, 54, 1961, p. 91-97.
HBN : *Hamburger Beiträge zur Numismatik.*
HENDY, *Coinage and Money* : M. F. HENDY, *Coinage and Money in the Byzantine Empire 1081-1261*, Dumbarton Oaks Studies, XII, Washington, 1969.
JESHO : *Journal of Economic and Social History of the Orient.*
Methods : *Methods of Chemical and Metallurgical Investigation of Ancient Coinage.* A Symposium held by the Royal Numismatic Society at Burlington House, London, 9-11 Dec. 1970, ed. by E. T. HALL and D. M. METCALF, Londres, 1972.
NC : *Numismatic Chronicle.*
SCN : *Studii şi cercetări de numismatica.*

MM. Grierson et Metcalf ont bien voulu me faire part des réflexions, souvent critiques, que leur inspirait la lecture de la première version de cette communication. Je les en remercie.

1. R. S. LOPEZ, The Dollar of the Middle Ages, *Journal of Economic History*, 11, 1951, p. 211. La stabilité, jointe à la valeur élevée représentée par l'unité monétaire sont les deux caractéristiques essentielles d'une telle monnaie « internationale » (C. M. CIPOLLA, *Money, Prices and Civilization in the Mediterranean World*, New York, 1967, p. 23-24).

force si l'on compare les sept siècles du solidus constantinien aux quarante années du dollar contemporain ou même aux cent dix ans du franc germinal... Dans le catalogue du British Museum, Wroth déclarait, avec cette réserve prudente : « du moins dans la mesure où la vue peut le discerner et en l'absence d'une série systématique d'analyses », que « le titre du nomisma de Constantinople se maintient presque jusqu'au règne de Michel VII (1071), date à laquelle il tend à devenir une pièce d'électrum »[2], et l'on mettait généralement cette altération en rapport avec la crise militaire de la fin du XIe siècle[3]. En 1953, Grierson entreprit enfin les analyses souhaitées et démontra que la dévaluation du nomisma avait commencé en fait dès les années 40 du XIe siècle. Les conclusions de ses articles pionniers de la *BZ*[4] ont été depuis bien souvent reprises et utilisées. Ces dernières années, les progrès des méthodes d'analyse non destructives et, notamment, la méthode d'analyse d'échantillons par activation neutronique mise au point par le Professeur Adon A. Gordus, de l'Université du Michigan[5], m'a permis de rassembler de nouvelles données sur la dévaluation de la monnaie d'or qui précisent ou corrigent sur quelques points les chiffres de Grierson, et d'obtenir des données sur le titre de la monnaie d'argent, qui n'avait pas été étudié auparavant[6]. A cette occasion, il m'a paru intéressant de revenir sur le problème d'ensemble de la dévaluation du XIe siècle et d'en proposer une autre interprétation.

I. — Les faits

On va répétant que le solidus-nomisma était resté inchangé depuis la fin de l'époque romaine jusqu'au début de la dévaluation au XIe siècle, conservant les caractéristiques de poids et de titre qui lui avaient été fixées par Constantin (4,48 g, 24 carats de fin env.)[7]. Or, d'une part en ce qui concerne le poids, il semble bien que l'étalon originel ait été réduit au cours du VIIe et surtout au début du VIIIe siècle[8] ; d'autre part, l'aloi lui-même

2. *BMC*, I, p. LXXIV.
3. R. S. Lopez, *art. cit.*, p. 212.
4. Grierson, *Debasement* et *Notes.*
5. Voir en général *Methods,* et plus spécialement l'exposé de la méthode de prélèvement des frottis soumis ensuite à analyse par activation neutronique (« Streak analysis method ») par A. A. Gordus, p. 132-133.
6. Ces données ont été obtenues par A. A. Gordus à partir d'échantillons prélevés sur des monnaies de la Bibliothèque Nationale à Paris et de Dumbarton Oaks. Je le remercie vivement de sa collaboration, sans laquelle ce travail n'aurait pu voir le jour.

* 7. J'adopte ici le poids proposé par L. Naville, Fragments de Métrologie antique, *Revue Suisse de Numism.*, 22, 1920-22, p. 42-60, 257-263.
8. Des indices de cet affaiblissement pondéral ont été notés à plusieurs reprises : C. Morrisson, Le trésor byzantin de Nikertai, *Revue Belge de Numism.*, 118, 1972, p. 58-60 (le mode des solidi de Constantin IV, Justinien II et ses successeurs, de 685

semble avoir subi une évolution comparable, faisant l'objet d'une légère altération dans des proportions semblables. Pour reprendre les données fournies par Grierson sur les solidi légers des VIe et VIIe siècles que seuls leur type et leur poids distinguent des solidi normaux de la même époque, le titre varie alors de 96 à 100 % (23 à 24 carats), conforme certainement à un titre théorique de 24 carats[9]. Des chiffres épars sur les solidi du Bas-Empire confirment ce fait ; l'évolution ultérieure du titre du solidus frappé dans la capitale est mal connue : quelques indices permettent d'entrevoir comment, à partir de la fin du VIIe et du début du VIIIe siècle, on est passé d'une pièce comprenant toujours plus de 96 % d'or (23 carats) à une pièce de 22 ½ carats (93 %) ou moins [10], différence légère certes, mais trop importante néanmoins pour demeurer dans les limites de tolérance habituelle[11]. *

Du VIIIe au XIe siècle, autant qu'on puisse en juger, la stabilité paraît caractériser le titre du solidus. De la fin du règne de Constantin VII — date

à 717, est de 23 carats au lieu des 23 1/2 observés auparavant, le poids moyen n'est que de 4,37 g au lieu des 4,44 et même 4,48 g de certains trésors du ve siècle, proches du poids théorique). A. R. BELLINGER (The Emperor Theophilus and the Lagbe Hoard, *Berytus*, 8, 1944, p. 106) souligne le faible poids moyen des solidi de Michel II et Théophile de ce trésor, pourtant assez bien conservés, soit 4,43 g. E. SCHILBACH (*Byzantinische Metrologie*, Munich, 1970, p. 166-168) a rassemblé des données qui montrent la tendance à l'affaiblissement de la livre. Les histogrammes dressés par M. MOLA (*Cahiers numismatiques*, 31, p. 26-29) indiquent la même évolution. Au XIe siècle, « le poids moyen de l'*histaménon* (environ 4,40 g) suppose une livre de 316,80 g au lieu de 327,45 g » (HENDY, *Coinage and Money*, p. 5).

9. GRIERSON, *Notes*, p. 92.

10. Voir les données obtenues par mesure du poids spécifique de 153 monnaies d'or par L. BRUNETTI, Nuovi orientamenti statistici nella monetazione antica, *Riv. Ital. di Numism.*, 52-53, 1950-1951, p. 3-74. Ces données, peu utilisables pour l'historien, car l'auteur se bornait, par scrupule scientifique, à l'indication de la densité, ont été converties — en supposant un alliage binaire or-argent — par METCALF, *Methods*, Appendice 1, p. 429-430 et fig. 1, p. 386.

11. Aucun texte byzantin sur ce sujet ne nous est parvenu. Dans l'Europe du XIXe siècle, la tolérance légale était de 2‰ pour l'or et 3‰ pour l'argent (N. DE WAILLY, Mémoire sur les variations de la livre tournois ..., *Mémoires de l'Acad. des Inscr. et B.-L.*, 21, 2, 1857, p. 7 du tiré à p.). Au XVIIe siècle, le *remède de loy*, c'est-à-dire la « permission accordée par le Roy aux Maîtres de ses Monnaies de tenir la Bonté intérieure des espèces d'or et d'argent plus escharce ou moindre que le titre ordonné » était d'un quart de carat pour des Louis au titre légal de 22 carats, soit 11‰ (J. BOIZARD, *Traité des Monoyes* ..., Paris, 1692, p. 24, 27). Au Moyen Age, Wailly estime que « la tolérance la plus faible devait (...) dépasser cinq millièmes pour l'or et atteindre près de sept millièmes pour l'argent et était d'ailleurs autorisée tout entière au-dessous du titre légal » (*op. cit.*, p. 7). Dans son *Manuel de Numismatique Française* (t. 2, p. 38), A. DIEUDONNÉ estime ces chiffres insuffisants. En effet, en 1369, une ordonnance de Charles V autorise un remède de 3/8 de carat ($\simeq$ 16‰) — porté à 1/2 carat en 1381 ($\simeq$ 22‰) — mais rappelle qu'auparavant, les deniers d'or ne devaient pas être « eschars au-dessous d'un VIIIe de carat de loi » ($\simeq$ 5‰). M. Grierson s'accorde avec moi pour supposer que cette diminution était voulue et suppose que le gouvernement byzantin avait peut-être déterminé l'aloi de l'or « pur » de la même façon que le gouvernement anglais définissant au XVe siècle le titre de l'or « pur » à 23 carats 7/8.

à laquelle M. Gordus et moi-même, à la suite de Grierson, avons choisi de commencer les analyses — à celui de Jean Ier Tzimiskès, les chiffres restent compris entre 96 et 90 %, parfois légèrement moins, soit entre 23 et 21 ½ carats. Au cours du long règne de Basile II, l'altération décelée pour les nomismata du type 3 (91,5 à 90 %) est moins nette, d'après nos données (93,8 à 92,1 %), mais cependant sensible et s'applique aussi au type 2 (92 à 87 %) ; s'il faut donc être prudent avant d'y voir le reflet d'une crise financière temporaire due aux guerres soutenues par l'empereur[12], on ne peut que constater, en revanche, le retour à un titre supérieur pour la dernière émission du règne (type 4) récemment identifiée avec l'*hèliosélènaton* des textes[13] En revanche, le tétartèron paraît bien avoir été frappé sur des flans d'un aloi légèrement inférieur à celui du nomisma histaménon (90 au lieu de 93 % environ), du moins sous Jean Tzimiskès[14].

Une fois défini le niveau de stabilité antérieur du nomisma, il s'agit de dater le début de l'altération de celui-ci. Si je m'en tiens aux données obtenues par activation neutronique par M. Gordus, cette altération n'apparaît de façon incontestable qu'au cours du règne de Constantin IX Monomaque. Cette conclusion n'est pas neuve, puisqu'elle est déjà celle exprimée par Grierson dans son article de 1954. Nos propres résultats, en revanche, ne confirment pas la correction apportée ensuite, attribuant à Michel IV la première responsabilité de la dévaluation : les quatre nomismata de cet empereur que nous avons analysés renferment un pourcentage de métal précieux variant entre 89 et 93,8 %, comme sous les empereurs précédents, et n'accusent donc pas les variations importantes constatées sur les cinq exemplaires de Dumbarton Oaks (97 à 81,5 %, soit 23 à 19 carats ½)[15]. De part et d'autre, d'ailleurs, l'échantillon est

12. Grierson, *Debasement*, p. 383. La datation des types de nomismata (2 de 977 à 989, 3a de 989 à 1001, 3b de 1001 à 1005, cf. *DOC* III, 2, p. 601-607 ou *Museum Notes* 13, 1967, p. 167-179) confirme une telle interprétation.

13. *DOC* III, 1, p. 57-58. L'*hèliosélènaton* est mentionné à trois reprises, la première fois en 1030, dans un acte de Panteleimon : νομίσματα εἴκοσι δύο, στάμενα ὁλότραχα καὶ ἡλιοσεληνᾶτα (*Akty russkago na svjatom Afonê monastyrja sv... Panteleimona*, Kiev, 1873, n° 1, p. 2), la seconde fois en 1034 : στάμενα ὁλότραχα καλὰ τῆς χαραγῆς (*ibid.*, n° 2, p. 10), la troisième fois en 1034 encore, dans un acte d'Esphigménou : ἐν χρυσῷ διὰ χαράγματος νομίσματα εἴκοσι στάμενα καινούργια ἡλιοσεληνᾶτα ὁλότραχα (éd. J. Lefort, Archives de l'Athos VI, p. 40-41). Il s'agit donc d'un nomisma de poids plein *(histaménon)*, ce que confirme le poids conservé (4,40 g), publié par G. Schlumberger (*Mélanges d'Archéologie byzantine*, p. 31-33) et d'une émission récente puisque les pièces sont encore neuves (καινούργια) et presque fleur de coin (ὁλότραχα). Il faut y reconnaître les derniers nomismata de Basile II et ceux de Constantin VIII portant deux croissants ou cercles dans les bras du nimbe du Christ.

14. Les données de Brunetti suggèrent une semblable différence de titre entre le solidus et ses fractions (Metcalf, *Methods*, p. 385-386).

15. Grierson, *Notes*, p. 93 : « these coins varied greatly in coulour and it looked as if their fineness varied also ». M. Grierson est toujours de cet avis (cf. *DOC* III, 1, p. 41 et 2, p. 721) et ajoute même *(per epist.)* « we have a lot of his coins at D.O, and some to judge by the colour, are definitely inferior to the others ».

trop faible, les marges d'erreurs trop importantes (±4 % pour les mesures de poids spécifiques, ±1,5 pour les mesures par activation neutronique)[16] pour autoriser des conclusions définitives.

Il est bien certain, en revanche, que sous Constantin Monomaque, on a délibérément et par étapes successives diminué le contenu de fin du nomisma[17]. Si l'ordre des deux premières émissions de nomismata histaména n'est pas parfaitement assuré et si celles-ci restent d'une qualité comparable à celle des émissions antérieures, les deux dernières au contraire sont de titre à chaque fois affaibli : 89,6 à 84,8 % pour le type 3 ; 85 à 81,4 % pour le type 4. La perte pondérale d'or n'est alors compensée que par une augmentation égale de l'argent. Cependant, dans un registre inférieur, le tétartèron accuse une baisse plus prononcée, relativement du contenu d'or fin : de 85 à moins de 72 %, soit 17 carats $^1/_4$, et la part du cuivre dans l'alliage augmente sensiblement, passant de 1 % en moyenne pour les nomismata antérieurs (1,29 %) à 3 et même plus de 4 % pour les derniers tétartéra de Monomaque.

Les successeurs de Monomaque gardèrent ensuite jusqu'en 1067 au nomisma un titre relativement stable, mais quelque peu inférieur à celui de sa dernière émission (18 carats environ pour l'histaménon, 17 carats environ pour le tétartèron)[18]. Ce palier dure donc un peu plus d'une douzaine d'années jusqu'au moment où ce que j'appellerai la *seconde dévaluation* commence, sous Romain IV Diogène. De même que sous Monomaque, le changement de titre correspond encore à un changement de type au cours du règne. Mais ce changement ne concerne qu'un simple détail de l'iconographie (selon que les trois enfants de l'impératrice, Michel, Andronic et Constantios, sont placés debout sur une même estrade — prokypsis — ou chacun sur une prokypsis distincte)[19], de sorte que le public

16. *Methods*, p. 80-81, 95, 171-182.

17. Le fait que chaque type de nomisma ait été frappé à un titre déterminé et relativement homogène, sans chevauchement avec le titre du type suivant, ni dévaluation au cours d'une même émission, témoigne d'une politique monétaire consciente et avouée.

18. Nos chiffres confirment l'hypothèse d'une altération relativement plus forte du tétartèron avancée par Grierson (*Debasement*, p. 384, n. 4) — avec prudence cependant, car la présence supposée de cuivre dans l'alliage (effectivement de 4 % en moyenne) ne permettait pas de déduire avec précision le contenu d'or à partir du poids spécifique. D'après nos données, il y eut donc bien une réduction plus importante du titre du tétartèron au moment même où celui-ci était émis, semble-t-il, en plus grande quantité que l'histaménon. Les ex. de Théodora et de Michel VI sont en effet assez communs.

19. L'ordre des émissions est indiqué par leur contenu métallique. Il se trouve confirmé par les trouvailles et notamment celle de Dinogetia (Dobroudja) (1959), qui comprenait 15 histaména : 9 de Michel VII et 6 de Romain IV. Parmi ces 6 nomismata, un seul, le plus ancien, était du type a) (*prokypseis* distinctes), les 5 autres étant du type b) — estrade unique — (I. Barnea, Alt tezaur de Monede Bizantine de la Dinogetia, *SCN*, 3, 1960, p. 245-254). V. aussi les trésors de la région de Diarbekir et d'Ilioje (Erzeroum) cités par S. Mc A. Mosser, *A Bibliography of Byzantine Coin Hoards*, Amer. Num. Soc., Num. Notes and Monographs, 67, New York, 1935, s.v.

en était moins ouvertement averti. Sous Michel VII Doukas, le rythme de la dévaluation s'accélère à tel point qu'il est désormais impossible d'en distinguer les étapes par des changements iconographiques, témoin l'écart, au sein de la seconde émission, entre des histaména de 15 carats (62,6 %) et d'autres de moins de 12 carats (50 %), soit une chute non négligeable d'un huitième (12,5 %). Le nomisma d'or, presque pur une cinquantaine d'années auparavant, est alors devenu une pièce mêlée pour moitié d'argent et de cuivre, altération trop forte pour ne pas être immédiatement évidente à la couleur de la pièce, à la différence des premières altérations, de Monomaque à Constantin X, qui n'apparaissaient pas au public non averti. Sous Nicéphore III Botaneiatès enfin, les nomismata ont tour à tour l'apparence de pièces d'or extrêmement pâle ou presque blanc ; le seul tétartèron que possède le Cabinet des Médailles est une pièce fourrée de cuivre qu'il était par conséquent inutile d'analyser. Le nomisma titre alors quelque 9 carats en moyenne ; il ne contient plus environ que 38 % d'or pour 55 % d'argent et près de 8 % de cuivre[20].

L'utilisation du cuivre en quantité aussi importante dans la composition de l'alliage est alors un phénomène récent. A cet égard en effet, on peut distinguer trois phases au cours du XIe siècle :

1) jusqu'à Constantin Monomaque, le taux de cuivre dans le nomisma ne dépasse pas 2 % (1,29 % en moyenne) ;

2) de la fin du règne de Monomaque à celui de Michel VII, ce taux est compris entre 2 et 5 % (moyenne de 54 mesures : 3,79 %) ;

3) ce n'est qu'à la fin du règne de Michel VII qu'il dépasse 5 % pour atteindre 7, 8 et même près de 9 % sous Nicéphore III Botaneiatès (moyenne de 34 mesures : 6,47 %).

Au cours de la première période, il s'agit seulement d'une quantité minime destinée à rendre la pièce moins malléable. Dans la dernière période, la présence d'une proportion aussi importante de métal est manifestement due au désir d'économiser les deux métaux précieux devenus presque aussi rares l'un que l'autre.

En effet, cette utilisation croissante du cuivre coïncide avec l'époque où se fait sentir dans le monnayage d'argent lui-même le manque de métal précieux.

Les monnaies d'argent du XIe siècle, relativement rares aujourd'hui dans les médailliers, se trouvent en outre souvent en mauvais état, rognées, percées, brisées (pierced, hoken, chipped or clipped), car telles sont les caractéristiques qui leur sont souvent appliquées dans les catalogues. Aussi

20. 38,16 % d'or en moyenne pour les histaména de Botaneiatées (type 1 : 38,71 %, type 3 : 36,25 %). Le contenu d'argent s'établit à 55 % en moyenne, celui de cuivre à 6,38 % (type 1 : 5,95 %, type 3 : 7,87 %). Le titre est donc bien de 9 carats et non 8 comme le supposait Grierson. Bertelè notait déjà avec raison la possibilité de sous-estimation due à l'incertitude sur la quantité de cuivre contenue dans l'alliage (*Lineamenti*, p. 56, n. 31 et 60, n. 36).

était-on tenté d'y voir l'indice d'une mauvaise monnaie, altérée dès le milieu du siècle. Byzance aurait donc, elle aussi, dès cette époque, « probablement souffert de la pénurie générale d'argent qui prévalait alors sur l'ensemble du monde occidental et conduisit à l'abandon de la frappe de l'argent dans le monde musulman ainsi qu'à l'altération presque générale du denier dans la chrétienté latine »[21]. La rareté des monnaies d'argent du XIe siècle est-elle cependant aussi grande qu'on le dit d'après les proportions parvenues jusqu'à nous? A y regarder de plus près, on constate que le nombre de miliarèsia et de fractions catalogués à Dumbarton Oaks et à Paris représente un peu moins du tiers de celui des monnaies d'or pourtant plus recherchées pour la qualité de leur frappe et leur conservation. Les trouvailles de monnaies d'argent de cette époque sont certainement inférieures à celles de nomismata, ce qui s'explique par leur nature même et leur faible valeur qui les rend moins susceptibles d'être thésaurisées. Elles ne sont cependant pas tout à fait négligeables, témoins les enfouissements de Vella (Estonie) (123 miliarèsia de Constantin VII à Basile II), Oxarve (Gotland) (98 miliarèsia de Monomaque et 6 fragments de monnaies d'argent), de Garvan (Dobroudja) (4 pièces de Théodora et Isaac Comnène) et quelques trouvailles isolées (Prilep, Giren près de Nicopolis, etc.)[22].

D'ailleurs, les quelques données sur le titre de la monnaie d'argent dont on disposait jusqu'à présent, grâce à des analyses chimiques publiées par T. Bertelè[23] amenaient d'autre part à la conclusion suivante : « la famine d'argent qui a affecté le monde musulman à partir de 1025 environ... ne paraît pas avoir commencé si tôt ni avoir été aussi grave dans l'empire byzantin »[24]. Les données nouvelles obtenues par M. Gordus et moi-même sur les exemplaires du Cabinet des Médailles et de Dumbarton Oaks —

21. Ph. GRIERSON, Coinage and Money in the Byzantine Empire 498-c. 1090, *Settimane* ... VIII, Spolète, 1961, p. 430 et *DOC* III, 1, p. 65, 67-68. L'article de R. P. BLAKE, The Circulation of Silver in the Moslem East down to the Mongol Epoch, *Harvard Journal of Asiatic Studies*, 2, 1937, p. 291-328, qui demande des corrections, n'a toujours pas été remplacé. Quelques indications dans A. M. WATSON, Back to Gold — and Silver, *The Economic History Review*, 20, 1, 1967, p. 1-34, qui s'en tient à la thèse d'une ' famine ' affectant à la même date Byzance et le monde musulman. Blake cependant considérait que Byzance n'avait pas été affectée par ce phénomène « à cause de l'équilibre de sa balance commerciale avec le Nord ».

22. *Vella* : I. V. SOKOLOVA, *Trudy Gosudartsvennogo Ermitaža*, 4, 1961, p. 10-22. *
Oxarve : T. J. ARNE, Einige Aufzeichnungen über in Schweden gefundene byzantinische Silbermünzen, *Studien ... Alfred Götze ... dargebracht*, herausgeg. v. H. MÖTEFINDT, Leipzig, 1925, p. 220-224.
Garvan : E. COMŞA et Gh. BICHIR, O nouă descoperire de monede ... in aşezarea de la Garvan, *SCN*, 3, 1960, p. 223-244.
Trouvailles balkaniques : METCALF, *Coinage in the Balkans*, Institute for Balkan Studies, Thessalonique, 1965, p. 55-56 (une seconde édition, révisée et augmentée, est en préparation). Une trouvaille yougoslave de monnaies d'argent de Michel VII et Nicéphore III, est parue sur le marché en 1975.

23. *Lineamenti*, p. 77, 80. Ces données ont été ajoutées dans le tableau 2.

24. *Methods*, p. 389.

même si elles sont, en valeur absolue, plus sujettes à caution que celles obtenues pour les monnaies d'or pour lesquelles les phénomènes d'oxydation et d'enrichissement superficiel ne jouent pas le même rôle[25] — confirment entièrement cette hypothèse.

En effet, les analyses effectuées par A. Gordus montrent que le contenu de fin du miliarésion demeure supérieur à 90 % jusqu'au règne de Romain IV Diogène et ne diminue de façon sensible que sous Michel VII et surtout Nicéphore III Botaneiatès, sous lequel il tombe pour certains exemplaires à moins de 50 %. Il est donc impossible de supposer une dévaluation parallèle de la monnaie d'or et de la monnaie d'argent qui aurait permis de garder inchangé le rapport entre les deux métaux[26]. Si ce rapport était resté celui de 1 à 12 que l'on déduit hypothétiquement de quelques textes[27] le pouvoir d'achat de l'argent en termes d'or aurait paradoxalement baissé à un moment où partout ailleurs sa rareté était ressentie, ce qui n'aurait pas

25. A. A. GORDUS estime que l'erreur (de surestimation en général) peut atteindre de 1 à 5 % pour les monnaies contenant plus de 90 % d'argent et jusqu'à 10 % pour les monnaies de titre inférieur (The Alloy of the Byzantine Miliaresion and the Question of the Reminting of Islamic Silver, en collab. avec D. M. METCALF, art. à paraître dans les *HBN*). Les alliages d'argent-cuivre sont les plus sensibles de tous à l'altération et notamment aux phénomènes d'enrichissement superficiel (v. J. CONDAMIN et M. PICON, Changes suffered by Coins in the Course of Time, in *Methods*, p. 49-66). 65 deniers d'argent occidentaux du xe siècle, provenant du trésor de Fécamp, ont fait l'objet d'analyses chimiques et par activation neutronique (pour les fragments survivants), ce qui permet de comparer les résultats obtenus par ces deux méthodes (F. DUMAS-DUBOURG, *Le Trésor de Fécamp et le monnayage en Francie Occidentale pendant la seconde moitié du Xe siècle*, Paris, 1972, p. 40-45). Les résultats concordent de façon assez satisfaisante, l'activation neutronique surestimant de 1 à 2 points le contenu d'argent. Mais les frottis prélevés sur la tranche extérieure des monnaies avant analyse chimique, et soumis à l'activation neutronique, ont donné des résultats « décevants » et n'ont pas été publiés pour cette raison (*ibid.* p. 40, n. 4). Mme Dumas m'a permis de consulter ces résultats des analyses de frottis : ils sont toujours surestimés, la plupart du temps de 10 à 12, et même parfois 20 points. La moyenne de l'écart des mesures entre les deux méthodes (analyse chimique et activation neutronique de frottis prélevés sur la tranche extérieure des monnaies) est de 14 points et représente une surestimation de près de 20 %. Mais les deniers analysés ont un titre bien inférieur à 90 % (68 % en moyenne), tandis que les monnaies d'argent byzantines ont un titre supérieur, comme en témoignent les analyses chimiques de Bertelè. En l'absence d'analyses chimiques plus nombreuses, nous considérons donc provisoirement les données obtenues par activation neutronique de frottis comme ayant une valeur indicative satisfaisante, compte tenu d'une marge de surestimation, d'autant plus forte que le titre est plus faible (v. l'écart grandissant entre nos données et celles de Bertelè à partir des monnaies de Michel VII, *infra*, tableau 2).

26. « The debasement of the coin may indeed have been intended to ensure that the ratio remained the same ... » (*DOC* III, 1, p. 67). La première dévaluation de l'or, de Constantin IX à Romain IV, s'accompagne certes d'une légère altération de l'argent, mais le titre du miliarèsion ne baisse que de cinq points environ, contre seize pour le nomisma histaménon.

27. F. HULTSCH, *Metrologicorum Scriptorum Reliquiae*, I, p. 308-309.

manqué d'en provoquer l'exportation en dehors de l'empire[28]. Si la ratio officielle avait été plus ou moins ajustée sur la valeur intrinsèque des espèces, elle aurait dû normalement baisser, le nomisma affaibli pouvant être acquis pour un nombre inférieur de monnaies d'argent de titre encore satisfaisant. On est réduit à de pures conjectures, car les données manquent totalement pour le XIe siècle[29].

Il existe cependant une certaine analogie entre la dévaluation de la monnaie d'or et celle de la monnaie d'argent. Sous le règne de Basile II, de même que pour les nomismata, le titre du miliarèsion, tombé à 95,9 % en moyenne avant 989, remonte ensuite à 96,4 %. Sous Monomaque, le titre reste compris entre 98,3 et 91,9 % (moyenne 95,9 %) tandis qu'il franchit, sous Constantin X, cette limite des 95 % (moyenne des 19 exemplaires de ce règne : 92,5 %). La différence est minime du point de vue monétaire, mais permet de résoudre certains problèmes d'attribution[30]. Sous Romain IV, le contraste est net entre le premier type du règne, dont l'aloi se maintient autour de 90 % (90,7 % de moyenne), et le second, qui ne contient plus que 71 % d'argent[31]. Ensuite, de même que pour l'or (voir *supra* p. 8),

28. Le trésor d'Oxarve (cit. *supra*, n. 21), daté par des deniers anglais de Guillaume de Normandie, a dû être enfoui à la fin du XIe siècle, et les miliarèsia de Monomaque qu'il contient ont probablement été exportés peu avant, ce qui indique peut-être la préférence pour une espèce au change particulièrement avantageux.

29. *DOC* III, 1, p. 67.

30. Le tiers de miliarèsion donné par Grierson à Constantin X Doukas (*DOC* 7b) titre 97,3 %, ce qui paraît trop élevé pour une émission de ce règne, aucun exemplaire analysé n'atteignant 95 %, et les titres étant compris entre 94,5 et 91,8 %. L'argument donné contre une attribution à Constantin VIII (la légende KωN, au lieu de CωN, toujours utilisé par Constantin VIII, le passage à l'épigraphie purement grecque se situant au milieu du siècle — *DOC* III, 2, p. 707, 765) n'exclut pas une attribution à Constantin IX Monomaque, dont les nomismata portent effectivement la légende CωNSTΛΠT, mais dont les deux-tiers de miliarèsion ont déjà adopté l'orthographe KωNCTANTINω.

31. Cette différence permet d'établir la succession des types, inconnue auparavant. A la différence de titre correspond d'ailleurs une différence dans le diamètre du grènetis des deux émissions (sur cette mesure, v. *BNC* I, p. 9). Le premier type (*DOC* 6) mesure environ 18 mm, le second 17 ou 17,5 mm seulement. Cette diminution, qui accompagne la baisse du titre, n'est pas fortuite. Les analyses paraissent également confirmer la restitution à Romain III Argyre d'un tiers de miliarèsion avec la légende ΘK RΘ/PωM avec quatre Δ dans la marge, que j'avais proposée (*Bull. Soc. Fr. Num.* 21, 1966, p. 53-54 ; *BNC* II, p. 628). Grierson préfère conserver l'attribution traditionnelle à Romain IV pour diverses raisons : cette dénomination n'est attestée que pour Constantin X et Michel VII ; la formule Θεοτόκε βοήθει serait en parallèle avec le Σταυρὲ βοήθει 'Ρωμανῷ δεσπότῃ du follis de Romain IV, mais n'aurait pas d'équivalent au début du XIe siècle ; enfin les quatre Δ se comprendraient mieux par référence au patronyme de l'empereur plutôt qu'au seul titre de *despotès* (*DOC* III, 2, p. 713-714). Le premier de ces arguments perd de sa force si l'on veut bien attribuer à Constantin IX l'un des tiers de miliarèsion donnés à Constantin X (*supra*, n. 30). Le second ne tient aucun compte du fait que les histaména de Romain III ont pour légende Θεοτόκε βοήθει 'Ρωμανῷ et ses tétartèra Θεοτόκε βοήθει 'Ρωμανῷ δεσπότῃ, se poursuivant précisément, comme sur cette monnaie d'argent, d'une face de la pièce sur l'autre.

la dévaluation s'accélère brutalement sous Michel VII, à tel point qu'elle n'est plus marquée par un changement de type monétaire, mais affecte progressivement la même émission. Ainsi, le miliarèsion de Michel VII et Marie titre-t-il entre 94,90 et 73,6 % ou même 69,8 %, selon l'analyse de Bertelè, et celui de Michel VII seul de 94,7 à 88,9 % ou même 67,9 %[32]. En outre, pour la dernière fois apparaît nettement sous ce règne une sur-dévaluation des fractions du miliarèsion qui titrent en moyenne 75,2 % seulement au lieu de 87,7 % pour l'unité. Les dernières données concernant les pièces d'argent de Botaneiatès montrent de fortes variations de 80,5 à 44,8 %[33]. Si ces variations reflètent l'évolution de la monnaie d'argent au cours du règne, nous voici donc amenés à une situation monétaire dans laquelle les deux espèces les plus importantes du système, nomisma et miliarèsion, contiennent moins de la moitié du métal précieux qu'elles renfermaient au début du siècle. Une telle situation contient en germe et explique l'évolution ultérieure et la création du système comnénien dans lequel le nomisma trachy d'électrum, avec environ 1/3 d'or pour moins de 2/3 d'argent[34], perpétue la valeur du nomisma dévalué de Nicéphore III[35], cependant que la nouvelle pièce concave de billon, contenant seulement 6 % d'argent, n'a plus qu'une valeur semi-fiduciaire[36]. Ainsi est consacrée

32. Les analyses confirment ici en partie les conclusions tirées par Grierson d'un examen des types : « le type I reprend un type de Constantin X et Eudocie, qui reprenait lui-même celui de Basile II et Constantin VIII, et se conforme ainsi à ce que l'on peut appeler le modèle traditionnel du miliarèsion. Le type II reprend un type de Constantin IX, lui-même inspiré d'une émission commémorative de Romain III, mais les monnaies sont désormais de forme concave. Étant donné que ces deux types sont poursuivis par Nicéphore III, *il s'agissait probablement d'émissions parallèles et non successives.* Si l'un est plat et l'autre concave, cela tient peut-être à une différence de valeur, comme celle évoquée plus haut pour les monnaies de Constantin IX » (*DOC* III, 2, p. 801). Cette dernière affirmation, en revanche, n'est pas étayée par les analyses, qui font varier le titre des deux émissions dans des limites comparables, et leur attribuent un aloi moyen très proche (87,2 % pour le type I ; 88,9 % pour le type II).

33. Je n'ose tenir compte des 96,8 % obtenus pour la fraction conservée à Dumbarton Oaks (*DOC* 8), qui paraissent très élevés pour ce règne et pour une pièce qui est cataloguée comme B(illon).

34. Hendy, *Coinage and Money*, p. 10-25, 39-49. Pour un exposé plus succinct, *BNC* II, p. 665-673.

35. C. Morrisson, *NC*[7], 11, 1971, p. 358, n. 4. Ceci explique peut-être, comme veut bien me le suggérer M. Grierson, pourquoi l'hyperpère fut frappé à un titre de 20 1/2 carats seulement. En effet, s'il avait été d'or « pur » à 24 ou 23 carats, sa valeur eût été trop élevée par rapport à celle du trachy.

36. Les analyses de Mattingly sur quelques exemplaires du trésor de Lazania (Chypre), donnant au trachy de billon de Jean Comnène un contenu d'argent de 6 % environ, pour 93 % de cuivre, ont été récemment confirmées et complétées par une étude d'ensemble du titre de cette espèce au XIIe siècle, utilisant les analyses chimiques et par fluorescence X (M. F. Hendy et J. A. Charles, The Production Techniques, Silver Content and Circulation History of the Twelfth-Century Byzantine Trachy, *Archaeometry*, 12, 1970, p. 13-21 ; v. aussi J. A. Charles et J. A. Leake, *Methods*, p. 211-218).

pour un temps la disparition d'une monnaie d'argent de valeur réelle, ce qu'avait été le miliarèsion pendant plus de trois siècles.

II. — Essai d'interprétation

Les causes apparentes: le phénomène perçu par les contemporains.

Les textes n'ont pas conservé d'expression directe de l'attitude des contemporains devant l'altération du nomisma. Si les passages bien connus de Kédrènos (II, 369) et Zonaras (III, 506-507) décrivant la création du tétartèron par Nicéphore Phocas, laissent apparaître une réaction populaire de refus devant ce nomisma de poids affaibli auquel on voulait attribuer un cours préférentiel et si, en plusieurs passages, le *Livre de l'Éparque* édicte précisément les peines contre les commerçants qui refuseront le nomisma tétartèron ou le *duo tétartôn*, en revanche, aucun témoignage semblable ne renseigne sur les réactions qu'aurait dû susciter l'altération de la monnaie d'or au XIe siècle. Il est vrai que, dans sa première phase du moins, la baisse du titre du nomisma était certainement moins perceptible pour le public que la baisse de poids dans le cas du tétartèron.

D'une manière indirecte cependant, l'apparition dans les textes de noms désignant des espèces particulières de monnaies[37] peut indiquer la méfiance ou la préférence du public pour celles-ci. Les très nombreuses mentions de monnaies des textes italiens à partir du milieu du Xe siècle posent un cas particulier, car la monnaie byzantine n'est pas la seule à circuler en Italie du Sud et en Sicile à cette époque[38]. Aussi la plupart des termes caractérisent-ils les nomismata par opposition aux taris musulmans plus qu'ils ne servent à les distinguer les uns des autres : *Constantinus* indique leur origine géographique, *Soterichus* ou *Thoricatus* soulignent leur caractère de monnaies à figures par contraste avec les monnaies épigraphiques musulmanes[39], *Scyphatus* indiquant probablement une bordure particulière de la monnaie[40]. *Romanatus*, pour les nomismata de Romain III, l'une des dernières espèces non altérées[41], *Michelatus* pour ceux de Michel IV, puis surtout de Michel VII[42], *Stellatus* pour une variété des histaména de Constantin IX[43], sont peut-être en revanche le signe d'une attention portée

37. *DOC* III, 1, p. 44-62 « Monetary Terms and Coin Names », avec une liste des mentions de monnaies dans les documents grecs et italiens et un commentaire de ces noms.
38. R. Filangieri di Candida, *Notizie sulle monete in uso nella Puglia del secolo X al XII, Supplemento* à M. Cagiati, *Le Monete del reame delle Due Sicilie*, Anno III, 1913, 5-7, p. 25-32 ; 8-10, p. 23-35.
39. *DOC* III, 1, p. 54-56.
40. Ph. Grierson, NUMMI SCYPHATI, The Story of a Misunderstanding, *NC*7, 11, 1971, p. 253-260.
41. *DOC* III, 1, p. 58.
42. *TM*, 3, 1968, p. 369-374 ; *DOC* III, 1, p. 60-61.
43. *DOC* III, 1, p. 59.

aux valeurs variables des pièces, quoique l'usage de tels termes n'implique pas toujours forcément semblable distinction[44].

Dans les documents grecs cependant, les deux premiers noms de monnaies identifiables viennent à l'appui de notre propos. En effet, l'*hèlio-sélènaton*, cité dans un acte de vente de 1030[45], est vraisemblablement le dernier nomisma histaménon de Basile II, d'un titre *supérieur* à celui des trois types précédents (22 ½ carats contre 20 à 22). Et les *histaména staurata* d'un document de Dionysiou[46] daté d'août 1056 désignent la troisième émission de Constantin IX qui marque — je l'ai dit plus haut — le début de la dévaluation (20 ¾ carats au lieu de 21 ½ pour l'émission précédente). Mais ce ne sont encore que des exemples isolés et il faut attendre le dernier quart du siècle pour voir apparaître dans les documents, de façon plus fréquente, une série de noms dont la variété la plus grande se trouve d'ailleurs dans le *synodikon* géorgien d'Iviron[47]. Dans cette période de la seconde dévaluation, chaque émission pour ainsi dire se trouve dotée d'un nom[48]. Et certains testaments ou documents analogues prennent soin de distinguer les diverses espèces, comme le fait par exemple Grégoire Pakourianos dans le passage bien connu de son Typikon[49].

44. S. D. Goitein, *A Mediterranean Society*, I, *Economic Foundations*, Berkeley-Los Angeles, 1967, p. 359.

45. V. *supra*, n. 13.

46. *Actes de Dionysiou*, *Archives de l'Athos*, IV, éd. N. Oikonomidès, Paris, 1968, nº 1, p. 31. Les différentes émissions d'histaména de Constantin IX se distinguent le plus aisément les unes des autres selon l'insigne tenu par l'empereur en main droite : un sceptre à croix fleurée sur le premier type, un labarum sur le second, un sceptre crucigère sur le troisième, d'où son nom de *stauraton*.

47. Comment. par R. P Blake, Some Byzantine Accounting Practices illustrated from Georgian Sources, *Harvard Studies in Classical Philology*, 51, 1940, p. 11-33. Ce document n'est pas daté avec précision mais l'on peut y distinguer deux séries : la première écrite en 1074, et la seconde avant 1116. Le texte mentionne les *drakhani* (nomismata) *dukati* (de Constantin X Doukas), *hromanati* (de Romain IV ?), *ek'ustavi* (à 6 têtes, l'histaménon de Romain IV, Eudocie et ses fils), *stavrobotanati* (vraisemblablement la dernière émission de Botaneiatès — *BNC* type 3 — sur laquelle l'empereur tient un sceptre crucigère en main droite), *botanioti* désignant les émissions de Botaneiatès en général. Y figurent en outre quelques émissions d'Alexis Ier Comnène : *stamenoni Alek'sali* en général, et parfois plus précisément *dimitrati* (histaménon dévalué d'Alexis Ier avec Saint Démétrius, Thessalonique, *BNC*, pl. XCIV, Æ/01-02) ou *triakep'ali* (tricéphale, des Comnène probablement). Sur les difficultés d'identification, v. Hendy, *Coinage and Money*, p. 31-34.

48. Un acte de Lavra, daté 6585 (= septembre 1076-août 1077), mentionne un versement de 72 νομίσματα σταυρομιχαηλᾶτα, qualifiés plus loin de τραχέα (*Actes de Lavra*, *Archives de l'Athos*, V, éd. P. Lemerle, A. Guillou, N. Svoronos, nº 37, l. 26 et 42). Ce nom, inconnu par ailleurs, est omis de la liste dressée par Grierson. Son identification fait difficulté car sur aucun histaménon de Michel VII, non plus d'ailleurs que de Michel IV ou Michel VI, une croix ne figure comme signe distinctif.

49. Éd. L. Petit, *VV*, 11, app. 1, p. 13, l. 22-23 : παλαιὸν λογάριον ῥωμανᾶτον, τραχὺ μονομαχᾶτον, δουκατόν τε καὶ σκηπτρᾶτον, πρὸς δὲ καὶ μιχαηλᾶτον. V. l'analyse et le commentaire de l'ensemble de ce texte par P Lemerle, *Cinq études sur le XIe siècle* (III), à paraître. Ce n'est pas un hasard si cette variété de mentions monétaires est la plus grande dans des documents d'origine voisine, mais nous ne pouvons l'expliquer.

Cependant, ces mentions sont loin d'avoir supplanté les mentions simples de *nomismata*, sans autre spécification -- exception faite de la distinction indispensable entre *histaména* et *tétartèra* — qui sont en majorité dans les textes.

Or il est difficile d'autre part de penser que l'État ait pu imposer le même cours pour des pièces dévaluées et des pièces de bon titre. Il faut donc supposer que, d'une manière ou d'une autre, le public devait être en mesure de passer du nomisma courant monnaie réelle au nomisma d'or pur de 24 carats devenu désormais théorique mais restant la base du système de compte[50].

Un seul texte contemporain parle ouvertement de l'altération du nomisma pour mettre celle-ci en relation avec la politique financière de l'empire : Nicéphore Bryennios déclare, en effet, que sous Nicéphore III Botaneiatès « les dépenses atteignirent plusieurs fois le chiffre des revenus et, au bout de peu de temps, pour cette cause, le Trésor fut à sec, la monnaie (le nomisma) fut altérée et les rémunérations attachées par l'empereur aux dignités et aux offices furent supprimées »[51]. Incontestable dans ce cas particulier, l'explication financière s'applique-t-elle pour autant à l'ensemble de la dévaluation du XIe siècle? C'est bien ce qu'on a prétendu, comparant la politique de Constantin IX et Zoé aux extravagances d'Henri VIII et attribuant à leurs dépenses inconsidérées la seule responsabilité de « l'un des événements les plus désastreux dans l'histoire de l'empire byzantin »[52]. Mais les textes eux-mêmes, curieusement, ne mentionnent aucune manipulation monétaire avant les règnes de Michel VII et Nicéphore III et, surtout, n'autorisent pas à tracer de la politique financière des empereurs byzantins avant 1071 un tableau aussi sombre. La thèse de Psellos, selon laquelle l'immense trésor de Basile II, comptant 200.000 talents (= livres), soit 14.400.000 nomismata[53], fut dilapidé par les largesses incompréhensibles de Zoé[54] et les dépenses somptuaires de

50. N. Svoronos, Recherches sur le Cadastre byzantin et la fiscalité aux XIe et XIIe siècles : le Cadastre de Thèbes, *BCH*, 83, 1959, p. 101-103, suppose un ajustement de l'impôt à la valeur de la monnaie et cite l'exemple des impôts de Lavra, passant de 46, 30 nomismata vers 1044 à 79, 65 nomismata en 1089. Cette augmentation, compte tenu d'un léger accroissement de la fortune du couvent entre les deux dates, correspond à peu près au taux de dévaluation de la monnaie (72,5 % contre 67 %). V. aussi Hendy, *Coinage and Money*, p. 7.

51. Nicéphore Bryennios, IV, 1, p.129 : ξυμβῆναι πολλαπλασίους τὰς ἐξόδους τῆς εἰσόδου γενέσθαι : Κἀκ τῆς τοιαύτης αἰτίας μετὰ βραχύν τινα χρόνον τῶν χρημάτων ἐκλελοιπότων τό τε νόμισμα κεκιβδήλευτο λοιπὸν καὶ αὐτοῖς ἀξιώμασι καὶ τοῖς ὀφφικίοις ἐκ βασιλέως ἀνήκουσαι δωρεαὶ διὰ τῶν χρημάτων σπάνιν ὑπεκρούοντο. Τῆς γὰρ τῶν χρημάτων ἐπεισροῆς τῶν ἀπὸ τῆς Ἀσίας χορηγουμένων τοῖς ταμείοις ἀποφυγούσης ἐκ τοῦ τῆς Ἀσίας ἁπάσης κατακυριεῦσαι τοὺς Τούρκους, καὶ τῶν ἀπὸ τῆς Εὐρώπης παντάπασι στενωθέντων, τῶν τε προϋπαρχόντων κακῶς καταναλισκομένων ξυνέβαινε σπάνιν ὅτι πλείστην εἶναι χρημάτων τοῖς βασιλικοῖς ταμείοις.

52. Grierson, *Debasement*, p. 391.

53. Psellos (éd. Renauld) I, p. 19.

54. *Ibid.*, I, p. 119 ; p. 121 : « cette dilapidation totale et cette élévation excessive furent le commencement de la décadence des affaires [de l'État] et de leur abaissement »; II, p. 49-50.

Constantin IX Monomaque[55], ne doit pas être prise au pied de la lettre. On remarquera, en effet, qu'elle tient une grande place dans le récit de Psellos, revenant en plusieurs passages de la *Chronographie*, toujours évoquée en termes de « ruisseaux d'or » répandus inutilement et autres images analogues ; bref, avec tous les caractères du *topos* plutôt que de la constatation historique[56], Psellos affirme que le trésor fut complètement épuisé sous le règne de Zoé[57] ; mais il attribue ailleurs la dilapidation des trésors impériaux à tous les empereurs ayant précédé Isaac Comnène[58], tout en prétendant ensuite que l'administration modérée de Constantin X Doukas lui permit de remplir à moitié les trésors impériaux[59]. Il est difficile de tirer une information précise et sûre de la *Chronographie* dans ce domaine financier à propos duquel on ne sait jamais, en outre, de quel trésor Psellos veut parler[60]. Mais, de toute façon, il est impossible d'affirmer que l'épuisement des réserves ait coïncidé exactement avec le début de la dévaluation. Il faut donc chercher à celle-ci d'autres causes que le besoin de combler le déficit budgétaire, un tel déficit n'étant en fait attesté qu'à partir du règne de Michel VII et surtout de Nicéphore III.

Les historiens autres que Psellos ne perçoivent, en effet, la crise financière de l'empire qu'à partir de cette époque et tracent, en revanche, des règnes précédents un tableau moins pessimiste[61]. Psellos a fort bien pu noircir à plaisir la description des extravagances de Zoé et Constantin pour faire retomber sur les défunts l'entière responsabilité d'une crise que les Doukas n'avaient su maîtriser, quand ils ne l'avaient pas précipitée eux-mêmes. Neumann montrait déjà comment les malheurs survenus après 1070 ont déformé les jugements, et exprimait également les doutes que lui inspirait la tradition de l'épuisement du trésor de Basile II[62].

55. *Ibid.*, I, p. 144 ; II, p. 56-57, 61-62 ; II, p. 46.

56. Le *topos* est repris dans la chronique en vers de Constantin Manassès (p. 266) à propos de Monomaque dont les largesses sont comparées au Pactole. Zonaras se contente de dire — mais l'accusation, pour être plus brève, n'en est pas moins forte — que ἀντὶ γὰρ μεγαλοπρεπείας εἰς ἀσωτίαν μετακεκύλιστο (Bonn, III, p. 646).

57. Psellos, I, p. 147 ; II, p. 50.

58. *Ibid.*, II, p. 119.

59. *Ibid.*, II, p. 139. Il est probable que Constantin X, pour rendre « les trésors impériaux ... pleins jusqu'à moitié » (ἡμιδεεῖς δὲ τοὺς βασιλείους θησαυροὺς ἐποιήσατο), bénéficia des mesures de redressement déjà prises par Isaac Comnène (Attaleiatès, 61 ; Psellos, II, p. 120 ; Zonaras, III, p. 667 ; Skyl. Contin., éd. Tsolakès, Thessalonique, 1968, p. 103-104).

60. Il y a confusion permanente entre les βασιλικοὶ ou βασιλεῖοι θησαυροί et les δημοσία ταμεῖα. Aucune signification précise ne peut être accordée à ces termes.

61. Skylitzès mentionne certes la μεγάλη ἔνδεια due, selon lui, aux constructions de Monomaque, et à laquelle il fallut remédier par des exactions diverses (éd. Thurn, p. 476). Attaleiatès porte un jugement plus favorable sur la générosité de Monomaque (p. 18, p. 47 et s.), mais indique aussi que, deux années avant sa mort, abandonnant son comportement antérieur, celui-ci eut recours à des exigences fiscales excessives. Chose curieuse, il n'est pas fait mention, parmi ces moyens, des manipulations monétaires.

62. K. Neumann, La situation mondiale de l'Empire byzantin avant les Croisades, tr. fr., *Revue de l'Orient Latin*, 10, 1905, p. 70 et 72.

Les causes réelles de la dévaluation[63].

L'histoire monétaire et la théorie économique fournissent en fait d'autres exemples et d'autres modèles de dévaluation. Rappelons seulement que, quelle que soit la forme de l'organisation économique ou son degré d'évolution, les conditions de l'équilibre sont définies par l'équation d'Irving Fisher (1911) M V = P T, dans laquelle M représente la quantité d'espèces en circulation (et non la quantité de métal correspondant à ces espèces), V la vitesse de circulation, T le volume des transactions. Les * économistes appellent cette expression équation quantitative. C'est une relation comptable qui est nécessairement vérifiée pour le secteur monétaire de toute économie[64].

Dans le cas qui nous occupe ici, c'est-à-dire celui de *la première dévaluation* du nomisma au XIe siècle, nous pouvons considérer parmi les différentes variables la valeur de V, la vitesse de circulation, comme une valeur quasi constante entre 1025 (t_1) et 1068 (t_2) (V = constante ; $V_1 = V_2$). En effet, jusqu'au milieu du XIe siècle, où l'on célèbre encore la paix régnant partout sur l'empire[65], il n'y a pas de mouvement général de thésaurisation susceptible de réduire la quantité d'espèces en circulation et, par suite, de diminuer V, comme cela s'observera plus tard[66]. D'autre part, étant donné l'inexistence du crédit bancaire à l'époque et l'absence de progrès dans les tech-

63. M. P.-M. LARNAC, professeur de sciences économiques à l'Université de Paris-IX Dauphine, a bien voulu relire ce qui suit et m'aider de ses avis. Qu'il en soit ici remercié.

64. Pour un exposé récent, v. Milton FRIEDMAN, *A Theoretical Framework for Monetary Analysis*, National Bureau of Economic Research, New York, 1971, p. 1-8.

65. Ainsi, dans la Novelle, rédigée par Jean Mauropous au nom de Constantin Monomaque, portant création de l'École de Droit de Constantinople (ZÉPOS, *JGR*, I, p. 621).

66. Je ne nie pas l'importance des richesses en métaux précieux alors accumulées par certains, tels le métropolite de Thessalonique, Théophane (SKYLITZÈS, éd. THURN, p. 402), ou Michel Cérulaire pour ses expériences, condamnées par Psellos (*Scripta Minora*, éd. KURTZ, I, p. 322-323), ainsi que le patriarche de Constantinople, Alexis (SKYL., p. 429), la thésaurisation étant une plaie bien répandue. Mais à cette thésaurisation normale du temps de paix, s'ajoutait en temps de guerre une forte proportion d'enfouissements d'urgence *(emergency hoards)* qui diminuait d'autant la masse de monnaies en circulation. L'étude de B. THORDEMAN (The Lohe Hoard : a Contribution to the Methodology of Numismatics, *NC*[6], 8, 1948, p. 188-204) montre, par exemple, comment en Suède, à la fin du XVIe siècle, le nombre des enfouissements augmente nettement au moment de la guerre contre le Danemark (1562-1569) (v. particulièrement, p. 192 et s., et la carte, p. 195, sur laquelle l'emplacement des enfouissements coïncide avec les mouvements des troupes). V. aussi pour l'époque romaine : St. BOLIN, *Die Funde römischer und byzantinischer Münzen im freien Germanien*, Deutsches Archäologisches Institut, Römisch-Germanische Kommission, 19, 1929, Francfort, 1930, p. 96 et s. et récemment, Anne S. ROBERTSON, Romano-British Coin Hoards : their Numismatic, Archaeological and Historical Significance, in *Coins and the Archaeologist*, ed. by J. CASEY & R. REECE, British Archaeological Reports 4, Oxford, 1974, p. 28 et s.

niques de transport de la monnaie, il est impossible de supposer une quelconque accélération de V[67]. Le modèle M. Constante = P T peut alors s'écrire sous sa forme réduite : M = P T (si Constante = 1).

En ce qui concerne la valeur de M, il importe de distinguer deux notions :

M la masse monétaire exprimée par le nombre de nomismata en circulation, multiplié par leur valeur nominale, quel que soit leur titre ;

$\overline{M}$ la masse métallique exprimée par le poids de l'or.

La dévaluation exprime le rapport entre M et $\overline{M}$. Nous pouvons poser, au début de la période considérée, en t_1 = 1025, l'égalité entre M et $\overline{M}$, le nomisma n'ayant pas encore été altéré, ce que j'écris ainsi :

$$M_1 = \overline{M}_1 = P_1T_1$$

* Au cours de la période 1025-1068, il y a tout lieu de supposer que la valeur de M n'a pas varié ($M_1 = M_2$). En effet, il n'y a pas de grandes découvertes minières qui aient pu faire augmenter la masse métallique dans des proportions importantes, et la production modeste de l'empire doit seulement compenser la perte annuelle de métal précieux imputable au frai des monnaies[68]. Elle ne permet donc pas d'augmenter le nombre de nomismata en circulation si le titre de ceux-ci reste inchangé. Quant aux mouvements de fonds avec l'extérieur, qu'ils soient de nature commerciale ou politique — tributs, par exemple —, leur importance n'est pas si grande au cours de cette première période qu'ils puissent contribuer en un sens ou en l'autre à faire varier le montant du stock de métal précieux de l'empire.

Or, puisqu'au cours de la même période 1025-1068, le contenu de fin du nomisma a diminué de 20 %, nous pouvons formuler la relation suivante :

$$M_2 = 1{,}25\,\overline{M}_2 = P_2T_2.$$

Et, enfin, puisque les rares données dont nous disposons sur les prix semblent bien indiquer que ceux-ci, libellés en nomismata courants, n'ont guère varié[69], on peut considérer que :

$$P_1 = P_2.$$

67. Une augmentation du nombre des transactions ne peut, à elle seule, en aucune façon entraîner l'accélération de V. Les sources offrent plusieurs témoignages sur le transport réel des espèces et ses difficultés.

68. Au XIXe siècle, les nombreuses enquêtes menées sur le frai des monnaies d'or, indiquent un taux d'usure annuel d'environ 0,04 % pour le souverain (7,94 g), 0,07 % pour le demi-souverain. La pièce française de 20 Francs (6,45 g), beaucoup plus thésaurisée, ne perdait que 0,015 %, celle de 10 Francs (3,26 g), 0,05 %, et celle de 5 Francs (1,63 g), 0,12 % (Ph. GRIERSON, *NC*7, 3, 1963, p. VII et s. avec la bibliographie). Le taux d'usure est d'ailleurs indépendant du poids de la pièce. Compte tenu d'alliages moins résistants et d'une circulation certainement moins active, le taux de frai médiéval devait être d'un ordre de grandeur comparable.

69. H. ANTONIADIS-BIBICOU, Démographie, salaires et prix à Byzance, *Annales E.S.C.*, 27, 1972, p. 227-233 avec les sources citées.

Par conséquent, il faut conclure que la condition de l'équilibre est une augmentation de T, le volume des transactions, pendant la même période, dans la même proportion de 20 %, soit :

$$M_2 = 1{,}25\, \overline{M} = P \times 1{,}25\, T_1.$$

Cette augmentation du volume des transactions, à un taux annuel moyen de moins de 0,5 %, parfaitement compatible avec les conditions économiques médiévales, peut s'expliquer par un certain accroissement de la production, fût-il très modeste, et surtout par l'accroissement considérable du territoire de l'Empire à cette époque (reconquête de la Crète en 961, de Chypre en 965, d'Antioche en 967, pays autrefois alimentés en numéraire par des émissions arabes[70], annexion de la Bulgarie et de l'Arménie en 1028). En même temps, la monétarisation croissante de l'économie byzantine, dont témoignent par exemple l'*adaeratio*, de plus en plus fréquente, des obligations militaires, la fiscalisation de la *strateia*, les impôts en espèces et non plus en nature, levés sur la Bulgarie, et même l'affaire de l'armée d'Ibérie[71], contribue à accroître le volume des transactions en espèces qui, seul, nous importe ici. La novelle de Basile II du 1er janvier 996, réglementant les conditions d'établissement ou de transfert de nouveaux marchés, (πανηγύρεις), est aussi le signe d'une activité commerciale croissante[72]. Celle-ci se manifeste d'ailleurs dans les faits par l'accroissement de la production et de la circulation de la monnaie d'appoint : l'accroissement de la production et de l'utilisation des *folles* dès le règne de Léon VI et surtout à partir des émissions anonymes de Jean Ier Tzimiskès, peut être illustrée quantitativement à partir des publications des trouvailles isolées faites sur les grands sites de fouilles. Théoriquement, il est donc impossible de rendre Monomaque responsable d'une dévaluation que des causes politiques et économiques bien antérieures à son règne expliquent aisément.

En effet, si l'on veut considérer le déséquilibre budgétaire comme la condition explicative des variations de M, c'est-à-dire de la dévaluation, cela implique que l'on écarte toute variation de T et que l'on suppose T constant. L'hypothèse devient alors :

(1) $M_1 = \overline{M}_1 = P_1 \times T_1 \qquad P_1 = \overline{P}_1$ (prix exprimé en g d'or)

puisque le nomisma n'est pas altéré en $t_1 = 1025$ et

(2) $M_2 = 1{,}25\, \overline{M}_2 = 1{,}25 \quad P_1 \times T_2$, en $t_2 = 1068$.

70. V. par ex. pour la Crète : G. C. Miles, *The Coinage of the Arab Amirs of Crete*, Amer. Num. Soc., Num. Notes and Monographs, 160, New York, 1970 ; Coins from the Excavations at Ag. Petros, Herakleion, Crete, *Amer. Num. Soc., Museum Notes*, 17, 1971, p. 163-172. Pour Antioche : G. C. Miles, Islamic Coins, in *Antioch-on-the-Orontes*, vol. IV, 1, Princeton, 1948, p. 109-124.

71. Les faits sont bien connus. V. H. Glykatzi-Ahrweiler, Recherches sur l'administration de l'Empire byzantin aux ixe-xie siècles, *BCH*, 84, 1960, p. 10 et s., et *Byzance et la Mer*, Paris, 1966, p. 145-148. Pour la Bulgarie, v. Skylitzès, éd. Thurn, p. 411-412.

72. Dölger, *Regesten*, 783. Zépos, *JGR*, I, p. 271.

Ceci suppose que le prix des biens exprimé en nominal aurait augmenté de 20 % ($P_2 = 1{,}25\ P_1$) autrement dit que le prix des biens exprimé en grammes d'or serait resté constant. Rien n'indique une pareille hausse des prix nominaux : si cette hausse s'était produite, elle aurait eu une incidence sur le taux des rentes et des soldes des fonctionnaires[73].

Or le taux de la *roga* est resté inchangé[74]. On ne peut donc supposer un déficit budgétaire à l'origine de la dévaluation, puisque les conditions requises à l'application d'un tel modèle ne se trouvent pas remplies.

La *seconde dévaluation* est bien plus catastrophique que la première puisque la chute du titre du nomisma atteint près de 60 % en une dizaine d'années. Elle se déroule dans des conditions bien différentes et, en même temps, plus complexes à analyser. Nous pouvons poser les cinq hypothèses suivantes :

1. A la fin de la période, la masse de métal précieux, dont disposent dans l'Empire l'État et les particuliers, a certainement diminué à la suite des pillages et des dévastations qu'ont entraînés les incursions seldjoucides, petchénègues ou normandes et les déprédations des mercenaires. L'État surtout, par ses dépenses extérieures, certes justifiées par la situation militaire, comme le recrutement de forces de plus en plus importantes de mercenaires étrangers, le paiement de tributs ou des versements diplomatiques considérables comme ceux offerts à Robert Guiscard sous Michel VII[75], a contribué dans une notable proportion à appauvrir le stock de métal précieux existant, par des sorties sans compensation :

$$M_2 < M_1 \quad — \quad M_2 = 0{,}8M_1 \quad — \quad 2{,}5M_2 = 2M_1 \quad \text{(hypothèse)}$$

2. La seconde proposition, qui dérive en partie de la première, concerne le *déséquilibre* incontestable du *budget* byzantin à cette époque, affirmé par Bryennios ainsi que par Anne Comnène en plusieurs passages[76]. Ce ne sont

73. On objectera à ceci la tendance connue des soldes, rentes, amendes, etc. à rester fixes en dépit des changements de prix. Certes, mais si les prix avaient véritablement augmenté de 20 %, pendant que la rente restait fixe, on pourrait s'attendre à en trouver quelque écho dans les sources. La correspondance de Psellos ne porte pas trace des plaintes qu'une telle situation n'aurait pu manqué de susciter.

74. Une livre pour une *roga* de protospathaire avant 912, en 1045 et 1056 : P. Lemerle, « Roga » et rente d'État aux xe et xie siècles, *REB*, 25, 1967 (= Mélanges V. Grumel, II), p. 93. H. Antoniadis-Bibicou, *art. cit.*, p. 223-224.

75. Psellos, II, p. 146 et Attaleiatès, p. 24, sur la diplomatie déjà pratiquée par Constantin X ; témoignages confirmés par le discours du patriarche Jean d'Antioche à Alexis Ier Comnène (P. Gautier, *REB*, 28, 1970, p. 40). H. Bibicou, Une page d'histoire diplomatique de Byzance au xie siècle : Michel VII Doukas, Robert Guiscard et la pension des dignitaires, *Byz.*, 29-30, 1959-1960, p. 43-75.

76. Nicéphore Bryennios, p. 129 (cit. *supra*, n. 51). Dès la fin du règne de Michel VII, des mesures de confiscation des trésors ecclésiastiques avaient été prises (Attaleiatès, 260). Ensuite, l'importance des gaspillages de Botaneiatès est confirmée par Attaleiatès (p. 275-276), qui les attribue naturellement à la générosité de l'empereur et les présente sous un jour tout à fait favorable. Sur l'épuisement du trésor, v. Anne Comnène, *Alex.*, éd. Leib, I, p. 14-15, 130 ; II, p. 9. Le patriarche

pas là que des exagérations d'historiens soucieux de prouver le caractère exemplaire de la restauration entreprise par Alexis Comnène : la signature du désastreux chrysobulle de 1082 en faveur des Vénitiens, le recours aux trésors de l'Église en 1082 et 1087[77] suffisent à montrer à quel point les caisses impériales étaient vides.

3. L'insécurité extrême ainsi que l'instabilité monétaire et les difficultés que celle-ci provoquait dans les échanges ont entraîné une forte thésaurisation dont témoigne aujourd'hui l'abondance des dépôts enfouis entre 1070 et 1090 tant aux confins orientaux de l'empire (Diarbekir par exemple) que dans les provinces occidentales (Bulgarie notamment)[78]. Cette thésaurisation eut certainement pour effet de diminuer la vitesse de circulation de la monnaie (V) dans une proportion qu'il est impossible de préciser.

$$V \searrow \quad — \quad V_2 < V_1 \quad — \quad V_2 = 0,6\ V_1 \quad \text{(hypothèse)}$$

4. Le quatrième point ne peut être démontré quantitativement, mais paraît difficilement attaquable. Je pose, en effet, pour cette période, une baisse de la production et, en tous cas, du volume des transactions monétaires (T).

$$T_2 < T_1$$

5. Enfin, nous sommes parfaitement autorisés à supposer une hausse des prix nominaux (P) au cours de la même période. Attaleiatès y fait expressément allusion pour le règne de Michel VII, ajoutant même que la hausse du prix du blé finit par provoquer corrélativement une hausse des * salaires[79]. Et le surnom de Parapinakès attribué à Michel VII prouve que le taux d'augmentation dut atteindre au moins 33 % pour le prix du blé

Jean d'Antioche souligne aussi cette situation : ἀλλὰ νῦν φημί, τῶν βασιλικῶν θησαυρῶν ἐκκενουμένων καὶ τῶν ἔξωθεν εἰσφερομένων κομιδῇ ἠλαττωμένων, ἀναγκαίως ταῖς προσόδοις οἱ πόροι πανταχόθεν ἐπινενόηται (P. Gautier, *art. cit.*, p. 41).

77. F. Chalandon, Essai sur le règne d'Alexis I Comnène, p. 79-81, 110, 120-121. V. Grumel, *EB* 2, 1944, p. 126-133. P. Gautier, *REB*, 28, 1970, p. 5-55.

78. Parmi les trouvailles citées par ex. par S. Mc A. Mosser (*op. cit.*, n. 19) : à la frontière orientale, plusieurs à Diarbekir et dans la région, une autre à Érivan, une à Ilioje (Erzeroum) ; en Occident, Gurgendgik (Silistrie), Hissar (Bulgarie), Kalipetrovo (Silistrie) et Sofia (ces deux dernières datant du début du règne d'Alexis Ier) auxquelles on peut ajouter le troisième trésor de Garvăn (Dinogetia), cit. *supra*, n. 19.

79. Attaleiatès, 203. En raison de l'institution du monopole du blé à Rhaidestos, περιέστη ἀπὸ δεκὰ καὶ ὀκτὼ μοδίων εἰς ἕνα μόδιον τοῦ νομίσματος ἡ τοῦ σίτου πρᾶσις. Faut-il croire à une augmentation aussi énorme du prix du blé (1800 %) que les autres sources ne mentionnent pas ? Schilbach (*Byzantinische Metrologie*, p. 97) suppose que les unités de mesure aient pu être confondues : le premier *modios* serait celui du commerce byzantin, correspondant au *thalassios modios* de 18 *modioi*, le second équivaudrait aux trois *pinakia* mentionnés par le Continuateur de Skylitzès (cit. *infra*) et serait le *modios* τριπιναχίων attesté par certaines sources. Plus loin, Attaleiatès affirme qu'à l'automne 1078, on payait à Constantinople trois nomismata le *modios* (médimne) de blé, il est vrai dans une situation de famine (τῇ σπάνει τῶν ἀναγκαίων τὸ πλεῖστον μέρος τὸ ζῆν ἀπορρήγνυσθαι, τριῶν γὰρ νομισμάτων ὁ τοῦ σίτου μέδιμνος ἐπιπράσκετο).

sous ce règne[80]. Et l'on sait combien, jusqu'à une date très récente, le prix du blé est l'indicateur fondamental pour l'étude de la conjoncture économique.

$$P_2 > P_1 \quad - \quad P_1 = 0{,}75\ P_2$$

A partir de ces cinq points et des données sur l'altération du titre de la monnaie d'or, il est possible d'examiner les variations respectives des différents paramètres et de déterminer leur rôle. La variation de P, qui aurait exigé un accroissement de M, toutes choses égales par ailleurs, et celle de T, qui permettait une baisse de M, toutes choses égales par ailleurs, se sont vraisemblablement compensées. Par suite, les variations de M doivent être expliquées par d'autres facteurs réels que la baisse du volume des transactions. Expliquer n'est pas tout à fait le terme qui convient puisque, rappelons-le, l'équation d'Irving Fisher établit les conditions de l'équilibre, en quelque sorte les mécanismes économiques d'ajustement, mais non les causes premières des variations des variables ($M_2 = 2\ M_1$). Dans l'intervalle 1068-1081, la masse monétaire (M, c'est-à-dire la quantité d'espèces en circulation ou, plus précisément, le nombre des nomismata multipliés par leur valeur nominale) a dû doubler. (En choisissant des valeurs numériques plus ou moins arbitraires, à titre d'exemple, voici comment s'établirait le modèle pour la période 1068-1081 — $t_1 = 1068$ et $t_2 = 1081$: $M_2 = 0{,}8\ \overline{M}_1$, le stock d'or en circulation ayant, supposons, diminué de 20 %, donc $2{,}5\ \overline{M}_2 = 2\ \overline{M}_1$.

Or, étant donné la dévaluation, $M_2 = 2{,}5\ \overline{M}_2$ tandis qu'en $t_1 = 1068$, $M_1 = \overline{M}_1$.

80. Les données les plus sûres sont celles, concordantes, du Continuateur de Skylitzès et de Zonaras, sur l'origine du surnom de Michel VII : pour un nomisma, on ne recevait plus un modios mais un modios moins un pinakion (soit un quart de modios). SKYL. CONTIN., éd. TSOLAKÈS, p. 162 : τὸν γὰρ Μιχαὴλ εἰπών τις, εἰ μὴ προσθείη καὶ τὸν Παραπινάκιον, οὐκ ἂν θεῖτο συντόμως γνώριμον τὸν δηλούμενον, διὰ τὸ τηνικαῦτα τὸν μόδιον παρὰ πινάκιον πιπράσκεσθαι τοῦ νομίσματος. ZONARAS, III, 712 : Σίτου δὲ γενομένης ἐνδείας ἐν ταῖς ἡμέραις τοῦ βασιλέως τούτου ὥστε μὴ ὅλον μέδιμνον εἰς νόμισμα ἀποδίδοσθαι, ἀλλὰ παρὰ πινάκιον (app. δ) ἔστι μεδίμνου τὸ τέταρτον) εἰς ἐπώνυμον τῷ βασιλεῖ τὸ κοινὸν δυστύχημα ἐχρημάτισεν ὡς καὶ μέχρι τοῦδε οὕτω καλεῖσθαι τοῦτον τὸν ἄνακτα οὐ γάρ τις ἄλλως γνωριεῖ τοῦτον εἰ μὴ τὸν Παραπινάκιον εἴποι. Mais déjà le prix de un nomisma le boisseau semble élevé par rapport au prix courant de la fin du xe siècle. Cf. J. A. DE FOUCAULT, Douze chapitres inédits de la Tactique de Nicéphore Ouranos, *TM*, 5, 1973, p. 296-297 : les Syriens assiégés cherchant à se procurer des vivres « avisent secrètement (...) les nôtres qui habitent aux frontières, que s'ils leur apportent des céréales et autres denrées, ils recevront un nomisma pour deux et trois boisseaux, souvent même un nomisma par boisseau de blé » (λαμβάνειν παρ' αὐτῶν εἰς τὰ δύο ἢ τρία μόδια νόμισμα ἕν, πολλάκις δὲ καὶ εἰς τὸν μόδιον τοῦ σίτου νόμισμα ἕν). « Les nôtres *avides de lucre* leur apportent ce dont ils ont besoin », ajoute le texte. Donc le prix d'un nomisma le boisseau est certainement supérieur au prix normalement pratiqué. La difficulté naît de l'interprétation métrologique des textes : si l'identification du *modios* et du *médimne* à l'époque byzantine ne fait guère de doute, il est en revanche malaisé de distinguer les différents *modioi* cités dans les textes. Mme H. Antoniadis annonce une mise au point systématique de la question.

D'où $M_2 = 2\ M_1$, soit un doublement de la masse monétaire en treize ans et une augmentation annuelle de 7 % environ.

Dans le même laps de temps, nous avons supposé que les variations respectives de P et de T se compensaient. Par conséquent, le second terme de l'équation de Fisher (P × T) devait avoir la même valeur en 1068 (t_1) qu'en 1081 (t_2), c'est-à-dire que l'on pose :

$$P_1 \quad T_1 = P_2 \quad T_2$$

équation qui peut être illustrée numériquement par les valeurs, arbitraires, mais significatives, suivantes :

$$\begin{array}{ccc} P_1 \quad T_1 & = & P_2 \quad T_2 \\ 100 \times 100 & = & 125 \times 80 \\ 10.000 & = & 10.000 \end{array}$$

Or, nous savons, en ce qui concerne le premier terme de l'équation (MV) que M a doublé tandis que V a baissé. Nous pouvons poser en $t_1 =$ 1068 les valeurs suivantes à titre d'exemple :

$$\begin{array}{ccc} M_1 \quad V_1 & = & P_1 \quad T_1 \\ 10.000 \times 1 & = & 100 \times 100 \end{array}$$

ce qui donne, en $t_2 = 1081$, puisque $M_2 = 2\ M_1$

$$\begin{array}{ccc} M_2 \quad V_2 & = & P_2 \quad T_2 \\ 20.000 \times 0{,}5 & = & 125 \times 80. \end{array}$$

Nous sommes donc autorisés à considérer *la vitesse de circulation V comme valeur déterminante* du modèle. Ainsi la diminution de V, c'est-à-dire la forte thésaurisation suscitée par l'insécurité générale, entraîne-t-elle nécessairement l'augmentation du nombre d'espèces en circulation ; autrement dit, la dévaluation, puisque — à la même époque — le stock métallique de l'empire ($\overline{M}$) n'a pas augmenté et même, au contraire, diminué.

Est-ce à dire pour autant que la thésaurisation doit être considérée comme la cause de l'inflation qui caractérise cette période? C'est un pas que ni l'historien, ni l'économiste ne peuvent franchir. En effet, la thésaurisation elle-même est due aux circonstances politiques et militaires de cette période, à l'insécurité qui accroît en même temps les difficultés pour l'État de rentrée des impôts. Au même moment, l'État doit faire face à des dépenses militaires accrues et souvent inefficaces. En outre, Nicéphore III gaspille les dernières ressources du Trésor pour asseoir sa popularité dans la capitale. La baisse des recettes et l'accroissement des dépenses se conjuguent pour augmenter le déficit budgétaire et rendre inévitable le recours à l'altération de la monnaie. Cette altération de 60 % est donc due aux deux premiers facteurs, c'est-à-dire à la perte de métal précieux et au déficit des finances impériales. Si le déséquilibre budgétaire d'un État n'est pas une cause nécessaire et suffisante de l'inflation, qui peut avoir bien d'autres raisons, et si, de même, un budget en équilibre ne garantit pas nécessairement la stabilité monétaire, dans le cas présent le délabrement des finances impériales et les sorties d'or et d'argent à l'extérieur de l'empire sont, en revanche, la cause déterminante de la dévaluation. Cette explication n'est pas nouvelle, Bryennios l'ayant exposée avant bien des auteurs plus récents. Mais la confirmation apportée par la théorie économique n'est pas inutile puisqu'elle trace en même temps les conditions et les limites à l'application d'une telle explication.

*
* *

Conclusion

L'ensemble de cette interprétation éclaire les faits monétaires du XIe siècle, et les principales transformations du monnayage byzantin à cette époque en tirent même leur cohérence. En effet, l'augmentation de la production des monnaies de cuivre et l'extension de leur aire de circulation, ainsi que l'ouverture d'un atelier provincial pour la frappe de cette monnaie d'appoint (?), et enfin la transformation de l'équilibre des dénominations, principalement de l'argent, ne sont, au fond, que les trois facettes d'une même réalité monétaire et, en dernière analyse, économique[81].

Le premier de ces phénomènes est trop connu pour que j'y insiste. L'on sait en effet comment les trouvailles de monnaies isolées, principalement de bronze, sur les sites archéologiques ou dans des régions données, révélatrices de la circulation[82], s'accroissent à partir de la fin du IXe siècle, puis dans une proportion plus importante aux Xe et XIe siècles. Partout, à des degrés divers, le XIe siècle représente une époque de circulation infiniment plus active que les précédentes (au moins dix fois plus active à la fin du XIe qu'à la fin du IXe siècle, à Corinthe, par exemple) (voir fig. 3). Certes, il faut tenir compte du fait que le poids du *follis*, resté stable de Michel II jusqu'au règne de Jean Ier Tzimiskès (820-976), a été augmenté sous Basile II, passant de 1/42e livre (environ 7,60 g) à 1/18 ou 1/15e (21,50 ou 17,92 g), puis 1/24e livre (13 g environ)[83]. L'existence de ce grand follis comparable à celui de Justinien ne signifie pas cependant nécessairement que les prix aient été à un niveau élevé. La raison de cette augmentation de poids doit

81. « When backed by archaeology, the pattern of the coinage and the organizational system by which it was produced should (...) bear some close relationship to the quality of contemporary economic life » (M. F. Hendy, Byzantium, 1081-1204 : an Economic Reappraisal, *Transactions of the Royal Historical Society*[5], 20, 1970, p. 42).

82. V. les observations méthodologiques de Ph. Grierson, The Interpretation of Coin Finds (2), *NC*[7], 6, 1966, p. III-VII.

83. *DOC* III, 1, p. 68-71 ; *BNC*, II, p. 512, 622.

plutôt être recherchée dans le désir d'augmenter le prix de la monnaie d'or en termes de cuivre, mais les sources ne donnent malheureusement pas même les maigres indications dont on dispose pour le règne de Justinien[84], et nous ignorons si l'équivalence traditionnelle : 1 nomisma = 288 folles, avait été conservée[85].

Il semble bien cependant que, avec les nuances dues à l'évolution diverse des sites ou des provinces, la poussée monétaire de la fin du xe siècle ou du début du xie se fasse partout sentir[86]. Ainsi les fouilles de la citadelle byzantine de Pacuiul lui Soare sur le Danube ont-elles mis à jour 623 pièces pour la plupart (93 %) d'époque byzantine, dont l'immense majorité (85 %) sont des monnaies datant de 969 à 1081[87]. Au moment où, sur le même site, les quantités en circulation augmentent nettement, l'aire de circulation s'étend : en effet, tandis que, pour prendre l'exemple des Balkans, les trouvailles de monnaies de Léon VI (886-912) sont encore très rares, celles des premières monnaies anonymes de bronze, du type A, sont beaucoup plus dispersées et montrent la pénétration de la monnaie en Bulgarie, en Albanie, en Macédoine et dans la Dobroudja[88]. Et sur le limes danubien, les travaux des archéologues roumains montrent à la même époque, entre la fin du xe siècle et les trente premières années du xie siècle « la large circulation des marchandises byzantines » et des monnaies, cependant qu'ils ne relèvent « nulle trace de troubles dans la vie de la population »[89]. Les exemples analogues pourraient être multipliés. Même

84. Sur le problème du rapport AV/Æ sous Justinien, v. W. HAHN, *Moneta Imperii Byzantini*, I, Vienne, 1973, p. 19-27 et mon compte rendu de ce livre (*Revue Numismatique*[6], 16, 1974, p. 185-190).

85. *Le Livre de l'Éparque*, éd. NICOLE, p. 16, l. 13. ZÉPOS, *JGR*, I, p. 326-340 N. SVORONOS, Le Cadastre de Thèbes, *BCH*, 83, 1959, p 80-83. L'équivalence un nomisma = 288 folles au 1/18e de livre, soit un nomisma pour 16 livres de cuivre (env. 5,16 kg) est peu probable selon Grierson (*DOC* III, 1, p. 71). Pourtant, le Code Justinien (X, 29, 1, rédigé entre 529 et 534) affirme qu'à cette époque, la valeur du nomisma atteignait 20 livres de cuivre.

86. D. M. METCALF, *Coinage in the Balkans*, Institute for Balkan Studies, Thessalonique, 1965, p. 37.

87. B. MITREA in P DIACONU et D. VÎLCEANU, *Pacuiul lui Soare, Cetatea Bizantina*, I, Bucarest, 1972, p. 181-212.

88. D. M. METCALF, *op. cit.*, p. 35, 45-46, 53-59. Aux trouvailles citées par Metcalf — en attendant la seconde édition de l'ouvrage, annoncée par l'auteur —, ajouter par ex. en Bulgarie : celles de Reka Devnia (région de Varna), 895 folles anonymes des classes A et B ; de Preslav, 20 folles des classes A^2 et A^3, 970-1028 (T. GERASIMOV, *Izv. na Arheol. Institut*, Sofia, 28, 1965, p. 249 et 29, 1966, p. 213). Dans le détail, il convient de se méfier des attributions des folles anonymes, car la confusion des classes A^1 (970-976) et A^2 (976-1028 env.) est fréquente. A l'intérieur de cette dernière, on confond aussi souvent les folles de grand module et ceux de module réduit, postérieurs (A^3 selon Metcalf). Ceux-ci sont eux-mêmes aisément mêlés aux folles précédents, de la classe A^1. Malgré ces difficultés, la datation d'ensemble, 970-1028, n'en demeure pas moins établie.

89. E. CONDURACHI *et al.*, Le limes byzantin du Bas-Danube, *Proceedings of the XIIIth International Congress of Byzantine Studies, Oxford*, 1966, Oxford, 1967, p. 190.

si l'on peut discuter sur l'origine de cette augmentation pour savoir si les facteurs militaires ou politiques (présence de soldats et de fonctionnaires payés en numéraire dans les nouveaux territoires acquis par l'Empire) l'ont emporté sur les facteurs économiques — accroissement de la production ou de la fraction commercialisée de celle-ci — de toute façon, l'augmentation des émissions de bronze de 969 à 1081 et de leur circulation reste incontestable. La demande de monnaie de bronze, qui a augmenté la première, a contribué certainement par contrecoup à accroître la demande de monnaie d'or : les deux phénomènes bien connus chacun séparément doivent donc être mis en relation et ne peuvent se comprendre isolément[89bis]. Le fait que la prolifération de la monnaie de bronze précède l'altération de la monnaie d'or, autorise à penser que cette dernière est due à un accroissement du volume des transactions plutôt qu'à un déficit budgétaire.

Il n'est pas impossible d'autre part que, pour répondre à ce même besoin de monnaie, le gouvernement impérial ait ouvert à cette époque un ou plusieurs ateliers provinciaux, permettant de fournir la circulation de monnaie d'appoint, en diminuant les délais et les difficultés de transport du numéraire depuis l'atelier métropolitain. Mais, en l'absence de publications concernant Constantinople ou l'Asie Mineure, comparables à celles de Corinthe ou d'Athènes, ce point est loin d'être définitivement établi[90].

Enfin, ce n'est pas un hasard si c'est au XIe siècle que se transforme la structure du monnayage héritée des Macédoniens : le système simple antérieur dans lequel chaque métal ne comprend qu'une seule unité, monnaie réelle et monnaie de compte étant confondues[91], se raffine avec l'apparition de fractions ou de sous-multiples. Il est douteux que l'on puisse considérer sous cet angle la création du tétartèron, inférieur au histaménon dans la proportion d'un douzième seulement, soit de deux carats, et qui, par conséquent, ne peut être tenu pour une fraction de

89bis. Inversement, au IVe siècle, l'accroissement de la masse d'or frappée avec les trésors des temples et celui de Licinius a-t-elle entraîné l'inflation du bronze et la dévaluation du *nummus.* (S. Mazzarino, *Aspetti sociali del quarto secolo*, Rome, 1951, p. 75-76) ; J.-P. Callu, *La politique monétaire des empereurs romains de 238 à 311*, Paris, 1969, p. 475 et « Denier et nummus (300-354) », comm. au colloque sur *Les dévaluations à Rome* (Rome, 13-15 nov. 1975), à paraître.

90. D. M. Metcalf (Provincial Issues among the Byzantine Bronze Coinage of the Eleventh Century, *HBN* 15, 1961, p. 25-32 ; *Coinage in the Balkans*, p. 41-45, 51, 53, repris, avec l'appui d'une collection de folles formée dans le Sud-Est de la Turquie, dans « Interpretation of the Byzantine ' Rex Regnantium ' Folles of Class ' A ', c. 970-1030 », *NC*[7], 10, 1970, p. 199-219) pense que certaines variétés du type A_2 (' A_2 '), l'un des plus communs des folles anonymes, ont pu être frappées dans un atelier de Grèce centrale. Les types E et F, communément datés de 1057-1059 et 1059-1067, pourraient provenir de Thessalonique. M. Hendy attribuait tous les folles signés, de Constantin X à Nicéphore III, ainsi qu'un certain nombre de folles signés d'Alexis Ier, antérieurs à la réforme, à un atelier provincial situé à Thessalonique (*Coinage and Money*, p. 77-80). Mais cette hypothèse a soulevé de sérieuses objections de la part de Ph. Grierson (*DOC* III, 2, p. 640-643).

91. *BNC* II, p. 512-513.

celui-ci[92]. Les raisons de cette émission — ou plutôt de ces émissions, car l'histoire du tétartèron est multiple — restent, malgré tout ce qu'on en a dit, à élucider[93].

En revanche, l'apparition, à partir du règne de Romain III, de fractions du miliarèsion d'un tiers et de deux tiers[94], répond sans aucun doute à la nécessité de diversifier les moyens de paiement de sommes médiocres, dans une économie où les échanges augmentent.

En effet, les transformations monétaires auxquelles nous assistons ne sont que le signe d'une évolution plus profonde qui affecte l'économie et la société byzantines tout entières. Le développement du commerce dès la fin du xe siècle est connu depuis longtemps : M. Svoronos le rappelle encore dans son rapport au Congrès d'Oxford[95]. Aux indices souvent évoqués de transformation des villes, dont Corinthe encore fournit le meilleur exemple, avec le développement d'une industrie locale variée, attestée à la fois par l'archéologie, l'épigraphie ou les sources littéraires[96], je voudrais ajouter celui du développement des constructions[97]. Les sources littéraires renseignent abondamment sur certaines constructions célèbres entreprises à cette époque : l'église du Sauveur de la Chalcè par Jean Tzimiskès, le monastère de Saint-Basile le Grand par le parakoimômène Basile, l'église de la Péribleptos de Romain III, celle des Saints-Anargyres par Michel IV, Sainte-Thècle par Isaac Comnène, la fondation des Manganes, bien sûr, sans parler de bâtiments civils tout aussi somptueux comme le palais de l'Hebdomon

92. Soulignons à nouveau que l'interprétation proposée par H. Ahrweiler (*ZRVI*, 8, 1, 1963, p. 6-7) de la valeur du tétartèron, est entièrement confirmée par la métrologie des exemplaires conservés (*BNC* II, p. 619-620 ; *DOC* III, 1, p. 31-33).

93. Sources et littérature citées in *DOC* III, 1, p. 35-39. Il ne faut pas confondre les tétartèra de Nicéphore Phocas, Jean Tzimiskès, et Basile II que rien, ou presque, sinon leur poids, ne distingue des histaména, et ceux de la seconde moitié du règne de Basile II, de Constantin VIII et de ses successeurs, que leur module inférieur (18,5 au lieu de 21 mm environ), leur flan plus épais et leur type iconographique différent, identifient comme une dénomination particulière. L'émission des premiers ressort bien de motifs financiers ou fiscaux, comme le supposent, avec des nuances, H. Ahrweiler et M. Hendy. L'explication des seconds, frappés à partir de 1005 environ, ne devrait-elle pas en revanche être cherchée dans une adaptation à des changements de rapport entre les espèces de métaux différents ? Les sources ne nous renseignent malheureusement pas sur ces derniers. La frappe des *solidi* légers coïncide, en tout cas, au vie comme au xie siècle, avec un déclin rapide du poids du *follis*, qui passe du 18e de livre (17,92 g), en 518-538 et 976-1025, au 24e (13,44 g) en 565-612 et 1025-1034, et même au 60e (5,37 g) en 641 et 1078-1081 (pour le détail de la métrologie, cf. *BNC* I, p. 61, et II, p. 622).

94. *DOC* III, 1, p. 64-67. A partir de Constantin IX seulement, selon Grierson. V. *supra*, n. 30 et 31.

95. N. Svoronos, Société et organisation intérieure dans l'Empire byzantin au xie siècle : les principaux problèmes, *Proceedings*, cit. n. 89, p. 380-381, avec la bibliographie.

96. Corinth, *Results of Excavations ...*, XVI, *Mediaeval Architecture in the Central Area of Corinth*, by R. L. Scranton, Princeton, 1957, p. 35, 53, 83.

97. V. *infra*, p. 351-365, l'exposé détaillé de C. Mango.

de Basile II, le Kynégion de Constantin IX ou les « magnifiques demeures » des parents de Michel V que la foule pille et détruit lors de la révolte de 1042[98]. Le mouvement de constructions, dont les archéologues fournissent d'autres exemples en province, indique un climat de prospérité générale et, plutôt qu'un État aux abois en proie à des difficultés financières, un Trésor disposant de réserves et prêt à envisager des dépenses importantes.

Corollaire de ce développement économique, tout relatif d'ailleurs dans les cadres de l'économie médiévale, la *mobilité sociale* permet aux commerçants et artisans enrichis par le développement de leurs activités, de gagner une place dans la hiérarchie que les conservateurs leur jalousent[99]. Psellos fait ainsi allusion à plusieurs personnages ayant gravi l'échelle sociale : l'on voit ainsi que le « Calfat », père de Michel V, simple paysan venu d'Asie Mineure, était devenu un artisan, sinon même un entrepreneur, prospérant dans la construction navale — autre indice de l'activité du commerce à cette époque. Maniakès lui-même était « sorti du rang des valets d'armée pour parvenir au grade de général » et Monomaque avait placé à la tête de l'administration un jeune homme (l'eunuque Jean) « tiré des bas-fonds et des carrefours »[100]. Les empereurs consacrent l'ascension de cette classe moyenne en lui ouvrant les portes du Sénat[101]. Ceci constitue bien un autre signe d'expansion relative concordant avec ce que nous savons de la situation monétaire à l'époque de la première dévaluation. Il est possible que, dans un tel climat, vers le milieu du XIe siècle, cette classe nouvelle, éloignée des problèmes de la « frontière » byzantine et de sa défense, plus portée à privilégier les échanges pacifiques que les activités militaires contraires à celles-ci, n'ait pas vu la nécessité de sauvegarder l'armée. Ainsi s'expliquerait la négligence du pouvoir central, plus influencé par cette « noblesse d'affaires » que par une prétendue « noblesse civile », vis-à-vis du « corps stratiotique ».

Plusieurs indices contribuent à fixer l'image d'une première dévaluation survenant dans un contexte de prospérité et d'expansion relatives, plutôt qu'à la suite de dépenses inconsidérées et injustifiables. Et l'on peut se demander si ce phénomène ne doit pas être rattaché à ce qui se passe en Europe à la même date. Il est certes aisé de faire ce rapprochement entre la dévaluation byzantine et la dévaluation de la monnaie d'argent qui avait lieu dans presque tous les pays d'Europe occidentale à la même époque[102].

98. PSELLOS, II, 7 ; I, 13, 41-44, 72 ; II, 61-63, 125-127 ; Anne COMNÈNE, *Alexiade*, I, p. 127 ; PSELLOS, I, 104, 143 ; ZONARAS, III, 646 ; SKYLITZÈS, éd. THURN, 476-477.

99. N. SVORONOS, *loc. cit.*, n. 95.

100. PSELLOS, I, p. 69 : ἦν γάρ οἱ ὁ πατὴρ ἐκ πανερήμου τινὸς ἀγροῦ (...) ὡρμημένος (...) χρῆμά τι μέγα τῇ ναυπηγίᾳ ὁ ἄνθρωπος ἦν. II, 1 : Ὁ Μανιάκης οὗτος Γεώργιος οὐκ ἀθρόον ἀπὸ τῶν σκευοφόρων εἰς τὸ στρατηγεῖν παρεληλυθώς. II, 58 : ἐκ τῶν βαράθρων καὶ τῶν τριόδων εἰς τὸν Ῥωμαϊκὸν ἀναβεβηκὸς ἄξονα. Autres exemples d'ascension sociale rapide : *ibid.*, II, 3, 36 ,etc.

101. N. SVORONOS, *loc. cit.*

102. Ph. GRIERSON, *Debasement*, p. 386.

Néanmoins, puisque nous pouvons, à la lumière de l'hypothèse qui vient d'être formulée, attribuer aux deux phénomènes des causes similaires, c'est-à-dire l'augmentation du volume des transactions sans variation importante de la masse monétaire, ce rapprochement n'est pas exclu. L'on sait, en effet, comment en Italie, à la même époque, entre la fin du xe et le xiie siècle, le denier subit une dégradation en poids et en titre de près de 50 %, à Pavie par exemple, et comment l'on est en droit d'attribuer cette dégradation, qui coïncide d'ailleurs avec une augmentation importante du volume des émissions, à une demande croissante de monnaie dans une économie en développement[103].

Il n'est pas exclu, d'autre part, bien que cette question n'ait pas encore fait l'objet d'une étude systématique, que la même hypothèse puisse expliquer la situation monétaire de l'Irak bouyide dans la première moitié du xie siècle. Entre 341 A.H. et 398 A.H., c'est-à-dire 963 et 1010, le titre du dinar baisse de près de moitié, passant de 97 % à moins de 50[104]. Et, de même qu'à Byzance, apparaissent alors dans les textes une série de noms désignant les différentes espèces, plus ou moins dévaluées, d'après le nom du calife ou du vizir sous lesquels elles ont été frappées[105]. Si, dans une situation économique proche, la Syrie et l'Égypte fatimides ainsi que le

103. C. Cipolla, *Le Avventure della lira*, Milan, 1958, p. 23 et s., 29 et s.; Currency Depreciation in Medieval Europe, *Economic History Review*², 15, 3, 1963, p. 413-421, spécialement p. 418. P. Toubert, *Les Structures du Latium médiéval*, BEFAR 221, Rome, 1973, vol. I, p. 557 « Tous [les chercheurs] s'accordent à voir dans la courbe descendante de la valeur intrinsèque du denier à notre époque le corollaire de la croissance économique sous ses deux aspects fondamentaux : augmentation des prix nominaux et exigences accrues en moyens de paiement métallique (*carestia monetae*) » et, p. 601 : « la dépréciation subie par chaque espèce au cours de son existence... était rendue inévitable par les besoins accrus en moyens de paiement qu'entraînait la croissance économique ». Tout ceci est analysé et nuancé dans un chapitre remarquable sur la monnaie dans le Latium du ixe au xiie siècle (p. 551-624). M. Grierson fait observer que l'Angleterre à la même époque, connaît une certaine expansion, peut-être moins rapide qu'en Italie, mais sans altération du denier, sauf sous Étienne. Peut-être y avait-il à cette situation exceptionnelle d'autres raisons, notamment une balance des paiements excédentaire, source de métal pour les ateliers ?

104. A. S. Ehrenkreutz, Arabic Dinars Struck by the Crusaders : A case of Ignorance or Economic Subversion ?, *JESHO*, 7, 1964, p. 172. Le dernier exemplaire analysé est daté de 1018. M. Ehrenkreutz veut bien me signaler que « there is no reason to believe (there is no evidence though) that there was any improvement during the remaining years of the Buwayhid domination which terminated circa 1055. On the other hand a few Seljūqid specimens which I was able to examine, dating from a period subsequent to that era, displayed a much improved standard of fineness » (cf. ses Studies in the Monetary History of the Near East in the Middle Ages. II, The Standard of Fineness of Western and Eastern Dīnars before the Crusades, *JESHO*, 6, 1963, p. 252-257, tableau X). Dans la plupart des ateliers des Ghaznavides, sauf à Naysābūr, les dīnars subirent une altération sensible, tombant à 18 carats au début, et même au-dessous de 12 carats à la fin du xie siècle (*JESHO*, 2, 1959, p. 144-146 et 7, 1964, p. 173).

105. E. Ashtor, *Histoire des prix et des salaires dans l'Orient médiéval*, Paris, 1969, p. 98.

Maghreb maintiennent, en revanche, un dinar excellent, de qualité éprouvée titrant près de 98 %, la cause en est probablement les facilités d'approvisionnement en or offertes par les mines de Nubie, les relations avec le Soudan et l'Afrique[106].

Au terme de cette analyse, je ferai volontiers mienne, en l'élargissant à notre domaine, cette conclusion de Cipolla : « La chute du denier (ainsi, ajouterai-je, que la première dévaluation du nomisma) fut, à mon avis, plutôt un bien qu'un mal. Elle permit essentiellement à la société de l'époque d'éviter que l'inélasticité de l'offre de métaux précieux et l'absence d'une organisation de prêt efficace exercent une pression déflationniste qui aurait étranglé le processus de développement économique »[107].

106. A. S. Ehrenkreutz, *JESHO*, 7, 1964, p. 174.
107. C. Cipolla, *Le Avventure della lira*, p. 32.

Corrigenda

p. 17, l. 8, ajouter: P les prix exprimés en unités courantes,

TABLE DE CORRESPONDANCE
DES CARATS EXPRIMÉS EN MILLIÈMES D'OR FIN

Carats	Millièmes	Carats	Millièmes	Carats	Millièmes
24	1000	18	750	12	500
23 3/4	989	17 3/4	739	11 3/4	489
23 1/2	979	17 1/2	729	11 1/2	479
23 1/4	969	17 1/4	718	11 1/4	468
23	958	17	708	11	458
22 3/4	948	16 3/4	698	10 3/4	448
22 1/2	938	16 1/2	688	10 1/2	438
22 1/4	927	16 1/4	677	10 1/4	428
22	917	16	667	10	417
21 3/4	906	15 3/4	657	9 3/4	407
21 1/2	896	15 1/2	646	9 1/2	396
21 1/4	885	15 1/4	635	9 1/4	385
21	875	15	625	9	375
20 3/4	864	14 3/4	615	8 3/4	364
20 1/2	854	14 1/2	605	8 1/2	354
20 1/4	843	14 1/4	594	8 1/4	343
20	833	14	583	8	333
19 3/4	823	13 3/4	573	7 3/4	323
19 1/2	813	13 1/2	563	7 1/2	312
19 1/4	802	13 1/4	553	7 1/4	302
19	792	13	542	7	292
18 3/4	782	12 3/4	532		
18 1/2	771	12 1/2	521		
18 1/4	761	12 1/4	510		

* TABLEAU I LA MONNAIE D'OR BYZANTINE (945-1081)

Univ. Michigan	Identification	Carats	Mesure du poids spécifique % Au (Grierson)	Activation neutronique % Au	% Ag	% Cu
CONSTANTIN VII ET ROMAIN II (945-959)						
Nomisma. Type 9 (945) = *DOC* X (931-944) (Constantin VII et Romain I)						
J 917	BN 37/Cp/AV/12	21 3/4		90.8	7.5	1.7
918		22 3/4		94.9	5.1	0
919	13	21 3/4		91.2	7.5	1.3
920	—	22 1/2		94.7	3.9	1.4
Nomisma. Type 10 (945-959) = *DOC* XIV (945)						
921	14	22 1/2		94.1	5.0	0.9
922	—	20		84.2	11.8	4.0
Nomisma. Type 11 (945-959) = *DOC* XV (945-959)						
923	15	22 1/4		93.6	5.3	1.1
924	—	22		92.4	6.3	1.4
925	16	—	De	92.2	7.2	0.6
926	—	23	97.5	96.4	3.2	0.4
927	17	22 1/2	à	94.4	4.4	1.2
928	—	—	92	94.5	4.5	1.0
929	18	—		94.4	4.7	0.9
930	—	—		94.7	5.3	0
931	19	22 1/4		92.7	6.7	0.7
932	—	—		92.7	6.3	1.1
933	20	—		93.6	5.3	1.1
934	—	22 3/4		95.0	4.9	0.1
935	21	22		92.2	6.9	0.9
936	—	22 3/4		95.3	3.9	0.8
937	22	23		95.9	4.1	0
938	—	22 3/4		95.2	4.3	0.5
939	23	22 1/4		93.6	5.4	1.0
940	—	22		92.4	6.3	1.3
NICÉPHORE II PHOCAS (963-969)						
Nomisma histaménon. Type 1 (avec Basile II) = *DOC* I						
941	39/Cp/AV/01	22 1/2		93.8	4.9	1.3
942	—	22 1/4		92.8	5.9	1.3
943	02	22 1/2		94.6	5.3	1.6
944	—	—	92	94.6	4.2	1.2
945	03	22 1/4		92.6	6.6	0.8
946	—	—		92.5	5.9	1.6
947	04	22 1/2		94.0	5.0	1.0
948	—	—		94.5	4.8	0.8

Univ. Michigan	Identification	Carats	Mesure du poids spécifique % Au (Grierson)	Activation neutronique		
				% Au	% Ag	% Cu
	Nomisma histaménon. Type 2 (avec la Vierge) = *DOC* II					
949	39/Cp/AV/05	22 1/2		94.0	4.4	1.6
950	—	22 1/4		93.6	4.3	2.5
951	06	22	96	92.2	5.9	1.9
952	—	22		92.0	6.1	2.0
953	07	23		95.9	1.5	2.5
954	—	22 1/2		94.3	4.6	1.1
955	08	22 1/4		93.4	4.9	1.7
956	—	22 1/2		92.9	5.6	1.5
957	09	—		94.1	4.6	1.2
958	—	—		94.5	4.4	1
959	10	22 3/4		95.7	4.3	0
960	—	22 1/2		94.1	4.6	1
	Nomisma tétartèron. Type 2					
961	11	23 1/4		97.1	1.7	1.2
962	—	23		96.4	3.2	0.4
	JEAN Ier TZIMISKÈS (969-976)					
	Nomisma histaménon. Type 1 = *DOC* IIb					
963	40/Cp/AV/01	23 3/4		99.1	0	0.9
964	—	22 1/4		93.6	5.4	1.0
965	02	—		93.4	4.9	1.7
966	—	—		93.0	6.2	0.8
967	03	19 1/4		80.5	15.6	3.9
968	—	22		91.6	5.9	2.5
	Nomisma histaménon. Type 2 = *DOC* Ia					
969	04	22 3/4		94.8	4.2	1.0
970	—	22 1/4		93.1	5.6	1.4
	Nomisma tétartèron. Type 1a = *DOC* IIb					
971	05	22 1/4		93.2	5.7	1.1
972	—	21 3/4	90	90.7	8.2	1.1
973	06	21 1/2		90.1	8.2	1.7
974	—	—		90.4	6.9	2.8

Univ. Michigan	Identification	Carats	Mesure du poids spécifique % Au (Grierson)	Activation neutronique		
				% Au	% Ag	% Cu
Basile II (976-1025)						
Nomisma histaménon. Type 1 = *DOC* I (977)						
975	42/Cp/AV/01	22		92.1	5.7	2.2
976	—	22 1/2	95	92.9	5.4	1.7
977	02	22 1/4	et	93.7	5.1	1.3
978	—	22	94	91.9	6.1	2.0
Nomisma histaménon. Type 2 = *DOC* II (977-989 ?)						
979	04	22		92.1	7.3	0.7
980	—	21 3/4	95	91.2	5.8	3.0
982	05	20 3/4	et	87.0	8.0	5.0
983	06	20	94	84.3	9.5	6.3
984	—	21		88.5	11.5	0
Nomisma histaménon. Type 3a = *DOC* III (989 ?-1001 ?)						
985	42/Cp/AV/10	19 3/4		82.5	15.7	1.8
986	—	23 3/4	91.5	99.1	0.3	0.6
987	11	22	à	92.1	5.6	2.2
988	—	—	90	92.7	5.5	1.7
989	12	—		92.2	6.3	1.5
990	—	22 1/2		93.8	5.0	1.2
Nomisma histaménon. Type 3b = *DOC* IV (1001 ?-1005 ?)						
991	13	20 3/4		87.4	10.2	2.4
992	—	21 1/4		89.2	8.2	2.6
993	14	21 3/4		91.0	7.4	1.6
994	—	21 3/4		91.4	7.7	0.9
Nomisma histaménon. Type 4 (Héliosélènaton) = *DOC* VI (1005 ?-1025)						
995	15	22 1/2		94.7	5.3	0.1
996	—	22 3/4		95.0	4.4	0.6
997	16	22 1/2		93.9	4.9	1.2
998	—	—	95.5	94.7	4.5	0.8
999	17	—	à	93.9	5.1	0.9
1000	—	—	93	94.0	5.2	0.8
1001	18	22 1/4		93.6	5.5	0.9
1002	—	21 3/4		95.3	3.8	0.9
Nomisma tétartèron. Type 1 = *DOC* F (v. 1005-1025)						
1003	19	22	90	92.1	7.0	0.9
1004	—	22 1/4	à	93.0	6.1	1.0
1005	20	21 1/2	88	89.9	7.2	2.9
1006	—	—		89.9	8.1	2.0

Univ. Michigan	Identification	Carats	Mesure du poids spécifique % Au (Grierson)	Activation neutronique		
				% Au	% Ag	% Cu
Run 301	CONSTANTIN VIII (1025-1028)					
	Nomisma histaménon = *DOC* a					
P 1	42/Cp/*N*/01	22 1/2	97.5	94.36	5.07	0.57
P 2	02	21 1/2	à	90.52	8.87	0.61
P 3	03	21 1/4	93	89.2	10.0	0.8
P 4	04	22 1/2		93.0	7.0	0
	Nomisma tétartèron = *DOC* II					
P 5	06		94.5 à 92			
	ROMAIN III ARGYRE (1028-1034)					
	Nomisma histaménon					
J 901	43/Cp/*N*/01	22		92.5	5.5	2.0
902	—	21 1/2	95.5	90.2	7.0	2.8
P 6	02	—	à	90.3	8.2	1.5
P 7	03	21 3/4	90.5	90.6	8.4	1.0
P 8	04	21		87.8	10.5	1.7
P 9	05	22 1/2		94.3	5.0	0.7
P 10	06					
P 11	07					
	Nomisma tétartèron					
P 12	08	22 1/4		93.1	5.3	1.6
	MICHEL IV (1034-1041)					
	Nomisma histaménon. Constantinople					
P 13	44/Cp/*N*/01	21 1/2		89.9	9.2	0.9
P 14	02	22 1/4		93.3	5.9	0.8
P 15	03	22 1/2		93.8	8.9	2.1
P 16	04	21 1/2		89.0	8.9	2.1
	Coll. Whitting	23	95			
	DOC 1b3	23	97			
	DOC 1b4	21 1/2	90			
	DOC 1b6	20 1/2	86			
	DOC 1d1	22	91,5			
	DOC 1d4	19 1/2	81,5			

Univ. Michigan	Identification	Carats	Mesure du poids spécifique % Au (Grierson)	Activation neutronique		
				% Au	% Ag	% Cu
	Michel V (1041-1042)					
	Nomisma histaménon = *DOC* — Michel IV, Thessalonique					
	DOC 2 — Michel IV—	21 1/2	90			
	Constantin IX Monomaque (1042-1055)					
	Nomisma histaménon. Type 1 = *DOC* Ib					
P 17	47/Cp/AV/01	20 3/4	94.5 à 90	87.3	10.7	2.0
	Nomisma histaménon. Type 2 = *DOC* II					
P 18	02 = *DOC* IIa	21 3/4	90 à	91.3	6.5	2.2
P 19	03 = *DOC* IIb	22 1/2	83	92.9	7.1	0
	Nomisma histaménon. Type 3 (Stauraton) = *DOC* III					
P 20	04	20 1/4		87.0	10.7	2.3
J 903	05	21 1/2		89.6	8.3	2.1
904	—	20 3/4		86.7	11.2	2.1
P 21	06	21 1/4	86.5	89.0	10.1	0.9
P 22	07	21	à	88.4	9.9	1.7
P 23	08	20 3/4	85.5	86.7	11.4	1.9
P 24	09	20 1/2		85.6	13.1	1.3
P 25	10	20 1/4		84.8	13.3	1.9
	Nomisma histaménon. Type 4 (Stellatus) = *DOC* IV					
P 26	11	21 1/4		85.1	11.9	3.0
P 27	12	19 1/2	82	81.4	15.6	3.0
P 28	13	19 3/4		83.1	13.4	3.5
	Nomisma tétartèron. Type 1 = *DOC* I					
P 29	14	22 1/2	86.5	85.4	12.0	2.6
P 30	15	20		83.4	16.1	0.5
	Type 2					
P 31	16	18 1/2		75.9	24.1	0
P 32	17	17 1/2	72.5	72.5	25.9	1.6
P 33	18	—	et	73.6	21.6	4.8
P 34	19	18	72	75.2	20.2	4.6
P 35	20	17 1/4		71.8	23.2	5
P 36	21	18		75.0	21.0	4.0

Univ. Michigan	Identification	Carats	Mesure du poids spécifique % Au (Grierson)	Activation neutronique		
				% Au	% Ag	% Cu
		Théodora (1055-1056)				
		Nomisma histaménon				
P 37	48/Cp/AV/01	18 3/4		78.5	15.9	5.6
P 38	02	19		79.3	15.7	5
P 39	01	19	76	79.4	16.5	4.1
P 40	03	19 1/4		80.3	16.5	3.3
P 41	04	20		83.4	13.8	2.8
		Nomisma tétartèron				
P 42	05	17		71.0	23.1	5.9
P 43	06	17 1/2		73.8	23.7	2.5
P 44	07	17 1/2	72.5	73.7	21.8	4.5
P 45	08	17		71.7	23.9	4.4
P 46	09	17 1/2		73.5	24.0	2.5
P 47	10	17		71.5	24.9	3.7
		Michel VI (1056-1057)				
		Nomisma tétartèron				
J 905	49/Cp/AV/01	18 1/2	72	77.8	17.6	4.6
906	—	17 1/2	à	73.0	23.1	3.9
P 48	02	17	66	70.8	24.1	5.1
		Isaac Ier Comnène (1057-1059)				
		Nomisma histaménon. Type 1 (épée au fourreau)				
P 51	50/Cp/AV/03	18 3/4		78.2	20.7	1.1
		Nomisma histaménon. Type 2 (épée dégainée)				
P 49	01	18		75.8	22.3	1.9
P 50	02	17 3/4	76	74.7	21.1	4.2
		Nomisma tétartèron				
P 53	05	17 1/2		72.9	23.7	3.4

Univ. Michigan	Identification	Carats	Mesure du poids spécifique % Au (Grierson)	Activation neutronique		
				% Au	% Ag	% Cu
			Constantin X Doukas (1059-1067)			
			Nomisma histaménon. Type 1			
P 54	51/Cp/AV/01	18 1/2		76.2	19.9	3.8
P 55	02	17 1/2		72.3	18.9	8.8
P 56	03	18	78	75.4	21.0	3.6
P 57	04	18 1/2	à	77.7	18.2	4.1
P 58	05	18 1/2	72.5	77.1	20.0	2.9
P 59	06	18 1/2		76.3	19.8	3.9
P 60	07	18 1/4		76.7	19.3	4.0
P 62	09	18 1/2		77.7	18.3	4.0
			Nomisma histaménon. Type 2			
P 63	10	18	73.5	75.1	20.8	4.1
P 64	11	17 1/2		73.8	22.2	4.0
			Nomisma tétartèron			
P 65	51/Cp/AV/12	16 1/2	62.5 ou	69.5	26.7	3.8
P 66	13	16 3/4	73[1]	70.6	25.2	4.2
			Eudocie (1067)			
			Nomisma histaménon (Skèptraton ?)			
P 67	52/Cp/AV/01	18 1/2	73	76.8	20.9	2.4
P 68	02	18 1/2	et	77.3	20.3	2.4
P 69	03	18 1/2	72	77.3	18.3	4.4
			Romain IV Diogène (1068-1071)			
			Nomisma Histaménon. Type a = *DOC* I			
P 70	53/Cp/AV/01	18 1/2	74	77.3	22.0	0.7
P 71	02	18	à	75.3	20.8	3.4
P 72	03	18 1/4	67	76.3	19.8	3.8

1. Il y a certainement du cuivre dans le seul tétartèron de Constantin X qu'il m'a été donné d'analyser, écrit Grierson, et il est donc impossible d'estimer son titre avec sûreté à partir de son poids spécifique. Le contenu d'or serait de 62,5 si l'alliage était d'argent seul, 73 si c'était du cuivre (' Debasement ', p. 384, n. 4). Nos données indiquent un titre plus proche de cette seconde valeur.

Univ. Michigan	Identification	Carats	Mesure du poids spécifique % Au (Grierson)	Activation neutronique % Au	% Ag.	% Cu
			Type b = *DOC* II			
E 889	53/Cp/AV/04	16 3/4	74	70.3	25.3	4.4
890	05	16 3/4	à	70.6	25.4	4.0
891	06	16	67	66.8	26.7	6.5
892	07	16 1/4		68.5	26.4	5.1
			Nomisma tétartèron			
893	08	17		71.2	28.8	0
894	09	15 3/4		66.1	29.3	4.6
895	10	15 3/4	67.5	65.8	30.1	4.1
J 907	11	16		66.7	28.1	5.0
908	—	15 1/2		65.5	29.5	5.0
			Michel VII Doukas (1071-1078)			
			Nomisma histaménon. Type 1			
J 909	55/Cp/AV/11	16 1/4		67.5	28.5	3.9
911	12	15 3/4	65.5	66.0	29.8	4.1
912	—	15 1/4		63.8	31.9	4.1
913	13	15		63.4	31.9	4.6
914		15 1/4		64.4	30.9	4.6
			Nomisma histaménon. Type 2			
E 896	55/Cp/AV/01	13		54.6	41.6	3.8
397	02	15		62.6	33.5	4.9
J 909	03	14 1/2		60.3	33.7	3.9
910	—	14 3/4	59	62.3	33.9	3.8
898	04	14 1/4		60.0	35.1	4.9
899	05	11 3/4	à	49.9	43.4	6.7
900	—	12		50.3	42.6	7.1
901	06	12	51.5	50.3	42.7	7.0
902	—	12 1/2		52.0	40.6	7.4
903	07	13 3/4		58.12	36.9	4.9
J 911	08	14 1/2		60.6	32.9	6.4
912	—	14 3/4		62.2	33.7	4.0
E 905	09	13 3/4		57.8	38.4	3.7
906	—	12 3/4		53.1	42.7	3.1
907	10 (rogné et de	18 3/4		78.6	19.3	1.9
908	— style anormal)	17		71.2	25.7	3.0
BML 6[1]	Activation neutronique de « frottis »	14		59.0	36.7	4.3
—	Analyse microchimique	14		58.7	34.6	3.7
—	Analyse chimique	14		58.3	36.4	4.4
—	Mesure du poids spécifique	13		55.2		

1. Nous ajoutons ici les résultats obtenus par diverses méthodes d'analyse d'un même exemplaire (*Methods*, p. 174-175, 181 et pl. XVI, 6).

Univ. Michigan	Identification	Carats	Mesure du poids spécifique % Au (Grierson)	Activation neutronique % Au	% Ag	% Cu
	Nomisma tétartèron. Type a = *DOC* I					
E 915	55/Cp/AV/14	14	61 à	58.3	38.2	3.4
916	—	14 1/4	57	59.6	37.2	3.1
	Nomisma tétartèron. Type b = *DOC* II					
917	15	14 3/4	60 à	61.5	33.2	5.2
918	—	14 1/2	58	61.1	33.0	5.9
	Nomisma tétartèron. Type c = *DOC* III					
919	16	9 3/4	45 à	41.0	52.6	6.4
920	—	9 3/4	26	40.9	54.5	4.6
	NICÉPHORE III BOTANEIATÈS (1078-1081)					
	Nomisma histaménon. Type 1 = *DOC* III					
E 921	56/Cp/AV/01	9 1/4		39.0	53.5	7.5
922	—	8 3/4		37.1	55.8	7.1
923	02	9 3/4		40.7	51.8	7.5
924	—	—	36	41.6	58.4	0
925	03	9	à	37.6	53.8	8.6
926	—	8 1/2	31	36.4	55.1	8.5
J 913	04	9 3/4		40.8	51.5	7.7
914	—	—		41.3	50.2	8.5
E 931	05	9 1/4		38.5	53.7	8.8
932	—	6 1/4		26.8	67.5	5.7
933	06	10		41.9	56.2	1.9
934	—	9 1/4		38.8	54.6	6.6
935	07	9 3/4		41.5	51.4	7.1
936	—	9 1/2		40.0	53.5	6.5
	Nomisma histaménon. Type 2 = *DOC* II					
		8 1/2	36			
	Nomisma histaménon. Type 3 = *DOC* I					
A 1	56/Cp/AV/08	8	33	33.8	58.8	7.4
A 2	—	7 1/4	à	30.6	62.9	6.6
1007	—	9 3/4	31.5	40.6	50.4	9.0
1008	—	9 1/2		40.0	51.5	8.5
Bertelè[1]	Analyse chimique	8 3/4		36.5	54.0	9.5

1. T. BERTELÈ, *Lineamenti*, p. 57, n. 31.

LA MONNAIE D'ARGENT BYZANTINE
(976-1081)

Univ. Michigan (426)	Identification	Poids	% Ag	% Cu	% Au	% Au in Ag
	Basile II (976-1025)					
	Miliarèsion. Type 1 (977)					
L 1/2	DOC 16	2.17	96.6	2.8	0.65	0.68
	Type 2 A (977-989)					
L 3/4	DOC 17 a.1	2.98	94.4	5.2	0.40	0.42
L 5/6	17 a.2	2.79 percé	96.1	3.2	0.69	0.72
L 7/8	17 a.4	2.33	95.8	3.5	0.68	0.71
L 9/10	17 a.5	2.16	95.9	3.1	0.74	0.77
L 11/12	17 b.1	3.01	95.6	3.7	0.74	0.77
L 13/14	17 b.2	2.53	95.5	3.7	0.77	0.80
L 15/16	17 b.3	2.35	95.4	3.9	0.71	0.74
L 17/18	17 c	2.47 percé	95.3	4.0	0.68	0.72
A 3	BN 42/Cp/Æ/01	2.80	96.1	2.9	1.01	
A 4	02	2.39	96.3	3.2	0.49	
A 5	03	2.30 rogné	94.0	3.3	2.69	
A 6	04	2.08	95.6	3.5	0.99	
	Type 2 B (977-989)					
L 19/20	DOC 18 a.1	2.99	93.6	6.0	0.36	0.38
L 21/22	18 d.1	2.95	94.8	4.6	0.57	0.60
L 23/24	18 e	2.37	93.7	6.0	0.34	0.39
A7	BN 42/Cp/Æ/05 (probablement faux)	1.92 rogné & percé	74.5	24.0 (0.054 % As, 0.034 % Sb)	1.31	
A 8	06	1.84	95.7	3.5	0.84	
Bertelè[1]		2.29	96.0			
	Type 3. (Vierge Nikopoia, émission anonyme) (989)					
L 25/26	DOC 19.1	2.94	9.70	2.5	0.45	0.46
L 27/28	19.3	2.85	96.6	3.0	0.47	0.49
L 29/30	19.4	2.37	97.3	2.3	0.44	0.46
A 9	BN 42/Cp/Æ/07	2.76	92.9	6.7	0.37	
A 10	08	2.76	97.1	1.8	1.09	

1. Analyse chimique (*Lineamenti*, p. 77).

Univ. Michigan (426)	Identification	Poids	% Ag.	% Cu	% Au	% Au in Ag.
			Type 4 (grand module) (989-1025)			
L 31/32	DOC 20 a	2.53	98.3	1.3	0.38	0.39
L 33/34	20 b	2.47	94.8	4.9	0.35	0.37
		percé				
L 35/36	20 c.1	2.63	98.3	1.4	0.32	0.32
		percé				
L 37/38	DOC 20 d	2.54	98.2	1.5	0.31	0.32
L 39/40	20 e[1]	2.68	69.8	29.3	0.77	1.10
			(0.035 % As, 0.058 % Sb)			
A 11	BN 42/Cp/14/09	4.01	93.3	5.9	0.81	
A 12	10	2.84	97.2	1.5	1.28	
A 13	11	2.83	96.0	3.3	0.74	
A 14	12	2.72	96.2	1.6	2.15	
A 15	13	2.28	98.1	0.6	1.28	
A 16	14	3.63	92.5	6.3	1.13	
	(imitation)			(0.081 % Sb)		
			Romain III Argyre (1028-1034)			
			Miliarèsion			
L 161/162	DOC 3 a.1	2.17	96.8	2.8	0.40	0.41
L 41/42	3 a.2	2.58	97.0	2.6	0.44	0.45
L 43/44	3 a.3	2.44	97.2	2.4	0.36	0.37
A 17	BN 43/Cp/Æ/01	2.73	95.6	2.5	1.93	
			Tiers de miliarèsion			
			(Romain IV selon Wroth & Grierson)[2]			
L 111/112	DOC 7.1 (Romain IV)	0.86	95.5	4.0	0.45	0.47
L 113/114	7.2	0.83	93.1	1.6	0.32	0.32
L 171/172	7.3	0.72	98.4	1.3	0.37	0.37
		rogné				
L 173/174	7.4	0.72	98.2	1.4	0.36	0.36
		rogné et percé				
L 175/176	7.6	0.27	98.5	1.0	0.31	0.31
		rogné				
A 18	BN 43/Cp/Æ/02	0.82	97.6	1.5	0.90	

1. Le titre de cet ex. est anormalement bas. Peut-être s'agit-il d'une imitation de l'époque? Noter l'épigraphie particulière et notamment le renversement du **b** et du **Λ** à la fin de la légende du revers.

2. V. *supra*, n. 31.

Univ. Michigan (426)	Identification	Poids	% Ag.	% Cu	% Au	% Au in Ag.
	Constantin IX Monomaque (1042-1055)					
	Miliarèsion					
L 165/166	DOC 7 a.1 (grand module)	2.83	98.3	1.2	0.46	0.42
L 47/48	7 a.2 (grand module)	2.49	98.2	1.3	0.52	0.52
		percé				
L 49/50	7 a.3 (grand module)	2.49	97.0	2.5	0.50	0.52
		percé				
L 51/52	7 a.4 (grand module)	2.33	96.9	2.6	0.47	0.48
		fendu				
L 53/54	7 a.5 (grand module)	2.15	97.4	2.1	0.46	0.47
		rogné				
L 55/56	7 a.6 (grand module)	2.11	96.8	2.7	0.47	0.48
		cassé				
L 57/58	7 a.7 (grand module)	2.09	98.2	1.3	0.47	0.48
A 19	BN 47/Cp/Æ/01 (gr. module)	2.87	96.0	2.5	1.44	
A 20	02 (gr. module)	2.67	96.4	1.7	1.89	
A 23	05 (gr. module)	2.45	91.9	1.4	0.66	
A 24	06 (gr. module)	2.40	95.2	4.2	0.64	
A 25	07 (gr. module)	2.07	96.6	2.7	0.70	
L 59/60	DOC 7 b.1 (petit module)	2.86	95.3	3.9	0.71	0.75
		cassé et réparé				
L 61/62	7 b.2 (petit module)	2.30	96.6	2.9	0.50	0.52
		percé				
L 63/64	7 b.3 (petit module)	1.92	96.3	3.2	0.47	0.49
		percé				
A 21	47/Cp/Æ/03 (petit module)	2.63	95.0	4.3	0.67	
A 22	04 (petit module)	2.48	95.3	3.4	1.34	
Bertelè[1]			95.6			
	Deux tiers de miliarèsion					
L 65/66	DOC 8 a.1	2.07	95.5	4.0	0.50	0.53
L 67/68	8 a.2	2.05	95.3	4.2	0.49	0.51
		percé				
L 69/70	8 a.3	2.03	95.1	4.4	0.47	0.50
		cassé				
L 71/72	8 a.4	2.03	95.4	4.1	0.48	0.51
		cassé				
L 163/164	8 a.5	2.03	95.5	4.0	0.45	0.42
A 26	BN 48/Cp/Æ/08	2.01	95.3	3.7	0.94	
A 27	09	1.67	93.3	5.7	0.99	
			(0.010 % As, 0.023 % Sb)			
A 28	10	1.40	96.0	3.0	1.01	
A 29	11	1.30	94.5	4.2	1.34	

1. Analyse chimique (*Lineamenti*, p. 80).

Univ. Michigan (426)	Identification	Poids	% Ag.	% Cu	% Au	% Au in Ag.
	Tiers de miliarèsion					
	Constantin X selon Grierson)[1]					
L 97/98	DOC 7 b	0.77 percé	97.3	2.2	0.55	0.57
	THÉODORA (1055-1056)					
	Deux tiers de miliarèsion					
L 73/74	DOC 3	1.41 percé	96.9	2.7	0.41	0.43
A 30	BN 48/Cp/Æ/01	1.21	94.7	3.6 (0.017 % As)	1.68	
	ISAAC Ier COMNÈNE (1057-1059)					
	Deux tiers de miliarèsion					
L 77/78	DOC 4 (avec des incrustations)	1.86	97.0	2.4	0.63	0.65
A 31	BN 50/Cp/Æ/01	1.90	97.5	1.9	0.55	
A 32	02	1.36	97.6	1.8	0.66	
	CONSTANTIN X DOUKAS (1059-1067)					
	Miliarèsion					
L 79/80	DOC 4	2.53	94.5	4.6	0.98	
A 33	BN 51/Cp/Æ/02	2.40	91.8	7.4	0.80	
	Deux tiers de miliarèsion					
	Type 1 (inscription longue au droit)					
L 81/82	DOC 5	1.54	89.4	10.0	0.57	0.64
A 34	BN 51/Cp/Æ/03	1.72	93.5	5.5 (0.016 % As)	0.93	

1. V. *supra*, n. 30. M. Grierson donnait précédemment cette monnaie à Constantin VIII (cf. *BNC* II, p. 625).

Univ. Michigan (426)	Identification	Poids	% Ag.	% Cu	% Au	% Au in Ag.
	Deux tiers de miliarèsion					
	Type 2 (inscription courte au droit)					
L 83/84	DOC 6 a.1	1.71	93.2	6.1	0.68	0.73
L 167/168	6 a.2	1.58	92.4	6.8	0.79	0.86
L 85/86	6 a.3	1.43 perçé	88.8	10.4	0.66	0.74
L 87/88	6 b.1	1.66	93.7	5.5	0.78	0.83
L 89/90	6 b.2	1.32	91.0	8.2	0.87	0.95
L 91/92	6 c	1.29	93.3	6.1	0.61	0.65
L 93/94	6 d	1.42 perçé	92.1	7.0	0.91	0.98
L 95/96	6 e	1.42	93.7	5.7	0.58	0.62
A 35	BN 51/Cp/Æ/04	1.65	94.4	4.7	0.87	
A 36	05	1.54 perçé	94.0	5.3	0.69	
A 37	06	1.54 perçé et rogné	94.0	5.0	0.97	
A 38	07	1.52 perçé	92.9	6.3	0.80	
A 39	08	1.26 rogné	94.0	5.1	0.88	
A 40	09	1.26 rogné	91.6	7.4	0.94	
Bertelè[1]			89.9			
	Romain IV Diogène (1068-1071)					
	Deux tiers de miliarèsion					
	Type 1 (Buste du Christ) = *DOC* II[2]					
L 107/108	DOC 6 a	1.44 perçé	93.6	5.6	0.82	0.88
L 109/110	DOC 6 b	1.43	90.8	8.3	0.88	0.97
A 41	BN 53/Cp/Æ/01	1.25	87.8	11.2	0.89	
	Type 2 (Buste de la Vierge) = *DOC* I					
L 99/100	DOC 5 a.1	1.48	77.1	22.0	0.69	0.89
L 101/102	5 a.2	1.44	72.7	26.3	0.70	0.97
L 103/104	5 b.1	1.44	67.7	31.7	0.48	0.71
L 105/106	5 b.2	1.35	68.0	31.3	0.62	0.89
L 169/170	5 b.3	1.06	67.6	31.7	0.48	0.71
A 42	BN 53/Cp/Æ/02	1.01	73.7	25.5	0.84	
A 43	02	1.01	71.6	27.5	0.81	

1. Analyse chimique (*Lineamenti*, p. 77).
2. Les résultats des analyses permettent de fixer l'ordre de ces deux émissions jusqu'ici inconnu.

Univ. Michigan (426)	Identification	Poids	% Ag.	% Cu	% Au	% Au in Ag.
	Michel VII Doukas (1071-1078)					
	Miliarèsion. Type 1. Michel VII et Marie					
L 117/118	DOC 6 a.1	2.46 percé	90.7	8.6	0.59	0.65
L 119/120	6 a.2	1.93 percé	94.0	5.5	0.57	0.61
L 121/122	6 b.1	2.13	94.3	5.1	0.57	0.60
L 123/124	6 b.2	1.96 percé	84.0	15.0	0.53	0.63
L 125/126	DOC 6 b.3	1.87 percé et rogné	92.6	6.6	0.44	0.80
L 177/178	6 c	2.06	90.0	9.3	0.60	0.67
A 44	BN 55/Cp/Æ/02	2.06	94.9	4.1	0.97	
A 45	02	percé	94.7	4.4	0.90	
A 46	03	1.68	85.9	12.8	1.30	
A 47	03		85.2	13.5	1.18	
A 48	04	1.56	73.8	24.3	1.69	
A 49	04		73.6	25.1	1.20	
A 50	05	1.54	92.2	6.8	0.85	
A 51	05		92.2	7.1	0.64	
Bertelè[1]		2.22	69.8			
	Miliarèsion. Type 2. Michel VII debout					
L 127/128	DOC 7 a.1	2.48 percé	89.6	9.5	0.82	0.92
L 129/130	7 a.2	2.06 rogné	94.7	4.4	0.78	0.82
L 131/132	7 a.3	1.96 rogné	93.7	5.6	0.67	0.71
L 133/134	7 b.1	1.92	89.0	10.2	0.73	0.82
L 179/180	7 b.2	1.32 percé et rogné	88.9	10.4	0.66	0.75
A 58	BN 55/Cp/Æ/01	2.12	93.8	5.4	0.84	
			93.9	5.1	0.85	
Bertelè[2]			67.6			

1. Analyse chimique (*Lineamenti*, p. 77).
2. Analyse chimique (*Lineamenti*, p. 80).

Univ. Michigan (426)	Identification	Poids	% Ag.	% Cu	% Au	% Au in Ag.
	Deux tiers de miliarèsion					
	Type 1 (Buste de la Vierge TѠΔΘKA)					
L 135/136	DOC 8.1	1.45	74.3	25.0	0.51	0.69
L 137/138	8.2	1.33	61.9	35.4	0.41	0.67
L 181/182	8.3	percé 1.26	79.7	19.5	0.62	0.77
L 139/140	8.4	rogné 1.14	80.3	19.1	0.53	0.67
L 185/186	8.5	1.05	73.9	25.1	0.80	1.08
A 54	BN 55/Cp/Æ/07	rogné 1.19	84.1	15.1	0.50	
	Type 2 (Buste de la Vierge —KA—)					
L 141/142	DOC 9.1	1.25	35.5	63.0	1.1	0.62
L 183/184	9.2	1.20	51.8	45.3	0.53	1.03
L 143/144	9.3	1.07	75.7	23.4	0.57	0.75
A 52	BN 55/Cp/Æ/06	1.39	88.3	10.4	1.05	
A 53	06	1.39	87.7	10.8	1.21	
	Type 4 (Le Christ trônant)					
L 145/146	DOC 11 a	1.45	81.9	21.73	0.61	0.74
	Tiers de miliarèsion. Type II (Buste du Christ)					
L 147/148	DOC 13 a	0.61	88.9	10.2	0.74	0.83
L 149/150	13 b	0.53	88.6	10.4	1.00	1.13
	Nicéphore III Botaneiatès (1078-1081)					
	Miliarèsion. Type 1 (Croix entre deux bustes)					
L 151/152	DOC 6	1.48	67.4	32.8	0.58	0.85
	Type 2 (Nicéphore et Marie debout)					
L 153/154	DOC 7 a	1.80	80.5	18.7	0.64	0.80
L 155/156	7 b.1	1.66	44.8	54.6	0.38	0.85
L 157/158	7 b.2	percé 1.58 rogné	66.7	32.3	0.79	1.18
	Deux tiers de miliarèsion					
L 159/160	DOC 8	0.88	96.8	2.8	0.40	0.41

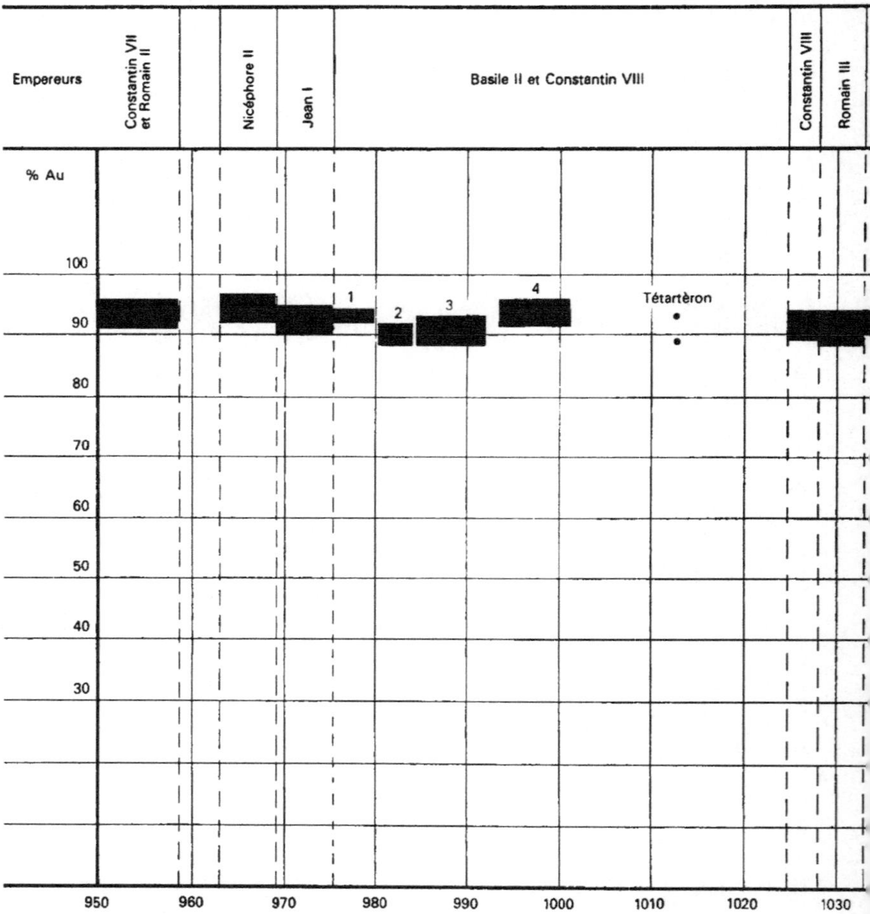

Figure 1. — LA MONNAIE

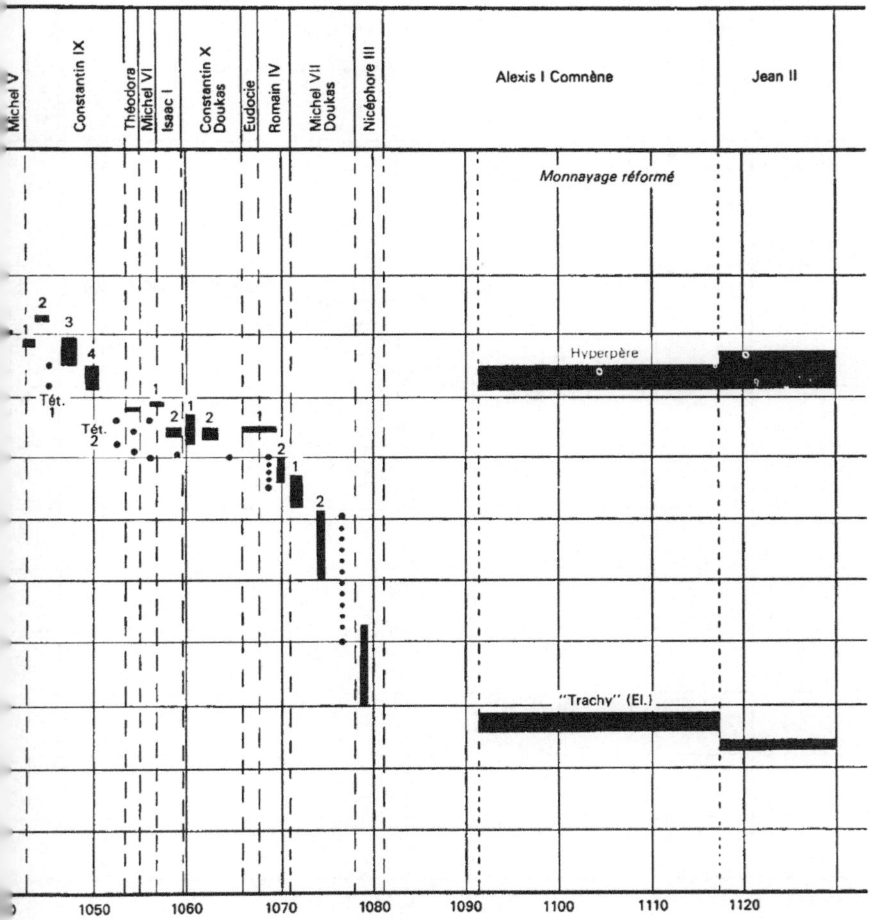

ANTINE AU XIe SIECLE

▬ Nomisma histaménon
• Nomisma tétartèron

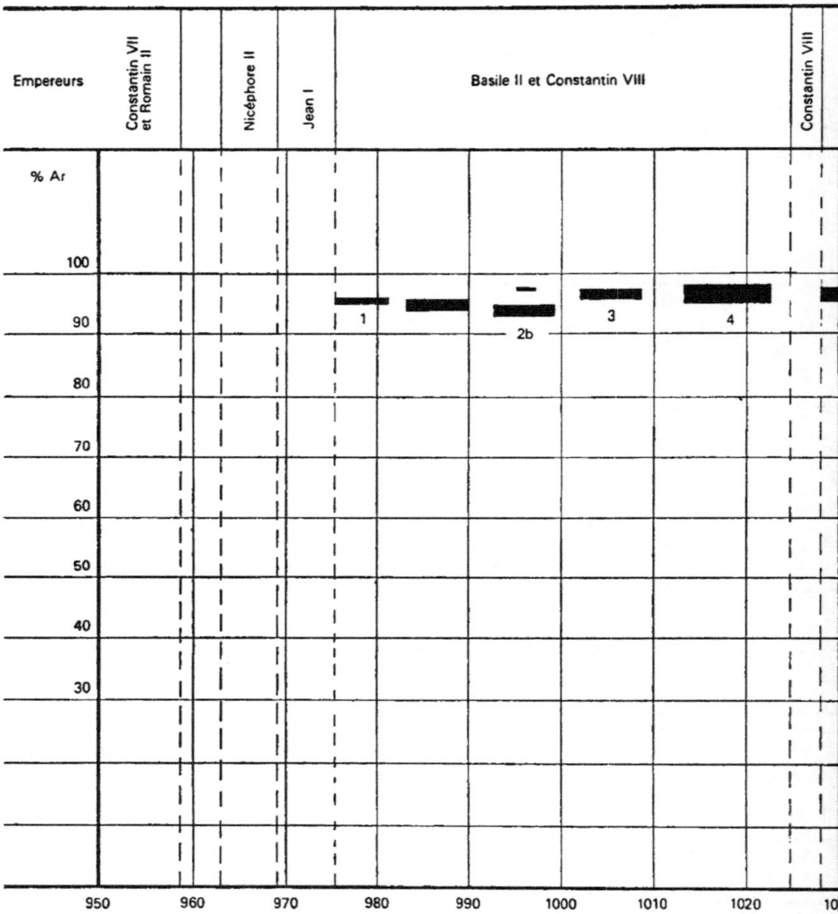

Figure 2. – LA MONNAIE D'AR

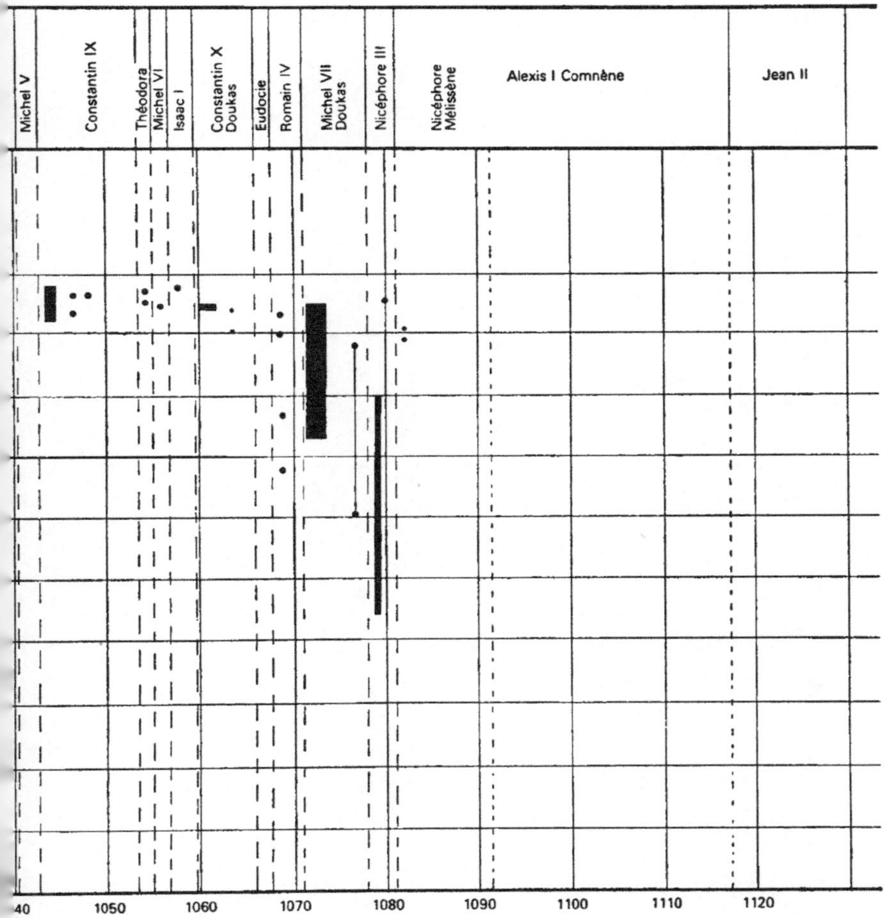

ANTINE AU XIe SIECLE

▬ Miliarèsion
• Fractions du miliarèsion

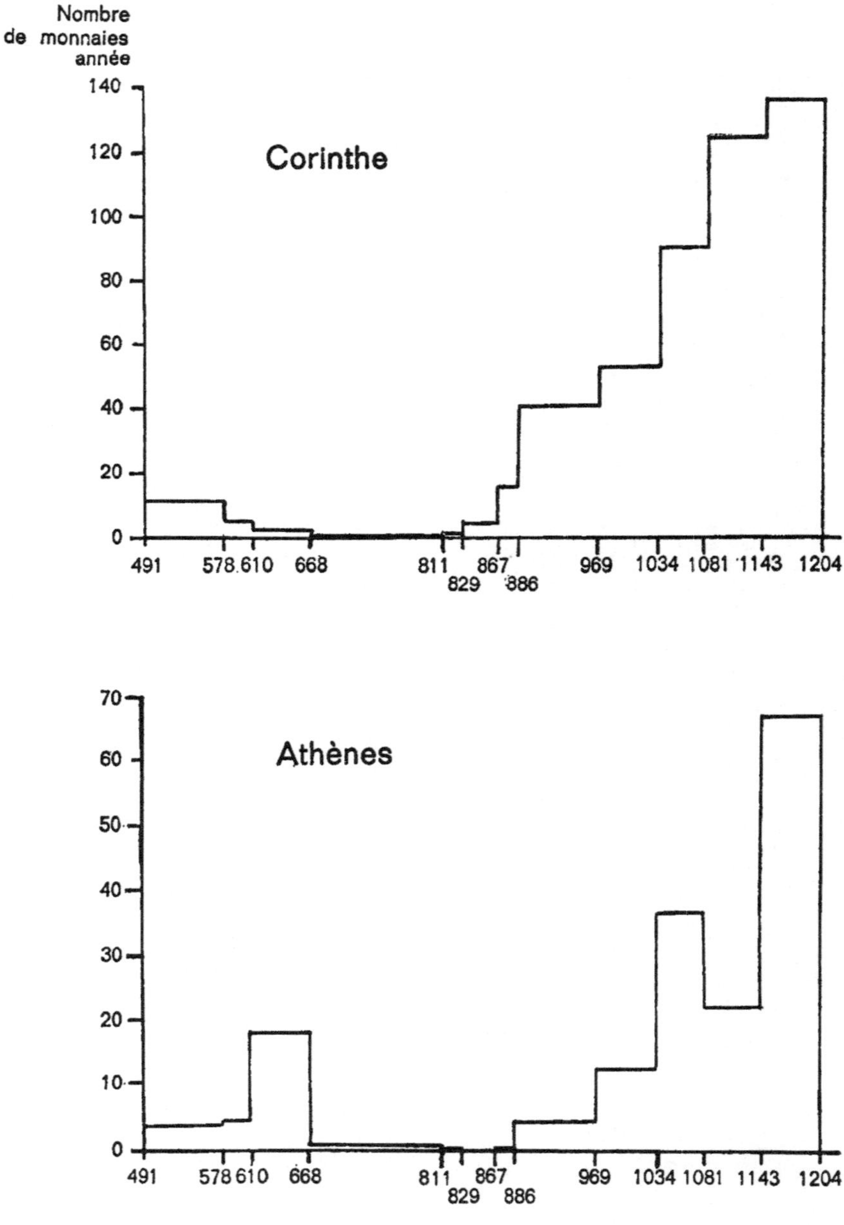

Fig. 3. — MONNAIES DE CUIVRE TRO
(d'après METCALF, *HBN*

*L'absence de monnaies byzantines sur ce site entre 668 et 886 ne doit pas faire i
assez abondante est assurée

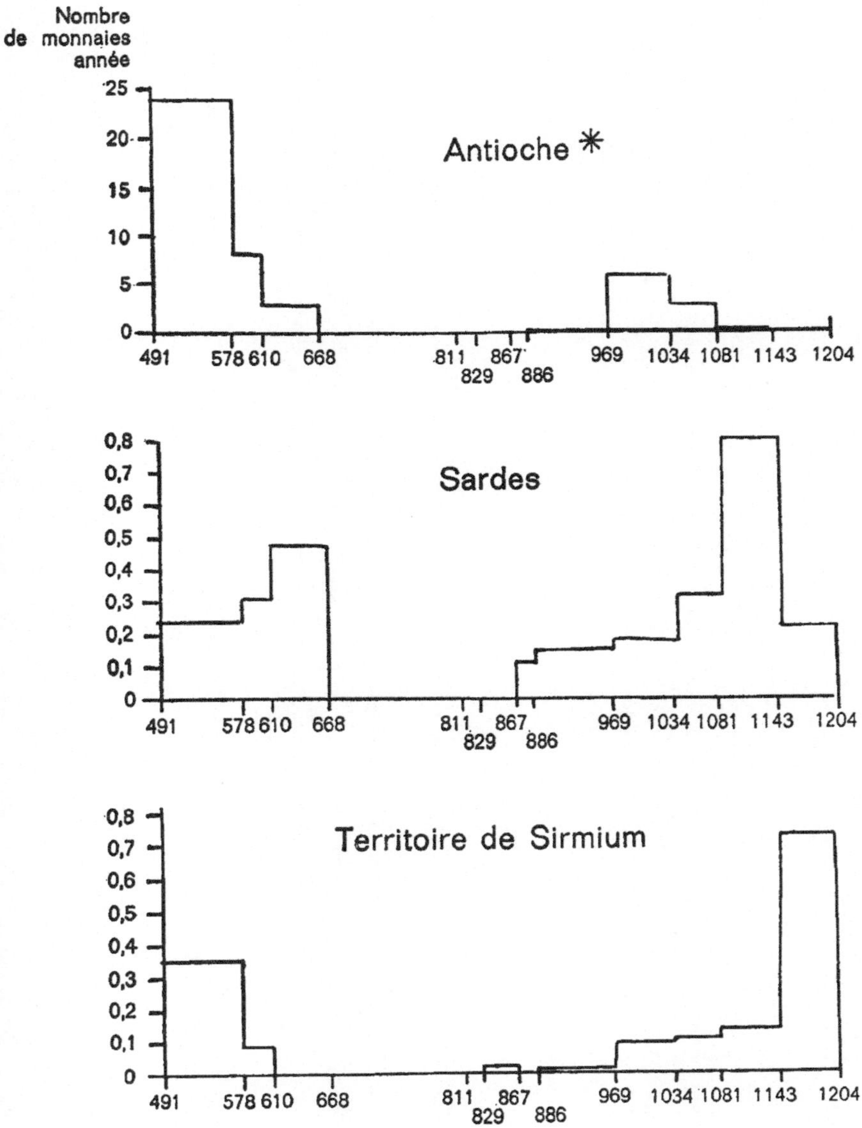

JVÉES SUR LES SITES DE FOUILLES

', 4, 1960, p. 442-444).

llusion. A cette époque, et jusqu'à la fin du Xe siècle, une circulation monétaire
par le numéraire arabe.

X

NOUVELLES RECHERCHES SUR L'HISTOIRE MONÉTAIRE BYZANTINE: ÉVOLUTION COMPARÉE DE LA MONNAIE D'OR À CONSTANTINOPLE ET DANS LES PROVINCES D'AFRIQUE ET DE SICILE

I

Depuis l'apparition de l'or monnayé en Méditerranée orientale au VIIe siècle avant J.-C. et – peut-être même longtemps auparavant dès le XVIIIe siècle avant J.-C. – les Anciens ont su reconnaître et déterminer la pureté de l'or. L'or pur était alors qualifié d' ἄπεφθος, καθαρός, ὄβρυζος etc., tandis que l'alliage d'or, qu'il ait été d'origine naturelle ou produit artificiellement, prenait le nom de λευκός χρυσός, χρυσίον Κυζικηνόν ou Φωκαϊκόν – d'après les deux cités qui le frappaient couramment – et plus tard d'ἤλεκτρον. Λευκός fait allusion à l'un des moyens d'examen les plus aisés: la couleur. Mais d'autres propriétés du métal pouvaient entrer en jeu et, recourant à presque tous les sens dont l'homme est doué, on jugeait aussi selon l'odeur, le toucher ou le son des pièces, ce qu'Aristote prend d'ailleurs en exemple dans le *De Sensu* (4,443). Le recours à l'odeur est illustré plus tard par la curieuse anecdote bien connue de Guillaume de Rubruck (1253) qui raconte avoir vu des Tatars de Crimée «frottant des hyperpères entre leurs doigts et les portant à leur nez pour sentir si c'était du cuivre»[1]. L'estimation à la vue, selon la couleur, acquit plus de précision lorsque, à partir du VIe siècle, et peut-être dès le VIIe siècle avant notre ère se répandit l'usage de la pierre de touche (βασανίτης, χρυσῖτις ou Λυδία λίθος) qui permettait selon Théophraste (IIIe siècle av. J.-C.) de déterminer le titre avec une précision d'un grain par statère, soit 1/144e, ou 1/6e de carat[2], ce qui, comparé aux indications des manuels techniques de la fin du Moyen Age ou du début de la Renaissance, paraît extrêmement élevé. De nos jours, les essayeurs parviennent à déterminer le titre au carat, voire au demi-carat près.

---

[1] The Travels of William of Rubruck in Eastern countries, éd. W.W ROCKHILL. Londres 1900, 88–89.

[2] W. RIDGEWAY, How far could the Greeks determine the fineness of gold and silver coins? *Num. Chron.*[3] 15 (1895) 104–109. V. aussi HEALY (cit. n. 14).

Les Anciens eurent aussi recours à la célèbre méthode mise au point par Archimède, reposant sur la différence de densité entre l'or d'une part (19,3) l'argent et le cuivre d'autre part (10,5 et 8,96 respectivement).

On utilisait alors divers instruments, tels une balance hydrostatique ou un récipient spécialement adapté à cet usage, une sorte de cafetière, qui permettait de mesurer le volume d'eau déplacé par la pièce. Lorsqu'on pouvait se permettre de détruire la pièce, les diverses méthodes de purification, cémentation ou coupellation, servaient alors à l'essai[3]

Héritiers de cette tradition antique, les Romains, les Byzantins ou leurs contemporains appliquèrent ces méthodes à la fabrication et à l'essai de leurs monnaies d'or. Et longtemps après encore les historiens n'en ont pas connu d'autres – exception faite des progrès de la chimie analytique au XIXe siècle – pour déterminer la composition des pièces. Dans les études byzantines jusqu'en 1950, la pierre de touche resta le principal moyen d'investigation. Certes des savants du XIXe siècle tels Sabatier, Rauch ou Hammer avaient procédé à un certain nombre d'analyses chimiques de monnaies antiques, mais aucune série embryonnaire comparable n'existait en ce qui concerne Byzance[4] S'appuyant sur les rares textes – une dizaine au plus – concernant les variations du titre ou les changes, des historiens comme E. Stein[5] ou D. Zakythinos[6] ne connaissaient que deux dévaluations – les seules d'ailleurs en grande partie révélées par les changements de couleur – la première attribuée à Nicéphore III et Alexis I Comnène, la

---

[3] R. HALLEUX, Méthodes d'essai et d'affinage des alliages aurifères dans l'antiquité et au moyen âge, in: *Cahier E. Babelon* 2 (cit. infra n. 18).

[4] J. et L. SABATIER, Production de l'or, de l'argent et du cuivre chez les Anciens. Saint-Pétersbourg 1850, 72–83 (anal. chimiques de monnaies d'argent et de cuivre); A. VON RAUCH, Über den innern Gehalt und den Metallwert der griechischen u. römischen Silbermünzen nach preussischem Gelde. *Ztschr. f. Num.* 1 (1874) 32–42 (anal. chimiques de monnaies d'argent et, p. 42, de 3 aurei du Haut-Empire); K. B. HOFMANN, Beiträge zur Gesch. der antiken Legirungen. *Num. Ztschr.* 16 (1884) 1–57 et 17 (1885) 1–50 (mesure du poids spécifique de monnaies grecques d'électrum d'Asie Mineure ou d'or de Sicile et de monnaies celtiques); J. HAMMER, Der Feingehalt der griechischen und römischen Münzen. *Ztschr. f. Num.* 26 (1908) 1–144 (synthèse des analyses précédentes et nouvelles mesures de poids spécifique pratiquées à Berlin). Pour les monnaies d'or byzantines, les seules données, à ma connaissance, sont les essais à la pierre de touche effectués sur des hyperpères de l'empire de Nicée par ROLLIN, Monnoies d'or des empereurs de Nicée ... *Rev. Num.* (1841) 171–176.

[5] E. STEIN, Untersuchungen zur spätbyzantinischen Verfassungs- und Wirtschaftsgeschichte. *Mitt. z. Osm. Gesch.* 2 (1925), réimpr. Amsterdam 1962, 11–13.

[6] D. ZAKYTHINOS, Crise monétaire et crise économique à Byzance. *L'Hellénisme contemporain* 2 (1948) 499–514; réimpr. in: ZAKYTHINOS, Byzance: Etat – Société – Economie. Londres 1973.

seconde celle de l'hyperpère de Nicée et des Paléologues, bien attestée par Pachymère[7] et le manuel de Pegolotti[8].

Dans les années cinquante et soixante l'application plus systématique des mesures de poids spécifiques[9] et des analyses chimiques aux séries byzantines amenèrent des progrès décisifs. Grierson[10] montra ainsi que le *besant* avait été altéré plus tôt qu'on le croyait, dès le règne de Constantin IX (1042–1055) ou même de Michel IV (1034–1041), et qu'inversement la frappe de sous légers aux VI–VIIe et aux Xe–XIe siècles n'avait impliqué aucune baisse du titre[11]. La même méthode densimétrique permit à Hendy[12] d'étudier les séries d'or et d'électrum de 1081 à 1261 et d'établir que les pièces dites d'«or pâle», d'«électrum» ou même d'«argent» n'étaient en fait qu'une seule et même dénomination au titre de 7 carats environ, valant le tiers de l'hyperpère d'or fin, le *nomisma trachy aspron*. A la même époque, Bertelè sacrifia plusieurs dizaines de monnaies de sa collection et fournit les premières séries de données significatives sur la dernière altération de l'hyperpère[13].

Depuis 1970, l'application à notre domaine des méthodes atomiques ou nucléaires non-destructives[14] conduisit à de nouveaux progrès. Il était possible de connaître désormais non seulement le titre mais aussi la proportion des éléments majeurs des monnaies d'or (Ag et Cu). L'analyse par

---

[7] Pachymère, Andronic VI 8 (II 493-494 Bonn).

[8] Pegolotti, La pratica della mercatura, éd. A. Evans. Cambridge, Mass. 1936, 287–289.

[9] W. A. Oddy and M. J. Hughes, The Specific Gravity Method for the Analysis of Gold Coins, in: Methods of Chemical and Metallurgical Investigation of Ancient Coinage (ed. E. T. Hall and D. M. Metcalf). Londres 1972. 75–87.

[10] P Grierson, The debasement of the bezant in the eleventh century. *BZ* 47 (1954) 379–394; id., Notes on the fineness of the Byzantine solidus. *BZ* 54 (1961) 91–97.

[11] Ce fait avait déjà été souligné par Dworschak à la suite d'essais à la pierre de touche pratiqués sur des exemplaires du Cabinet de Vienne (F. Dworschak. Studien zum byzantinischen Münzwesen, 1. *Num. Ztschr.*, N. F 29 [1936] 77–81).

[12] M. F Hendy, Coinage and Money in the Byzantine Empire (1081–1261). Washington 1969, 10–13. 18–20.

[13] T. Bertelè, Numismatique byzantine. Wetteren 1978. 36–45. 50–53 avec réf. à ses travaux antérieurs: *Riv. It. Num.* 59 (1957). 66 (1964); XIIIth Congress of Byz. Studies (Oxford 1966); I Convegno Int. di Storia d. Civ. Venez. (Venezia 1968).

[14] J. F. Healy, Greek white gold and electrum coin series (Review article). in: Metallurgy in numismatics I, ed. D. M. Metcalf–W. A. Oddy (*Royal Num. Soc. Special Publ.* nr 13). Londres 1980, 194–215 (important non seulement pour la synthèse de la recherche sur le monnayage grec mais aussi pour la définition des méthodes d'analyse, la précision de la pierre de touche etc.). – J. N. Barrandon, Méthodes d'analyse et numismatique. in: Actes du 9ème Congrès Int. Num. Berne 1979 (éd. T. Hackens–R. Weiller). Louvain-la Neuve–Luxembourg 1982, 3–15; C. Morrisson, J. N. Barrandon, C. Brenot. Connaissance des monnayages anciens et méthodes d'analyse physique. *Revue de l'Art* (1983) sous presse.

fluorescence X fournit quelques données sur des pièces des VI-VIIe siècles trouvées en Angleterre[15]. Gordus, par activation nucléaire de *frottis* prélevés à la Bibliothèque Nationale, me procura de nombreuses données sur la dévaluation du XIe siècle[16]. Plus récemment Ballczo et Mauterer ont mis au point une méthode d'analyse microchimique de *frottis* semblables effectués sur la tranche de la pièce[17].

La recherche présentée ici est fondée sur une méthode d'activation protonique, mise au point par J. N. Barrandon[18]. Sont mesurés non seulement les trois constituants majeurs, mais aussi ceux présents à l'état de traces jusqu'à la limite de la ppm (10^{-6} g/g). Ces données nous éclairent non seulement sur l'évolution du titre mais aussi sur les procédés d'affinage ou d'altération – le *comment* de la dévaluation – et enfin, dans certains cas, par la différence de composition du métal, sur les variations dans la provenance du billon.

II

Dans l'empire byzantin, l'atelier de Constantinople a longtemps donné la norme unique à laquelle devaient se conformer les ateliers provinciaux, comme en témoignait la présence de la marque CONOB sur les espèces frappées en Afrique, en Italie ou à Thessalonique[19]. Il convient donc de rappeler brièvement les résultats de notre recherche sur l'or de la capitale[20] avant de lui comparer les séries de Carthage et de Syracuse. On a longtemps tenu pour acquis que l'or fin romano-byzantin était «aussi pur que le

[15] S. C. Hawkes, J. M. Merrick, D. M. Metcalf, X-Ray fluorescence analysis of some dark ages coins and jewellery. *Archaeometry* 9 (1966) 98-138.

[16] C. Morrisson, La dévaluation de la monnaie byzantine au XIe siècle: Essai d'interprétation. *TM* 6 (1976) 4-47.

[17] H. Ballczo, S. Karwiese, R. Mauterer, Anwendung der Korundstäbchenmethode auf Probleme der antiken Numismatik. *Num. Ztschr.* 93 (1979) 41-43; R. Mauterer, H. Ballczo, Zerstörungsfreie Analyse: neue Wege bei der Bestimmung alter Münzen. *Mitt. Österr. Num. Ges.* 20 (1977) 46-48.

[18] J. N. Barrandon, Utilisation des réactions nucléaires induites par les protons pour l'étude des monnaies d'argent et d'or. *Rev. d'Archéométrie* 2 (1978) 105 et s.; exposé complet dans J. N. Barrandon, C. Brenot, J. P. Callu, R. Halleux, C. Morrisson, J. Poirier, L'or monnayé de Rome à Byzance: purification et altérations (*Cahier E. Babelon* 2). Paris-Valbonne, CNRS 1985.

[19] J. P. C. Kent, Gold coinage in the later Roman Empire. in: Essays . . . H. Mattingly. Oxford 1956, 190-204; D. M. Metcalf, Étude sur le monnayage en or de l'atelier de Thessalo-
* nique du Ve au VIe s., à paraître dans un vol. éd. par W. Hahn.

[20] L'or monnayé de Rome à Byzance, op. cit. (n. 18); conclusions présentées à l'Académie des Inscr., *C.-r. Acad. Inscr.* (1982) 203-223.

permettait la métallurgie de l'époque»[21]; or l'activation protonique définit avec précision le degré de pureté atteint et, par comparaison, détermine les écarts par rapport à cet étalon. En février 368 les initiales OB furent apposées pour la première fois sur les solidi: elles indiquaient l'exceptionnelle qualité du métal (*obrussa* ou ὄβρυζα d'où ὀβρυζιακός, or purifié au creuset) qui devait dorénavant être frappé à partir du produit des impôts *in massa redacti* (C. Th. XII, 6, 12 et 13). Effectivement, les analyses montrent la réussite de la technique romaine: le titre est toujours supérieur à 99%, le cuivre et l'argent réduits à moins de 1%, au lieu des valeurs atteignant jusqu'à 5% pour ce dernier métal au cours des «décennies inflationnistes» après 346. Cet étalon élevé est conservé dans l'empire d'Orient jusqu'à Anastase I sous le règne duquel on constate un léger glissement: seule la première émission (491/2) témoigne d'un extrême affinage de type valentinien (99,2% Au; 0,73% Ag; 0,04% Cu), tandis que les autres émissions du règne, de même que celles de Justinien I et ses successeurs jusqu'à Constantin IV (668–685) ont en moyenne un taux d'argent de plus de 1% (1,4%) et un titre de 98,2%. Les mesures antérieures de poids spécifique révélaient déjà approximativement cette légère différence[22]; mais seule l'étude des conséquences des lois valentiniennes permet de l'interpréter comme un relâchement délibéré de la purification. Après plus d'un siècle d'application de ces mesures, seul un or *obryziacus* passait par les caisses impériales; le stock monétaire pouvait désormais supporter l'ajout d'un peu de métal neuf, or natif ou orfèvrerie, sans que la réputation du solidus ou même sa pureté réelle en soit entamée.

Le changement du titre indique ici l'introduction de métal neuf dans le circuit monétaire. Son montant relatif et, partiellement du moins, son origine, sont révélés par un autre élément: le platine. Platine et platinoïdes (Ruthenium ou Palladium par ex.) ne sont pas éliminés par l'affinage et peuvent donc caractériser les placers. Or, dans la seconde moitié du IVe siècle, l'accroissement soudain des valeurs du platine (de 45 à 500 ppm ou plus) prouve l'introduction massive d'or de sources inutilisées jusque là par l'empire, et dont les textes du Code Théodosien relatifs à l'activité des chercheurs d'or[23] conservent la trace. Inversement à l'époque byzantine, le

---

[21] P GRIERSON, *BZ* 47 (1954) 382.

[22] Ce phénomène était déjà manifeste à partir des mesures de BRUNETTI (Nuovi orientamenti statistici nella monetazione antica. *Riv. It. Num.* 52–53 [1950–51] 3–74) et de GRIERSON (op. cit.). Cf. D. M. METCALF, Metal contents of medieval coins, in: Methods... op. cit. (n. 9), 385–386.

[23] C. Th. X 19, 6, 7 et 9 ainsi que les textes de la fin du IVe s. sur les mineurs de Thrace réunis par Th. MOMMSEN, Goldbarren aus Sirmium. *Ztschr. f. Num.* 16 (1888) 351–358.

déclin constant du taux de platine, de 500 ppm au VIe siècle à 100 environ en 1050, montre que les sources exploitées au IVe siècle n'étaient plus accessibles et qu'un métal d'origine différente à faible teneur (5 ⟨Pt⟩ 109 ppm) arrivait dans le circuit, dans une proportion d'environ 1% par an, un taux plausible pour la compensation des pertes dues à l'usure et la thésaurisation, combinée éventuellement avec un accroissement de l'offre de monnaie.

Mais l'offre de métal neuf était souvent insuffisante pour répondre à la demande de monnaie. Aussi, que ce fût pour des raisons financières ou économiques, fallait-il alors recourir à l'altération, ce qui fut le cas au XIe et aux XIIIe–XIVe siècles. Le début de la première dévaluation remonte plus haut que les années 1040 au cours desquelles le seuil significatif des 10% d'argent dans l'alliage est franchi. En effet dès le milieu du Xe siècle, le titre qui s'était tenu jusque là autour de 97%, tombe en dessous de 95%, glissement faible certes mais correspondant à une «inflation rampante» – selon les critères médiévaux – de 0,1% l'an. Ce n'est pas ici le lieu de revenir sur les causes d'une dévaluation au rythme plus rapide qui porta le nomisma à 70% $\simeq$ 17 carats en 1068 et vers 30% $\simeq$ 7 carats dix ans plus tard, atteignant son niveau le plus bas au début du règne d'Alexis Ier dont les pièces à 2 carats ($\simeq$ 10% Au) étaient essentiellement de l'argent ($\geqslant$ 70%) mêlé de cuivre ($\simeq$ 18%). Mais les données de nos analyses expliquent pourquoi le rythme de l'altération d'environ 1% par an de 1042 à 1068, tripla presque (2,7%) de 1068 à 1081. Cette variation énorme et le caractère irrésistible du phénomène étaient dus à la différence des procédés employés, bref au *comment* de la dévaluation.

On considère généralement de façon plus ou moins implicite que l'altération s'opère en versant au creuset une part de métaux moins nobles. La réalité est plus complexe car si tel était le cas, l'accroissement de l'argent dans l'alliage devrait entraîner immédiatement un accroissement proportionel du plomb, élément toujours présent dans les minerais d'argent à un taux de 0,1 à 1%[24] Or le taux de plomb dans les nomismata est resté faible et stable (113 ppm) jusque vers 1070 alors que le taux d'argent était déjà passé de 5 à 30%. C'est alors seulement que le taux de plomb augmente constamment, révélant l'addition volontaire dans l'alliage d'argent provenant principalement des miliarèsia existant. Cette ponction – que nos résultats permettent de suivre pas à pas de 1068 à 1081 – est la cause essentielle de la dévaluation de l'argent byzantin, qui tombe de 90% à 70% sous Romain IV (1068–1081). Cette altération est donc bien plus la conséquence

---

[24] Dans les miliarèsia de Constantin IX et Michel VII que nous avons analysés, la teneur moyenne en plomb est en effet de 0,5%.

de la crise intérieure causée par l'avance turque en Asie Mineure que de la «famine d'argent» en Orient[25]

Avant 1070, comme d'ailleurs lors des crises plus ou moins passagères de la monnaie d'or romaine aux IIIe et IVe siècles, l'accroissement de l'argent dans l'alliage provient de l'ajout d'or non purifié riche en métal blanc. On sait que les minerais d'or peuvent contenir de 5 à 35% d'argent[26] Dévaluer ainsi implique l'accès à des sources de métal neuf, un fait en accord avec l'expansion de l'économie et de l'état byzantins aux Xe–XIe siècles et, à mon avis, avec le caractère relativement favorable de la dévaluation dans sa première phase[27] Cela signifie aussi la possibilité d'accroître de façon substantielle le nombre d'espèces frappées sans dépasser un seuil tolérable: à 20% d'argent ainsi atteints on obtient un triplement de la masse monétaire, accroissement que l'ajout d'argent seul n'entraîne qu'au prix d'une chute dramatique du titre (à 10% Au), ce qui fut le cas en 1070–1092.

Lorsque la dévaluation reprit au XIIIe siècle affectant l'hyperpère, la monnaie restaurée par Alexis Comnène à un titre de 21 carats, elle fut effectuée de deux manières différentes: à Nicée le passage de 18 à 16½ carats est dû à l'ajout combiné d'or natif et d'une petite part de cuivre. En l'absence de métal neuf disponible, les Paléologues recourent à l'addition d'argent *et* de cuivre en proportions égales (de 11% sous Michel VIII à 18–16% chaque au début du XIVe siècle d'où l'alignement des valeurs sur la fig. 3). L'importance du cuivre évitait alors le changement de couleur observé au XIe siècle pour des taux d'argent semblables.

III

L'atelier de Constantinople n'avait pas épuisé toutes les formes possibles d'altération et l'histoire des séries provinciales est encore autre sous ce rapport. A l'exception de Thessalonique (Ve–VIe siècles) il n'y eut pas en Orient de frappe permanente de l'or en province; à l'ouest en revanche solidi et fractions furent émis dans un certain nombre d'ateliers du milieu du VIe à la fin du IXe siècle[28]: à Carthage de 533 à 695 puis en Sardaigne de 695

[25] R. P Blake, The circulation of Silver in the Moslem East down to the Mongol epoch. *Harvard Journal of Asiatic Studies* 2 (1937) 291–328.

[26] Parmi les quelques pépites que nous avons analysées, 2 pépites de l'Oural contenaient environ 4% d'argent, 2 autres provenant de Roumanie 28 et 29% et une du Soudan 34%.

[27] *TM* 6 (1976) 17–30; ce que P. Lemerle (Cinq études sur le XIe siècle byzantin. Paris 1977, 287) appelle une «dévaluation de prospérité».

[28] P Grierson, Cat. of the Byz. coins in the Dumbarton Oaks coll., vol. II. Washington 1968, 43–53; vol. III. 1973, 82–94.

à 720, à Rome de 540 à 776, Ravenne de 542 à 747, Syracuse de Justin II[29] à 878 et dans un certain nombre d'ateliers italiens plus ou moins bien déterminés[30] Nous avons commencé d'analyser des exemplaires de tous ces ateliers[31] mais en raison des difficultés d'attribution et de la sous-représentation de beaucoup d'entre eux dans les collections de la Bibliothèque Nationale[32], nous nous limiterons ici aux seuls ateliers de Carthage (puis de Cagliari) et de Syracuse.

A l'origine, remontant à la reconquête justinienne, la situation en Afrique et en Italie n'était pas différente de celle de la capitale. Aux VI–VIIe siècles, jusqu'à Constantin IV, l'or était d'un taux comparable: 97,7% à Carthage, 97% à Syracuse contre 98,2% à Constantinople. Et la répartition des onze éléments-traces mesurés ne révèle pas non plus de variation qui pourrait être significative d'une provenance différente du métal[33] L'atelier provincial ne paraît donc pas avoir disposé d'une source propre de métal neuf, ou du moins pas en quantité suffisante pour être décelable et au travers des transferts successifs de fonds d'une caisse à l'autre, des refontes et des refrappes périodiques, l'or byzantin révélait une composition uniforme. L'homogénéité était assurée par les instructions officielles prescrivant le poids et le titre du solidus (1/72e livre d'or fin) pour tout l'empire et justifiant ainsi la marque CONOB qui attestait la conformité des frappes provinciales à l'étalon de la capitale. Lorsque une légère baisse de poids de 4,41 à 4,38 g y affecta le solidus[34] sous Constant II puis Constantin IV, elle

---

[29] W. Hahn, Moneta Imperii Byzantini, Bd. 2, Vienne 1975, 63–64, pour l'attribution de monnaies d'or à l'atelier sicilien dès le règne de Maurice, et même dès celui de Tibère II (id. Bd. 3, Vienne 1981, 71). A la lumière d'une trouvaille récente, W. Hahn propose maintenant de placer le début de ces émissions sous Justin II (étude en cours).

[30] La distinction des produits de ces divers ateliers reste une question débattue et difficile; on se méfiera notamment d'un certain nombre d'attributions proposées par D. Ricotti Prina, La monetazione aurea delle zecche minori bizantine dal VI al IX secolo, Rome 1972. Le dernier état de la question est offert par W. Hahn, op. cit. Bd. 3, passim.

[31] A. Oddy a entrepris de son côté l' étude de la dévaluation de l'or dans les ateliers byzantins d'Occident par mesure du poids spécifique; une publication préliminaire devait paraître dans la revue du Conseil de l'Europe *PACT Education* 1. Nous le remercions de nous en avoir communiqué les conclusions. Il est fait brièvement allusion à quelques résultats concernant l'or de Syracuse à la fin du VIIe siècle (80% sous le premier règne de Justinien II, 68% sous Tibère III) dans W. A. Oddy, Analysis of the gold coinage of Beneventum. *Num. Chron.* 14 (1974) 78–109, à la p. 109.

[32] Pour assurer une meilleure représentativité du matériel étudié, une étude conjointe est envisagée avec W. Hahn et D. Metcalf.

[33] Le platine, par exemple, est de 339 ppm dans les monnaies d'or de Carthage et de 393 ppm à Constantinople en moyenne pour la même période.

[34] Cf. C. Morrisson, Le trésor byzantin de Nikertai. *Rev. Belge Num.* 118 (1972) 29–91, aux p. 58–60; L'or monnayé, op. cit. (n. 18), fig. 6 et tableau IX.

se manifesta aussi à Carthage et Syracuse où le poids moyen tomba à 4,36 puis à 4,30 g (peut-être un poids théorique de 23 carats ≃ 4,32 g.). Mais l'importance d'une telle variation (2% seulement du poids total) ne doit pas être exagérée. Elle correspond en fait, nous le verrons, à une légère baisse du titre et témoigne seulement, sous la pression de circonstances moins favorables, d'un relâchement dans l'application des normes.

Un écart significatif entre Constantinople et la province s'observe seulement à l'extrême fin du VIIe siècle: à *Carthage* (Fig. 1) un titre de 86% pour une pièce datée de 681/2[35] est une chute exceptionnelle par rapport aux 96% de moyenne de tous les autres exemplaires étudiés de Constantin IV Une valeur élevée est conservée sous Justinien II, et la baisse ne commence qu'avec les émissions de Tibère III et Anastase II en Sardaigne (94–93%). La rareté de ces pièces à Paris n'autorise malheureusement pas une analyse plus détaillée. Les monnaies arabo-byzantines frappées en Ifriqya après la conquête de Carthage (695) présentent en revanche une altération nette et soudaine. Dès 704 elles tombent au-dessous de 90% d'or, en 708/9 à 85% et 60% en 716[36]. L'or monétaire africain n'a donc pas connu avant la conquête arabe – sauf les exceptions signalées ci-dessus sous Constantin IV – de dévaluation. Et il n'y a pas de différence significative dans la composition métallique des sous de Carthage qui pourrait expliquer leur forme si particulière[37] La facture de ces solidi dits «épais» ou «globulaires» adoptée sous Héraclius, accentuée sous Constant II et continuée par les Arabes nous demeure donc une énigme.

A *Syracuse* la baisse de poids qui affecte le solidus à l'époque du premier règne de Justinien II (685–695) est bien connue[38]: à 4,07–4,11 g., il était alors inférieur de 2 carats à l'étalon métropolitain. Et une nouvelle réduction se produit à partir de Léon III ou même dès 711[39] On considérait

---

[35] BNC 14/Ct/AV/11 = MIB 28. Un ex. du type MIB 25 datant de 679/680 analysé par R. Mauterer (cf. n. 17) titre aussi 87,6% (communication de W. Hahn).

[36] La date par l'indiction se rencontre sur le monnayage d'or arabo-byzantin d'Ifrikiya pour les années 702/3–705/6, 708/9, 710/1, 713/4 (J. Walker, Cat. of the Arab-Byzantine and Post-reform Umaiyad coins. Londres, British Museum 1956, XLIX, 70–73).

[37] «The reason behind the globular form assumed by the later coins is unknown, but at other periods in history coins have sometimes been made of an abnormal shape in the hope of checking their export, and this may have been the case here» (P. Grierson, op. cit. [n. 28], vol. II, 234).

[38] P Grierson, ibid. 15–17; C. Morrisson, Cat. des monnaies byz. de la Bibl. Nat. Paris 1970, 401–402.

[39] Calculé sur les ex. de Londres, Paris et Dumbarton Oaks, le poids moyen du solidus sicilien pous les différents règnes est le suivant (entre parenthèses le nombre d'ex. et l'écart-type): Constant II 4,36 (38; 0,07); Constantin IV 4,30 (13; 0.14); Justinien II, 1er règne 4,07 (8; 0,09); Léonce 4,119 (10; 0,07); Tibère III 4,08 (20; 0,09) Philippicus, Théodose III 3,96

jusqu'ici en revanche que la monnaie d'or byzantine en Sicile était restée relativement pure[40] jusqu'au règne de Michel III (842–867) ou du moins la fin de celui de Théophile. La dévaluation s'est en fait déroulée en deux phases distinctes (Fig. 2): la première remonte au tournant des VIIe–VIIIe siècles lorsque le titre tombe à 84–80% sous Léonce et 75–71% sous Tibère III[41]. On assiste ensuite pendant la plus grande partie du VIIIe siècle et le début du IXe siècle jusqu'au règne de Michel II (820–829), à une stabilisation aux environs de 84–82%, pourcentage sensiblement inférieur à celui de 97% environ conservé à Constantinople à la même époque. La deuxième phase, celle de l'altération la plus grave, commence sous le règne de Michel II à une date que la numismatique ne permet pas de préciser[42]. Certaines émissions sont déjà de 71% seulement. Le rythme s'accélère sous Théophile dont les monnaies titrent entre 80 et 60% et sous Michel III le taux n'est plus que de 40%. Les rares semisses ou tremisses de son successeur Basile I, frappés entre l'avènement de celui-ci en 868 et la chute de Syracuse en 879 sont décrits dans tous les catalogues comme «pièces de cuivre doré». Il ne s'agit pas en fait de dorure mais bien d'un alliage ternaire où le cuivre tient la première place (48%), le reste étant formé d'or et d'argent en quantités presqu'égales (27 et 24,7%).

Cette prédominance du cuivre est tout à fait caractéristique du mode d'altération dans cette seconde phase de la dévaluation en Sicile. Elle se manifeste sur le diagramme ternaire (Fig. 3) par cette ligne parallèle à l'axe de l'or, centrée sur une valeur d'environ 20% Ag qui révèle l'augmentation constante du cuivre. Jusqu'au début du règne de Théophile (vers 830) l'altération se fait par cet ajout de cuivre (⩽ 10%) associé à une part d'or natif ou non affiné qui explique des valeurs d'argent croissant jusqu'à 20%. A partir de 830 environ il n'y a plus qu'ajout de cuivre seul dont le pourcen-

(3); Léon III 3,96 (7; 0,04); Constantin V 3,81 (15; 0,13); Léon V 3,85 (5; 0,05); Michel II 3,82 (10; 0,08); Théophile 3,87 (11; 0,05).

[40] D'après la couleur du métal probablement, P. Grierson écrivait: «The Sicilian gold of the reign (of Theophilus) is in the main of good quality, but some coins are heavily alloyed with copper, as all those of Michael III were to be» (op. cit. [n. 28], vol. III, 418).

[41] Ce décrochement est assez marqué pour permettre de distinguer les émissions siciliennes du premier règne de Justinien II, de pureté encore élevée (93,8%) de celles du second règne, tombées à 82%. Ce critère confirme la réattribution proposée sur des bases numismatiques par W. Hahn, op. cit. (n. 29), Bd. 3, 193.

[42] La seule distinction certaine est celle des émissions au type de Michel II seul, antérieures au couronnement de Théophile (820–821), des émissions de Michel II et Théophile frappées pendant la majeure partie du règne (821–829). Un classement de ces dernières peut être proposé sur la base des variations de légende (P. Grierson, op. cit. [n. 28], vol. III, 390–393) mais il faudrait des analyses plus nombreuses pour voir si l'évolution du titre confirme leur chronologie relative.

tage passe ainsi de 10 à près de 50%[43]. A la différence de Constantinople au XIe siècle, il était donc impossible de recourir à l'argent, minerai indisponible dans l'île, qui apparemment n'avait pas de mines, et en tout cas n'avait jamais frappé dans ce métal.

Pour des raisons de clarté, nous avons jusqu'ici considéré séparément poids et titre. Mais leur baisse est en fait un seul et même phénomène: compte tenu en effet de la densité environ deux fois plus faible de l'argent et du cuivre par rapport à l'or, il est normal que l'augmentation de leur part entraîne, à volume constant, une baisse du poids. Nous n'entrerons pas ici dans le détail technique de l'étude de cette corrélation[44] et nous contenterons d'insister sur le parallélisme des évolutions, évident sur la fig. 4. On est en droit d'en conclure que la réduction du poids du solidus sicilien n'était pas en elle-même le résultat d'une mesure délibérée des autorités monétaires mais bien plutôt la conséquence de l'altération.

Replaçant les données monétaires ainsi établies dans le contexte historique, on est amené à rappeler un certain nombre de faits concernant la Sicile byzantine[45]. La dernière dévaluation doit évidemment être mise en relation avec la conquête arabe, qui commence précisément en 827; malgré l'échec des envahisseurs devant les murs de Syracuse, le siège de la ville peut avoir coupé l'atelier de tout approvisionnement en métal et entraîné l'altération constatée sur les dernières émissions de Michel II. Puis, au fur et à mesure de la prise de contrôle de l'île par les Arabes (prise de Palerme, 831, Messine 843, Cephaloedion 857, Castrogiovanni 859), il était inévitable, en l'absence d'arrivée de billon de la capitale, que la qualité du monnayage fût de plus en plus altérée.

Plus complexes en ce qui concerne la première dévaluation, les parallélismes qui se révèlent n'en sont pas pour autant moins intéressants, bien au contraire. Ainsi il n'est peut-être pas fortuit que cette première atteinte à la pureté du monnayage d'or survienne à l'époque où se place la création du thème de Sicile (692–695)[46] à quelque dix années de distance de la réduction fiscale accordée aux «patrimonia Siciliae et Calabriae» par Con-

---

[43] Il n'est pas impossible que la diminution du diamètre des solidi siciliens, qui passe de quelque 21 mm de moyenne à 15–16 mm sous le règne de Michel II, soit en rapport avec l'accroissement du contenu de cuivre de l'alliage et le durcissement qui en découlait. En attendant une étude métallurgique de cette question, on peut du moins garder à esprit la coïncidence chronologique des deux phénomènes.

[44] J. N. Barrandon se réserve d'étudier prochainement, à partir de plusieurs exemples, cette corrélation (*RN* 1985, 7–22).

[45] Sur l'histoire de la Sicile byzantine, cf. A. Guillou, La Sicile byzantine. Etat de recherches. *Byz. Forschungen* 5 (1977) 95–145, avec la bibliogr.

[46] Cette date a été établie par N. Oikonomides, Une liste arabe des stratèges byzantins du VIIe siècle et les origines du thème de Sicile. *RSBN* 11 (1964) 121–130.

stantin IV[47] Inversement la stabilisation du titre opérée par Léon III est très probablement à mettre en relation avec la réforme fiscale décrétée par cet empereur après 730. Violemment critiquée par Théophane[48], dans la mesure où elle privait le siège pontifical des revenus publics dont il avait eu jusque là la gestion, celle-ci rendait à l'administration impériale, en l'occurrence au protonotaire du thème, la perception directe d'un impôt s'élevant à près de 5 talents d'or[49]

Si de telles mesures de portée régionale ont pu influencer indirectement la composition du monnayage d'or silicien, c'est que celui-ci devait être alors indépendant de l'étalon comme du financement de la capitale. L'unité et le circuit fermé qui avaient prévalu dans la zone méditerranéenne d'influence byzantine jusque vers 690, avaient donc disparu aux VIIIe et IXe siècles. Le système financier de l'ère méso-byzantine était caractérisé par une centralisation accrue dans les provinces orientales, dont témoigne la fermeture des ateliers régionaux (Thessalonique, Nicomédie, Cyzique, Antioche) sous le règne d'Héraclius[50], contrastant avec une décentralisation plus grande en Occident[51] Cette différence se faisait encore sentir sous Léon VI

---

[47] Liber Pontificalis, éd. DUCHESNE, I, 369.

[48] Théophane, éd. DE BOOR, I, 410 Τότε ὁ θεομάχος ἐπὶ πλεῖον ἐκμανεὶς Ἀραβικῷ τε φρονήματι κρατυνόμενος φόρους κεφαλικοὺς τῷ τρίτῳ μέρει Σικελίας καὶ Καλαβρίας τοῦ λαοῦ ἐπέθηκεν. Τὰ δὲ λεγόμενα πατριμόνια τῶν ἁγίων καὶ κορυφαίων ἀποστόλων, τῶν ἐν τῇ πρεσβυτέρᾳ Ῥώμῃ τιμωμένων, ταῖς ἐκκλησίαις ἔκπαλαι τελούμενα χρυσίου τάλαντα τρία ἥμισυ τῷ δημοσίῳ λόγῳ τελεῖσθαι προσέταξεν, ἐποπτεύειν τε καὶ ἀναγράφεσθαι τὰ τικτόμενα κελεύσας ἄρρενα βρέφη, ὡς Φαραώ ποτε τὰ τῶν Ἑβραίων· ὅπερ οὐδ'αὐτοί ποτε οἱ διδάσκαλοι αὐτοῦ Ἄραβες ἐποίησαν εἰς τοὺς κατὰ τὴν ἑῴαν Χριστιανούς.

[49] Cf. le commentaire de ce texte par A. GUILLOU, op. cit. (n. 45) 105–107 et dans La civiltà bizantina dal IV al IX secolo. *Corsi di Studi*.. Bari 1976, 400–403.

[50] M. F. HENDY, On the administrative basis of the Byzantine coinage c. 400-c. 900 and the reforms of Heraclius. *The Univ. of Birmingham hist. journal* 12 (1970) 129–154; W. HAHN, op. cit. (n. 29), Bd. 3, 83–111.

[51] A Carthage et probablement à Ravenne le contrôle de la frappe et de l'émission des monnaies est alors placé, comme à Constantinople, sous la responsabilité d'un sacellaire (cf. W. SEIBT, c.-r. de W. HAHN, Moneta Imperii Byzantini 3, *infra*, p. 363 s.; C. MORRISSON–W. SEIBT, Sceaux de commerciaires byzantins du VIIe siècle trouvés à Carthage. *Rev. Num.* 24 [1982] à paraître). En Sicile l'administration financière dépend d'un protonotaire détaché de la *sakellè* (V. v. FALKENHAUSEN, Untersuchungen über die byzantinische Herrschaft in Süditalien vom 9. bis ins 11. Jh. Wiesbaden 1967, 130). Ce personnage exerçait parfois les fonctions de «monètarios Sikèlias» comme en témoigne le sceau publié par G. ZACOS et A. VEGLERY (Byz. Lead Seals. Bâle 1972, n° 2057). Le tableau suivant résume les données sigillographiques connues sur cet office:

«Jean, spathaire impérial, monétaire et protonotaire de Sicile»	= (?)	«Jean hypatos et monétaire»
		(Palerme, musée, n° 17)
ZACOS-VEGLERY 2057		V. LAURENT, Une source peu étudiée ... *Byzantino-Sicula* 2 (1966) 46, n° 2

puisque, selon Constantin VII, les στρατηγοὶ τῆς δύσεως ne recevaient pas alors leur *roga* de l'empereur comme leurs collègues «puisqu'ils percevaient chaque année leurs propres συνηθείαι sur les ressources de leur thème»[52].

Mieux connue par de nouvelles méthodes analytiques, la composition du monnayage d'or, principal instrument de l'économie publique impériale, peut donc, confrontée aux témoignages parcimonieux des textes, contribuer à éclairer l'histoire financière byzantine.

«Michel, protospathaire impérial et monétaire de Sicile» ZACOS–VEGLERY 2630 (le prénom complet est donné par un sceau inédit du Musée de Messine, n° 4985)

[52] De Cerem. II 50 (I 697 REISKE).

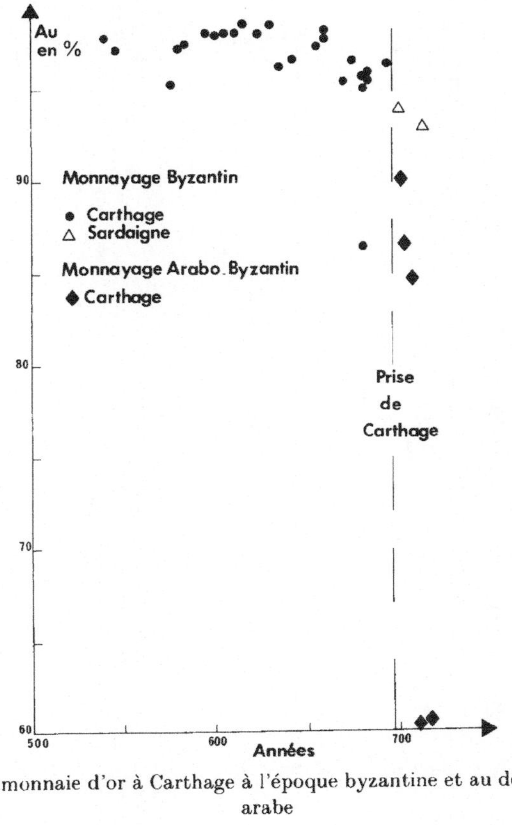

1 Le titre de la monnaie d'or à Carthage à l'époque byzantine et au début de la conquête arabe

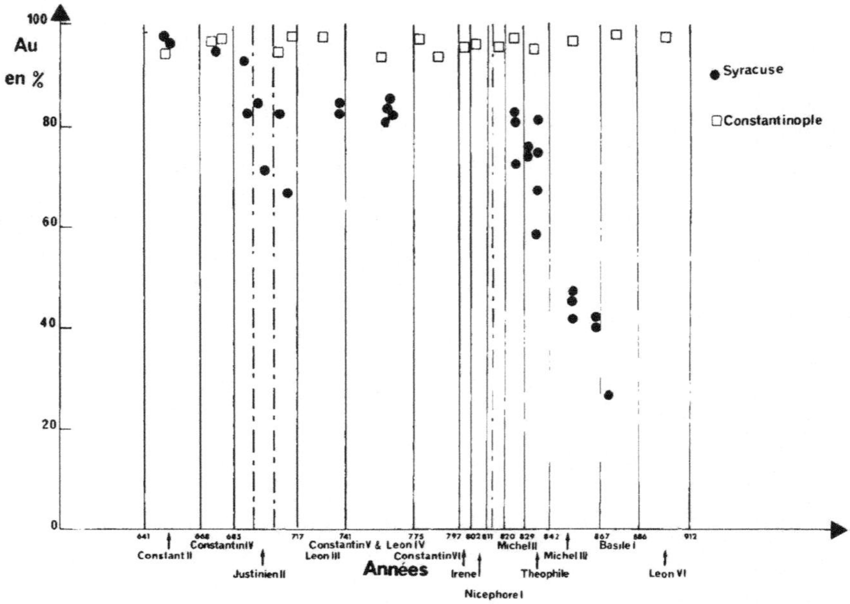

2 Le titre de la monnaie d'or à Syracuse de Constant II à Basile I (642–879)

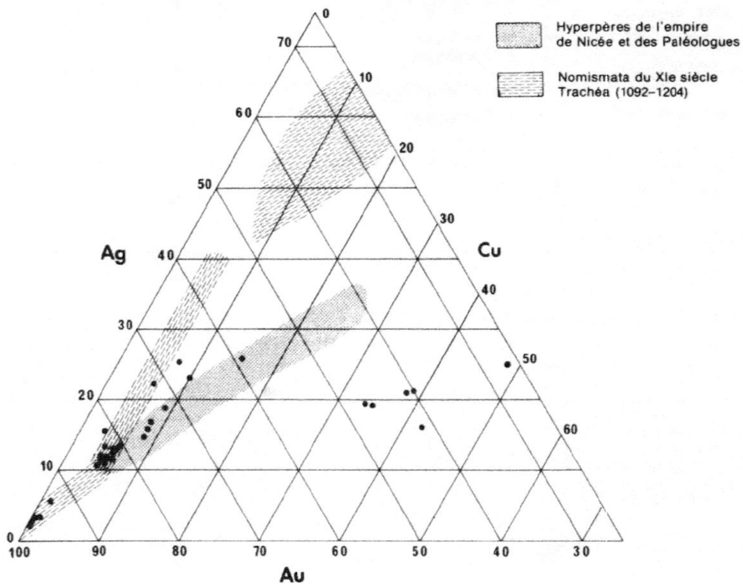

3 Le mode de dévaluation du monnayage d'or sicilien. Diagramme ternaire

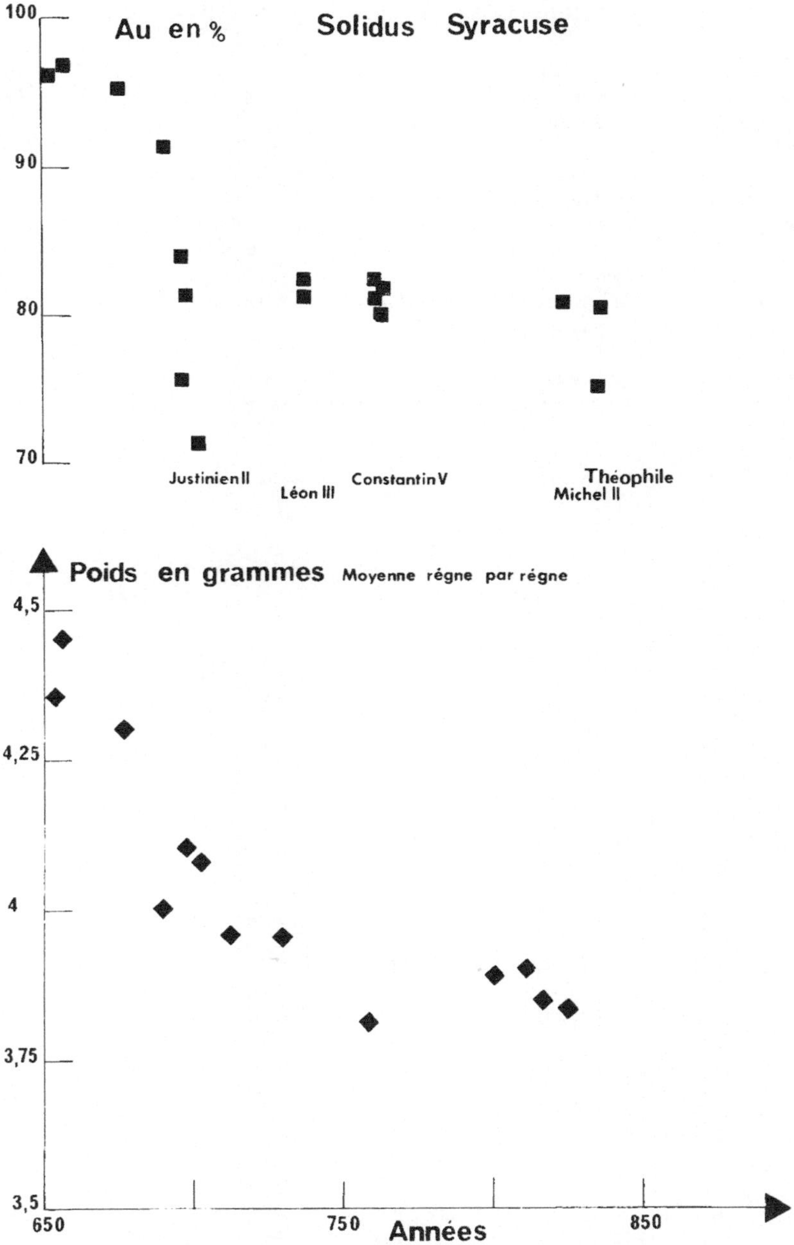

4 Evolution comparée du titre et du poids du nomisma sicilien

Explication des sigles employés dans le tableau

AP	= Activation protonique (cf. supra n. 18).
BNC	= C. MORRISSON, Catalogue des monnaies byzantines de la Bibliothèque Nationale. 2 vol. Paris 1970.
BMC	= J. WALKER, A Catalogue of the Arab-Byzantine and Post Reform Umaiyad Coins (in the British Museum). Londres 1956.
BSFN	= Bulletin de la Société Française de Numismatique.
DOC	= P. GRIERSON, Catalogue of the Byzantine Coins in the Dumbarton Oaks collection and in the Whittemore collection. 3 vol. Washington 1966–1973.
Lavoix	= H. LAVOIX, Catalogue des monnaies musulmanes, I. Paris 1887.
M Ch	= Microchimie (cf. supra n. 17).
MIB	= W. HAHN, Moneta Imperii Byzantini. 3 vol. Vienne 1973–1981.
Saint-Omer	= Catalogue des monnaies d'or du Musée Sandelin, Saint-Omer [Commission des Monuments historiques du Pas-de-Calais] 1983.

Date	Dénomination	N° d'inv.	Référence	Au %	Ag %	Cu %	Méthode d'analyse
			ATELIER DE CARTHAGE				
			JUSTINIEN Ier (527–565)				
539/40?	Solidus	BN 4/05	DOC 277c	98,0	1,63	0,35	AP
546/7?	Solidus	BN 4/02	DOC 277e	97,3	2,3	0,42	AP
			JUSTIN II (565–578)				
576/7?	Solidus	BN 5/02	DOC 190g	95,4	3,73	0,84	AP
			MAURICE (582–602)				
582/3	Solidus	BN 7/01	DOC 215	97,6	1,98	0,35	AP
594/5	Solidus	BN 7/10	DOC 227	98,3	1,39	0,28	AP
600/1	Solidus	BN 7/14	DOC 232	98,2	1,36	0,38	AP
			PHOCAS (602–610)				
604/5	Solidus	BN 8/03	MIB 32(H)	98,3	1,26	0,41	AP
			HERACLIUS (610–641)				
610/1	Solidus	BN 10/01	DOC 202	98,2	1,50	0,31	AP
615/6	Solidus	BN 10/03	DOC 205	98,8	0,97	0,19	AP
623/4	Solidus	BN 1971/317	MIB 92a[7]	98,3	1,34	0,33	AP
635/6	Solidus	BN 10/11	MIB 88(E)	98,7	1,06	0,24	AP
			CONSTANT II (642–668)				
643/4	Solidus	BN 13/01	DOC 107.2	96,9	2,56	0,47	AP
659–662	Solidus	BN 13/08	MIB 72a	98,3	1,36	0,31	AP
642–668	Tremissis	BN 13/13	MIB 79	97,5	2,18	0,30	AP
			CONSTANTIN IV (668–685)				
668–673	Solidus	BN 14/01	MIB 17	95,5	3,66	0,83	AP
674–676	Solidus	BN 14/04	DOC 43a	96,7	2,56	0,70	AP
679/80	Solidus	Coll. Hahn	MIB 25	87,7	3,46	8,83	M Ch
681/2	Solidus	BN 14/11	MIB 28	86,5	10,85	2,65	AP
681–685	Solidus	BN 1981/9	MIB 29	95,7	3.54	0,71	AP
			JUSTINIEN II (685–695)				
695	Solidus	BN 1981/10	BSFN 1981 p. 92 fig. 5	96.5	3,05	0.40	AP

Date	Dénomination	Nº d'inv.	Référence	Au %	Ag %	Cu %	Méthode d'analyse
		ATELIER DE CAGLIARI (SARDAIGNE)					
		TIBERE III (698–705)					
698–705	Tremissis	BN 17/01	MIB 17	94.1	5.5	0.31	AP
		LEON III (717–741)					
717–720	Tremissis	BN 20/01	MIB 5	93.0	6.77	0.18	AP
		MONNAIES ARABO-BYZANTINES D'IFRIQIYA					
Avant 704		Lavoix 95 bis		90.3	7,44	2.27	AP
704/5	Dinar	Lavoix 109	BMC P 39	88.6	10.4	2.95	AP
708/9	Dinar	Lavoix 111 bis	BMC P 42	84,8	11,9	3,2	AP
713/4	Demi-dinar	Lavoix 112	BMC P 46	60.3	37,1	2,55	AP
716/7	Dinar	Lavoix 114	BMC P 50	60.6	37.4	1.98	AP
		ATELIER DE SYRACUSE					
		CONSTANT II (642–668)					
651–654	Solidus	BN 13/05	MIB 87	96,1	3.32	0.60	AP
654–659	Solidus	BN 13/08	MIB 89	96.8	2.69	0.46	AP
667/8?	Solidus	Oxford	MIB 96/1	87,8	12.1	⩽ 0.005	MCh[1]
		CONSTANTIN IV (668–685)					
674/5	Solidus	Athènes	MIB 32	88.1	Néant	11.86	MCh[2]
674–681	Solidus	BN 14/01	MIB 33	95.5	3.34	1.09	AP[3]
		JUSTINIEN II Ier REGNE (685–695)					
687–695	Solidus	BN 1970/483	MIB 23	93,3	5.57	1.17	AP
687–695	Solidus	BN 1970/483	MIB 23	92,5	5.78	1,71	MCh[4]

[1] Le titre de cette monnaie, analysée par R. Mauterer, paraît très faible par rapport à nos données, de même que par rapport à celles de W. A. Oddy.

[2] Le revers de cet ex. (à l'effigie d'Héraclius et Tibère) est de même coin que MIB 31 qui porte au droit le buste de Constantin IV vêtu de la chlamyde. C'est pourquoi W. Hahn l'attribue à Constantin IV bien qu'il porte au droit les bustes de Constant II et Constantin IV (cf. MIB 96). Mais rien ne prouve qu'il ne s'agisse pas du remploi sous Constantin IV sur MIB 31 d'un revers de Constant II, la marque I' de la fin de la lég. se rencontrant également sous cet empereur. Quoi qu'il en soit, le titre déterminé par R. Mauterer, est ici encore anormalement faible.

[3] L'activation neutronique du même ex. pratiquée par A. Gordus donne les résultats suivants: Au 93.9%, Ag 4.65%, Cu 1.45%.

[4] Remarquer ici le bon accord des données de R. Mauterer avec les nôtres.

Date	Dénomination	N° d'inv.	Référence	Au %	Ag %	Cu %	Méthode d'analyse
		LEONCE (695–698)					
696/7	Solidus	BN 1970/484	MIB 9	84	11,3	4,67	AP
695–698	Tremissis	BN 16/01	MIB 15	81,4	15.5	3,08	AP
		TIBERE III (698–705)					
698–705	Solidus	BN 17/01	MIB 32	71,7	22.2	6.04	AP
698–705	Semissis	Coll. Hahn	MIB 39	75.8	7.4	16.52	MCh
		JUSTINIEN II – SECOND RÈGNE (705–711)					
705–711	Tremissis	BN 15/01	MIB 21a	82.5	13.2	4.29	AP[5]
		PHILIPPICUS (711–713)					
711–713	Solidus	BN 19/01	MIB 9	66,9	25.2	7.89	AP
		LEON III (717–741)					
735–741	Semissis	BN 1971/321	DOC 47	84.0	11.5	4.46	AP
735–741	Tremissis	BN 22/03	DOC 49	83,7	11.15	5,15	AP
		CONSTANTIN V (741–775)					
751–775	Solidus	BN 23/01	DOC 15b	83.8	10.8	5.42	AP
751–775	Semissis	Saint-Omer 215	DOC 16	82,4	11.5	6.1	AP
751–775	Tremissis	BN 22/01[6]	DOC 17	81.1	12.8	6.06	AP
751–775	Tremissis	BN 22/02[6]	DOC 17	84,7	10.6	4.74	AP
		MICHEL II (820–829)					
821–829	Solidus	BN 31/01	Cf. DOC 14	82,0	12.3	5.74	AP
821–829	Tremissis[7]	BN 31/03	= DOC 18	81.4	12.75	5.81	AP
821–829	Tremissis	Saint-Omer 220	DOC 18	72.2	18.8	9.0	AP

[5] L'activation neutronique par A. Gordus du même ex. donne les résultats suivants: Au 85.5%, Ag 11.25%, Cu 3.95%.

[6] Ces ex. attribués à Léon III dans le Cat. BN sont attribués avec quelque prudence par Grierson à Constantin V (cf. DOC III. 1. p. 296). Il n'est pas exclu qu'il puisse s'agir de monnaies de Léon IV et Constantin VI auxquels aucune émission en Sicile n'est attribuée habituellement.

[7] Cet ex., pesant 1,28 g. est bien un tremissis et non un solidus comme indiqué à tort dans BNC

Date	Dénomination	N° d'inv.	Référence	Au %	Ag %	Cu %	Méthode d'analyse
		THEOPHILE (829–842)					
829–830?	Semissis	BN 32/07	Cf. DOC 19	74,6	17,0	8,46	AP
830-1 env	Semissis	BN 1967/448	DOC 22	75,74	15,86	8,4	AP
831–842	Solidus	BN 32/02	DOC 24	80,7	13,3	6,0	AP
831–842	Solidus	BN 32/01	DOC 24	75.1	16,6	8,25	AP
831–842	Semissis	BN 32/10[8]	DOC 26(c?)	66,8	23,1	10,1	AP
831–842	Semissis	Saint-Omer 223	DOC 26(c?)	58,8	25,7	15,4	AP
		MICHEL III (842–867)					
842–866	Semissis	BN 33/01	DOC 9	46,3	19.0	34,7	AP
842–866	Semissis	BN 33/02	DOC 10	47,1	19,25	33,67	AP
842–866	Semissis	BN 33/03	DOC 10	40,0	21,1	38,9	AP
866–867	Semissis	BN 33/04	DOC 11	40,9	20,9	38.2	AP
866–867	Semissis	Saint-Omer 226	DOC 11	41,9	15,9	42,2	AP
		BASILE Ier (867–886)					
867–878	Semissis	BN 43/01	DOC 15	27,3	24,7	48	AP

[8] Le style de l'effigie impériale, proche de celui des pièces de Michel III, concorde avec le titre faible pour placer cette émission à la fin du règne de Théophile.

XI

PROTON ACTIVATION AND XRF ANALYSIS: AN APPLICATION TO THE STUDY OF THE ALLOY OF NICAEAN AND PALAEOLOGAN HYPERPYRA ISSUES

In a period of increasingly rapid debasement of the coinage like that experienced by the late Byzantine gold coin, the hyperpyron, it is no surprise that from its very inception this denomination was subject to various means of proof and determination of fineness. From the touchstone or the fire assay, presumably used by Pegolotti's informers in the early 14th century [1] and in the 19th by authors like Borrell [2] or Rollin [3], to the chemical analyses carried out at Bertelè's request in the 1960's [4,5] or the specific gravity measurements given by Hendy [6] for Nicaean gold, the general lines and figures of a decline, which brought the hyperpyron from an average 18 carats in 1222 to a mere 11 carats less than a hundred years later, are well known.

Our present purpose is to attempt a more precise breakdown of this over-all pattern according to the different issues, mints and possibly minor varieties of post-1204 hyperpyra. For such a study the largest possible body of evidence is needed and we do not claim yet, despite the hundred and eighteen data hereby gathered from the Bibliothèque Nationale, Dumbarton Oaks and a private collection to offer final and decisive information. In spite of the shortcomings, some methodological and historical points can nevertheless be made.

We have gathered in table 2 data previously obtained through various methods, some of them well known (Specific Gravity and Ch), and other unpublished results from methods new in our field, either in their principles (Proton Activation) or in their practical device (portable X-Ray Fluorescence). Let us explain briefly that the original method of proton activation devised by Barrandon [7] allows, with a very limited residual radioactivity, a quantitative determination of major elements, using the whole coin as well as of trace elements. For the former, the precision of measurement is $\pm$ 5% in relative value; for the latter the detection limit is ppm (parts per million: 10^{-6} g/g). Barrandon and Poirier [8] have also devised a portable XRF analysis apparatus and method which have two advantages over similar detectors already in use in archaeometric laboratories. It can be used in situ thus avoiding transportation of rarities or other objects and coins outside museums. It has also overcome the calibrating problem through a method of absolute calibration using three samples of pure major elements. In practice, results are obtained and calculated in a couple of minutes and some 15 coins may be analysed per hour.

The results from this method have been compared (Fig. 1) to those obtained through PA on a series of gold coins from the B.N.. For major elements (down to $\geqslant$0.5%), which are the only ones determined by this XRF method, the agreement is relatively good with PA (less than 1 or 2% in relative value as long as the Cu percentage in the alloy is less than 30%, which is nearly always the case here) [9]. This intercomparison thus allows us to use both series of data together, as well as the SG data which are in good agreement for Nicaean coins (with 10% Cu and 74% Au the relative error on Au for SG is not more than 10% and the value thus falls within the range of observed data through other methods). The precision of wet chemical analyses is, in theory, unquestionable; the accuracy of those undertaken for Bertelè or others cannot be ascertained but their general agreement with the whole set of data do speak out for them.

Before commenting on these data let me recall that previous research by Barrandon, Morrisson et al [10,11] has shown the importance of lead as a trace index of voluntary addition of silver into gold alloys and enables us to differentiate the various devices of debasement resorted to by the Byzantines at various times and places. These were:

(a) The adding of native non-refined gold which may contain more than 30% silver was used at the Syracuse mint in the early 8th century when the alloy fell from circa 97% to 80-70 [12]. It was also the process of the first and less serious debasement which brought the nomisma from 95% in the late 10th century to 70% in 1068.

This figure is the lowest level which can be reached unless base metals are also added in the melting-process. Various combinations may be used (and the composition of added alloy can be calculated from that of coined metal in the different stages of debasement).

(b) The adding of copper which explains the last debasement of the Sicilian solidus in the 9th century when the gold content fell from 80% under Michael II to 27% under Basil I. On the ternary diagram, the debasement line runs parallel to the gold axis and the added alloy must have consisted of 80% Cu and 20% Ag.

(c) The adding of silver is responsible for the high pace for debasement between 1068 and 1092. Silver was in this period provided mainly by existing currency; in turn, the silver issues had to be debased with copper because of the shortage of precious metal provoked by its use for "gold" coining. And successive stages of gold debasing with altered silver entailed a progressive increase of copper content in the nomisma to more than 10% while silver accounted for more than 7% in the last pre-reform histamena issues of Alexius I.

The almost pure gold coinage restored by Alexius I Comnenus in 1092 with a standard of 20.5 carats (85%) under the name of hyperpyron, remained relatively stable till the partition of the Empire in 1204 (Fig. 3). The slight drift from an average 83.6% (σ 2.15) (approx. 20 carats) under John II and Manuel I Comnenus to 82.3% (σ 1.35) (approx. 19.75 carats) for Andronicus I and 81.9% (σ 1.5) (approx. 19.6 carats) under the Angeloi rulers (1185-1203) cannot be considered as significant, although it may well have reflected the financial difficulties of the Empire in the late 12th century.

When debasement resumed in the mid-13th century it was carried out on two other different lines. At Nicaea the decrease from 18 to 16 carats is due to the combined addition of native gold and a small amount of copper (circa 7% of added Cu). On the contrary, the Palaeologan hyperpyra show, in the absence of any available newly-mined gold, the addition of silver and copper in roughly equal proportions [13] from some 11% of each under Michael VIII to 16 or 18% of each in the early 14th century. This explains the alignment of values on the ternary diagram on a line starting from the Comnenian hyperpyra. This new process avoided the swift colour change observed on 11th century nomismata which, at 20% Ag and less than 5% Cu, were already becoming paler and greener; with the same content of silver but with a higher silver/copper ratio (0.6 versus 0.17) the colour remained in the more favourable shade of yellow. But the higher copper content also entailed a hardening [14] which made the striking more difficult and was responsible for the frequent flaws in coined blanks.

The present set of data now enables us to frame with reasonable accuracy the different standards of fineness of the hyperpyron. On figure 4, observed average values for gold content have been plotted together with values given by various contemporary texts and documents (Pachymeres and Pegolotti [15]). Their overall agreement has already been noted and asks of no special comment here. We would only wish to distinguish in these series of declining steps the main stages of debasement and try to proceed from the observed average fineness to the intended standards.

Before 1325 the gold coinage underwent seven stages of debasement:

(1) John III (1222-54). Average 73.3% (= 17.6 carats)
(2) Theodore II (1254-58) and Michael VIII; early issues until 1261. Average 71.3% (= 17.1 carats)
(3) Michael VIII (1262-1282). Average 64.7% (= 15.5 carats)
(4) Andronicus II alone nimbate (1282-c.1288?). Average 61.6% (= 14.8 carats)
(5) Andronicus II alone without nimbus (c. 1288?-1294). Average 58.7% (= 14 carats)
(6) Andronicus II and Michael IX, 6 groups of towers (1294-c.1303?). Average 55.9% (= 13.4 carats)
(7) Andronicus II and Michael IX, 4 groups of towers (c.1303?-1320). Average 48.7% (= 11.7 carats)

No official mint specifications are preserved for Byzantine coinage. Pegolotti and other merchants' coin lists gives only results of private assays, as occasional differences of half a carat or less on the same issue clearly shows. Pachymeres, who may have had access to official documents, mentions four standards: 18 carats under John III and Theodore II, 15 carats under Michael VIII after 1261, 14 carats in the early reign of Andronicus II and 12 carats in the early 14th century, and these figures may be closer to the intended fineness. In spite of the slight drift between Theodore II and John III, the hyperpyron may still have been aimed at 18 carats fine in phase 2. Fifteen carats seems too low a theoretical value for Michael VIII coins (phase 3), which actually lie in the region of 15.5 carats, implying rather a 16 carats theoretical standard. The 14 carats stated for the early reign of Andronicus II is the fineness intended after 1294 (in phase 6), and perhaps even earlier for the short proskynesis issue without nimbus (phase 5) [16], while the nimbate issue (phase 4) was apparently kept to 15 carats. The 12 carats standard mentioned by the historian is definitely that found for the "4-towers" Andronicus II-Michael IX issue (phase 7). At an average real fineness of 11.7 carats, this type may have supplied the inferior limit for all issues later than A.D. 1325 that we shall now examine.

The pattern of these last issues, between 1325 and 1354, is more confused and the paucity of available data following Andronicus II's death commends caution. On the ternary diagram (Fig. 5), the dots for these later stages are now scattered on either sides of the previous line which indicated the addition of silver and copper on a roughly 1:1 ratio (actually 54% Ag to 46% Cu). Unlike the process in the early reign of Alexius I Comnenus, debasement here has come to a halt and does not fall below a limit of 46% (= 11 carats gold). The differences between the issues of Andronicus II and Andronicus III (11.3 carats or 47.1%), Andronicus III with John and Anna, (11.0 carats or 46%), John V and John VI (11.0 carats or 45.85%) are quite slight, although obviously on a downward trend, and silver and copper are now added at varying ratios. The composition stated by Pegolotti [18] for contemporary perperi as 11 carats gold, 6 silver and 7 copper, best applies to the Andronicus III with wife and son issue (1328-41 according to Protonotarios' dating [19] or 1341-47 according to the classical dating still adhered to by Grierson [20]) rather than to Andronicus II and Andronicus III when the silver and copper were still of an average 7.8 and 4.8 carats [21]). In these last stages it seems that the alloy would have been controlled to a minimum limit of 11 carats, but that the mint was free to complete the alloy with silver and copper of varying proportions. It should perhaps be questioned whether, like in the late 11th century, resorting to silver currency for tampering with gold, did not have consequences on the basilikon coinage; its weight was reduced in the 1330's from its original 2.2 g to about 1.25 g [23]. This lowering of the weight is currently related to the appreciation of silver at that period (ibid.) but may have also been induced by the remelting of silver into gold issues.

Whichever process was used in this last phase, then a written or unwritten limit of 11 carats existed which could not be trespassed. We are left to speculate on the reasons lying behind the choice of this figure. It may have been intended as a theoretical 12 carats, the lowest possible figure preventing the besant from being a "white" coinage [24].

If we now get into the detail of the issues, we shall underline in chronological order both positive and negative results of our inquiry as well as points which ask for further research. Among John III coins, for instance, it should be tested whether those with a pellet left are not of higher purity than those with the three pellets left or right (perhaps the "perperi latini", at 16.5 carats or less, against 18 for better Nicaean hyperpyra).

A slight drift is observed for Theodore II coins which average 71.4% versus 73.3%, a practical rate of some 17 carats kept by the early issues of Michael VIII. Within the most common types of Michael VIII's hyperpyra (with the Virgin orans within the walls of Constantinople), Grierson and Bendall [26] have pointed to the existence of two main varieties according to whether Christ is depicted holding scroll or Gospels and asked whether it "indicated a change in the purity of the gold". Analyses do not reveal any such difference with average or min-max. values quite similar (64.69% for a min. of 60% and a max. of 69%). Despite the absence of any significant difference in fineness between these two types, we believe that they correspond to a chronological evolution, a fact borne out by the change in portraiture which is seen on them. Most of the earlier ones represent Michael with a pointed and almost bifid beard in the Nicaean fashion, whereas "all the hyperpyra with Christ holding Gospels show Michael with a beard and face becoming rounder and rounder in the course of time". Further inquiry on a greater sample should also see if C/A K/A C/Δ coins are really less pure (61%) than those with Π/Φ or Φ/Π (66.6%). Michael VIII's coins with Π/Є, Є/Π or a similar combination of privy marks have recently been tentatively attributed to Philadelphia [27], but they do not yet reveal any clustering around a particular figure.

The analyses clearly show the order of issue of the two proskynesis types of Andronicus III and allow us to place first the coins with a nimbate portrait of the emperor [28]. In this case, the typological difference has undoubtedly a chronological significance. The overall fineness of the proskynesis types also definitely precludes any attribution to Andronicus II second role reign [30], in which case a fineness of circa 48% instead of the average of 58 to 61% observed (with a minimum of 56%), should be expected, and thus confirms the arguments developed on an iconographical basis [31].

Among the plentiful issues of Andronicus II with Michael IX, the 6 and 4 towers types clearly form, as already recognized for other reasons, the main chronological distinction. Bendall has recently proposed [32,33] for stylistical reasons, the transfer to Thessalonica of coins with characterized portraiture, often bearing sigla on the obverse (imperial) face or outside the walls on the reverse, or coins die-linked to this group. Analyses carried out on a few specimens bear out this contention and show that in the decades around A.D. 1300 Thessalonica constantly maintained a standard higher by a carat than that in Constantinople.

Besides the mint distinction, no significant correlation appears between different privy marks and their alloy. Pending further analyses on extended material it rather seems for the moment that they are not associated with any precise chronological pattern.

As a provisional conclusion two points may be made:

a) Considering the methods, it appears possible to apply various analytical means to a study of gold coinage down to a fineness of 40%, provided copper is not higher than 30%.

Of these methods, proton activation gives insight into how debasement is carried out whereas X-ray fluorescence supplements these limited analyses with easily available data on the major constituents of the alloy and thus makes a statistical treatment feasible.

b) The application of these methods throws light in greater detail even if not to the degree of precision which was hoped for on the pattern of issues and mints of late Byzantine hyperpyra.

BIBLIOGRAPHY AND NOTES

[1] Pegolotti refers to the touchstone in a paragraph of his long chapter on gold and silver alloys: "E la sua bonta [dell'oro] e'l suo tenere s'egli è in ariento o in rame, o quanto tiene oro o quanto ariento o quanto rame, sì si conosce per li conoscitori d'oro in sul paragone colle tocche dell'oro allegato a oro e ariento e a rame come conviene e come bisogna". Another contemporary (A.D. 1305) coin list (from an unpublished ms. in the * Marciana, communication of Prof. R.H. Bautier) says: "Se tu none fossi ben chiaro nell'animo tuo, fanne sagio a fuocho per che lle leghe delle monete si ssi mutano da una ora a'ltra".

[2] Borrell, H.P., "Unedited coins of the Lower Empire", NC 4 (1841), 15-22.

[3] Rollin, 'Monnoies d'or des empereurs de Nicée...', RN (1841), 171-176.

[4] Bertelè, T., 'Il titolo degli iperperi della zecca di Nicaea', Proceedings of the XIIIth Congress of Byzantine Studies (Oxford 1966), London, 1967, 339-341.

[5] Bertelè, T., 'Moneta veneziana e moneta bizantina', Venezia e il Levante fino al secolo XV. Atti del I Convegno internazionale di storia della civiltà veneziana (Venezia 1968), Florence, 1973, 1-146, and Bertelè, T., Numismatique byzantine, (ed. C. Morrisson), Wetteren, 1978.

[6] Hendy, M., Coinage and Money in the Byzantine Empire (1081-1261) (Dumbarton Oaks Studies 13), Washington, 1969.

[7] Barrandon, J.N., 'Utilisation des réactions nucléaires induites par les protons pour l'étude des monnaies d'argent et d'or', Revue d'Archéométrie (1978), 105-120, and Barrandon, J. N., 'Méthodes nucléaires d'analyse et numismatique', Actes du 9e Congrès int. de num., (Berne, 1979) (AINP No. 6) (ed. T. Hackens and R. Weiller) Louvain-la-Neuve-Luxembourg, 1982, 3-15.

[8] Barrandon, J. N. and Poirier, J. in Poirier, J. Contribution à l'analyse de l'or antique, thèse de doctorat ès-sciences, Université d'Orléans, 1983 (mimeographed).

[9] Before starting our series of XRF measures in the Bibliothèque Nationale in 1983, we began by analysing an hyperpyron of John III (BN 947) and checked the agreement of our data (see table 2).

[10] Morrisson, C. (Barrandon, J.N., Brenot, C., Callu, J.P., Halleux, R., Poirier, J.), 'Numismatique et histoire. L'or monnayé de Rome à Byzance: purification et altérations', Comptes-Rendus. Académie des Inscr. et Belles-Lettres (1982), 203-223.

[11] Morrisson, C, Barrandon, J.N., Brenot, C., Callu, J.P., Halleux, R., and Poirier, J., L'or monnayé I. De Rome à Byzance: purification et altérations (Cahiers E. Babelon, no. 2), Paris-Valbonne, CNRS, 1985.

[12] Morrisson, C., (Barrandon, J.N., Poirier, J.), 'Nouvelles recherches sur l'histoire monétaire byzantine: évolution comparée de la monnaie d'or à Constantinople et dans les provinces d'Afrique et de Sicile', Jhb. der Österr. Byzantinistik 33 (1983), 267-286.

[13] Compare to this 1:1 proportion, the 2:1 silver/copper ratio of the 13th century bisantii saracenati analysed by A.A. Gordus and D.M. Metcalf ('Neutron Activation Analysis of the Gold Coinages of the Crusader States', MIN 1, 119-150, esp. p. 142). Such simple ratios were no doubt intended to facilitate the moneyers' work.

[14] See the classical hardness measurements in L. Sterner-Rainer, 'Einige Eigenschaften der Legierungen Au-Ag-Cu', Zeitschr. f. Metallkunde 18 (1926), 143-148, esp. pp. 144-146.

[15] George Pachymeres, Bonn ed., 2, 493-94. F. Balducci Pegolotti, ed. Evans, 288-289. This last passage is given in ref [6] pp. 255-256 with an English translation on p.250-251.

[16] The date of A.D. 1288 here given for the beginning of the second proskynesis issue is totally hypothetical, corresponding to half of the reign of Andronicus II alone (1282-1294). In fact, the ratio of sigla between the two phases (5 and 6) points to a longer issue of the nimbate type for which 82 sigla are known, as opposed to only twelve for the other type (see ref [17]).

[17] Bendall, S., 'Sigla on Paleologan hyperpyra, RN6 26 (1984), 161-192.

[18] Pegolotti, F., La Pratica della Mercatura, (ed. Evans), Cambridge, Mass., 1936, p.40.

[19] Protonotarios, P., 'Le monnayage d'or et d'argent d'Andronic III avec Jean V et Anne de Savoie', RN6 19 (1977), 77-86.

[20] Grierson, P., Byzantine Coins, London-Berkeley, 1982, p. 293

[21] Incidentally, this fact points out to a terminus for the additions in the merchant's Eastern mediterranean coin list (see ref. [22]) in the 1330's rather than the 1320's. See also for a comment on the silver coins mentioned in the same list Bertelè (1973) p. 41, n.1 who would prefer to place the additions in 1320.

[22] Grierson, P., 'The Coin List of Pegolotti', Studi in onore di A. Sapori, Milan 1957, 485-492 (= Later Medieval Numismatics, London 1979, art. XI).

[23] Grierson, P., Byzantine Coins, London-Berkeley, 1982, p. 250.

[24] Further debasement of the alloy, putting the gold content below 40% even with a high content of copper, would have given the coins a white appearance (see the colour diagram in ref. [10] fig. 5 and in ref. [11] fig. 21.

[25] Morrisson, C., 'Du solidus a l'hyperpère: dévaluations et déclin de la monnaie d'or byzantine', CENB 14 (1977), 65-76.

[26] Bendall, S., 'An Early Palaeologan Gold Hoard', NC 142 (1982), 66-82.

[27] Bendall, S., 'Perperi di Filadelfe', SNR, 34 (1984) 3-8.

[28] This confirms the distinction between the copper trachea of the same type (see ref. [26] p. 79); the earlier ones show the emperor nimbate and are without sigla, and the later ones show the emperor without nimbus and bear the sigla. See ref. [29].

[29] Bendall, S., and Donald, P.J., The Later Palaeologan Coinage (1282-1453), London, 1979, p. 40, no. 9.

[30] Veglery, A., and Millas, A., 'Gold coins for Andronicus III (1328-1341)', N.Circ 81 (1973), 467-9 and 82 (1974), 4-7, 50-1.

[31] Protonotarios, P., 'Is a reattribution of the hyperpyron of the Proskynesis type justified?', N.Circ 82 (1974), 283-5.

[32] Bendall, S., 'Thessalonican Coinage of the Mid-Thirteenth Century in the Light of a New Hoard" NC 7th series 18 (1978), 105-114.

[33] Bendall, S., 'Palaeologan Gold Coins from the Mint of Thessalonica', SNR 32 (1982), 16-21.

Other references used in Table 2

Gerasimov, T., 'Les hyperpères d'Andronic II et d'Andronic III et leur circulation en Bulgarie', Byzantinobulgarica (1962), 213-236.

Iliescu, O., 'Le dernier hyperpère de l'empire byzantin de Nicée', Byzantinoslavica (1965), 94-99.

Corrigenda

p. 27, n. 1, après: bisogna", ajouter: (p. 358).

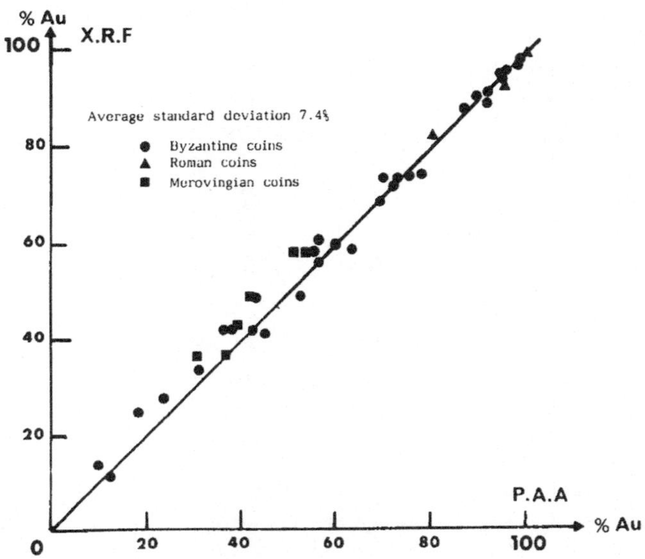

Figure 1

Comparison of results obtained by x-ray fluorescence and proton activation analysis of gold coins

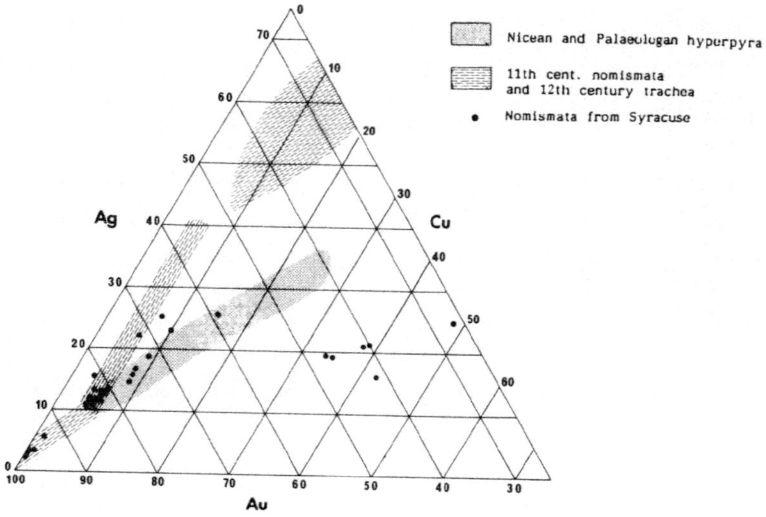

Figure 2

Lines of debasement of Byzantine gold coinage

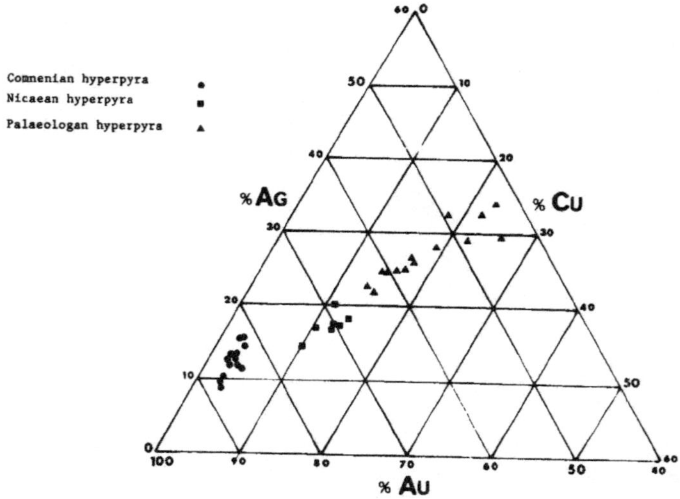

Figure 3

Major elements in Byzantine hyperpyra (1092-1354)

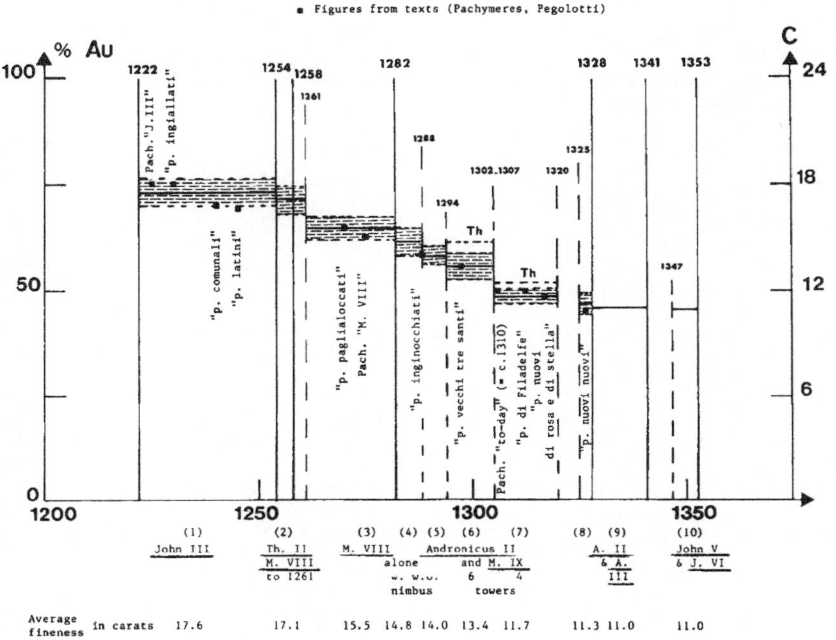

Figure 4

The fineness of Byzantine hyperpyra as found by analysis (1222-1354), compared with data from contemporary texts

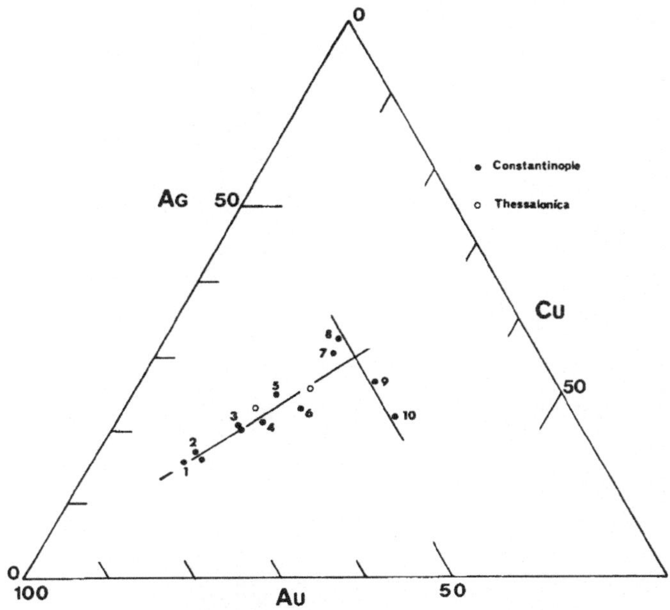

Figure 5

Major elements in Byzantine hyperpyra (1222-1354). The numbers indicate the different phases of debasement shown in Figure 4.

TABLE 1

AVERAGE COMPOSITION OF LATE BYZANTINE HYPERPYRA

Emperors and Type (Constantinople, unless otherwise mentioned)	Number of analysed specimens	Gold content average %	SD	Max.	Min.	Silver content average %	SD	Max.	Min.	Copper content average %	SD	Max.	Min.
JOHN III	11	74.1	3.22	79.4	66.8	15.7	1.84	20.4	12.8	10.6	1.9	13.9	7.85
THEODORE II	5	71.3	3.27	77.4	67.9	16.1	1.62	18.2	13.6	12.5	1.8	13.9	8.95
MICHAEL VIII													
2) Throning Virgin	3	71.36	0.7	72.1	70.3	17.2	0.21	17.4	16.9	11.2	1.14	12.8	10.05
3) Christ w. scroll	13	64.75	2.85	69.4	60.56	20.17	2.5	24.7	16.0	15.06	2.09	19	11.2
4) Christ w. Gospels	12	64.69	2.71	69.2	60	20.6	1.55	22.7	17.85	14.7	2.05	20	12.2
ANDRONICUS II													
alone w. nimbus	8	61.67	3.34	68.2	58.0	21.2	1.97	24.5	19.0	17	3.66	23	10.3
w. o. nimbus	6	58.71	1.81	61.7	56.4	24.4	1.57	26.0	22.0	16.9	1.34	19	14.8
A.II - MICHAEL IX	9	55.95	3.01	58.9	49.5	22.96	4.21	32.5	17.0	20.83	2.86	25	16.3
6 towers													
id. Thessalonica	4	61.45	0.32	61.9	61.0	23.75	0.5	24.5	23.1	14.8	0.72	15.5	13.6
4 towers	16	48.72	1.86	52.3	45.3	30.53	1.85	33.2	27.6	20.67	1.76	24.2	17.5
id. Thessalonica	8	52.77	3.61	57.3	49.1	26.18	3.16	31.3	21.1	19.92	1.42	22.6	18.3
A.II - ANDRONICUS III	19	47.14	2.56	52.9	42.6	32.5	2.66	37.6	27.9	20.23	2.35	22.1	12.5
ANDRONICUS III -													
JOHN V and ANNA	2	46.05		47.5	44.6	26.65		27.5	25.8	27.3		29.6	25.0
JOHN V - JOHN VI	2	45.85		46.5	45.2	21.85		28.7	c.15	32.3		38.5	26.1

TABLE 2

COMPOSITION OF LATE BYZANTINE HYPERPYRA (1222-1354)

Obverse type (convex side)	Reverse type (concave side)	Origin and identification	Reference	Wt (in gms)	Method of analysis and reference	Metal contents Au%	Ag%	Cu%	Fineness (carats)
JOHN III VATATZES (1222-1254)									
2) Throning Christ	Emp. and Virgin standing								
No sigla		BN 947	H. 32.1	4.36	PA	75.4	14.3	10.3	18.1
		BN 947	H. 32.1	4.49	XRF	74.8	15.0	10.16	
Pellet		BN 959	H. 32.4	4.49	PA	72.8	17	10.2	17.4
Id.		BN Sch 3403		4.76	XRF	73.9	15.2	10.9	17.7
Id.		BN Sch 3406		4.26	XRF	72.3	14.6	13.0	17.3
Cross l. and r.		BN 1968/27	H. 31.14-15	4.26	PA	70.6	16.7	12.7	16.96
Cross l.		BN Sch 3405	H. 31.13	3.84	PA	73.7	20.4	11.4	17.69
Small o l.		Priv. coll.B(1)		4.45	PA	76.85	15.3	7.85	18.44
Pellet l.		BN S L 382			XRF	79.4	12.8	7.8	19.05
No sigla		DOC (IV) 5.9*		4.62	SG (H.78)	73			17.5
Id.		DOC (IV) 5.14		4.40	SG (H.79)	72			17.28
Pellet		DOC (IV) 6b.1		4.34	SG (H.80)	70			16.80
Id.		DOC (IV) 6b.3		4.34	SG (H.81)	70			16.80
No sigla		Bertelè coll. (Bertelè, 1967 fig. 1)	H. 32.1	4.10	Ch (Bertelè, 1973,20)	75.1	16.0	8.9	18.02
K l. O r.		BN 953		2.56 clipped	XRF	78	15.3	13.9	18.72
Pellet r.		Bertelè coll. (Bertelè, 1967, fig. 2) (= Iliescu 1965, pl. XII, 1)	H. 32.1		Touchstone (cf. Bertelè, 1967, p. 97)	75			18
⁖ l.		Ibid. fig. 3			Ch (Bertelè 1967 = Bertelè 1973, 21)	66.8			
C r.		Ibid. fig. 4			Touchstone (cf. Bertelè, 1967, p. 97)	65			15.60
⁖ r.		Ibid. fig. 5			Touchstone (ibid.)	65			
THEODORE II LASCARIS (1254-1258)									
Throning Christ	Emp. and Virgin standing								
A r.	(1254)	BN 951	H. 34.10 (this coin ill.)	4.30	PA	67.9	18.2	13.9	16.28
Id.		BN 948		4.12	XRF	72.0	15.1	12.9	
B l. B r.	(1255)	Priv.coll. B(2)	H. 34.11	4.10	PA	77.4	13.6	8.95	
Γ l. and r.	(1256)	BN 952		4.31	XRF	69.9	16.4	13.7	
Δ l. and r.	(1257)	BN 966 (this coin ill.)	H. 34.14	4.35	PA	69.7	17.3	13.0	16.73

MICHAEL VIII PALAEOLOGUS (1259-1282)

1) Throning Christ	Emp. and Virgin standing	Iliescu, 1965 pl. XII, 2	H. 36.1 (this coin ill.)	3.76	Touchstone Iliescu, 1965)	64.5			15.5
Crescent P. cross r. (Magnesia 1259-61)									
Id. but unknown sigla	Id.				Touchstone (Borrell 1841, 184)	66.6			16
2) (1261) Throning Virgin	Kneeling emperor	Priv. coll. B (3)		4.24	PA	71.7	17.3	11.0	17.2
B l. and r.	Id.								
K l. X r.	Id.	Priv. coll. B(4)		4.30	PA	72.1	17.4	10.05	17.3
No. sigla	Id.	BN 978		4.10	XRF	70.3	19.9	12.8	16.9
3a) Virgin within walls (1261-1282)	Kneeling emp. Christ w. scroll								
From now onwards, for sigla, see the reference to Bendall's list (Bendall 1984b)		Priv. coll. B 5	Bendall, 1984b, 4	4.11	PA	65.3	21.4	13.3	15.6
		Priv. coll. B 6	id., 38	4.07	PA	65.0	21.2	13.8	15.6
		Priv. coll. B 7	id., 6	4.16	PA	66.9	19.8	13.3	16.0
		Priv. coll. B 8	id., 42	4.16	PA	67.6	18.9	13.5	16.2
		Priv. coll. B 19	id., 19	4.18	PA	69.4	19.4	11.2	16.6
		BN 976	id., 41	4.11	PA	60.0	24.5	15.5	14.41
		BN 975	id., 41	4.03	XRF	62.7	19.9	17.4	
		BN Sch 3652	id., 5	4.04	PA	60.56	24.7	14.71	14.53
Below, outside walls, l. and r. ∴		BN 1970/249 = Hess Leu 13/V/70, 725	Bendall -	4.26	PA	62.6	21.9	15.5	15.02
P l. and r.		DO (Bertelè, 1973, 22)	Bendall -	4.15 (3.90 after anal.)	Ch (Bertelè, 1973, 22)	64.0	17.0	19.0	15.36
		BN Sch 3650	Bendall, 1984b, 35	4.23	XRF	68.2	17.6	14.2	16.4
		BN 974	id. 29	4.33	XRF	67.0	16.0	17.0	16.1
3b) Virgin within walls	Kneeling emp. Christ w. Gospels								
		BN Sch 3651 (Morrisson, 1977, 74, fig. 4a)	Bendall, 1984b, 52	4.12	PA	63.5	22.7	13.8	15.2
		Priv. coll. B 9	id., 63	4.09	PA	61.8	21.4	16.8	14.8
		DO (Bertelè, 1973, 28)	id., 62		Ch (Bertelè, 1973, 23)	62.5	20.0	17.5	15.0
		Priv. coll. B10	id., 64 = Bendall 1982a, 55	4.03	PA	65.6	20.5	13.9	15.7

		Priv. coll. B 20	id., 64	4.10	PA	65.5	21.3	13.9	15.7
		Priv. coll. B 22	id., 72 = Bendall 1982a, 42	4.17	PA	69.2	17.85	12.9	16.6
		BN 977	id., 54	3.87 pierced	XRF	65.5	20.15	14.4	15.7
		BN Sch 3653	id., 55	3.94 clipped	XRF	62.5	20.7	16.7	15.0
		Priv. coll. B 11	id. 76= Bendall 1982a 53	4.10	PA	66.8	19.1	14.1	16.0
		Priv. coll. B 21	id. 74 = Bendall 1982a, 52	4.12	PA	66.5	20.15	13.3	15.9
		Priv. coll. B 12	id. 83 = Bendall 1982a, 45 = 1984a, 6e	4.23	PA	61.4	42.1	14.5	14.7
		Priv. coll. B 13	id. 84 = Bendall 1982a, 48 = 1984a. 7e	4.12	PA	68.0	19.8	12.2	16.3
		DO (Bertelè, Dossier 29.2)	id., 65		Ch (Bertelè 1973, 23)	60.	20	20	14.4

ANDRONICUS II PALAEOLOGUS (1282-1328)
ANDRONICUS II ALONE

1) Virgin within walls	Kneeling emp. with nimbus								
		DO = Bertelè, dossier, 51,9	Bendall, 1984b, 53?	4.05 (3.80 after anal.)	Ch (Be, p. 44, 26)	59.2	20.	20.8	14.2
		Priv. coll. B 15	id., 80	4.00	PA	65.0	19.5	15.5	15.6
		Priv. coll. A 3	id., 41	4.06	PA	58.3	23.1	18.6	
		Coll. priv B (24)	id., 21	3.90	PA	59.9	24.5	15.6	14.4
		DO = Bertelè, dossier, p. 51, 8	id., 32	3.65 (3.40 after anal.)	Ch (Be, p. 44, 29)	58.0	19.0	23.0	13.0
		BN 980	id., 66	4.06	XRF	62.9	19.4	17.7	15.1
		BN 982	id., 39	4.06 pierced	XRF	68.2	21.5	10.3	16.4
		BN 981	id., 40	3.64 pierced and broken	XRF	61.9	23.3	14.8	14.8
2) Virgin within walls	Kneeling emp. without nimbus								
		BN Sch 3666	Bendall, 1984b, 83	3.94	PA	56.6	26.0	17.4	13.6
		Priv. coll. B 14	id.	3.89	PA	61.7	23.5	14.8	14.8
		Priv. coll. B 13	id.	4.08	PA	59.6	24.7	15.7	14.3
		DO = Bertelè, dossier, 51, 7	id.	4.05 (3.80 after anal.)	Ch (Be, p. 44, 28)	59.0	22.0	19.0	14.2
		DO = Bertelè dossier, 51, 6	id., 89	3.85 (3.65 after anal.)	Ch (Be, p. 44, 27)	59.0	23.5	17.5	14.2
		BN Sch 3667	id.	3.94		56.4	26.6	17	13.5

ANDRONICUS II AND MICHAEL IX in the period 1294-c.1303

1) Virgin within walls 6 towers	L. Andr. II, r. Michael IX before Christ								
Bendall, 1984b, 45		BN Sch 3672		4.07	PA	58.9	24.8	16.3	14.11
Id., 40		BN Sch 3677		3.82	XRF	58.0	23.2	18.8	13.9
Id., 5		DO = Bertelè, dossier, p. 68, 11	Bertelè 1973, pl. III, 30	3.95 (3.75 after anal.)	Ch (Bertelè 1965 p. 67, 30)	58.5			14.0
M/X Bendall -		Bucarest, Orghidan = coll.	Iliescu 1965, Pl. I, 5	4.00	Ch (Iliescu, 1965, p. 98, no 22)	54.0			13.0
Bendall, 1984b, 32		DO 219 = Bertelè, dossier, p. 68, 10		4.05 (3.80 after anal.)	Ch (Bertelè 1973, p. 44, 32)	54.0	22.0	24.0	13.0
Id., 13		BN 983		3.75	XRF	54.3	22.75	22.95	13.0
2) Virgin within walls a) 6 towers	Transposed figures and legends								
Bendall 1984b, 82		BN 1968/28 = MM XI, 287 = CENB 1977 p. 75, fig. 5a		4.05	PA	49.5	32.5	18.0	11.86
No sigla		DO 235	= Bertelè 1978, pl. XV, 17	4.45 (4.21 after anal.)	Ch (Bertelè 1973, p. 44, 31)	58.0	17.0	25.0	13.92
No sigla		DO 236	= Bertelè 1973, pl. III, 25	3.90 (3.62 after anal.)	Ch (Bertelè 1973 p. 44, 25)	58.4	20.0	21.6	14.01
b) 4 towers Bendall 1984 b, 185	Id.	DO 100	= Bertelè 1973, pl. III, 37	3.55 (3.27 after anal.)	Ch (Bertelè 1973, p. 45, 37)	48.8	31.0	20.2	11.71
Id.		DO 98	= Bertelè 1973, pl. III, 38	3.90 (3.65 after anal.)	Ch (Bertelè 1973, p. 45, 38)	48.0	31.5	20.5	11.52

ANDRONICUS II AND MICHAEL IX in the period c.1303-1320

3) Virgin within walls 4 towers	L. Andr. II r. Michael IX before Christ								
Bendall 1984b, 191		BN Sch 3673		3.84	PA	49.4	32.5	18.1	11.9
Id.		BN 987		4.14	XRF	48.5	29.2	22.2	11.6
Bendall 1984b, 185		DO 88	= Bertelè 1973, pl. III, 33	2.85 (2.60 after anal.)	Ch (Bertelè 1973, p. 44, 33)	51.2	29.0	19.8	12.3

Id.		DO 15 = Bertelè dossier, p. 68, 13	= <u>ibid.</u> pl.III, 34	3.85 (3.60 after anal.)	Ch (id.,p. 44, 34)	50.0	30.0	20.0	2.0
Id.		DO? = Bertelè dossier, p.68, 16	= <u>ibid.</u> pl. III, 40	3.93	Ch (id., p.45, 40)	47.3	33.2	17.5	11.3
Id.		DO 46 = Bertelè dossier, p. 68, 15	= <u>ibid.</u> pl. III, 41	3.87 (3.35 after anal.)	Ch (id., p.45, 41)	46.5	30.6	23.9	11.2
Id.		DO 20 = Bertelè, dossier, p.68, 14	= <u>ibid.</u> pl. III, 42	4.10 (3.56 after anal.)	Ch (id., p. 45, 42)	45.3	32.6	22.1	10.9
Bendall 1984b, 177 ?		Do ? = Bertelè dossier, p. 68, 18	= <u>ibid.</u> pl. III, 36	3.68	Ch (id., p. 45, 36)	49.0	30.3	20.7	11.8
Bendall 1984b, 145		DO ? = Bertelè, dossier, p.68, 17	= <u>ibid.</u> pl. III, 39	4.05	Ch (id., p. 45, 39)	47.5	33.0	19.5	11.4
Id.		BN 1973/17		4.08	XRF	47.3	32.8	19.9	11.3
Bendall 1984b, 134		BN 1973/15		3.49	XRF	49.0	29.0	22.0	11.8
l. A r. δ ?		BN 1973/16		4.20	XRF	47.6	28.2	24.2	11.4
Bendall 1984b, 156		BN 1973/14		3.97	XRF	51.9	27.6	20.5	12.4
Id.	Leg. <u>Autokratores Romaion</u>	BN Sch 3676		4.16	XRF	52.3	28.0	19.7	12.5
1) Virgin within walls <u>6 towers</u> (<u>Bendall, 1982b</u>,	"Thessalonica A")								
No sigla	Circular leg.	Priv. coll. B (16)	cf. Bendall 1982b, p. 17, 6		PA	61.4	23.1	15.5	14.7
No sigla	Circular leg.	Priv. coll. B (17)	id.		PA	61.5	23.6	14.9	14.8
Bendall 1984b, 107		Priv. coll. B (21)		3.95	PA	61.9	24.5	13.6	14.8
Bendall 1984b 110		Priv. coll. B (2/2)		3.97	PA	61.0	23.8	15.2	14.6
2) <u>4 towers</u>	"Thessalonica B"								
Bendall 1984b, 199	Circular leg.	Priv. coll. (18)		3.92	PA	54.9	26.3	18.8	13.2
Id.	Vertical leg.	<u>Sofia</u> Museum n^r 982	= Gerasimov 1962, p.230, n^r20, pl. II, 1	4.30 w. loop	Ch (Gerasimov 1962, p. 218)	50	21.1	20	12.0
Id.	Vertical leg.	DO ? = Bertelè, dossier, p.68, 12	= Bertelè 1973, pl. III, 35	3.80 (3.55 after anal.)	Ch (Bertelè 1973, p. 45, 35)	49.2	29.0	21.8	11.8
Bendall 1984b, 118		Priv. coll. B		3.34	PA	49.1	31.3	19.6	11.8
Bendall 1984b, 206	Circular leg.	Priv. coll. A (5)		4.39	PA	48.7	28.7	22.6	11.7
"Thessalonica C"									
Bendall 1984b, 122	Vertical leg.	BN 1973/13	Same rev. die as Bendall 1982a,n^{rs} 177-178	3.59	XRF	57.3	23.2	19.5	13.7
Id.		Priv. coll. B (2/5)	id.	4.03	PA	57.2	24.0	18.8	13.7
Bendall 1984b, 121		Priv. coll. B (2/4)		4.10	PA	55.8	25.9	18.3	13.4

ANDRONICUS II AND ANDRONICUS III (1328-1341)

Virgin within walls 4 towers	L. Andronicus II, r. Andronicus III, before Christ								
Bendall 1984b, 20		BN 1973/21 ("Istanbul hoard", 129)		4.18	PA	52.9	28.1	19.0	12.6
Id., 27		BN 1973/24 ("Istanbul hoard", 140)		3.53	PA	45.2	32.7	22.1	10.8
Id., 27		Priv. coll. A, 7		4.14	PA	50.2	27.9	21.9	12.0
Id., 12		Priv. coll. A, 6 ("Istanbul hoard", 144)		3.01	PA	46.6	30.3	23.1	11.2
Id., 25		Priv. coll. A, 4 ("Istanbul hoard", 59)		2.91	PA	48.4	31.2	20.4	11.6
Id., 10		BN 1973/20 ("Istanbul hoard", 121)		4.19	PA	42.6	34.3	23.1	10.2
Id.		Sofia Museum, 1020	= Gerasimov 1962, p. 235, no 51 = pl. IV, 12	4.16	Ch (Gerasimov, 1962, p. 128)	49.5	37.6	12.5	12.0
Id.		DO 241 - Bertelè, dossier, p.78, 23	= R. 2233 = Bertelè 1973, pl. IV, 48	3.70 (3.45 after anal.)	Ch (Bertelè 1973, p. 45, 48)	46.2	34.0	19.8	11.1
Id., 9		DO 243 = Bertelè, dossier, p.78, 21	= R. 2229 = Bertelè 1973, pl. IV, 45	4.25 (4.20 after anal.)	Ch (Bertelè 1973, p.45, 45)	49.2	31.0	19.8	11.8
Id.		BN 1973/23 ("Istanbul hoard", 138)		4.15	XRF	46.7	30.0	23.3	11.2
Id., 7		BN Sch. 3708		4.29	XRF	47.45	30.8	21.75	11.4
Bendall 1984b, 3		DO 238 = Bertelè, dossier, p. 78, 19	= Bertelè 1973, pl. IV, 46	3.70 (3.60 after anal.)	Ch (Bertelè 1973, p. 45, 46)	47.2	32.5	20.3	11.3
Id.		DO? = Bertelè, dossier, p. 78, 20	= Bertelè 1973, pl. IV 49	3.85 (3.60 after anal.)	Ch (Bertelè 1973, p. 45-49)	46.0	34.0	20.0	11.0
Id.		DO 240	= Bertelè 1973, pl. IV, 50	4.15 (3.90 after anal.)	Ch Bertelè 1973 p. 45, 50)	45.2	36.0	18.8	10.8
Id., 4		BN Sch 3707		4.11 pierced	XRF	49.6	32.15	18.25	11.9
Id.		BN 985		3.73 broken	XRF	47.3	32.5	20.2	11.3
Id., 15		BN 1973/22 ("Istanbul hoard" 130)		5.15	XRF	47.7	31.7	20.5	11.4
Bendall - L.Mr. IX or Bendall 1984b, 15?		Sofia Museum 980	Gerasimov 1962, p. 233, no 43 = pl. IV, 5)	3.61	Ch (Gerasimov 1962, p.218)	41.4	37.4	21.0	9.84

Bendall - One pellet above walls at 11 and 1 o'clock		DO 237	= Bertelè 1973, pl. IV, 47	3.85	Ch Bertelè 1973 p. 45, 47)	46.4	35.0	18.6	11.1
Undetermined mint or imitation l. A r. IE		BN 1973/18 from the Istanbul hoard		3.88	PA	48.7	29.1	22.2	11.7
ANDRONICUS III, JOHN V AND ANNA OF SAVOY (1341-1347)									
John V and Anna standing Bendall 1984b, 1	Andronicus III kneeling before Christ	DO	= Bertelè 1973, pl. IV, 51	4.20	Ch (Bertelè p. 45, 51)	47.5	27.5	25.0	11.4
Id.	Id.	BN 988	= Morrisson 1977, p. 75, fig. 5c	4.11	XRF	44.6	25.8	29.6	10.7
JOHN V PALAEOLOGUS AND JOHN VI CANTACUZENUS (1347-1354)									
Virgin within walls	Emperors kneeling before Christ								
Bendall 1984b, 3		BN 1973/25	= Bertelè 1978, pl. VII, 100	3.86	PA	45.2	28.7	26.1	10.9
Id.		DO	= Bertelè 1973, pl. IV, 54	5.60	SG (Bertelè 1973, p. 45, 54)	46.5	c.15	c.38.5	11.1
JOHN V PALAEOLOGUS (after 1353)									
		BN Sch 3788	= Bertelè 1978, pl. VII, 101	1.80	XRF SG (Bertelè 1973 p. 45, 55)	97.5 97.9	1.4	1.00	23.4
Forgery in the name of MANUEL II PALAEOLOGUS									
		BN 989	cf. BMC pl. LXXVI, 8	5.03	XRF	82.7	10.1	7.1	19.8

NB All coins are of the mint of Constantinople, unless otherwise stated.

* These coins were not precisely identified in Hendy (1969, 12 here abrev. H.). Professor Philip Grierson was kind enough to ascertain their type in Dumbarton Oaks trays and we are grateful to him for this valuable help.

XII

LA TROUVAILLE DE MONNAIES D'ARGENT BYZANTINES DE ROME (VIIe-VIIIe SIÈCLES) : ANALYSES ET CHRONOLOGIE

Résumé. — Les analyses des 31 pièces d'argent byzantines de Rome provenant du trésor découvert dans le Tibre vers 1982 et de 3 pièces de la BN permettent de proposer une chronologie nouvelle de ce monnayage, différant sur quelques points de celle du premier éditeur, M. D. O'Hara (*RSN* 1985). Le monogramme pontifical y apparaît à côté ou à la place de celui de l'empereur ou de la ville pour la première fois sous Serge Ier (687-695) puis sous Constantin (708-715) et ne figure enfin régulièrement qu'à partir de 740. Cette évolution révèle l'importance croissante du contrôle des papes sur l'atelier local.

* La trouvaille de monnaies d'argent byzantines des VIIe-VIIIe siècles, mise au jour vraisemblablement à Rome même, et, dit-on, dans le Tibre, dans les années 1980, a été publiée avec le plus grand soin par M. D. O'Hara[1] Il s'agit d'un document unique, d'une importance exceptionnelle pour l'étude de la transition dans l'atelier de Rome du monnayage byzantin purement impérial au monnayage purement pontifical tel qu'il apparaît à partir du règne du pape Hadrien Ier (772-

---

* Directeur de recherches au CNRS. Directeur du Département des Monnaies, Médailles et Antiques de la Bibliothèque Nationale, 58 rue de Richelieu, 75084 Paris Cedex 02.

** Directeur de recherches au CNRS. Centre de recherches numismatiques Ernest-Babelon (URA 27 du Centre de recherches archéologiques) C/O IRHT, 3bis avenue de la Recherche Scientifique, 45100 Orléans-La-Source.

Cet article reprend une communication prononcée au 10e Congrès International de Numismatique, Londres, septembre 1986.

1. M. D. O'HARA, A Find of Byzantine Silver from the Mint of Rome for the Period A.D. 631-752, *RSN* 64, 1985, p. 105-139. M. O'Hara prépare sous l'égide des *QT* l'édition d'une monographie consacrée à cette trouvaille avec des contributions inédites de divers auteurs.

795) dans les années 780[2] Ce trésor, tel du moins que M. D. O'Hara a pu le rassembler, contient 31 pièces d'argent et 3 pièces de cuivre[3], et présente plusieurs types et monogrammes inédits.

La majorité des types connus auparavant portent au droit un buste impérial de face anépigraphe et au revers l'indication de l'atelier par les deux lettres accostées **R m** ou un monogramme équivalent, et ont été attribuées aux empereurs byzantins de Constant II à Constantin V On connaissait encore quelques rares types avec d'autres monogrammes : monogramme de l'empereur Tibère III (698-705) combiné avec la marque de l'atelier (*MIB* 71) (fig. 1, n°s 23-24) et monogramme interprété comme celui de l'empereur Constantin V (741-775) (*BMC* 66-69 = *DOC* 44) et un seul type avec le monogramme (*DOC*, Léon III, 92), attribué successivement à l'exarque d'Afrique Grégoire (647), au duc de Bénévent du même nom (732-739) et enfin par Sambon et Grierson au pape Grégoire III (731-741).

Or, le trésor de Rome, à côté d'un certain nombre d'exemplaires déjà connus avec la marque de l'atelier (13 sous la forme monogrammatique , 7 avec les deux lettres **R m** , révèle aussi des monogrammes inédits qui font tout l'intérêt de cette découverte. M. D. O'Hara a repris à l'occasion de cette publication l'étude de l'ensemble des émissions de petites pièces d'argent de Rome du milieu du VIIe au milieu du VIIIe et en a proposé un classement s'appuyant sur des critères stylistiques — séquence interne et comparaison des effigies avec d'autres dénominations du même atelier identifiées par leur légende — Il a proposé également avec juste raison de chercher dans les monogrammes nouveaux ou les lettres figurant dans le champ le nom des papes et personne n'a contesté ce point. Selon ce premier classement, le premier pape dont le nom aurait ainsi figuré sur la monnaie serait Vitalien (657-672) (n°s 14-16), suivi d'Adéodat (672-676) (n° 17), de Serge (687-701) (n° 21), Sissinius (708) (n° 25)[4],

---

2. P Grierson and M. Blackburn, *MEC* 1, pl. 47, n°s 1031-1032.

3. Depuis la publication de 1985, d'autres ex. sont parus sur le marché : M. D. O'Hara, The Thirty Second Silver Coin from the Find of Byzantine Silver from the Mint of Rome, *NCirc* 95, février 1987, p. 4-5 (fig. 1b). Buste de face anépigraphe Rev. monogramme La rondeur du portrait amène l'auteur à attribuer la pièce à Léonce, ici vêtu de la chlamyde alors que sur le n° 7, il porte clairement la cuirasse et le paludamentum.

4. Dans une communication au 10e Congrès International de numismatique, Londres, 1986, M. D. O'Hara a proposé d'attribuer le n° 7, qu'il donnait auparavant à Léonce, à l'exarque Olympius (651/2). Il suggérait aussi que le n° 25, qu'il donnait auparavant à Sissinius (708) puisse appartenir au pape Eugène (654-657), mais cette attribution n'a pas été retenue.

Constantin (708-715) (*BMC* 66-69) et Grégoire III (731-741) (*DOC* Léon III, 92). Conscient toutefois de la difficulté de la tâche et du caractère hypothétique des datations proposées, M. D. O'Hara avait soumis de bonne grâce le manuscrit de son article à la critique de confrères, et même publié leurs remarques en appendice[5] en attendant ce qu'il appelait une série probable de «follow-up articles on the various individual attributions».

I

Une autre approche nous paraissait susceptible de faire progresser la discussion : l'approche analytique En effet, les variations du contenu d'argent, s'il y en avait, pouvaient être un indice précieux pour la datation. M. D. O'Hara voulut bien confier dans ce but le matériel au Centre de recherches numismatiques Ernest-Babelon (C.N.R.S.), ce dont nous lui exprimons notre vivre reconnaissance Les monnaies d'argent ont été analysées par Jean-Noël Barrandon par activation aux neutrons rapides. Cette méthode nouvelle récemment mise au point par J.-N. Barrandon et France Beauchesne[6], présente plusieurs avantages par rapport à la méthode d'activation aux neutrons thermiques (dosages plus complets des éléments, limites de sensibilité équivalentes quel que soit l'élément dosé, possibilité d'irradier des objets de volume important sans avoir à faire de prélèvements destructifs). Dans l'application numismatique, son principal intérêt est de donner la composition moyenne (globale) des monnaies en cuivre ou alliages cuivreux (ce qui est le cas des monnaies dites d'«argent» dès qu'elles sont altérées), car les résultats ne sont pas affectés par les phénomènes d'enrichissement superficiel ou d'autres causes d'hétérogénéité de l'alliage comme le sont ceux des méthodes les plus couramment utilisées (FX, PIXE). Les teneurs indiquées dans le tableau ci-dessous sont donc les valeurs moyennes des éléments contenus dans l'alliage. *

---

5. Voir par ex. la chronologie plus basse proposée par P Grierson, *RSN* 1985, p. 137.

6. F Beauchesne - J.-N. Barrandon, Analyse globale et non-destructive du cuivre et de ses alliages par activation avec les neutrons rapides de cyclotron, *Revue d'archéométrie*, 109, 1986, p. 75-85 ; F. Beauchesne, J.-N. Barrandon, L. Alves, F.B. Gil et M.F. Guerra, Ion Beam Analysis of Copper and Copper-Alloy Coins, ***Archeometry*** **30, 2, 1988, p. 187 et ss.**

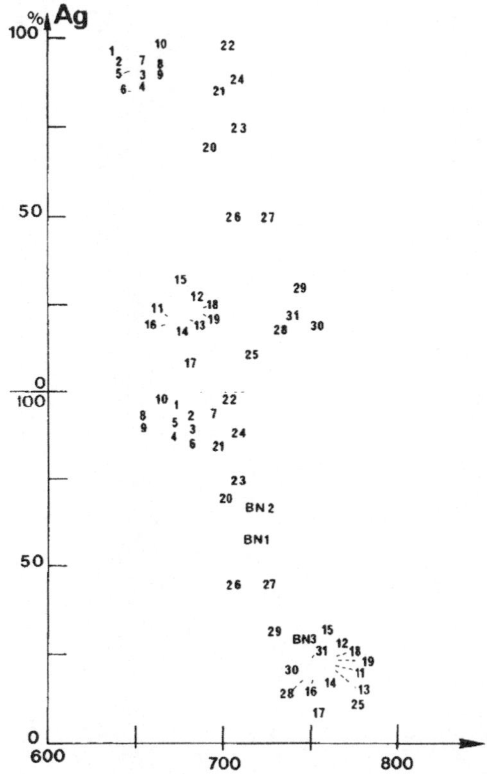

Fig. 1. — Évolution du contenu d'argent fin dans les monnaies byzantines du trésor de Rome.

Dans la partie supérieure, les valeurs de l'argent ont été portées en fonction de la date proposée par M. D. O'Hara.

Dans la partie inférieure, les valeurs de l'argent ont été portées en fonction de la nouvelle datation que nous proposons.

Par commodité nous avons conservé la numérotation de M. D. O'Hara dans l'ensemble des figures du tableau et du texte.

NB. Tableau I (pp. 152– 3), voir les pages suivantes.

Or les 31 pièces du trésor (auxquelles nous avons ajouté les 3 exemplaires de ces séries conservés au Cabinet des Médailles) (Fig. 1 et tableau I) montrent que l'on passe de 91 % en moyenne pour les premiers (n°s 1-10) à 30 % pour les pièces de Grégoire (n° 29 et *B.N* hors-catalogue), et même jusqu'à quelque 20 % pour les pièces plus tardives (n°s 30-31, 28, 14-16), voire 8 et 11 % pour les deux dernières (n°s 17 et 25). Le déclin progressif du contenu d'argent offre donc un fil conducteur qui, associé aux points d'ancrage assurés qu'offre la datation incontestable de certaines pièces, nous permet de proposer

TABLEAU I. — Composition des monnaies d'argent du trésor de Rome

N° trésor	Datation O'Hara	Datation proposée (*)	% Ag	% Cu	% Au	% Sn	% Ni	% Sb	% As
8	651 ?-668 C. II (b. longue)	*651-668***	92.0	7	0.69	<0.02		<0.005	<0.2
9	id.	id.**	90.9	7	0.23	0.08		<0.03	1.36
10	id.	id.**	98.0	1	0.90	<0.01		<0.03	<0.04
1	641 (Héracléonas)	668-685 Constantin IV	96.1	3	0.75	<0.03		<0.01	<0.06
2	641-7 (?) C. II	id.	93.0	6	0.69	<0.04		<0.01	<0.06
3	647-51 (?) C. II	id.	89.6	9	0.61	<0.02		<0.01	<0.04
4	id.	id.	87.0	11	0.67	<0.025		<0.01	0.48
5	id.	id.	91.2	8	0.73	0.04	<0.1	<0.01	<0.03
6	id.	id.	85.3	12	1.2	0.03		<0.01	1.5
21	687-95 (p. Serge I)	*687-695 (p. Serge I)***	84.8	14	0.675	<0.05	<0.05	<0.025	<0.015
22	695-698 Léonce	*695-698 (Léonce)***	98.0	0	1.1	0.03	0.12	<0.03	<0.015
7	id.	id. (?)	93.7	5	0.66	0.56	<0.1	<0.01	<0.03
24	698-705 Tibère III	*698-705 (Tibère III)***	88.7	10	1.05	0.35	<0.03	<0.01	<0.01
23	698-705 id.	id.**	74.7	23	0.995	0.54	<0.1	0.026	<0.008
20	685-687 Justinien II (1er r.)	705-711 (J. II, 2e r.)?	69.4	28	0.93	0.89		0.017	0.025
BN	«Constantin V» / Pl. LXVIII, 01 («BN 2»)	id.	57.6	40	0.75	1.06	<0.05	0.046	0.026
BN	«Constantin IV» / Pl. LX, 01 («BN 1»)	id. ?	66.8	32	0.77	0.19	<0.1	0.055	<0.06

Les monnaies et les sceaux
ont été agrandis à l'échelle
1: 1.3.

26	713-715 Anastase II	*713-715 Anastase II***	44.4	54	0.585	0.50	<0.1	0.022	0.058
27	717-20 Léon III début r	*717-720 Léon III*	44.7	54	0.610	0.23	<0.1	0.02	0.048
29	731-41 (p. Grégoire III)	*731-741 (p. Grégoire III)***	30.0	68	0.45	0.66	0.046	0.03	0.017
BN	Grégoire (BNC hors cat.)	id.**	29.7	69	0.445	0.57	0.06	0.022	0.07
30	741-52 (p. Zacharie)	*741-752 (p. Zacharie)***	20.1	76	0.28	3.31	0.05	0.04	0.057
31	id.	id.**	22	76	0.34	1.0	0.07	0.04	0.034
28	720?-731 (p. Grégoire II)	id.	18.6	80	0.28	0.97	0.09	0.027	0.064
14	668-72 (p. Vitalien)	*752-757 (p. Étienne II)***	18.2	79	0.285	2.37	0.046	0.053	0.035
15	id.	id.**	32.4	62	0.270	5.02	0.01	0.02	0.023
16	id.	id.**	20.2	75	0.54	3.97	<0.04	0.037	0.03
11	668-72 ou	751-775 Constantin V?	21.4	73.5	0.295	4.32		0.071	0.039
12	672-85 C. IV	id.	27.4	65.5	0.45	6.17	<0.01	0.04	0.021
13	id.	id.	21.6	73	0.30	4.77	<0.01	0.052	0.056
18	685-7 (J/en II, 1)	id.	24.1	74	0.37	1.34	0.15	0.045	0.15
19	id.	id.	23.7	74	0.31	1.33	0.08	0.037	0.057
17	672-76 (p. Adéodat)	757-767? (p. Paul??)?	8.4	90	0.148	1.50	0.033	0.0035	0.027
25	708 (p. Sissinius)	768-772 (p. Étienne III)**	11.5	86	0.108	2.10	0.07	0.044	0.035

(*) En italiques, les points d'accord entre la première classification de M. O'Hara (art. cit.) et la nôtre. Sont marquées de deux astérisques (**) les pièces dont la datation sur des critères numismatiques est assurée.

N.B. Les valeurs du cuivre sont données par approximation (Ag + Au + Cu + Sn ... ≃ 100 %).

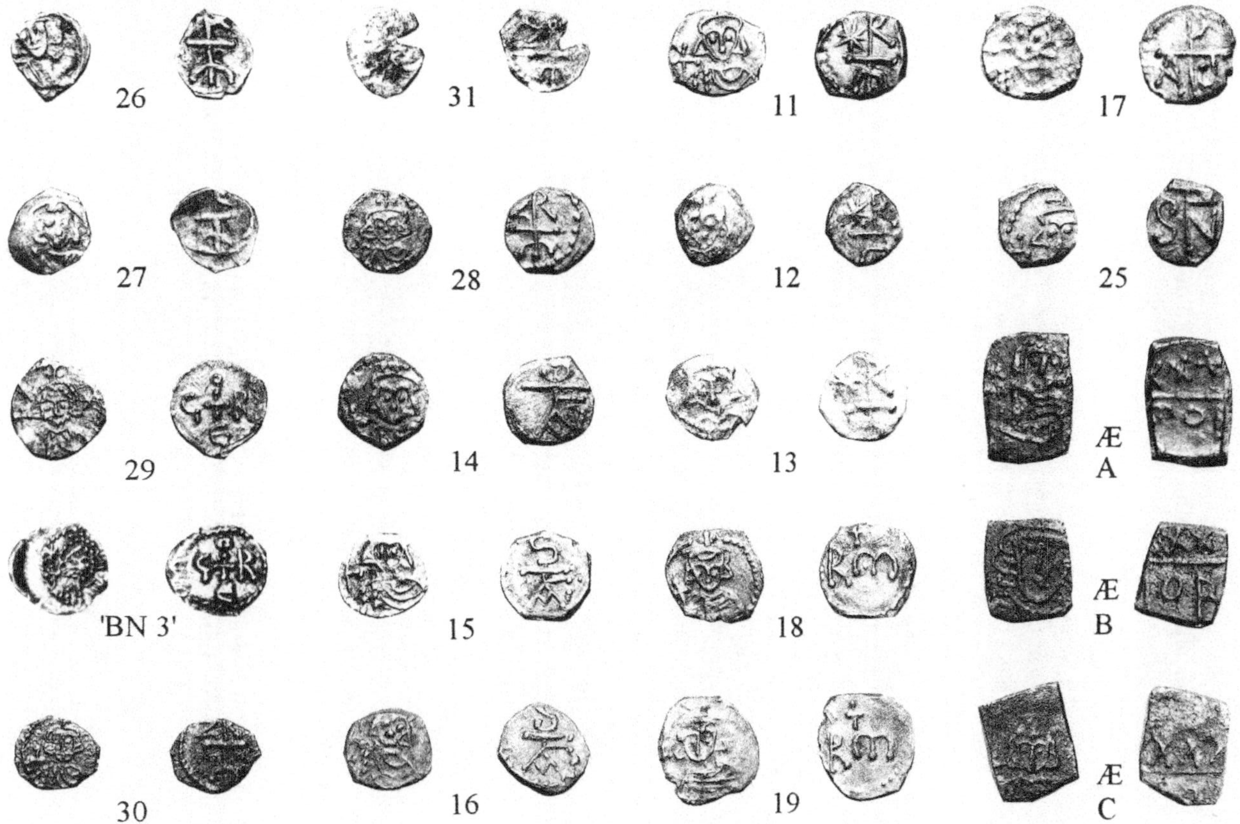
26
31
11
17
27
28
12
25
29
14
13
Æ A
'BN 3'
15
18
Æ B
30
16
19
Æ C

ici une nouvelle séquence. Celle-ci, on le verra, repousse au VIIIe siècle beaucoup des attributions premières, mais confirme aussi la précocité de certaines marques comme le **S** dans le champ du n° 21, dans lequel nous voyons, comme M. D. O'Hara, l'initiale du pape Serge Ier (687-701), mais dont nous faisons contrairement à lui la première et non la troisième mention pontificale.

Considérons d'abord les attributions indiscutables sur lesquelles le consensus s'établit aisément :

— les pièces à l'effigie bien reconnaissable de Constant II barbe longue (650-668) (n° 8 anépigraphe, les n°s 9-10, comme *BMC* 380 et *DOC* 192 portant des fragments du nom Constantinus)

Ag 90,9 % < > 98,0 % moyenne : 93,6 %

— celle à l'effigie de Léonce (695-698) (n° 22)

Ag 98 %

— celles au monogramme de Tibère III (698-705) (n°s 23-24) dont l'interprétation est confirmée par la présence de la lance tenue devant le corps, caractéristique des autres émissions du règne, et bien visible sur le n° 23

Ag 88,7 % et 74,7 %

— celle d'Anastase II (713-715) (n° 26) dont M. D. O'Hara souligne avec raison la similitude du dessin de la chevelure avec celui figurant sur les pièces en or du même empereur à Rome, et dans les autres ateliers

Ag 44,4 %

— celles du pape Grégoire (n° 29 et *BN* hors catalogue) sont certainement de l'un des deux papes de ce nom du VIIIe siècle, Grégoire II (715-731) ou Grégoire III (731-741)

Ag 29,7 % et 30 %

On voit que le déclin du titre est conforme à la chronologie relative de ces pièces et que le principe d'une baisse progressive du contenu d'argent en fonction du temps, dont d'autres exemples historiques confirment la validité dans le moyen-terme[7] peut s'appliquer. Le classement premier de M. D. O'Hara implique en revanche de trop fortes oscillations du titre : une forte chute (à 8,4 % < > 32 %) pour les n°s 11-17 placés entre 688 et 676, suivie d'une remontée à 70 %-88 % et même 98 % pour les n°s 20-24 de 685-705 et d'une nouvelle

7. C. Morrisson, J.-N. Barrandon, C. Brenot, Composition and Technology of Ancient and Medieval Coinages : a Reassessment of Analytical Results, *MN* 1987, p. 181-209.

chute, d'ailleurs erratique, avec des variations de 11,5 % (n° 25) à 44 % (nos 26-27) et des valeurs finales comprises entre 18 % et 30 % pour les pièces attribuées, d'ailleurs à juste titre, à l'un des Grégoire (n° 29) et à Zacharie (741-752) (nos 30-31) (cf. fig. 1, en haut).

Le classement que nous proposons (cf. fig. 1 en bas) aboutit en revanche à une sorte de courbe en S où l'on distingue trois groupes.

Le premier est celui des monnaies à teneur en argent encore élevée (Ag 84,8 % < > 98 % moyenne 91,7 % écart-type 4,2 % et teneur en cuivre moyenne de 6,9 % [Cu 0 % < > 14 % écart-type 4,1] (nos 1-10, 21-22). Cette teneur en cuivre est encore peu éloignée de celle des monnaies d'argent romaines antérieures aux prescriptions valentiniennes de 368 sur la purification (5 % environ) et de celle observée sur la plupart des objets d'argenterie d'époque romaine impériale ou tardive (de 3 à 5 %)[8].

Le second est celui des monnaies connaissant une décroissance rapide du contenu d'argent de 88,7 % (n° 24, Tibère III) à 44 % (n° 26, Anastase II et n° 27, que M. D. O'Hara et nous, nous accordons à placer au début du règne de Léon III) et même 30 % pour les deux monnaies du pape Grégoire. Le contenu de cuivre y augmente inversement de quelque 10 % à 68 %.

Le troisième est formé par les monnaies de la dernière période (milieu et deuxième moitié du VIIIe siècle : Léon III ou Constantin V, papes Zacharie, 741-752, Étienne II, 752-757, Paul (?) 757-767 et Étienne III, 768-772) (nos 11-19, 25, 28, 30-31) qui voient leur titre compris entre 27,4 % et 8,44 % (moyenne 20,7 % écart-type 5,9) et le contenu de cuivre passer de 62 % à 90 %.

Ce groupement coïncide à quelques nuances près avec celui qui se dégage de la courbe sur laquelle on porte les valeurs de l'étain en fonction du cuivre (fig. 2) :

La presque totalité des monnaies du premier groupe ne contiennent quasiment pas d'étain (Sn 0,01 % < > 0,08 % moyenne 0,034 écart-type 0,018) à l'exception de la monnaie n° 7 que son taux dix fois plus élevé de 0,56 apparenterait plutôt au second groupe à la charnière duquel elle se situe d'ailleurs chronologiquement. Les monnaies du second groupe, pour des valeurs de cuivre croissantes ont des taux d'étain plus importants mais plus ou moins alignés sur une droite de corrélation dont la pente nous indique un taux moyen de 1,5 % Sn dans l'alliage cuivreux ajouté à la monnaie d'argent. Les monnaies du

---

8. Résultats d'analyses et références aux travaux antérieurs dans C. Morrisson, C. Brenot, J.-N. Barrandon, L'argent chez les Vandales : plats et monnaies, *Argenterie romaine et byzantine (Table ronde C.N.R.S., Paris 1983)*, F Baratte, éd., p. 123-133.

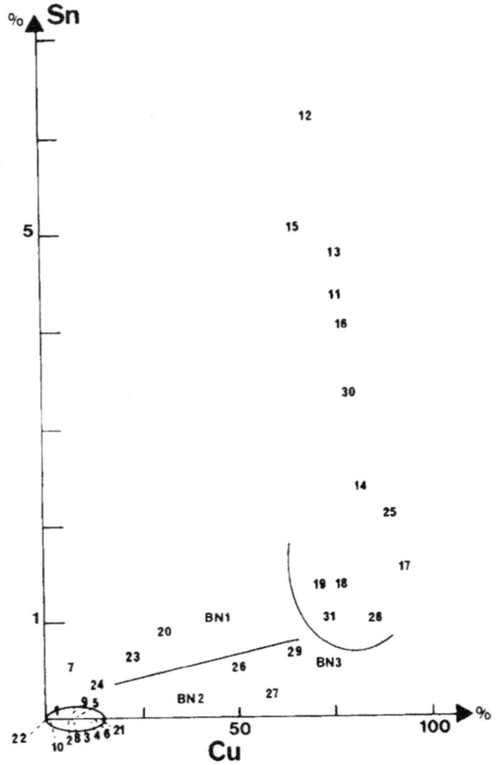

Fig. 2. — Valeurs du cuivre en fonction de l'étain dans les monnaies byzantines du trésor de Rome.
N.B. — La numérotation est celle de M. O'Hara (*RSN* 1985).

troisième groupe sont caractérisées par une grande dispersion des valeurs de l'étain (Sn 0,97 % < > 6,17 % moyenne 2,9 %, écart-type 1,68) qui n'est plus corrélée avec les valeurs du cuivre.

Techniquement, ces trois répartitions différentes du taux d'étain en fonction du cuivre nous montrent trois moments et trois modes d'altération de la monnaie d'argent byzantine de Rome. Le cuivre présent en faibles quantités mais pouvant cependant atteindre jusqu'à 11 ou 14 % dans les monnaies du premier groupe, provient soit de métal, soit de monnaies de cuivre pur. Il peut s'agir de folles de Constantinople et des ateliers orientaux de Nicomédie, Cyzique, Antioche qui ne contiennent pas du tout d'étain. En revanche, il faut exclure l'utilisation de monnaies byzantines des ateliers italiens ou africains, celles-ci, comme les émissions d'Alexandrie, contenant de l'étain en proportions allant de 1 à 10% — la limite de 10% étant celle au-delà de laquelle le bronze devient trop cassant[9]

L'altération des monnaies du second groupe (v. 698-v 731) est due à l'ajout de bronze contenant en moyenne 1,5% d'étain, ce qui est le taux effectivement observé, semble-t-il, dans un demi-follis de Constantin IV de l'atelier de Rome analysé par fluorescence X[10] On remarquera qu'il s'agit là des dernières monnaies de vingt nummi frappées à Rome avant l'introduction des nouvelles monnaies de bronze, anépigraphes comme les monnaies d'argent, portant la marque XXX (nummi)[11], bien qu'elles soient de poids plus faible (toujours inférieur à 2 g et en moyenne de 0,93 g contre 3,5 g pour les demi-folles de Constant II et 3,07 g pour ceux de Constantin IV Il n'est pas impossible que ces dernières monnaies, décriées à partir du début du règne de Justinien II, aient en partie servi à altérer la monnaie d'argent des trois premières décennies du VIIIe siècle[12] Enfin la diversité des teneurs en étain du dernier groupe révèle que l'altération est due à l'utilisation de bronzes, vraisemblablement des monnaies, aux taux variables de 1,5% à 9% Sn. Ceci est la fourchette habituelle des alliages monétaires de ce type et s'observe d'ailleurs sur les monnaies byzantines des ateliers occidentaux, en particulier sur celles de Rome aux VIe-VIIe siècles. Le surplus du stock ancien de monnaies décriées de Constant II et Constantin IV a sans doute été épuisé et l'atelier a donc recours à tout ce qui peut lui tomber sous la main[13]

II

Si les grandes lignes de cette évolution sont acceptées, on peut tenter de tirer, sous réserve de nuances et de corrections ultérieures,

---

9. P GRIERSON, Trace Elements in Byzantine Copper Coins of the Sixth and Seventh Centuries, *Dona numismatica W Hävernick*, Hambourg 1965, p. 29-35; T. PADFIELD, Analysis of Byzantine Copper Coins by X-Ray Methods, dans *Methods of Chemical and Metallurgical Investigation of Ancient Coinage*, E. T. HALL-D. M. METCALF eds., *RNS* Special publ. nr. 8, Londres, 1982, p. 219-234.

10. T. PADFIELD, *art. cit.*, p. 220, fig. 1, n° 71.

11. Sur cette série, voir O. MURARI, Monete da trenta nummi dei secoli VII ed VIII della zecca di Roma, *QT* 1977, p. 317-339.

12. T. PADFIELD, *loc. cit.* Voir aussi les données de Bibra, reproduites par D. M. METCALF dans *Methods*... p. 431-432 : le pourcentage d'étain est compris entre 0% et 6,89% pour des bronzes d'Anastase Ier à Philippicus dont l'atelier n'est pas précisé.

13. Et peut-être à des réserves ou cachettes de monnaies plus anciennes. Dans la confession de Saint Pierre, il est curieux de constater — à moins qu'il ne s'agisse d'identifications fautives — l'absence totale de pièces déposées entre le milieu du VIe et le début du IXe siècle (C. SERAFINI dans B. M. APOLLONJ-GHETTI, *et al.*, *Esplorazioni sotto la confessione di San Pietro in Vaticano eseguite negli 1940-1949*, Città del Vaticano, 1951, I, p. 225 et s.).

les premières conséquences historiques et numismatiques de cette nouvelle chronologie.

Au sein du premier groupe, le titre à lui seul ne permet pas de distinction chronologique puisque la monnaie de Léonce (695-698) (n° 22) est aussi pure que la meilleure des monnaies de Constant II barbe longue (651-668) (n° 10) avec ses 98 % de fin[14] Nous proposons hypothétiquement de dater de Constantin IV (668-685) les pièces 1 à 6 pour combler la lacune à notre avis peu admissible qui existerait autrement à cette date et qui paraît peu vraisemblable puisque l'atelier de Rome a bien frappé dans les autres métaux sous ce règne. Mais nous ne méconnaissons pas la difficulté iconographique (l'empereur n'est pas représenté avec la lance derrière l'épaule qui caractérise son effigie sur l'AV et sur l'AE). Nous n'excluons pas la possibilité que certaines pièces, notamment les n°s 3-5 où figure un empereur à la barbe mi-courte s'élargissant vers le bas, ne soient du véritable «Pogonat», c'est-à-dire de Constant II vers 647-651.

Plus intéressant est le cas du n° 21 que son titre de 85 % situe à la fin du premier groupe — auquel il se rattache encore par son très faible taux d'étain — et au niveau des deux monnaies de Tibère III (n°s 24 et 23) (88,7 % et 74,7 % soit un titre moyen de 82 %)[15] Le buste impérial juvénile qui y figure est sans aucun doute, comme l'a fait remarquer M. D. O'Hara[16] celui de Justinien II jeune. Le monogramme du revers est une nouvelle forme de celui de Rome

 avec la lettre **S** dans le champ à gauche, que M. D. O'Hara

a tout à fait raison d'interpréter comme le nom du pape Serge Ier dont le règne (687-701) coïncide en partie avec celui de Justinien II. C'est à notre avis le premier pape dont nous ayons la marque, encore relativement discrète, sur la monnaie. Il n'est pas fortuit qu'il s'agisse là du premier pape sous lequel s'affirme le séparatisme italien. Le pape avait refusé de ratifier les actes du Concile *In Trullo* de 691, convoqué d'ailleurs par l'empereur sans consultation préalable de Rome contrairement à ce qu'avait fait Constantin IV pour le sixième

---

14. Il s'agit dans ces deux cas d'attributions incontestables en raison de la parenté des effigies impériales avec celles figurant sur la monnaie d'or signée (voir les agrandissements donnés par M. D. O'Hara, pl. 20, type 4, n° 8 — identique au n° 10 — et pl. 21, type 12, n° 22 où le loros, la mappa tenue en main droite et la figure ronde de Léonce sont bien reconnaissables).

15. Ici le monogramme du revers 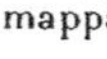, qui associe les principales lettres du nom de l'empereur avec la marque de l'atelier, ne laisse aucun doute sur l'identification. Il confirme par ailleurs la valeur de la comparaison des effigies avec celles de la monnaie d'or puisqu'on reconnaît bien au droit la figure allongée de l'empereur, caractéristique notamment de la facture des tremisses de Rome (*MIB* 62-64).

16. *Art. cit.* p. 110.

Concile œcuménique. Un envoyé de l'empereur fut chargé de l'arrêter mais à cette nouvelle, les troupes de Ravenne et de la Pentapole accoururent à sa défense[17]. Il y a donc en faveur de cette attribution, un faisceau d'arguments analytiques, numismatiques et historiques, convergents.

Nous serions enfin tentés d'attribuer mais avec certaines réserves, la pièce n° 7, dont nous avons souligné plus haut la position à la charnière des deux groupes, au règne de Léonce. Celui-ci n'y est pas, il est vrai, représenté avec le costume consulaire caractéristique du n° 22 mais la forme de la chevelure et de la figure en est assez similaire.

Le second groupe commence avec les deux monnaies de Tibère à 81 % de taux moyen d'argent (n°s 23-24), dont l'attribution par le monogramme impérial est certaine. Entre celles-ci et la monnaie d'Anastase II (n° 27) à 44 % d'argent, dont l'identification de l'effigie ne fait pas de doute, pourraient se placer le n° 20 à 69,4 % d'argent ainsi que l'exemplaire de la Bibliothèque nationale (*BNC*, pl. LXVIII, 01, ici «BN 2») à 57,6 % d'argent, lui aussi avec **R m**[18] et peut-être *BNC*, pl. LX, 01 (ici «BN 1») à 66,8 % d'argent, avec le monogramme [19] — attribué à tort à Constantin IV — dont l'iconographie ne contredit pas une attribution au second règne de Justinien II. La similitude de titre avec les monnaies d'Anastase II amène à placer au début du règne de Léon III la pièce n° 27 à 44,7 % d'argent comme l'avait fait M. D. O'Hara pour des raisons iconographiques justifiées[20].

Les points fixes dont nous disposons ensuite sont ceux fournis par les monnaies papales de Grégoire et de Zacharie titrant respectivement 30 % et 21 % environ. L'effigie reconnaissable de Léon III qui figure au droit de la monnaie au nom de Grégoire (n° 29 et «BN 3») est cantonnée des deux étoiles caractéristiques des émissions d'or à Rome à la fin du règne (par ex. *DOC* 91) et reprises par Artavasde en 742/3. Ceci est un indice en faveur d'une attribution à Grégoire III (731-741) plutôt qu'à Grégoire II (715-731) dont le règne coïncide lui aussi avec celui de Léon III (717-741)[21]

Les monnaies de Zacharie (n°s 30-31, 28) voient leur attribution sur la base de la composition métallique confirmée par l'effigie impériale à la figure allongée du n° 30, tout à fait comparable à celle des émissions

---

17. *Liber Pontificalis*, éd. L. Duchesne, I, Paris, 1886, p. 373-374 ; T. S. Brown, *Gentlemen and Officers. Imperial Administration and Aristocratic Power in Byzantine Italy A.D. 554-800*, British School at Rome, 1984, p. 161.
18. Attribué à tort dans *BNC* II, p. 475 à Constantin V
19. Attribué à tort dans *BNC* I, p. 392 à Constantin IV
20. *Art. cit.*, p. 112.
21. P Grierson, *DOC* III, 1, p. 239.

d'or de Constantin V à Rome (v. par ex. *DOC* 25). Leur titre moyen de 20 % est proche de celui des monnaies au monogramme d'Étienne (nos 14-16) pour lesquelles la lecture STEFANVS s'impose en raison du F tout à fait visible, contre l'interprétation première de VITALIANVS proposée par M. D. O'Hara[22] et dont le titre moyen est de 23,6 %. Nous attirons à ce sujet l'attention sur le fait que lorsque nous disposons de plusieurs exemplaires pour un même type, comme c'est le cas pour ces trois monnaies d'Étienne, le contenu d'argent peut connaître des variations relativement importantes et qu'en ce cas il faut considérer la valeur moyenne et non les valeurs individuelles. Le titre à lui seul, rappelons-le, n'est pas un indice péremptoire de datation mais les variations de ses valeurs moyennes peuvent être interprétées en association avec d'autres éléments, notamment numismatiques.

C'est ainsi que nous avons hésité pour le classement des exemplaires nos 11-13 et 18-19 de titre compris entre 27,4 % et 21,4 % (moyenne 23,6 %) que nous avions en un premier temps placés sous Léon III. Mais l'iconographie des nos 18-19 (avec un ornement semble-t-il trifide au sommet de la couronne) nous a paru rappeler celle des monnaies d'or de Constantin V à Rome, notamment *DOC* 33, 38 et 32 que R. Denk et W. Hahn datent respectivement de 757/8, 765/6 et 766-771[23]. Nous plaçons donc ces pièces hypothétiquement sous le règne de Constantin V (741-775). Les nos 11-13 portent au revers le monogramme de la ville, cantonnée d'une étoile ; un tel ornement est très fréquent sur le monnayage d'or de ces deux empereurs frappé à Rome[24]. On remarquera toutefois que, sous Constantin V, la même année 760 vit à la fois le passage de la comète de Halley et l'apparition d'une *supernova* suffisamment impressionnante pour être mentionnée par Théophane[25].

Il paraît légitime de placer à la fin de la série et du trésor, les deux monnaies du plus bas titre portant toutes deux un monogramme inédit. Je suis très perplexe sur la monnaie no 17 dont j'avais proposé à M. D. O'Hara d'interpréter le monogramme 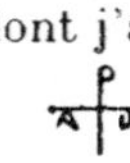 comme le

22. *Art. cit.* p. 108-109.

23. R. Denk, Zur Datierung der letzten byzantinischen Münzserien aus Rom, *Litterae numismaticae Vindobonenses* I, p. 139-143.

24. V. Tableau dans *BNC* II, p. 454 et les ex. cités dans *DOC* III, 1, p. 271-278, 288-289 et 317-321.

25. Théophane, *Chronographie*, éd. De Boor, I, p. 431 δοκίτης ἐδείχθη λαμπρότατος κατὰ τὴν ἑῴαν ἐπὶ δέκα ἡμέρας, καὶ αὖθις πρὸς δύσιν ἡμέρας κα'. Je remercie M. Jörg Müller, dont l'article 'Possible new chronological reference points in Celtic numismatics', *Mélanges ... J.-B. Colbert de Beaulieu*, Paris, 1987, p. 651-656 montre tout l'intérêt qu'il porte aux rapports entre la numismatique et les phénomènes astronomiques (sujet sur lequel il a l'intention de revenir prochainement), de m'avoir signalé ce rapprochement.

chrisme classique avec l'*alpha* et l'*omega* 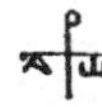 [26] M. D. O'Hara affirme qu'il est absolument impossible de supposer que la partie droite d'un *omega* puisse être hors flan et qu'il faut bien voir un *d* dans la lettre de droite. Le titre imposant une datation dans la seconde moitié du VIIIe siècle, la lecture ADEODATVS (672-676) est exclue ; la lecture Paul (757-767) suggérée par P Grierson n'est pas impossible car les monogrammes ont toujours été composés de lettres latines sauf le  non représenté dans le trésor sur lequel nous allons revenir) et le **P** est bien un *p* non un *rhô*. Mais cette interprétation ne rend pas compte du *d* si *d* il y a (car cette forme cursive et qui plus est avec la haste verticale au lieu d'une boucle revenant vers la gauche, n'est pas attestée à l'époque sur la monnaie d'or de Rome où elle affecte toujours la forme capitale D.

Enfin la pièce n° 25 au nom d'Étienne nous paraît devoir être séparée des n°s 14-16 attribués à Étienne II (752-757) car le monogramme est d'une forme différente 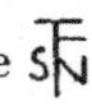 au lieu de  et surtout le titre beaucoup plus faible (11,5 % au lieu de 23 %). C'est pourquoi nous la donnons à Étienne III (768-772) sans méconnaître pour autant la possibilité pour un même pape d'avoir eu deux monogrammes différents. Bien que ce dernier monogramme ne comprenne pas, comme le précédent, la voyelle A et soit seulement composé des consonnes S T F N, l'attribution à un pape du nom d'Étienne est assurée et l'hypothèse de Sisinnius (708)[27] difficilement acceptable.

III

Parvenus à cette étape de la réflexion chronologique et sans cacher le caractère hypothétique de certaines de nos propositions, nous aimerions souligner les points suivants :

1) La signature discrète de l'autorité pontificale n'apparaît pas sur la monnaie d'argent de Rome avant Serge Ier (687-695) et n'est attestée ensuite que sur la monnaie au monogramme 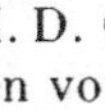 (*BMC* Constantin V 66-69) non représentée dans le trésor que M. D. O'Hara a raison d'attribuer au pape Constantin (708-715). Nous en voudrions pour notre part les deux motifs supplémentaires suivants : l'effigie

---

26. *Art. cit.* appendice, p. 138.
27. *Art. cit.*, p. 25.

impériale avec le loros peut être celle de Philippicus (711-713); le titre, si l'on en croit des analyses microchimiques effectuées pour W Hahn sur un exemplaire de l'ANS et sur *BMC* 66, s'élève à 69% et 63,1%, ce qui correspond à la moyenne des monnaies du second groupe (56,2%) et se situe bien entre les valeurs attestées pour Tibère III et Anastase II. C'est le premier cas où le monogramme pontifical occupe à lui seul le revers de la monnaie d'argent.

Le nom des papes ne figure enfin de manière continue sur la monnaie d'argent qu'à partir de Grégoire III vers 740 et jusqu'à Étienne III en 772 sans exclure pour autant l'émission de monnaies traditionnelles avec la seule marque de l'atelier (nᵒˢ 11-13, 18-19). A fortiori pendant le même temps l'atelier de Rome continue de frapper des solidi et des tremisses relativement nombreux à la titulature entièrement impériale. L'affirmation du contrôle pontifical sur la monnaie sous Grégoire III (731-741) par un monogramme entier au revers, et, plus discrètement, sous son successeur Zacharie (741-752), par l'apposition de son initiale cantonnant la marque de l'atelier, n'est pas surprenante. En effet si le pontificat de Grégoire II (715-731) avait déjà été marqué par une tension certaine avec l'empire à la suite du refus de l'édit iconoclaste de 726, la crise la plus grave survient sous Grégoire III avec la condamnation et l'excomunication des iconoclastes au concile de Rome en 731 et la confiscation par Léon III du patrimoine de saint Pierre en Sicile et en Calabre (732). Les historiens s'accordent à dater de ce pontificat l'accélération du processus d'autonomie croissante de l'ancien duché de Rome qui aboutit à la constitution de l'État pontifical.

Cette chronologie est donc en accord avec ce que nous savons par ailleurs de la distanciation grandissante de la papauté d'avec l'empire

---

28. A ces pontificats de Grégoire II et Zacharie sont également associées des *tesserae quadratae* de cuivre portant le nom du pape au génitif + /**GREII**/**PAPE** + /**ZAC**/**CHAR**/**IAE** Rev. + (**PAPAE**) *CNI* XV; p. 60, nᵒˢ 1-3; p. 61, nᵒˢ 1-9; pl. III, 29-31). Sur les imitations, copies et fabrications dont elles ont été l'objet, v. *MEC* 1, pl. 65, nᵒ 1513 et comm. p. 644-645. La nature et le rôle de ces tessères sont discutés. P Toubert, *Les structures du Latium médiéval*, BEFAR 221, Rome 1973, p. 564-565) voudrait y voir, à l'image des «hacienda tokens» des grands domaines mexicains des xviiiᵉ et xixᵉ siècles, une monnaie divisionnaire à l'usage des grands domaines *(domuscultae)* pontificaux dont la mise en valeur intensive coïncide précisément avec ces règnes en réaction contre la perte des domaines d'Italie du Sud et de Sicile. En revanche P Grierson (*MEC* 1, p. 644-645), constate le regroupement des poids des exemplaires les mieux conservés autour de 4,0-4,5 g et 1,5 g et les considère comme des *exagia* destinés à contrôler le poids des solidi et tremisses encore émis en abondance par l'atelier de Rome à cette époque. Dans cette hypothèse vraisemblable, le pape aurait assumé les fonctions de contrôle des poids autrefois dévolues au préfet de la Ville dont il avait déjà repris depuis la fin du viiᵉ siècle les fonctions de responsable de l'annone, de l'entretien des murailles et des aqueducs (cf. T.S. Brown, *op. cit.*, p. 11-12 avec les références sur le déclin de la préfecture urbaine à Rome, mentionnée pour la dernière fois en 599).

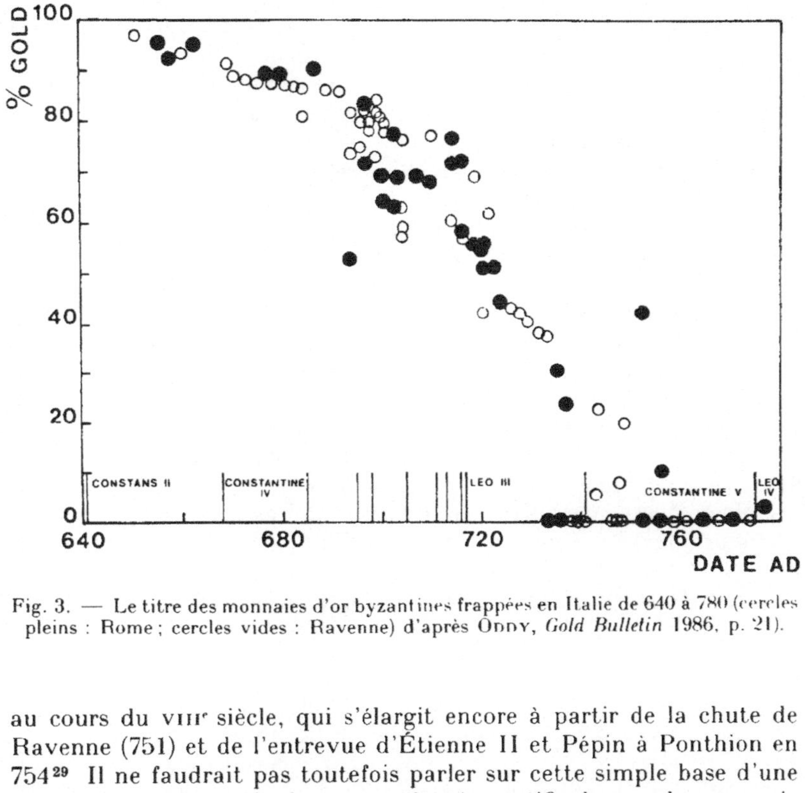

Fig. 3. — Le titre des monnaies d'or byzantines frappées en Italie de 640 à 780 (cercles pleins : Rome ; cercles vides : Ravenne) d'après ODDY, *Gold Bulletin* 1986, p. 21).

au cours du VIIIe siècle, qui s'élargit encore à partir de la chute de Ravenne (751) et de l'entrevue d'Étienne II et Pépin à Ponthion en 754[29] Il ne faudrait pas toutefois parler sur cette simple base d'une affirmation entière de la souveraineté pontificale sur la monnaie d'argent. Celle-ci, rappelons-le, garde jusqu'à la fin, de même que l'or et le bronze, l'effigie impériale au droit, gage du respect de l'autorité impériale et de l'attachement à l'idéal de la *res publica christiana*[30] La dernière monnaie du trésor, et sans doute de la série, porte selon nous le monogramme d'Étienne III. Elle date donc au plus tard de 772 ce qui est également la date de la dernière mention connue d'un document pontifical daté par l'an de règne de l'empereur byzantin. En 781 apparaît la première datation par l'an de règne du pape et en 798 la datation par l'an de règne du souverain franc[31] Tandis que la première monnaie à la titulature entièrement pontificale est celle de

29. Cf. G. ARNALDI, Le origine del Patrimonio di S. Pietro, dans *Storia d'Italia*, dir. da G. Galasso, vol. 7, tom. 2, UTET, Turin, 1987, p. 73-151 et la bibliographie.
30. Bien analysé récemment par T.S. BROWN, *op. cit.*, (n. 17), p. 152-158.
31. Voir en dernier lieu T.S. BROWN, *op. cit.* p. 158, avec les références.

typologie byzantine mais de métrologie franque émise par Adrien Ier (772-795) avec la marque **IB** au revers[32]. Mais de tous les ateliers provinciaux byzantins, celui de Rome est le seul où l'autorité locale ait pu ainsi faire reconnaître son existence sur la monnaie. C'est dire le degré atteint par la dévolution aux papes des fonctions financières publiques (collecte des impôts, et versement à l'empereur après affectation aux dépenses locales d'intérêt général — les diaconies — d'une partie des ressources)[33].

Du point de vue numismatique enfin, nous observerons le parallélisme d'ensemble de l'évolution du titre de ces monnaies d'argent avec celui de la monnaie d'or[34]. Le décrochement date dans les deux cas des années au tournant du VIIe et du VIIIe siècle, c'est-à-dire de l'« époque de Justinien II » où le contenu d'argent fin descend de quelque 81 % sous Tibère III à 44 % vers 715-720 et coïncide avec l'introduction d'un nouveau monnayage de bronze, celui des pièces de 30 nummi. Il resterait à examiner la position de ces pièces à l'intérieur du système métrologique byzantin de Rome et par rapport aux systèmes monétaires voisins, notamment lombard. Ce sera certainement le sujet de recherches futures, mais sort de notre propos d'aujourd'hui ; il nous importait ici avant tout de situer ces pièces dans le temps, ce que nous espérons avoir fait, avec l'aide des analyses, sans commettre d'erreurs trop graves.

---

32. *MEC* 1, pl. 47, 1031-1032, et note p. 638.

33. Dès le début du VIIe s., plusieurs témoignages montrent le rôle du pape comme responsable des finances publiques romaines, notamment du paiement des *rogae* militaires (voir les textes cités par M. HENDY, *Studies in the Byzantine Monetary Economy*, Cambridge, 1985, p. 423). En 720, le pape Grégoire II interdit l'envoi des impôts à Constantinople (*Liber Pontificalis*, éd. Duchesne, I, p. 403 ; THÉOPHANE, *Chronographie*, éd. De Boor, I, p. 404).

34. A. ODDY and S. LA NIECE, Byzantine Gold Coins and Jewellery. A Study of Gold Contents, *Gold Bulletin* 19, 1, 1986, p. 19-27, fig. 3 p. 21. Cette évolution du titre est confirmée et précisée par nos propres analyses encore inédites concernant l'ensemble de la composition des monnaies de Rome de la BN. Le décrochement se situe à la même date en Sicile (C. MORRISSON, J.-N. BARRANDON et J. POIRIER, Nouvelles recherches sur l'histoire monétaire byzantine, *Jahrbuch der Österr. Byzantinistik*, 33, 1983, p. 267-286).

N. add. : un collègue italien nous précise que la trouvaille aurait été faite par un officier britannique, dans une brique, près de la rive droite du Tibre à la Marmorata. Deux pièces du type 10 de O'Hara (Justinien II, 2nd règne ou plus tardif) ont été mises au jour dans les fouilles de la Crypta Balbi à Rome avec 34 ex. de trente nummi. Nous remercions Mme Alessia Rovelli, responsable de leur publication, de nous avoir communiqué cette information.

XIII

A MECHANICAL APPROACH TO COIN STRIKING: APPLICATION TO THE STUDY OF BYZANTINE GOLD SOLIDI

INTRODUCTION

Coin striking is a metal forming process involving deformation of the alloy of the blank. As such, its study belongs to mechanics, and in particular to the theory of plasticity. However, few mechanical studies of minting exist [1]. What, however, can numismatics expect from a mechanical study of minting? Four points seem particularly relevant:

(i) Evaluation of striking force and energy: the comparison of the available energy (the kinetic energy of the hammer for instance) with the energy necessary to form a coin may illustrate how technical improvements allowed bigger, better quality coins to be struck. It may even suggest an answer to the problem of striking temperatures: if the necessary energy is so high that a lot of hammer blows would have been necessary, one may suppose that the blank was struck at high temperature to soften the metal.

(ii) The analysis of the dissipative process suggests ways of improving striking (decreasing the necessary energy for instance). Comparing which possible improvements existed and which ones have been chosen may show how skilled the minters were, or if criteria other than technical ones have prevailed.

(iii) Evaluation of strains and strain-rates may be applied either to explain crack formation on the coin, or to analyse the observed metallurgical structure, which precisely depends on strain and strain-rate. This may provide another way of estimating the temperature of striking.

(iv) Knowledge of stresses and velocities may give an evaluation of die wear rate, hence of the number of coins struck with each die.

The present paper is primarily devoted to the second point.

SOME FUNDAMENTAL DEFINITIONS [2]

Consider a traction sample consisting of a cylindrical rod of cross section S, initial length L_0 (fig. 1). One of its extremities is fixed, and a mechanical device pulls the other one with a force F. The length will increase and become $L_0 + \Delta L$. This very simple example will lead to the definition of basic mechanical concepts.

(i) Strain. The strain is a measure of how much two points, initially very close to each other, have moved relatively to each other during the deformation process; in our traction test, two points M_1 and M_2, initially a distance l_0 apart, are separated by a distance l after traction (positions M_1' and M_2').

The strain is given by $\varepsilon = Ln\ (l/l_0)$ where Ln stands for the Napierian logarithmic function. An approximate expression for ε is $\varepsilon = (l-l_0)/l_0$

(ii) The strain rate $\dot{\varepsilon}$. This is the rate of change of ε with time (or time derivative of ε). It is related to the velocities of the flow of the material of the sample.

(iii) The stress σ. Imagine an infinitesimal surface, dS, inside or at the surface of a sample undergoing external forces. Owing to these forces, dS is submitted to a small force dF. The stress is defined by $\sigma = dF/dS$.

It is the force per unit area of surface. In our example, the traction force F is uniform in the cross section S. Hence, any material point within the sample undergoes a tensile stress $\sigma = F/S$, which will cause its deformation.

(iv) Plasticity. The relation between $\dot{\varepsilon}$, ε and σ depends on the material; it is called its rheological law. Plasticity is a special kind of rheology, i.e. a particular way of flowing (undergoing permanent deformation under stress), of which metals are a typical example. In our traction test, no flow will occur until the stress reaches a characteristic, critical value, called the yield stress, or flow stress Y. Hence, flow will only begin when F/S = Y.

(v) Yield stress. This is a characteristics of a plastic material; its value increases with strain, strain rate, alloying. It decreases with temperature. It is a physical representation of the "hardness" of the material.

THE PRINCIPLES OF THE MECHANICAL ANALYSIS OF STRIKING

(i) Available energy [3]. This is provided by the kinetic energy of the hammer:
$E_K = MV^2/2$
where M is the mass of the hammer and V its speed just before the shock. For masses ranging from 0.5 to 1 Kg and speeds from 5 to 10 m/s, E_K varies between 6 and 50 Joules. An average value for a common hammer blow must be about 20 to 30 Joules.

This hammer energy is only completely transmitted to the upper die and to the blank if the hammer mass and the upper die mass are equal. This may be one of the reasons for inserting light weight bronze dies into steel surrounds [4]. In fact, hammers may have been chosen to be somewhat lighter than the dies, so that they rebound after the shock, thus helping the moneyer to raise the hammer again ready for another blow. This may, for instance, waste some 20% of the kinetic energy of the hammer.

(ii) Dissipation of Energy [5]

The very complex real geometry of coins and blanks needs to be simplified. A first analysis has been attempted, based on the compression of a cylinder [6]. However, it failed to give precise and useful results; in fact, a most important feature of coin striking is the formation of figure and legend. An analysis of coin striking must therefore take these into account, even in a simplified way. The simplifying assumptions are illustrated on figure 2. On the left, the real blanks, dies and coins. As for the blank, only its mass and sometimes its volume are known. Its shape (cylindrical, lens-shaped or even globular) and dimensions (diameter and height of the cylinder for instance) are a matter of conjecture.

On the contrary, the coin geometry is known. It will therefore be the starting point of the evaluation of the geometry. The real coin is replaced by a cylinder of the same module, with the average thickness of the field of the coin. An inner cylinder, placed upon the first one, represents the figure; it must, of course, have the same area as the figure, and its average thickness. The outer annulus stands for the legend; it must fulfill the same conditions as closely as possible.

The geometry of the blank is a fundamental data of the computation. As it is generally unknown, it must be estimated from the simplified geometry of the coin, by assuming that the blank is cylindrical (this is the only shape allowing tractable calculation), and that the blank is such that it gives rise to the known coin with minimal strain (ε^*_{min}). If it had been thinner, the figure and legend would not have had time enough to be formed at the moment when the final geometry has been reached; if thicker, further deformation would have been necessary, after formation of the figure, to reach the final known geometry, thus needing a stronger blow to obtain the same coin. Our assumption is then equivalent to saying that to strike a coin of a given geometry, the experience of the moneyers suggested to them the blank geometry needing the minimal energy W*, which we will take as an approximation of the real dissipated energy W.

It should be remembered that these geometrical hypotheses are the major causes of errors, rather than the computation itself. Nevertheless, as the simplifying process is always the same, good comparative values are to be expected, even though the absolute values may be less reliable.

The energy consists of three terms (fig. 3):

(a) The energy dissipated by bulk plastic flow is proportional to the deformed volume, V (which may be different from the total coin volume), the yield stress Y, the strain ε, which in turn increases with the flatness of the coin (quantified by the ratio R/h of the radius to the height of the coin), and the height of the figure.

(b) The energy dissipation by shearing on velocity discontinuity surfaces. The most obvious case is the surface between the legend and the underlying block (inside the legend the metal has no outward velocity, but it has under the legend). Intuitively, one can feel that this will result in a "shearing" of the metal along this surface. The energy dissipated by this phenomenon is proportional to Y, and increases with flatness or (R/h) and size of figure and legend.

(c) The energy of friction is dissipated at the interface between dies and coin. It is proportional to a friction coefficient (m) and the yield stress Y, and it increases with R/h.

(iii) How to improve striking?

One way of improving striking is by increasing the hammer energy. This may be achieved by using a heavier hammer, or by striking harder (which is more tiring), or by increasing the number of blows (which decreases productivity).

Another solution consists in improving the transmission of energy from the hammer to the blank. This means equating the masses of hammer and upper die, as discussed above.

Another way of improving striking is by decreasing the dissipated energy. This more subtle solution may be achieved by:

(a) lowering the yield stress by the use of thermal treatments which are quite efficient and have been widely used [7]. For instance, silver alloys are generally annealed, but gold alloys are quenched. Another solution consists of hot striking.

(b) lowering the friction coefficient. Lubrication is never mentioned but it may have been necessary to avoid the coin sticking to the die.

(c) striking thicker coins from thicker blanks and avoiding energy-wasting flat geometries. Reducing the height of the design is even more efficient (although it may hinder legibility), as it strongly decreases the necessary strain.

(d) striking only a part of the surface because as the total volume is constant, deformed volume V will be lower.

THE GEOMETRICAL EVOLUTION OF BYZANTINE SOLIDI 500-1150 A.D.

A significant evolution took place in Constantinople at the turn of the tenth and eleventh centuries. This can be seen from the coins illustrated on plate 4: Anastasius I, 492-507 (BN 07); Constans II, 662-667 (BN 66); Michael II, 821-829 (BN 02); Basil II, 1005-1025 (BN 15); Constantine IX, 1042-1055 (BN 05); Constantine X, 1059-1067 (BN 04); Nicephorus III, 1078-1081; Alexis I Comnenus, 1092-1118 (BN 04); Manuel I Comnenus, 1143-1180 (BN E113, type 4). Earlier gold coins had an almost constant module (19 to 20.5 mm) and thickness (about 0.6 mm) and rather thick figures (see figs. 4 and 5). In the 960's, from the reign of Nicephorus II onwards, the diameter of the nomisma histamenon increased while the coin thickness and that of the figures decreased. A further and more conspicuous step was taken during the reign of Basil II, when the module went up to almost 24 mm instead of the 21-22 mm of the two previous reigns [8]. During that period, the dot border increased more slowly than the module of the coin, a phenomenon which gave birth to the characteristic fabric of the eleventh century nomisma histamenon with its broad, thin blank and its unstruck surface outside the border. A few decades later, during the reign of Constantine IXth (1042-1055), concavity appeared on histamena [9]. In order to study this general evolution, we have measured geometrical data on 23 representative coins (see table 1).

The basis for understanding the reasons for this evolution of shape is to be found in Morrisson and Barrandon's work on the composition of Byzantine gold coinage [10]. Their results are reported in figure 6, together with the corresponding yield stress estimated from bibliographic data [11]. The yield stress was multiplied by 3 between 960 and 1100. If the geometry had remained constant, the energy of striking would have increased in the same proportion and striking would have become rather difficult.

The geometrical evolution leading to the widening of the blank was previously considered by numismatists [9] as a means of differentiating the nomisma histamenon of full weight from the lighter denomination, the nomisma tetarteron.

The study of the composition of the alloy referred to above has shown that the decrease in fineness would have lead to a considerable decrease in weight if the volume of the blank had been kept constant (3.50 g for the nomisma in 1068 versus 4.38 g in the 10th century). The authors conclude that the contemporary increase of the module only aims at keeping the weight constant. In fact, the 25% increase of the module between AD 960 and A.D. 1068 would have lead, at constant thickness, to about a 55% increase in volume. Allowing for a 20% decrease in density leaves a net increase in weight of 25%. Figure 5 shows that the constancy of the weight is due to a significant decrease in thickness. Hence, the increase in module cannot be completely explained by the necessity for keeping the weight constant as a 10% increase in module would have been sufficient for this purpose. One must, therefore, suppose a deliberate decision to strike thinner coins. Apart from the reason already mentioned, there is a possible mechanical explanation for this.

TABLE 1

Solidi minted in Constantinople

Coin No.	Emperor	Emission date	Reference B.N.
1*	Anastasius	492-507	BN 07
2*	Justin I	522-527	BN 05
3	Justin I	522-527	BN 11
4*	Maurice	584-602	BN 03
5	Maurice	584-602	BN 09
6	Phocas	603-607	BN 03
7	Phocas	609-610	BN 15
8	Heraclius	610-613	BN 01
9*	Heraclius	616-625	BN 15
10	Heraclius	629-632	BN 30
11	Constans II	662-667	BN 66
12	Constantine IV	669-674	BN 02
13	Constantine VI	790	BN 05
14	Basil I	868-870	BN 02
15	Constantine VII	945-969	BN 16
16	Basil II	1005-1025	BN 15
17	Constantine IX	1042-1055	BN 05
18	Theodora	1055-1056	BN 01
19	Constantine X	1059-1067	BN 04
20*	Michael VII	1071-1078	BN 02
21	Alexis I Comnenus	1092-1118	BN 03
22*	John II Comnenus	1118-1143	BN 04
23	Manuel I Comnenus	1143-1180	BN 02

* indicates that an analysis is published in [10]. An analysis of no. 16 is available elsewhere. Nos. underlined are illustrated.

Figure 7 shows the energy dissipated by striking versus time. It remains approximately constant until A.D. 960. After this date, the dotted line shows what W would have become if no geometrical changes had occurred. This increase arises from two reasons: 20% comes from the increase in volume discussed above and 200% from hardening due to increasing alloying. The solid line is the energy calculated for coins in table 1. A significan improvement has been obtained. However, a few coins (the two histamena of Theodora an Constantine IX, nos. 18 and 19) still need a high energy because of their rather thick figures For the others, the improvement has been obtained because as the dot border diameter i notably smaller than the module, only a part of the coin is struck and the deformed volum V decreases, and as the figure thickness decreases, so does the strain ε^*_{min}. This seem to be the most efficient improvement. However, it was impossible to obtain energies as lov as before the debasement began (20 J). The principal reason is the thinning of the blank which tends to increase the strain.

Can this suggest to us what this geometrical evolution meant to the moneyers? As th silver content of the alloy increased, the yield stress grew higher and higher, and they wer faced with increasing difficulties. So a possible explanation is the following: they though they would solve their problem by deforming only a part of the coin (ie decreasing V). Tw possibilities existed: either keep a moderately thick coin, the module of which remains a some 20 mm, and decrease the dot border diameter; or keep the dot border constant an increase significantly the module. In the latter case, of course, as the total volume wa fixed by weight and alloy composition, the coin had to be thinner. The second solution ha been chosen, though a modern mechanical analysis suggests that the first one would hav been more efficient.

We suggest that the second one was chosen for the sake of convenience, in order to keep a sufficient space for engraving the design. Besides, it enabled the histamenon to b differentiated from the tetarteron. This explanation cannot be totally ruled out, since th tetarteron, though undergoing the same debasement as the histamenon, keeps a constan module. The 6% difference in weight (hence in energy) does not seem significant enough t explain the different choice by the moneyers. Hence a study of tetartera must b undertaken before any clearcut explanation may be proposed.

Striking only the central part of a thin blank had an important consequence in that i produced concave coins. The coincidence in time between the widening of the blanks an the appearance of concavity in the following decade has long been recognized [12], but n satisfactory explanation found [13]. The mechanical approach gives us the reasons for thi phenomenon and figure 8a illustrates what happens if a thin cylindrical blank is struck onl on the central part of its surface. There is a competition between the outward radial plasti flow of the deformed central part, and the rigidity of the outer unstruck annulus. As a result, if the strain in the central part is great and the ductility of the alloy is low, th unstruck part may fracture. A crack may occur at the interface between struck an unstruck material, and propagates to the edge of the coin.

More often however, the outer annulus is able to accommodate elastically the deformatio of the inner part, by bending either upwards, or downwards, or even in a more comple pattern (fig. 8a). A clear relationship exists between the curvature - or the dip of the coi and the proportion of unstruck surface (fig. 8b). Therefore, it may be concluded that th appearance of concave coins, which coincide with the development of striking on broa blanks, is only a mechanical consequence of this technical choice.

However, real concave coins have a much smoother shape than the examples of figure 8a Two technical improvements have probably been used to avoid these shapes. First, to ensur that the process is reproducible, and the obverse is always on the convex side, the dot borde diameter is always 1 or 2 mm greater on obverse than on reverse [14]; and second, to avoi the formation of an angle between the struck and unstruck part, the dies were probabl made spherical [15] (fig. 8d).

As a whole, the technical choice of the moneyers of Constantinople, though certainly not inefficient, appears to be far from optimal. Striking remained difficult and very thin coins must have been fragile. Furthermore, concavity seems to have been a problem; a lot of coins bear evidence of attempts to flatten them after striking; althouqh, when these attempts took place is impossible to guess. It may have been done either by the moneyers themselves, or later on by users or collectors.

The next example will show how other moneyers found a much more elegant way from a mechanical point of view, to save striking energy. At Carthage, during the seventh century, coins of increasing thickness appeared, the last of which were almost globular. The geometrical evolution of these coins is quantified in figures 9 and 10. Applying the same analysis as previously to these coins (table 2) shows that the energy of striking considerably decreases from about 15 J to 1 J (fig. 11).

TABLE 2

List of Solidi minted at Carthage which have been studied

Coin No.	Emperor	Emission date	Reference B.N
1	Maurice	600-601	B.N. 14
2	Phocas	606-607	1971/87 h
3	Heraclius	610-611	B.N. 01
4	Heraclius	631-632	B.N. 11
5	Constans II	667-668	B.N. 09

NB. Analysis results for 1, 3 and 4 are qiven in [16]

This is a typical example of how the moneyers of Constantinople could have solved their problem. However, in Carthage during the seventh century, the gold was almost unalloyed [16], and the yield stress was low. Two hypothetical reasons may be proposed; firstly the moneyers needed, or wished, to increase productivity; and second they may have tried to decrease die wear. Calculation of an order of magnitude of abrasive wear suggests that this solution may then have been efficient from this point of view too. The same technique seems to have been used at Syracuse in the ninth century to face the debasement parallelling the Arab conquest; a study of this coinage is planned.

CONCLUSION

The previous conclusions are an example of what mechanics can bring to numismatics. Furthermore, the approximate analysis described above can be improved in several ways.

First, the passage from the real geometry to the simplified one can be made much more precise by the use of profilometry. Coupled with a computer statistical treatment, this method could define with a high precision the volumes of figure and legend and their position on the coin (fig. 12).

Second, drawing strain maps, i.e. giving for each point of the final coin the strain, strain rates and temperature it has undergone during striking, would help the process of deriving information from metallographical observations. The final structure strongly depends on $\dot{\varepsilon}$ and ε and T. The determination of striking temperature neglecting these influences is hazardous.

Third, the knowledge of interface stresses and relative speed between dies and blank would clarify problems pertaining to die wear. Fourth, the use of more modern and precise computation techniques, such as finite elements, may prove fruitful for problems involving phenomena of small amplitude. In the example chosen, the considerable amplitude of the geometrical changes make the use of such heavy and costly methods unnecessary.

Finally, it must be remembered that mechanics cannot and does not intend to replace other techniques of physical analysis, but only to co-operate with them by complementing their results when mechanical phenomena are clearly involved, as the present interpretation of the appearance of concavity on Byzantine solidi in the eleventh century has shown. Within these limits, numismatics and mechanics have a long way to walk together.

BIBLIOGRAPHY AND NOTES

[1] Barwell, F. T., "Tribology in metal working: developments in perspective." Int. mech. eng. conf. (1980) 51

[2] Baque, P., Felder, E., Hyafil, J., D'Escatha, Y., Mise en forme des métaux. Calculs par la plasticité. Dunod, Paris, 1973

[3] Delamare, F., Montmitonnet, P., "Evolution of coin striking processes; a mechanical survey. I : hammer striking", J. Mech. Working Tech., 11, (1985), 37-52

[4] Dhénin, M., Bull. Soc. Fr. Num., 32 (4), (1977), 185

[5] Delamare, F., Montmitonnet, P., "A mechanical analysis of coin striking; Application to the study pf Byzantine gold solidi minted in Constantinople and Carthage", J. Mech. Working Tech., 10, (1984), 253-271

[6] Delamare, F., Montmitonnet, P., "Introduction à une étude mécanique de la frappe des monnaies", Journées de Paléométallurgie de Compiègne (1983)

[7] Panckoucke., C. J., Encyclopédie méthodique, see article "art du monnayage", Paris, 1788

[8] The average 23.84 mm module of the coins of Basil II corresponds (as shown by the higher standard deviation of 1.69 instead of 0.66 or 0.53 for the previous reigns) to different stages of increase in the reign. Class 2 (977-989 ?) has an average 22.31, class 3 (989 ?-1001?) 23.33, class 4 (1001?-1005?) 24.85, class 6 (1005-1025) 25.76.

[9] Grierson, P., : DOC III, 1, p 5-6. Also Grierson, P. "Nummi scyphati. The story of a misunderstanding", NC, 11 (7th series) (1971), 253-260.

[10] Morrisson, C., "Numismatique et histoire: l' or monnayé de Rome à Byzance. Purification et altérations" C. R. Ac. Insc. et B.L. (1982) 203-223. More detailed results appear in Morrisson, C. et al, L'or monnayé: 1: Purification et altérations de Rome à Byzance, Cahiers E. Babelon, nr 2, CNRS, Paris-Valbonne (1985)

[11] Sterner-Rainer., R., Z. Metallkunde, 18 (5), (1926), 143

[12] Grierson, P., (see note 9) : AD 1025-1041 histamena occasionally slightly concave; 1042 trace of concavity; 1042 Constantine IX, class I : flat or slightly concave; 1042-1055 (id., class II-IV) completely concave; 1057 and later completely concave.

[13] Morrisson, C., "La concavité des monnaies byzantines", BSFN, 30, (1975), 786-788.

[14] This is suggested by measurements of actual dot borders on concave histamena of the 11th century from Constantine IX onwards. The tendency is clearly to be seen, despite the probable imperfection of the measurements, on the BNC data.

[15] This conclusion is arrived at on numismatic grounds by the study of concave coin striking made by S. Bendall and D. Sellwood, "The method of striking scyphate coins using two obverse dies", NC, 138, (1978), 93-104.

[16] Morrisson, C., Barrandon, J.N., Poirier, J., "Nouvelles recherches sur l'histoire monétaire byzantine. Evolution comparée de la monnaie d'or à Constantinople et dans les provinces d'Afrique et de Sicile", Jahrbuch der Österreichischen Byzantinistik, 33, (1983), 267

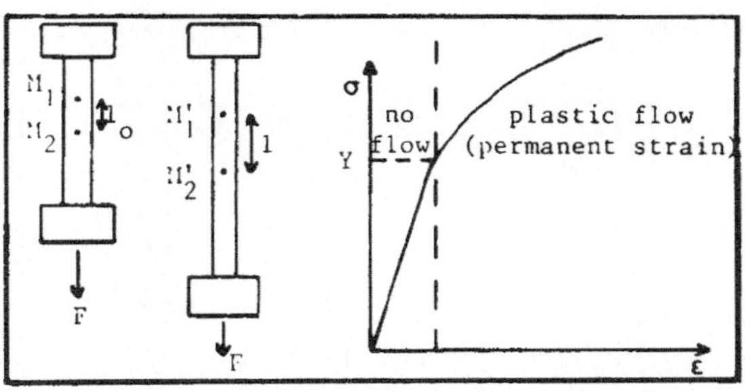

Figure 1

Definition of the basic mechanical variables in a traction test. Left: traction sample before and after testing. Right: relationship between stress and strain for a plastic material (= strain-hardening curve), showing the no-flow region (elastic behaviour, the strain is recovered after unloading) and the plastic flow region (above Y) where a permanent strain remains after unloading.

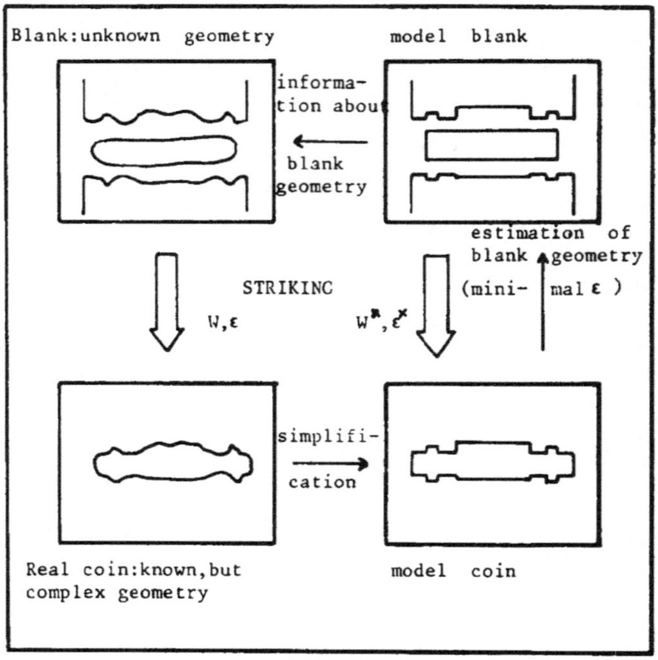

Figure 2

Simplification of the geometrical data in view of the computation.

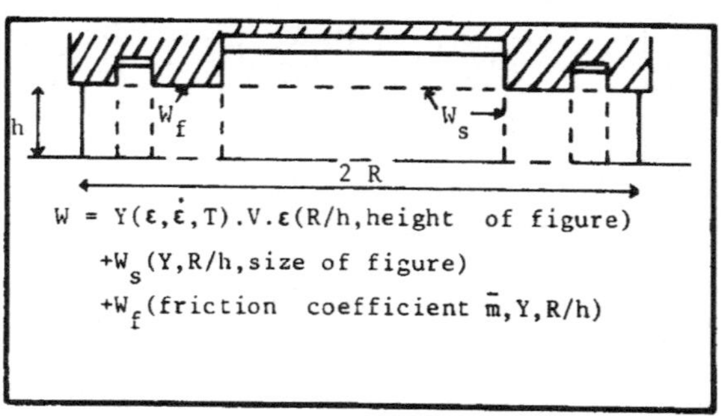

Figure 3

Variables involved in the computation of the dissipated energy W; V is the deformed volume (which may be smaller than the total coin volume).

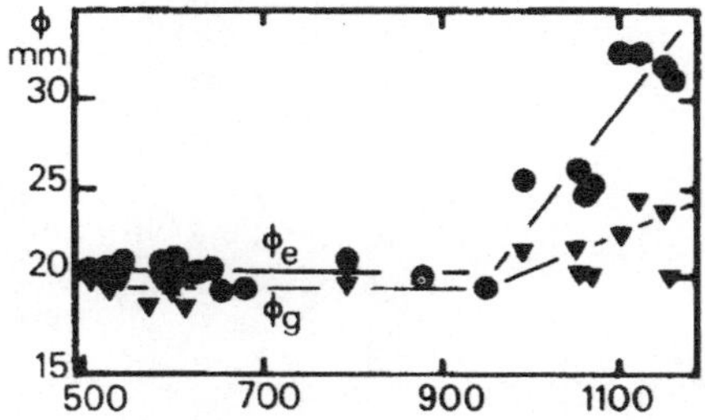

Figure 4

Evolution of the module (Φ_e) and dot border diameter (Φ_g) for coins of table 1 (from Constantinople).

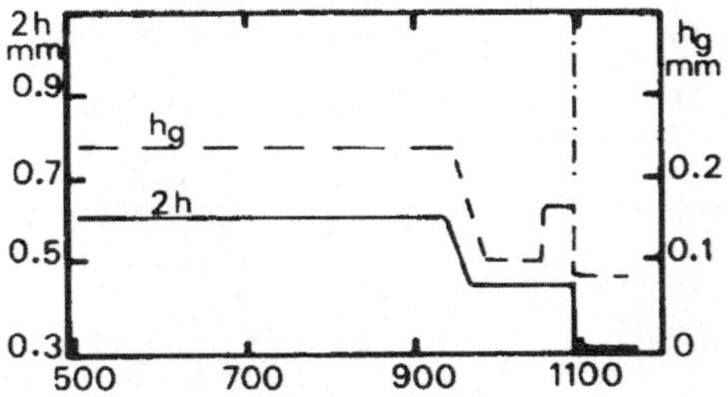

Figure 5

Evolution of the coin thickness (2h) and figure thickness (h_g) for coins of table 1.

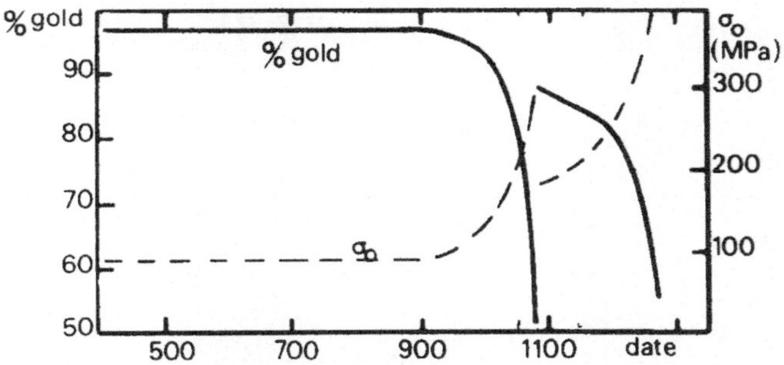

Figure 6

Purity of gold at the Constantinople Mint, after MORRISSON et al. [16]. Corresponding evolution of the yield stress, evaluated from STERNER-RAINER's data [11].

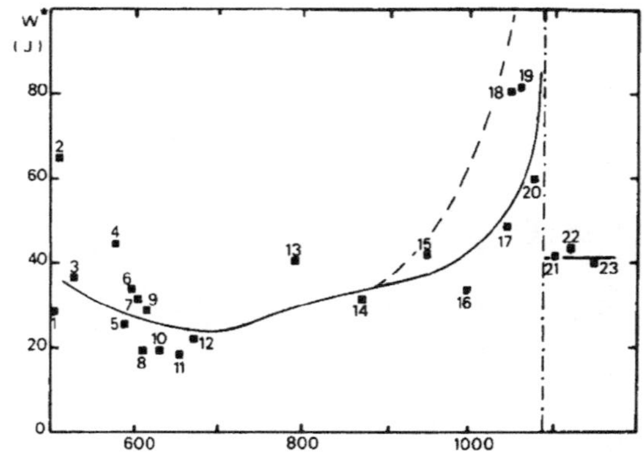

Figure 7

The energy of striking for coins of table 1. Dotted line indicates values of W if the geometry had remained that of ca. 900 AD, accounting for the evolution of Y displayed in figure 6 and for the increase in volume. Solid line indicates values of W accounting for the geometrical changes.

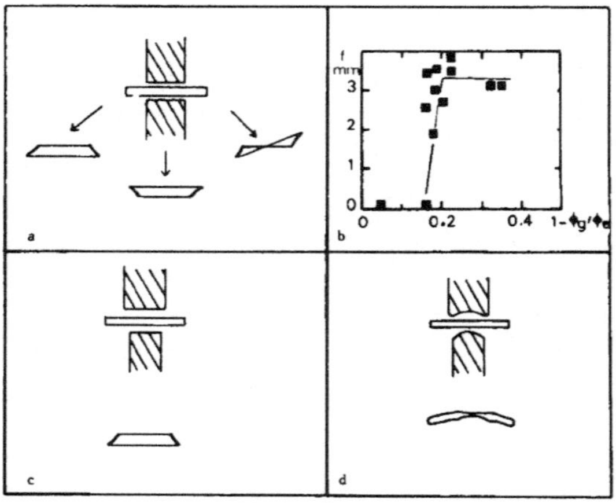

Figure 8

The case of concave coins:

a) striking only a part of the surface always gives concave coins.
b) the dip is related to the proportion of undeformed surface.
c) first improvement: the obverse is always on the convex side if the dot border is smaller on the reverse.
d) second improvement: changing the profile of the dies may smooth out angles.

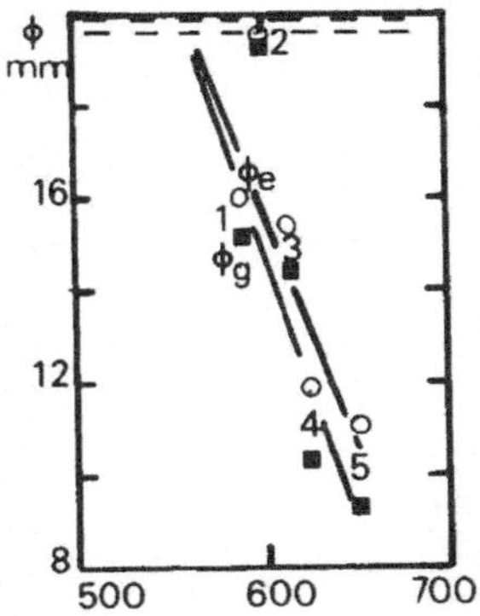

Figure 9

Evolution of modulus (Φ_e) and dot border diameter (Φ_g) for coins in table 2 (Carthage, 8th C. Dotted line indicates contemporary evolution in Constantinople.

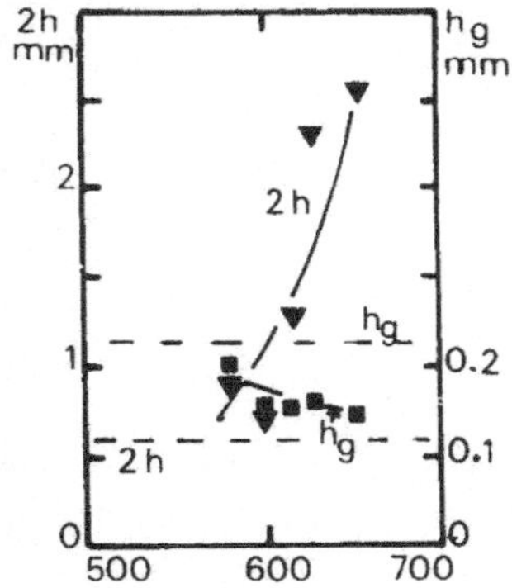

Figure 10

Evolution of thickness (2h) and figure thickness (h_g) for coins in table 2.

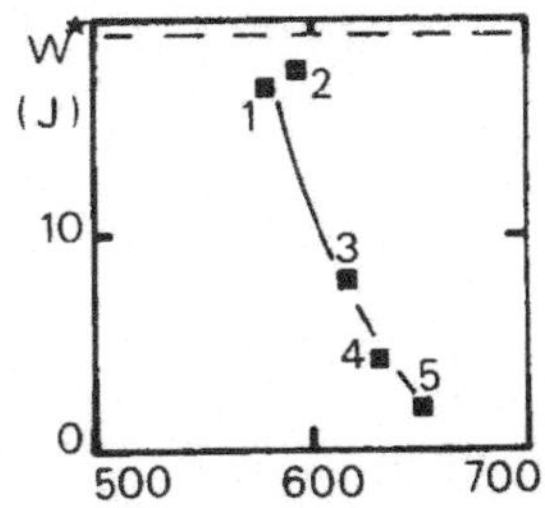

Figure 11

Energy of striking for coins in table 2; see figs 9 and 10.

Figure 12

Profilometric analysis of a Byzantine coin, showing contour lines.

Explanation of list of coins illustrated
(no's in brackets refer to original plate 4)

1 Anastasius I	(Date of issue: 492–507)	BNC 07
2 Constans II	(Date of issue: 662–667)	BNC 66
3 Michael II	(Date of issue: 821–829)	BNC 02
4 Basil II	(Date of issue: 1005–1025)	BNC 15
5 Constantine IX	(Date of issue: 1042–1055)	BNC 05
6 Constantine X	(Date of issue: 1059–1067)	BNC 04
7 Nicephorus III	(Date of issue: 1078–1081)	BNC 01
8 Alexius I Comnenus	(Date of issue: 1092–1118)	BNC 04
9 Manuel I Comnenus	(Date of issue: 1143–1180)	BNC El 13

1 (1) 2 (11) 3 4 (16) 5 (17)

6 (19) 7 8 9

ADDENDA

ABRÉVIATIONS

BCH *Bulletin de Correspondance hellénique*
BNC C. Morrisson, *Catalogue des monnaies byzantines de la Bibliothèque nationale*, Paris, 1971.
BSFN *Bulletin de la Société française de numismatique*
BZ *Byzantinische Zeitschrift*
CRAI *Académie des Inscriptions et Belles-Lettres. Comptes rendus*
Dévaluations II
Les dévaluations à Rome, Colloque Gdansk 1978, Rome, 1980.
DOC P. Grierson, *Catalogue of the Byzantine coins in the Dumbarton Oaks collection and in the Whittemore collection*, Washington, 1966-1973, 3 vols. (vol. I, par A.R. Bellinger).
MIB W. Hahn, *Moneta Imperii Byzantini*, Vienne, 1973-1981.
NC *The Numismatic Chronicle*
NCirc *The Numismatic Circular*
REB *Revue des Études byzantines*
RN *Revue numismatique*
Seyrig J.-Cl. Cheynet, C. Morrisson, W. Seibt, *Les sceaux byzantins de la collection Henri Seyrig*, Paris, B.N., 1992.
TM ou *TrMém* *Travaux et mémoires*
VV *Vizantijskij Vremennik*
Zacos-Veglery G. Zacos et A. Veglery, *Byzantine Lead Seals*, I, Bâle, 1972

ARTICLE I

p. 1 Sur le monnayage de plomb, voir C. Morrisson, Les usages monétaires du plus vil des métaux, le plomb, *Riv. Ital. di Num.* 95, 1993 [= *Atti del Convegno Int. ... in occ. del centenario della Società num.*], p. 79-101.

p. 3 Sur les flans des sceaux, N. Oikonomides, The lead blanks used for Byzantine Seals, *Studies in Byzantine Sigillography*, I, 1987, p. 97-103.

p. 4 Sur la fabrication des monnaies en général, voir D.R. Cooper, The Art and Craft of Coin making. A history of Minting Technology, Londres, Spink 1988 (ingénieur, l'auteur se consacre surtout à l'époque moderne), divers articles dans *Metallurgy in Numismatics* 3, M.M. Archibald et M.R. Cowell éds., Londres 1993, ainsi que C. Toll, The fabrication of

Arabic coins, *Sigtuna Papers*, K. Jonsson et B. Malmer eds., Stockholm, 1990, p.331-333 avec réf. aux textes arabes.

p. 9 n. 20 Ce "poinçon" est considéré comme celui d'un faussaire "made by casting bronze in the imprint of a victoriatus in clay or casting sand" par C. Stannard, The hub from Ancient Spain reconsidered, *NC* 1988, p. 141-143.

p. 10-11 Ces coins à tenons sont considérés par d'autres spécialistes comme des coins de faux monnayeurs.

p. 13-14 Plusieurs articles sur les sceaux surfrappés dans *Studies in Byzantine Sigillography*, II, 1990, p. 55-103.

p. 20-22 Sur la composition métallique des plombs, voir C. Morrisson, J.-N. Barrandon, M. Guerra, Premières analyses de plombs byzantins ..., *Studies in Byzantine Sigillography* 3, Washington, 1993, p. 1-17.

p. 23 La question de la provenance des sceaux a été étudiée par J.-Cl. Cheynet et C. Morrisson, Lieux de trouvaille et circulation des sceaux, *Studies in Byzantine Sigillography* 2 , Washington, 1990, p. 105-136. Dans ce dernier volume, p. 137-271, huit articles publient des collections régionales de sceaux aux provenances connues.

ARTICLE II

p. 253, n. 7 Voir W. Seibt, Aspekte der genaueren Datierung Byzantinischer Bleisiegel. Hindernissen auf dem Weg zur Erstellung verläßlicher "Datierungsgerüste", *Studies in Byzantine Sigillography* 2 , Washington, 1990, p. 17-25.

ARTICLE III

p. 240-242 Sur le monnayage du Ve siècle, se reporter désormais à l'introduction détaillée de P. Grierson et M. Mays, *Catalogue of the Late Roman coins in the Dumbarton Oaks Collection and in the Whittemore Collection*, Washington, 1992.

p. 241, n. 12 Les colloques cités ont été publiés: *Argenterie romaine et byzantine*, éd. par F. Baratte, Paris, 1988; *Ecclesiastical Silver Plate in Sixth-Century Byzantium*, ed. by S.A. Boyd and M. Mundell Mango, Washington, 1992.

p. 242, n. 20 Voir F M. Clover, Relations between North Africa and Italy, A.D. 476-550, *RN* 1991, p. 112-133.

p. 246 R. Delmaire (*Largesses sacrées et* Res Privata, Rome, 1989, p. 522) distingue aussi la mutation du follis de 1/180 à 1/210 du solidus des mesures reprochées à Pierre Barsymès par Procope en *An*.. 22, 38 et notamment la baisse de poids du solidus qu'il interprète comme la création des sous légers et qu'il date du second comitat de Pierre, vers 546/547.

Autres mentions de prix et salaires dans A. Jördens, *Vertragliche Regelungen von Arbeiten im späten griechischsprachigen Ägypten (P Heid. V)*, Heidelberg 1990.

p. 251, n. 46 J. Durliat, *De la ville antique à la ville byzantine. Le problème des subsistances*, Rome, 1990.

ARTICLE IV

p. 291, n. 1 Voir maintenant les ouvrages cités dans l'art. de synthèse de M. Bompaire, Monnaie et économie à la fin du Moyen Age, *RN*, 1990, p. 273-283 et les chapitres consacrés à la monnaie par le même auteur dans P. Contamine *et al.*, *L'économie médiévale*, Paris, 1993.

p. 293 En l'absence totale de textes concernant la monnaie au XIIIe siècle, les équivalences proposées ici sont des hypothèses reposant sur des vraisemblances métrologiques et la comparaison avec la situation antérieure et postérieure.

p. 294 La baisse de la monétarisation au VIIIe siècle n'est pas aussi drastique qu'on le dit habituellement, comme le montrent certains textes commentés par N. Oikonomidès (à paraître) et A. Kazhdan (Ignatios the Deacon's Letters on the Byzantine Economy, *Byzantinoslavica*, 53, 1992, p. 197-201).
Lorsque la vitesse de circulation de la monnaie est lente, dans le cas notamment de transactions agricoles à périodicité annuelle, l'ordre de grandeur du taux de liquidité est comparable à celui du degré de monétarisation. Il ne l'est plus dans le cas des économies européennes pré-industrielles modernes.

p. 295, n. 13 R.S. Bagnall (Agricultural Productivity and Taxation in Later Roman Egypt, *Transactions of the Amer. Philol. Assoc.*, 115, 1985, p. 289-308) estime que la pression fiscale, très inégalement répartie, varie de 50 à 30%. En 1780, le prélèvement sur le produit physique (agriculture et industrie, services exclus) s'élève à 12% en France et 21% en Grande-Bretagne d'après P. Mathias et P. O'Brien (Taxation in Britain and France, 1715-1810, *Journal of European Economic History*, 5, 1976, p. 601-650).

p. 297 La proportion 95% / 5% impôt foncier autres taxes proposée par Jones est également critiquée par P. Garnsey & R. Saller, *The Roman Empire*, Berkeley 1987, p.46-47 notamment parce qu'elle ne prend pas en considération les droits de douanes et autres impôts indirects distincts du chrysargyre.

p. 298, n. 26 Voir n. add. *infra*, p. 315. Les conséquences négatives des privilèges accordés aux Latins se sont fait sentir dans le long terme comme l'analyse A. Laiou-Thomadakis (The Byzantine Economy in the Mediterranean Trade system, Thirteenth to Fifteenth Centuries, *DOP*, 34/35, 1980-1981, p. 178-222, — réimpr. dans Variorum, 1992 — et Byzantine Traders and Seafarers, dans *The Greeks and the Sea*, ed. by S. Vryonis, New Rochelle (NY, USA) 1993, p. 79-96).

p. 311 Voir aussi A. Laiou, *Constantinople and the Latins. The Foreign Policy of Andronicus II 1282-1328*, Cambridge, Mass., 1972, notamment p. 185-199.

ARTICLE V

Sur les noms de monnaies de cette époque voir *DOC* III, 1 p. 44-62. Le typikon de Pakourianos a été analysé et commenté par P. Lemerle, *Cinq Études sur le XIe siècle byzantin*, Paris, 1977, p. 115-191.

p. 370 Grierson a brillamment démontré que le terme *scifatus* n'avait rien à voir avec la forme concave des pièces, mais désignait les histaména du début du XIe siècle avec leur triple bordure de grènetis (cf. art. IX p. 13, n. 40). Il refuse l'identification proposée ici du *skèptraton* : ce serait selon lui l'histaménon de Constantin IX, type 1. Je propose au contraire, étant donné l'ordre chronologique de l'énumération, d'y voir plutôt l'histaménon d'Eudocie (1067) (cf. ma note dans P. Lemerle, *Cinq Études*, p. 137, n. 54).
Le synodikon d'Iviron est analysé par H. Métrévéli et commenté dans *Actes d'Iviron* II. *Du milieu du XIe siècle à 1204* (Archives de l'Athos XVI), Paris, 1990, p. 3-17.

p. 371 Le titre du tari a été confirmé par les études ultérieures (P. Grierson et W.A. Oddy, Le titre du tari sicilien du milieu du XIe siècle à 1278, *RN*, 1974, p. 123-134: 68% à 69,4% selon mesures du poids spécifique; P. Balog, C. Mancini, P. Petrillo Serafin, L. Travaini, Nuovi contributi sul contenuto aureo e la tipologia del tarì, *Annali, Istituto Italiano di numismatica*, 1980-1981, p. 155-184: 69% en moyenne d'après analyses par transmission gamma). Des analyses de la composition complète et leur commentaire seront publiées par J.-N. Barrandon, L. Beck et L. Travaini dans *The application of scientific methods for investigating coins and coinages* (Royal Numismatic Society Special Publication, Londres, 1996).

p. 372 Le testament de Symbatios Pakourianos est édité par J. Lefort *et al.*, *Actes d'Iviron* II, n° 44. La question des *chichata, chiata, chinata* est en cours d'étude par B. Koutava-Delivoria.

p. 374 Sur le rôle du tari en Italie du Sud, voir J.-M. Martin, Economia naturale ed economia monetaria nell' Italia meridionale longobarda e bizantina (secoli VI-XI), *Storia d'Italia, Annali 6 . Economia naturale economia monetaria*, Einaudi, Turin 1983, p. 181-219 avec la bibliographie.

ARTICLE VI

p. 443 Dans *Iviron* II (cit. supra), p. 27-33, J. Lefort rappelle d'autres hausses du taux de l'impôt en Macédoine, celle de 1079, destinée expressément à augmenter les ressources fiscales (sans doute à compenser aussi la baisse de valeur du nomisma) et celle de 1089 visant à permettre la confiscation au bénéfice de la famille impériale des terres en surplus. Les chiffres qu'il mentionne p. 29, n. 21 font état d'un doublement (x par 2,3 env.) entre 1079 et 1089 correspondant à peu près à l'affaiblissement de la monnaie d'or qui diminue de moitié entre ces dates.
A. Harvey (The Land and Taxation in the reign of Alexios Comnenos ..., *REB*, 51, 1993, p. 139-154) analyse le témoignage des lettres de Théophylacte sur l'accroissement de la pression fiscale vers 1096-1105 et les procédures suivies.

p. 446, n. 29 Sur l'évolution du titre du trachy voir C. Morrisson, J.-N. Barrandon *et al.*, *L'or monnayé 1*, Cahiers Ernest-Babelon, 2, 1985, p. 154-155. Le rapport à l'hyperpère est bien de 3 à 1 sous Alexis I et Jean II avec un titre moyen de 29,3% = 7 carats, mais chute sous Manuel à 4 carats.

p. 447 Le titre de trois histaména d'Alexis Ier antérieurs à la réforme mesuré par activation protonique s'établit à 2,16, 2,5 et 3 carats (*L'or monnayé, op. cit.*, p. 231).
Sur la concavité des monnaies byzantines, voir ci-dessous, art. XIII.

p. 449 M. Hendy, *Studies in the Byzantine monetary economy*, Cambridge, 1986, p. 235, n. 36 déclare "inacceptables" certaines des conclusions de cet art. sans donner plus de précisions; p. 320, n. 29, il souligne la faible proportion de monnaies réformées dans des trésors "mixtes" et en déduit avec raison une période de coexistence assez courte. Mais on manque d'éléments pour évaluer celle-ci plus précisément.

p. 452, n. 53 Les testaments de Symbatios et Kalè Pakourianos sont publiés par J. Lefort *et al.*, *Iviron* II, n°s 44 et 47.

p. 462 L'analyse de la *Logarikè* présentée ici amène à conclure que la réforme d'Alexis Ier a entraîné une hausse de 30% de de la pression fiscale.

ARTICLE VII

A. Schminck a présenté dans *Rechtshistorisches Journal*, 1, 1982, p. 32-36 un compte rendu détaillé de cet article. Il corrige à juste titre les erreurs concernant la tradition juridique et les citations fautives commises par une non-spécialiste, mais critique aussi les "généralisations hautement spéculatives" sur l'évolution de la législation byzantine concernant les trésors et son application. Si ce texte est néanmoins réimprimé ici, c'est en raison de l'intérêt rencontré auprès de numismates ou d'historiens, au premier rang desquels son dédicataire.

ARTICLE IX

Le point de vue critique de M. Hendy est exposé dans *Studies in the Byzantine monetary economy*, p. 5-6 et sera à nouveau formulé dans le volume IV de *DOC* (à paraître vers 1995).

p. 4, n. 7 Le poids de la livre romaine continue à susciter une abondante bibliographie. Me fiant aux travaux de Mme C. Carcassonne et surtout aux recherches de M. Lafaurie (à paraître *RN* 1995), je propose d'adopter un poids plus élevé que celui de Naville, de l'ordre de 326,34 g, d'où un solidus d'un poids théorique de 4,54 g.

p. 5 Sur la pureté originelle de la monnaie d'or romano-byzantine à partir de 368 et le relâchement de la purification à partir d'Anastase Ier, voir les conclusions des travaux de J.-N. Barrandon et coll. résumées et citées ci-après art. X, p. 270-271.

p. 9, n. 22 Vella: T. Talvio, New Information on the find of Völla, *Acta Byzantina Fennica* 4, 1988-1989, p. 125-128; D. M. Metcalf, *Coinage in South Eastern Europe*, Londres, 1979; la trouvaille yougoslave de monnaies d'argent est signalée dans *Coin Hoards* II, Londres, 1976, p. 81, n° 337.

p. 18 Dans son article "Dévaluation des dignités et dévaluation monétaire dans la seconde moitié du XIe siècle" (*Byzantion*, 53, 1983, p. 453-477), J. Cl. Cheynet a proposé une analyse originale qui montre le maintien du pouvoir d'achat en or des hauts fonctionnaires byzantins jusque vers 1070 et le lien entre l'affaiblissement de la valeur des dignités et l'accélération de la dévaluation monétaire à partir du règne de Michel VII.

p. 21 Pour une discussion de cette hausse, voir J.-Cl. Cheynet, E. Malamut, C. Morrisson, Prix et salaires à Byzance (X^{e}-XVe siècle), *Hommes et richesses* II, p. 339-374 aux p. 356-363.

p. 32-40 Les données de ces analyses de monnaies d'or sont reprises dans *CEB* 2 (cit. *supra* art. IV, p. 291) avec l'ensemble des analyses antérieures et les nouvelles données de J.-N. Barrandon.

ARTICLE X

p. 270, n.19 L'art. de D. M. Metcalf, The Minting of Gold Coinage at Thessalonica in the 5th and 6th centuries ..., est paru dans *Studies in Early Byzantine Gold Coinage,* New York, 1988, p. 65-109.

ARTICLE XII

Le trésor a été mis en vente à Zurich le 26 mai 1993 par Leu Numismatics et Numismatica Ars Classica, avec trois ex. supplémentaires non publiés dans la *RSN* et quelques autres exemplaires d'autres sources (lots 572-609). Dans le catalogue, p. 62-75, M. D. O'Hara cite toutes les notes parues depuis au sujet de ces ex. et maintient la plupart de ses attributions, contestant le classement que nous proposions sur la base d'une altération progressive; il invoque toutefois le témoignage des analyses lorsque celui-ci confirme ses attributions..

D'autres monnaies de ces séries ont été mises au jour dans les fouilles romaines de la Crypta Balbi (A. Rovelli, in *La moneta nei contesti archeologici, Atti dell'incontro di studio Roma 1986*, Roma, 1989, p. 49-95; Ead., in *Archeologia urbana a Roma: il progetto della Crypta Balbi 5,* II a cura di L. Saguì e L. Paroli, Florence, 1990, p. 169-194; Ead., Aspetti numismatici e stratigrafici a Roma fra tardo antico e medioevo: una sintesi sui dati della Crypta Balbi a Roma, *Actes du XIe Congrès Int. de Num.*, éd. par T. Hackens et Gh. Moucharte, Louvain-la-Neuve, 1993, II, p. 385-392) ainsi qu'au Latran (M. Sapelli, *Laterano Via dell'Amba Aradam* ...I. à paraître, cité par L. Travaini, Monete medievali in area romana, *Riv. Ital. di Num.,* 94, 1992, p. 164, n. 10).

p. 151 et s. L'ex. "BN 3" est celui publié par Penon, *Rev. Belge Num.,* 1856, pl. VII.

ARTICLE XIII

Une version plus développée est parue en français dans *RN,* 1984, p.7-39. Elle comprend l'étude du monnayage d'or de Syracuse où, comme à Carthage, mais ici en raison de durcissements dus aux dévaluations, l'atelier frappe des pièces de plus en plus épaisses, pour maintenir sa productivité.

INDEX

For Product Safety Concerns and Information please contact our EU representative GPSR@taylorandfrancis.com Taylor & Francis Verlag GmbH, Kaufingerstraße 24, 80331 München, Germany

Batch number: 10730814

Printed by Printforce, the Netherlands